KLOOSTER VAN DE LEVENSCHENKENDE BRON CHANIA

GERAAKT DOOR GODS LIEFDE

LEVEN EN WIJSHEID VAN OUDVADER PORFYRIOS

2e Editie

GERAAKT DOOR GODS LIEFDE
Leven en wijsheid van oudvader Porfyrios

Klooster van de Levenschenkende Bron Chania

2e Editie

Kevin Custers - proeflezer

Oorspronkelijk uitgegeven in het Grieks door het Klooster van de Levenschenkende Bron, Chrysopigi, Chania, Kreta, 6e uitgave, juni 2006, onder de titel 'Gerontos Porfyriou Kavsokalybitou Bios kai Logoi'

Nederlandse vertaling: Klooster Moeder Gods Portaïtissa, Trazegnies, België, 2008

© Klooster van de Levenschenkende Bron, Chrysopigi, Chania, Kreta

© 2010, Uitgeverij Orthodox Logos, Nederland

Uitgevers Maxim Hodak & Max Mendor

Boekomslag, design en layout door: Max Mendor

www.orthodoxlogos.com

ISBN: 978-1-80484-168-6

Niets uit deze uitgave mag worden verveelvoudigd en/of openbaar gemaakt door middel van druk, fotokopie, microfilm of op welke andere wijze ook zonder voorafgaande schriftelijke toestemming van de uitgever.

KLOOSTER VAN DE LEVENSCHENKENDE BRON CHANIA

GERAAKT DOOR GODS LIEFDE

LEVEN EN WIJSHEID VAN OUDVADER PORFYRIOS

UITGEVERIJ ORTHODOX LOGOS

INHOUDSOPGAVE

Beknopte biografie 7

Deel I: Het leven van oudvader Porfyrios

De weg naar de Heilige Berg 12

De Heilige Berg Kavsokalyvia 23

Euboa 56

De polikliniek van Athene 70

De Heilige Nicolaas Kallisia 95

Het Heilig Klooster van de Verheerlijking – Milesi 102

Kavsokalyvia 1991 111

Deel II: De wijsheid van oudvader Porfyrios

Over de Kerk 114

Over de goddelijke eros 125

Over het gebed 145

Over de geestelijke strijd 170

Over het monastieke leven 199

Over het mysterie van het berouw 218

Over de liefde voor de naaste 227

Over de goddelijke voorzienigheid 240

Over de opvoeding van kinderen 246

Over de gesteldheid van het hart 266
Over de schepping 273
Over ziekte 280
Over de gave van helderziendheid 289
Over de eeuwigheid 307

Appendix 314

BEKNOPTE BIOGRAFIE

Oudvader Porfyrios, in de wereld Evangelos Bairaktaris, is geboren op 7 februari 1906 op het eiland Euboa in het dorp Aghios Ioannis, provincie Karystia. Zijn ouders, Leonidas Bairaktaris en Eleni, van het geslacht van Antonios Lampros, waren vrome en godminnende lieden. Zijn vader was zanger in het dorp en had de heilige Nektarios persoonlijk gekend. Het was een talrijk gezin, en zijn ouders, arme boeren, hadden moeite het te onderhouden. Om deze reden vertrok zijn vader naar Amerika, waar hij werkte aan de aanleg van het Panamakanaal.

De kleine Evangelos was het vierde kind van het gezin. Hij hoedde schapen in de heuvels en had slechts het eerste jaar van de lagere school voltooid toen hij, wegens de grote armoede van zijn familie, naar de nabije stad Chalcis moest gaan om te werken. Hij was nog maar net zeven jaar oud en werkte er twee of drie jaar in een winkel. Daarna ging hij naar Piraeus om te werken in een algemeen warenhuis dat behoorde aan een familielid.

Op twaalfjarige leeftijd vertrok hij in het geheim naar de Heilige Berg. Het was zijn verlangen het leven van de heilige Johannes de Hutbewoner na te volgen (zie appendix), die hij in het bijzonder had liefgekregen na het lezen van zijn levensverhaal. Gods genade leidde hem naar de kluizenarij van de heilige Georgios in Kavsokalyvia (zie appendix), waar hij leefde in gehoorzaamheid aan twee oudvaders, de broers Panteleimon, die ook biechtvader was, en Joannikios. Hij wijdde zich met grote liefde en in een geest van volledige gehoorzaamheid toe aan de twee oudvaders die de reputatie hadden uitzonderlijk streng te zijn.

Hij werd monnik toen hij veertien was en kreeg de naam Niketas. Twee jaar later legde hij de geloften af van het Grote Schima en kort daarna gaf God hem de gave van helderziendheid.

Op negentienjarige leeftijd werd hij ernstig ziek en moest hij de Heilige Berg verlaten. Hij keerde terug naar Euboa, waar hij zijn intrede nam in het klooster van de heilige Charalampos in Levka. Een jaar later, in 1926, toen hij twintig jaar oud was, werd hij priester gewijd in de kerk van de heilige Charalampos in Kymi, door de aartsbisschop van Sinaï, Porfyrios III, die hem de naam Porfyrios gaf. Op tweeëntwintigjarige leeftijd werd hij biechtvader en geestelijk vader, en korte tijd later archimandriet. Gedurende een tijd was hij parochiepriester in het dorp Tsakei op Euboa.

Twaalf jaar lang woonde hij in het klooster van de heilige Charalampos op Euboa, en diende de mensen als geestelijk leider en biechtvader. Daarna woonde hij gedurende drie jaar in het verlaten klooster van de heilige Nicolaas in Ano Vatheia.

In 1940, op de vooravond van de dag waarop Griekenland zich mengde in de Tweede Wereldoorlog, verhuisde oudvader Porfyrios naar Athene, waar hij aalmoezenier en biechtvader werd in het poliklinisch ziekenhuis. Hijzelf zei dat hij daar drieëndertig jaar gediend had alsof het een enkele dag was, zich onvermoeibaar wijdend aan zijn geestelijk werk en het verzachten van de pijn en het lijden van de mensen.

Vanaf 1955 werd het kleine klooster van de heilige Nicolaas in Kallisia aan de voet van de berg Pendeli, zijn thuis. Hij huurde deze monastieke dependance met de omliggende grond van het Pendeli-klooster en bebouwde het land met veel ijver. Tegelijk zette hij zijn omvangrijke werk van geestelijke leiding voort.

In de zomer van 1979 verhuisde hij naar Milesi[1] en droomde ervan om hier een klooster te stichten. Eerst leefde hij er in een caravan onder zeer barre omstandigheden, en later in een eenvoudige kamer gebouwd van cementblokken, waar hij zonder klagen zijn vele gezondheidsproblemen verdroeg. In 1984 verhuisde hij naar een kamer in een vleugel van het in aanbouw zijnde klooster. Ondanks het feit dat de oudvader ernstig ziek en blind was, werkte hij voortdurend en onvermoeibaar voort aan de voltooiing van het klooster. Op 26 februari 1990 zag hij zijn

---

[1] Milesi is een dorp ongeveer vijftig kilometer ten noorden van Athene, met uitzicht op Euboa, het eiland waar hij geboren was.

droom werkelijkheid worden toen de eerste steen werd gelegd van de kerk van het Klooster van de Transfiguratie.

Gedurende de laatste jaren van zijn aardse leven begon hij zich voor te bereiden op zijn dood. Hij verlangde ernaar terug te keren naar de Heilige Berg, naar zijn geliefde Kavsokalyvia, waar hij, in het geheim en in stilte, zoals hij geleefd had, zijn ziel zou overgeven aan haar Bruidegom. Men hoorde hem dikwijls zeggen: "Nu ik oud geworden ben, verlang ik ernaar daar te sterven."

Zo gebeurde het dat toen hij, in de ochtend van 2 december 1991, aan het heilig einde van zijn leven kwam, hij zich bevond in zijn kluizenarij van Kavsokalyvia.

De laatste woorden die men uit zijn mond hoorde, waren de woorden van het hogepriesterlijk gebed van de Heer, waar hij zo van hield en die hij zo dikwijls herhaalde: "Dat zij één mogen zijn."[2]

---

[2] Het hogepriesterlijk gebed in zijn geheel staat in het evangelie van Johannes, 17:11-22.

Deel I
HET LEVEN
VAN OUDVADER PORFYRIOS
(1906-1991)

DE WEG NAAR DE HEILIGE BERG

*Ik droomde ervan de heilige Johannes
de Hutbewoner na te volgen*

Ik kom uit het dorp Aghios Ioannis op Euboa. Mijn ouders waren arm, daarom verliet mijn vader het dorp om naar Amerika te gaan. Hij werkte daar als arbeider bij de aanleg van het Panamakanaal. Wij kinderen deden in het dorp vanaf onze vroegste jeugd allerlei werkjes. Zo gaven wij water aan de tuin en aan de bomen of brachten wij de dieren weer binnen; alles wat de volwassenen ons opdroegen. Toen ik klein was, hoedde ik de kudden boven in de bergen. Ik was traag van begrip en erg schuchter. Slechts één jaar was ik naar school gegaan en wij leerden daar zo goed als niets, want de onderwijzer was ziek. Terwijl ik de schapen hoedde, las ik het leven van de heilige Johannes de Hutbewoner, woord voor woord, en zo ontstond mijn ijver om monnik te worden; zelfs al wist ik daar niets van en had ik nog nooit een monnik of een klooster gezien.

Toen ik zeven jaar oud was, stuurde mijn moeder mij naar Chalcis om in een winkel te werken. Er werd daar vanalles verkocht. In die tijd hadden winkels ijzerwaren, sleutels, schroeven, sloten, koord, enzovoorts, maar zij hadden ook suiker, rijst, koffie, peper en alles wat men bij een kruidenier kon vinden. Het was een grote winkel. Er waren daar nog twee andere jongens. Ik kwam erbij. Ik deed alles wat zij mij zeiden te doen. Iedereen was baas over mij en ik was voortdurend heen en weer aan het lopen. Voor ik daar kwam hadden de twee andere jongens vastgelegd wanneer zij naar het balkon gingen om water te geven aan de basilicumplanten van de vrouw van de eigenaar. Zij hadden een rooster: de ene dag de één, de andere dag de ander. Ze deden het om de beurt. Toen ik kwam, lieten zij mij alles doen:

de vloer vegen en de bloemen water geven. Het kwam niet bij mij op dat dit niet eerlijk was. Ik deed alles. Waar zij mij ook zeiden te gaan, ik ging.

Eens, toen ik bijna klaar was met de winkel te vegen, zag ik koffiebonen op de grond liggen naast de plek waar ik zojuist een hoop vuil geveegd had. Het waren ongeveer vijftien bonen. Ik bukte mij, raapte ze op en liep naar de zak met koffiebonen. Mijn baas zat in zijn kantoor. Het had ramen aan alle kanten en hij zag mij bukken en daarna naar de zak lopen. Hij riep:

"Angelos!" hij bedoelde mij, zo heette ik toen ik jong was, "kom hier!"

Ik ging naar hem toe.

"Wat heb je in je hand? Wat is dat?"

"Het zijn koffiebonen. Ik zag ze daar liggen en heb ze opgeraapt", zei ik.

Hij brulde:

"Tasos! Aristos! Yiannis! Yorgos!"

Eén van hen was in de voorraadkamer en de anderen waren ergens anders. Mijn baas bleef hun namen roepen tot zij allen in zijn kantoor stonden. Toen opende hij mijn hand.

"Zien jullie dat? Wat is dat?" vroeg hij.

"Koffiebonen", antwoordden zij.

"Waar heb je ze gevonden, Angelos?"

"Ze lagen op de grond, dus ik heb ze opgeraapt en wilde ze weer in de koffiezak werpen", antwoordde ik.

Wel, mijn baas begon ons een preek te geven. Wat er in de winkel gebeurde interesseerde niemand! Zulke verkwisting! Scheppen vol worden links en rechts gegooid... En hij zei:

"Luister, vanaf vandaag wordt er een rooster ingesteld voor het werk hier. Een week is het Aristos, een week Tasos, een week Angelos, voor de bloemen en voor alles."

De familie van mijn baas hield veel van mij. Zij nodigden mij bij hen thuis uit en lieten mij alle hymnen zingen die ik kende. Ze waren erg op mij gesteld. Het feit dat ik de koffiebonen had opgeraapt, had indruk op ze gemaakt, omdat zij mij niet kenden.

Na twee jaar ging ik naar Piraeus om te werken in een kruidenierszaak die behoorde aan een familielid. De winkel was tevens een taveerne met een kleine zolder waar ik 's nachts sliep.

De winkel lag bovenaan een heuvel, in de Tsamadosstraat, en er kwamen elke dag mensen om hun boodschappen te doen. Veel van deze klanten bleven zitten om iets te drinken of te eten.

Ik kreeg een groot verlangen om kluizenaar te worden. Op een dag kwamen twee oude mannen naar de winkel, gingen zitten en vroegen om twee sardienen en een halve oka[3] wijn. Ik ging onmiddellijk hun bestelling halen. Op een gegeven moment hoorde ik de een tegen de andere zeggen:
"Je had de wijn moeten proeven die ik op de Heilige Berg gedronken heb! Zo'n wijn heb ik nergens meer gevonden."
"Je bent dus naar de Heilige Berg geweest?" vroeg de ander.
"Ja", antwoordde hij, "ik heb op een keer mijn thuis in Mytilene verlaten, Kalloni was mijn dorp, en ik ben naar de Heilige Berg gegaan. Wij dronken er monoxylitiko-wijn[4]. Wat was dat een wijn!"
"Ging je er naartoe om monnik te worden?" vroeg de andere man.
"Ja, ik wilde monnik worden, maar ik kon het niet, ik kon het niet opbrengen. Wat heb ik er nu spijt van dat ik er niet ben gebleven!"
Ik luisterde aandachtig naar dit alles, want enige tijd daarvoor was er een groep monniken langs geweest om boekjes uit te delen. Eén ervan ging over het leven van de heilige Johannes de Hutbewoner, dat ik, zoals ik al gezegd heb, woord voor woord gelezen heb toen ik de schapen van het dorp hoedde. Ik had het herlezen op mijn zolderkamer, bij het licht van een lantaarn, met veel moeite, want ik had nooit goed leren lezen. Het leven van de heilige vervulde mij met zulk een enthousiasme, dat ik hem wilde navolgen. Maar over de Heilige Berg wist ik helemaal niets.
"Ik ging er naartoe om monnik te worden, maar ik ben weggegaan", ging de oude man verder. "Wat was het daar wonderbaar! Ik zag monniken, kluizenaars, heilige mannen, die

---

[3] Een oka, een Turkse maat voor gewicht en inhoud, is ongeveer 1,28 kg of 0,8 l.

[4] Een wijn gemaakt in het Monoxylitis-klooster, een dependance van het Dionysiou-klooster van de Heilige Berg.

probeerden God te beminnen en te strijden in de wildernis met vasten, ontberingen en gebed. Maar ik liet het allemaal achter mij en keerde terug naar de wereld en verstrikte mijzelf in duizend zorgen en moeilijkheden. Ik denk er voortdurend aan en ik heb spijt dat ik daar niet gebleven ben, in plaats van hier weer in de wereld te belanden met alle zorgen en beproevingen van familie en kinderen. Al die zorgen van het leven hebben mij op mijn knieën gebracht. Ja, ik herinner het mij allemaal..."

Al gauw stonden de twee mannen op en vertrokken, maar mijn geest bleef vol van wat ik gehoord had. Vanaf dat ogenblik was ik vervuld van ijver om ook die plaats waarover hij gesproken had te bezoeken. Mijn geest bleef gefixeerd op de gedachte dat ik mijn droom om de heilige Johannes de Hutbewoner na te volgen, in vervulling kon doen gaan. Het werd mijn allesverterende verlangen.

Twee dagen later kwam de oude man weer; hij woonde in de buurt. Ik ging naar hem toe, en buiten het gehoor van de anderen, vroeg ik hem:

"Zeg mij, kyr Adonis, is het goed daar op de Heilige Berg?"

"Je hebt het de vorige keer gehoord; ik kan je op het ogenblik niets zeggen."

Hij zei verder niets meer en vertrok. Maar ondertussen kon ik aan niets anders meer denken. Er groeide in mij een diep verlangen om kluizenaar te worden. Maar hoe? Ik wist niet hoe ik op de Heilige Berg moest komen. Ik had geen geld, noch wist ook wat ik tegen mijn baas moest zeggen.

Kyr Adonis kwam nog een keer naar de winkel. Weer vroeg ik hem in het geheim over de Heilige Berg en deze keer vertelde hij mij alles. Maar hoe moest ik vertrekken? En wat moest ik zeggen?

Zwerver voor de liefde van God

Dagen achter elkaar was ik terneergeslagen en in gedachten verzonken. En mijn baas merkte het. Hij kwam naar me toe en zei:

"Waarom kijk je zo ongelukkig? Wat is er?"

Ik vrees dat ik een leugen vertelde. Ik zei dat toen ik de winkel uitgegaan was om voedselvoorraden te gaan halen, ik van iemand uit mijn dorp gehoord had dat mijn moeder ziek was en ik haar graag wilde bezoeken. Hij geloofde mijn verhaal en gaf mij geld voor mijn reisbiljet. Ook gaf hij wat eten voor haar mee en vol van medelijden liet hij mij gaan.

Al rennend begaf ik mij naar de boot. Ik was op weg naar de Heilige Berg! Mijn droom zou eindelijk in vervulling gaan! De boot vaarde via Chalcis, Volos en dan Thessalonika. Maar nadat de boot op zee was, begon ik mij vreselijk te voelen. Ik wilde mijn bestemming bereiken, maar ik was bang en had medelijden met mijn ouders die, niet wetend waar ik was, ziek van bezorgdheid zouden zijn. Dit kon ik niet doen, dus toen de boot aanmeerde in Limni op Euboa, stapte ik uit en nam de boot terug naar Piraeus.

Ik keerde terug naar mijn baas en vertelde dat mijn moeder genezen was. En zo ging ik door met mijn werk zoals voorheen. Maar niet helemaal. Ik was in gedachten, ik bad voortdurend, ik at weinig, ik maakte metanieën, en als gevolg hiervan werd ik magerder; ik veranderde.

"Wat is er aan de hand, Angelos?" vroegen ze me. "Wat is er mis? We kunnen zien dat je iets op het hart hebt, jongen, en je bent erg vermagerd. Je weet dat wij op je gesteld zijn en wij zijn blij met je gezelschap, maar misschien wil je terug naar je ouders?"

"Ja", zei ik, "ik wil naar huis."

"Ga ze dan bezoeken, als je wilt, en als je terugkomt, breng dan een andere goede jongen zoals jij mee voor de winkel."

En zo gaven ze mij weer geld, eten en snoep, een paar flessen Piperman-likeur en verschillende andere provisies, en mijn baas bracht mij naar de boot en kocht voor mij een kaartje naar Chalcis.

De boot, genaamd Athene, vaarde naar Chalcis, Edipsos, Volos, Thessalonika, de Heilige Berg en Daphni. Ik ging aan boord en het was donker toen we vertrokken. We voeren de hele nacht. Uiteindelijk kwamen wij aan in Chalcis. Toen de boot was aangelegd, riepen de matrozen: "Iemand voor Chalcis, iemand voor Chalcis?"

Ik zat opgekruld in een hoek en hield me stil. De boot vertrok uit Chalcis, maar toen wij in Edipsos arriveerden, ontdekten de matrozen mij toen ze ieders kaartjes controleerden.

"Waarom ben jij niet in Chalcis uitgestapt?" vroegen ze.

"Ik was in slaap gevallen", antwoordde ik.

"Wat gaan we nu doen?" vroegen ze. "Je zult moeten betalen."
"Ik heb niet genoeg geld", zei ik.
"Goed, laat dan maar."
En zo namen zij me mee zonder dat ik voro de rest van de rit hoefde te betalen. In die tijd werd geld geteld in stukken van vijf of tien cent. Ik zou hoogstens een drachme hebben overgehad.

Toen wij in Volos van boord gingen, werd ik overmeesterd door grote droefheid en begon te huilen. Ik dacht aan hoe ik de wereld voorgoed zou verlaten en hoe mijn ouders mij zouden verliezen, hoe ongelukkig en bezorgd zij zouden zijn. Ik dacht aan mijn broers en zuster. Iets scheen mij te verstikken en ik wilde terugkeren. De boot zou nog meerdere uren hier in Volos aangemeerd blijven en iedereen ging aan wal. Toen eenmaal het fluitsignaal klonk en de boot naar Thessalonika vertrok, bleef ik aan wal, van plan om ooit terug te keren. Ik bracht de nacht door op een heuvel, huilend en biddend.

De volgende ochtend vond ik de boot die dezelfde weg voer naar Thessalonika en ging aan boord. Mijn geld was op en daar ik geen kaartje had, verborg ik mij in de achtersteven zodat zij mij er niet uit zouden zetten. Op een zeker ogenblik vroegen de matrozen naar mijn kaartje. Natuurlijk had ik er geen en zij werden kwaad op me.

Ik zat op een bank aan stuurboord en keek uit over de zee. Ik zong bij mezelf een irmos die mijn vader mij geleerd had. Hij was zanger in de kerk en hij zong deze irmos op de zaterdag van Allerzielen. Het gaat als volgt:

"Bij het zien van de geweldige golven der verzoeking op de levenszee, vlucht ik tot Uw veilige haven en roep tot U, Barmhartige: leid mij omhoog uit het verderf."[5]

"Mijn leven, o Christus, is een stormachtige zee", zei ik bij mezelf, "en zoals ik op deze ruwe zee vaar, vraag ik U dat Uw goddelijke voorzienigheid mij leidt naar een haven waar mijn ziel stilte kan vinden, in de haven waar U bent, U die Vrede bent." Ik zei dit alles, of eerder, ik zong het zachtjes en huilde omdat ik diep ontroerd was om het feit dat ik de wereld verliet, dat wil zeggen dat ik mijn ouders verliet. De wereld had voor mij geen belang.

---

[5] Oktoich, Opstandingscanon, zaterdag toon 6, irmos van de 6e ode.

Ik trok mij niets aan van de wereld, alleen van mijn ouders. Ik was klein en ik herinnerde alleen mijn ouders en dit verlies deed mij pijn.

Het werd middag en de mensen op het dek begonnen aan hun lunch; zoals men dat deed in die tijd. Ze zaten bij elkaar en de families vormden groepen. Tegenover mij zat een vrouw met haar man en hun drie kinderen. Ik staarde naar de zee. Op een zeker ogenblik kwam een vrouw naar mij toe – daar de matrozen naar mijn kaartje hadden gevraagd en ik er geen had, hadden de mensen gezien dat ik een arme jongen was. Zij klopte op mijn schouder en gaf mij een stuk brood met drie stapeltjes witte vis. In die tijd bond men witte vis in stapeltjes van drie aan elkaar met een takje brem door de ogen van de vis gehaald, waarna ze de vis met bloem bepoederden en deze bakten. Ik weet niet of jullie dit bekend is.

Ik zei tegen haar:

"Dank u, dank u hartelijk."

Sommige van de andere vrouwen in haar buurt zeiden tegen haar:

"Goed gedaan! Dat was een vriendelijke daad! Dat u daaraan dacht! Het kwam niet bij ons op."

De vrouw echter keerde zich om en zei tegen hen:

"Niemand zou zich iets moeten aantrekken van zulke kinderen, die kleine zwervers, of ze iets geven, maar wat kunnen wij eraan doen? Wij zijn ook maar mensen."

Toen ik de woorden "kleine zwerver" hoorde, voelde ik, ongelukkige kleine, plotseling een golf van geluk in mij opkomen, omdat ik mezelf inderdaad als een kleine zwerver zag. Uit pure liefde voor Christus was ik een zwerver geworden. Ik zei bij mezelf: "O, Christus, red mij en leid mij."

Op zeker ogenblik kwamen wij aan in Thessalonika en verlieten de boot. Ik wist niet waar ik naartoe moest, dus ik ging naar de kerk van de heilige Demetrios en vereerde daar de iconen. Ik knielde huilend en smeekte de heilige mij te helpen een kluizenaar te worden; dat was mijn droom. Daarna beklom ik een heuvel en kwam aan bij een kleine kerk, een plaatselijke kapel. Hij was op slot, maar buiten stond een houten bank. Daar verbleef ik de hele nacht en huilde veel. Ik wilde terug, naar huis en naar mijn ouders. Dit was een pijnlijke bekoring voor me. Terwijl ik daar lag te huilen, herhaalde ik de woorden van de troostcanon aan de Moeder Gods die mijn vader mij geleerd had: "Veracht mijn smeekgebeden niet, maar sta mij bij in mijn nood..."[6]. Ik herhaalde dit steeds opnieuw door mijn tranen heen. En zo viel ik in slaap.

Ik ben u vergeten te vertellen wat ik gedaan heb met de geschenken die mijn baas gegeven had, bedoeld om naar mijn familie te brengen. Ik gaf ze aan jonge dienstplichtigen op de boot. De chocolade en de flessen Piperman-likeur gaf ik weg, en zo was ik ervan af. De soldaten konden maar niet begrijpen waarom ik die dingen weggaf, ik was een kleine jongen, maar ze namen ze toch maar aan.

Dus, zoals ik zei, viel ik in slaap bij de kleine kapel. Ik werd 's ochtends wakker, ging naar de zee, ging aan boord van de boot – de verleiding was me te groot – en keerde weer terug naar Piraeus. Wat kan ik zeggen? Het is een lang verhaal.

Het vaste besluit om voorgoed te vertrekken

Na al dit nutteloze heen en weer reizen, en nadat er wat tijd was verstreken, nam ik het vaste besluit te vertrekken en niet meer terug te keren. Ik besloot niet meer van boord te gaan. Weer vertrok ik vanuit Piraeus, zonder retourkaart, naar de Heilige Berg. Het was inmiddels de derde keer dat ik op weg ging – de laatste na al mijn avonturen.

Toen wij in Thessalonika arriveerden was het zaterdag. In die tijd werd Thessalonika gedomineerd door de Joodse gemeenschap, dus mens werkten 's zaterdags niet. Het leek wel een spookstad. Alles was gesloten, er voeren geen boten en er werd niet gereisd. We waren vroeg in de ochtend aangekomen, dus iedereen ging vlug van boord om iets te eten te kopen. Ik niet, want ik was bang voor de verleiding. Ik was bang dat er iets met mij zou gebeuren en ik niet op mijn bestemming zou arriveren. Ik gaf iemand vijftien cent en hij bracht brood en een makreel

---

[6] Troparion na het Evangelie in de Kleine Troostcanon aan de Moeder Gods.

voor me mee. De hele dag wachtten wij in de haven, want, zoals ik al zei, er werkte niemand.

's Middags kwamen er monniken aan boord en ik keek met ontzag naar hen. Het was voor mij de eerste keer dat ik monniken zag in hun riassa's. Ik had plaatsgenomen bij de brug en van waar ik stond, kon ik ze allemaal voorbij zien gaan. Op een bepaald ogenblik kwam een lange, oude en eerbiedwaardig uitziende monnik met een lange baard en en rugzak aan boord. Hij kwam naar mij toe, ging op een bank zitten en gaf mij teken ook te gaan zitten.

"Waar ga je naartoe, mijn jongen?" vroeg hij.

"Naar de Heilige Berg", antwoordde ik.

"En wat ga je daar doen?"

Ik verborg de waarheid en zei: "Ik ga werken."

"Kom naar Kavsokalyvia", zei hij. "Daar woon ik met mijn broer in een kluizenarij in de woestijn. Kom mee, mijn jongen, en wij zullen Christus allen tezamen verheerlijken." Toen vroeg hij mij:

"Welke boeken lees je, mijn jongen?"

"De brief van Christus, de brief van de Moeder Gods, en het leven van de heilige Johannes de hutbewoner", antwoordde ik. "Ik heb niet veel geleerd."

Hij oordeelde niet over de boeken.

"Kom met mij mee", zei hij, "wij hebben daar werk en we zullen je betalen. En wie weet, misschien zullen we zelfs een monnik van je maken!"

Zodra ik dat woord hoorde, kwam er een glimlach op mijn gezicht. Toen zei hij mij:

"Luister, mijn jongen, wees niet bedroefd over wat ik ga zeggen. Jongens mogen niet op de Heilige Berg komen. Je bent heel jong en het is verboden je erop te laten."

Mijn gezicht vertrok.

"Maar maak je geen zorgen", zei hij, "wij zullen een kleine leugen vertellen en God zal ons vergeven. In Gods ogen zal het geen leugen zijn, maar een waarheid, want je bemint Christus en je wilt naar de Heilige Berg gaan om er Christus te aanbidden. Dus, als iemand je vraagt: 'Wat is je familieband met de oudvader?' dan antwoord je: 'Hij is mijn oom'. En ik zal zeggen dat je mijn neefje bent, de zoon van mijn zuster."

Vele andere monniken vulden de boot. Het werd avond. De monniken zaten dicht op elkaar en aten het voedsel dat zij hadden meegebracht. De oudvader gaf mij brood te eten.

"Wat is je familieband met de jongen, heilige biechtvader?" vroegen ze allemaal.

"Hij is de zoon van mijn zuster, mijn neefje. Mijn zuster is gestorven en omdat hij een wees is, heb ik hem meegenomen."

Een groot wonder van Gods voorzienigheid

Wij voeren de hele nacht. 's Morgens rond een uur of tien kwamen wij aan in de haven van Daphni. De monniken namen hun tassen gevuld met alles wat ze in Thessalonika hadden gekocht voor hun verschillende soorten handwerk. Wij gingen van boord. Een roeiboot lag al voor ons klaar. Mijn oudvader kreeg voorrang omdat hij een biechtvader was, dus als eersten klommen wij in de kleine boot en kwamen al gauw aan bij de trappen van Daphni. Wij gingen aan land. Maar wat gebeurde er toen? De oudvader ging een eindje van mij weg om een plek te vinden om zijn tas neer te leggen en op dat moment kwam een lange gardesoldaat langs, gekleed in zijn witte plooirok, op zijn hoofd de rode fez met zwarte kwast, greep mij beet en gooide mij terug de boot in toen deze op het punt stond te vertrekken om meer monniken op te halen.

"Wat heb jij hier te zoeken?" riep hij. "Kinderen worden hier niet toegelaten. Terug naar de boot; wegwezen!"

Ik begon te huilen; de boot begon te vertrekken. Maar op dat ogenblik zag mijn oudvader wat er gebeurde en kwam aanlopen, roepend: "Stop! Breng de jongen terug. Hij hoort bij mij."

De boot roeide terug en ik werd bevrijd.

De Serdaris – zo heten de gardesoldaten op de Heilige Berg. In die tijd droegen zij witte plooirokken en een rode fez. Stoere knapen. Ze waren overal aanwezig, bij alle officiële gebeurtenissen – zei toen tegen hem: "Vader, het is u niet toegestaan de jongen mee te nemen."

"Ik heb geen andere keus dan hem mee te nemen. Hij is mijn neefje", zei de oudvader. "Hij is de zoon van mijn zuster en ik kan hem niet achterlaten. Hij is een wees. Hij heeft nergens om naartoe te gaan."

"Dat kan wel zo zijn, maar ik ben degene die in de problemen komt als ik hem de skite inlaat."

"Maak je geen zorgen. Wat er ook gebeurt, verwijs de zaak maar naar mij. Ik zal de oudvaders spreken en je zult geen moeilijkheden krijgen."

En zo ging ik met mijn "oom", die inderdaad mijn oudvader zou worden – zijn naam was Panteleimon – naar de skite. Met dit alles wil ik duidelijk maken dat God vele wonderen voor mij, onwaardige, gedaan heeft. Zijn hand beschermde mij duidelijk overal, en in dit geval leidde Gods hand mij in de handen van een heilige oudvader en biechtvader die mij zou beschermen. God had hem gezonden en de oudvader heeft mij gered. Het was een groot wonder van Gods voorzienigheid. Gods voorzienigheid heeft mij met vele kwesties geholpen, maar de grote hulp die ik kreeg was boven alles dat ik er op zo'n jonge leeftijd in slaagde naar de Heilige Berg te gaan, hoewel dat strikt verboden was. Ik wist niets over het monastieke leven, maar God stond mij bij.

Zoals ik al zei, kwamen wij aan in de skite. Vanaf dat ogenblik was het een ander leven: een leven in Christus. Diensten, Completen, Metten, Vespers, nachtwaken. Een gezegend leven!

DE HEILIGE BERG KAVSOKALYVIA
(1918-1925)

Mijn leven op de Heilige Berg was gebed,
vreugde en gehoorzaamheid aan mijn oudvaders

Toen ik naar de Heilige Berg ging, was ik jong en onwetend.

Als ik u zou moeten vertellen over mijn leven op de Heilige Berg, mijn liefde en mijn toewijding, dan zou de tijd mij ontbreken om alles te vertellen (Hebr. 11, 32). Mijn liefde voor u dwingt mij echter om dit zo goed als mogelijk te doen.

Toen ik naar de Heilige Berg ging was ik, zoals ik al zei, jong en onwetend. Ik kon niet lezen; ik las letter voor letter. Mijn oudvaders – het waren broers, oudvader Panteleimon de biechtvader, en vader Joannikios – vroegen mij: "Kun je lezen?"

"Een beetje", antwoordde ik.

Het was zaterdagavond en zij lieten mij het Psalterion lezen. Schuchter begon ik de woorden van de eerste psalm te lezen: "Ge…ge…ze…ze…gend…i…is…d…e…ma…an…"

"Dat is goed zo, mijn jongen, laat mij nu maar lezen", zei vader Joannikios, "dan kun jij een andere dag weer lezen." Hij zette zijn bril op en begon: "Gezegend is de man die niet gaat naar de raad… (Ps. 1, 1).

U kunt u wel voorstellen hoe gegeneerd ik was. Dat was een goede les voor mij. "Ik moet leren lezen", besloot ik.

En zo ging ik vlug aan het werk. Telkens als ik een ogenblik tijd had – en ik had veel vrije tijd – las ik het Psalterion, het Nieuwe Testament en de canons om mijn tong wat losser te maken, en zo, door het vele lezen ervan, kende ik het Psalterion al snel uit het hoofd. Ik las zelfs 's nachts.

Ik voelde dat ik niet langer op aarde was, maar naar de hemel opgetild was

Op een avond was er een vigilie in het Kyriakon[7], de kerk van de Heilige Drieëenheid. Dit was kort nadat ik was aangekomen, tijdens de eerste paar dagen. Onze skite vierde zijn feestdag. Mijn oudvaders vertrokken vroeg in de avond naar de kerk en lieten mij achter in de kluis om te slapen. Ik was jong en zij dachten dat ik misschien niet wakker zou kunnen blijven tot de ochtend wanneer de vigilie zou eindigen.

Na middernacht kwam vader Joannikios mij wekken. "Word wakker en kleed je aan", zei hij, "dan gaan we naar de kerk."

Ik sprong onmiddellijk op en in drie minuten waren wij bij de kerk van Heilige Drieëenheid. Hij liet mij als eerste de kerk ingaan. Het was voor mij de eerste keer en ik was sprakeloos! De kerk was vol monniken die rechtop stonden, eerbiedig en aandachtig. De kroonluchters verspreidden hun licht over de hele ruimte en verlichtten de iconen op de muren en de lessenaars. Alles was licht en schitterend. De kleine olielampen brandden, de wierook verspreidde zijn geur en het gezang klonk stemmig in de buitenaardse schoonheid van de nacht. Ik was overmand door ontzag, maar ook door angst. Ik voelde dat ik niet langer op aarde was, maar dat ik in de hemel was. Vader Joannikios knikte naar mij om naar voren te gaan om de iconen te kussen. Ik bleef roerloos staan. "Neem mijn hand, neem mijn hand", zei hij. "Ik ben bang!" zei ik. Hij nam mij bij de hand en terwijl ik hem stevig vasthield, vereerde ik de iconen. Het was mijn eerste ervaring en zij staat tot op de dag van vandaag in het binnenste van mijn ziel gegrift.

Een periode van verzoekingen

Ik was heel gelukkig en enthousiast over mijn leven in de skite. In het begin, echter, beleefde ik een periode van verzoekingen. Ik dacht veel aan mijn ouders en had medelijden met ze; het deed me pijn dat ze niet wisten waar ik was. Ook moest ik denken aan

....

[7] Het Kyriakon of Katholikon is de hoofdkerk van de skite, waar de monniken gaan op zondagen en op grote feesten.

een neef die mijn leeftijd had. Er kwam een verlangen in mij op om een tijdje naar mijn dorp te gaan en mijn neef naar de Heilige Berg te brengen, zodat ook hij dit wonderbare leven zou kunnen meemaken. Ik voelde dat het mijn plicht was om hem tot Christus te brengen. Ik zei echter niets tegen mijn oudvader. En zo begon ik mijn eetlust te verliezen, mijn gezicht werd bleek en ik werd zwaarmoedig.

Mijn oudvader merkte dit alles op. Op een dag riep hij mij bij zich en vroeg me bezorgd: "Wat gaat er niet, mijn jongen? Wat is er met je?"

Ik vertelde hem alles. En dat was het einde van de zaak, ik was bevrijd. De verzoeking was voorbij. Mijn eetlust kwam weer terug en vreugde stroomde door mijn hart.

Ik leefde verder in gehoorzaamheid aan mijn oudvaders. Mijn gezicht straalde; ik werd knapper en ging er beter uitzien. Al was ik in het begin broodmager geweest, ik zag er later goed uit. Mijn gezicht werd engelachtig. Hoe ik dat zag? Ik was naar mijn oudvader gegaan en daar de zon op zijn raam schitterde werd het een spiegel voor mij. Toen ik mijn gezicht zag, zei ik tegen mezelf: "Hemel! Wat heeft Gods genade mij veranderd." In het begin dacht ik veel aan mijn ouders en de gedachte aan hen kwelde mij. Later dacht ik niet meer aan ze. Ik herinnerde mij hen alleen in mijn gebeden, opdat de Heer hen zou redden. In het begin verlangde ik naar hen; later ging mijn verlangen uit naar mijn oudvaders. Ik herdacht mijn ouders in mijn gebed, maar op een andere manier, louter met de liefde van Christus. Ik begon meer te vasten en mij meer in te spannen in ascese, en ik was vervuld van een nog grotere hartstocht en enthousiasme. Ik verlangde er voortdurend naar om in de kerk te zijn en wilde alles doen wat mijn oudvaders maar van mij verlangden, zodat ze tevreden over me zouden zijn. Ziet u? Dat is de verandering, de transformatie die bewerkt wordt door Gods genade.

Liefde voor mijn oudvaders

Zoals ik al eerder gezegd heb, waren mijn oudvaders vader Panteleimon en zijn broer, vader Joannikios. Ik hield van ze, al waren ze heel streng. In die tijd realiseerde ik mij dit niet.

Omdat ik van hen hield, had ik de indruk dat zij mij niet streng behandelden. Ik had veel eerbied, toewijding en liefde voor hen. Mijn toewijding was... was het dat ik de icoon van Christus zag? Zo was mijn ontzag en zo was mijn toewijding. Na God kwamen mijn oudvaders. Ze waren allebei priester en kwamen uit de streek van Karditsa, uit een hooggelegen dorp, Mesenikolas. Daar komt ook mijn wollen deken vandaan, waar ik tot voor kort onder sliep. Ik was volledig gehoorzaam aan ze.

Gehoorzaamheid! Wat kan ik zeggen? Ik kende werkelijk de betekenis van dat woord! Ik gaf mezelf over aan gehoorzaamheid met vreugde en liefde. Het is deze totale gehoorzaamheid die mij redde en het is wegens haar dat God mij Zijn gave schonk. Ja, ik herhaal het, ik was totaal gehoorzaam aan mijn oudvaders – geen gedwongen gehoorzaamheid, maar met vreugde en liefde. Ik hield werkelijk van hen. En omdat ik van hen hield, liet deze liefde mij aanvoelen en weten wat ze van mij verlangden. Ik wist wat ze van mij wilden zelfs voor ze het mij vroegen, en niet alleen wat, maar ook hoe ze het wilden. Ik ging hiernaartoe en daarnaartoe. Ik was ze toegewijd. Daarom had mijn ziel vleugels van vreugde als ik bij hen was. Ik dacht aan niemand anders – niet aan mijn ouders, niet aan kennissen, niet aan vrienden noch aan de buitenwereld. Mijn leven bestond uit gebed, vreugde en gehoorzaamheid aan mijn oudvaders.

Als ze eenmaal iets tegen mij zeiden, hield ik mij daar altijd aan. Bijvoorbeeld, de oudvader zei eens tegen mij: "Was je handen voordat je gaat eten en elke keer als wij naar de kerk gaan, want wij gaan een heilige ruimte binnen en alles moet schoon zijn. Denk eraan dat wij allebei priester zijn en de liturgie vieren; onze handen moeten schoon zijn en alles om ons heen moet schoon zijn."

Dat hoefden ze mij geen tweede keer te zeggen. Voordat ik ging eten, waste ik mijn handen; als wij iets nodig hadden in de kerk, waste ik mijn handen; als ik iets opraapte, waste ik mijn handen; als er secuur werk verricht moest worden bij mijn handwerk, dan waste ik eerst mijn handen. Zo deed ik dat met alles, zonder de minste gedachte aan tegenspreken. En vergeet niet dat ik twee oudvaders had die dikwijls tegenstrijdige dingen van mij vroegen.

Op een keer zei vader Joannikios tegen mij: "Neem deze stenen hier weg en breng ze daarginds." Ik bracht ze naar de plaats die hij mij gewezen had. Toen kwam de biechtvader langs. Zodra hij de stenen zag, vermaande hij mij boos, zeggend: "Jij lelijkerd! Waarom heb je dat gedaan? Is dat de plaats waar wij die stenen willen hebben? Breng ze terug naar waar je ze gevonden hebt!"

Telkens als hij boos op me was, gebruikte hij de woorden "jij lelijkerd" om mij te vermanen.

De volgende dag kwam vader Joannikios voorbij. Hij zag de stenen op hun oorspronkelijke plaats en vloog tegen mij uit zeggend: "Heb ik je niet gezegd die stenen daarginds te brengen?"

Ik liet mijn hoofd hangen en bloosde; ik maakte een metanie voor hem en zei: "Vergeef mij, oudvader, ik had ze bijna allemaal daarnaartoe gedragen, maar de andere oudvader zag mij en zei: 'Breng ze terug naar waar je ze gevonden hebt; daar hebben wij ze nodig,' en dus bracht ik ze terug." Vader Joannikios zei geen woord.

Dit soort dingen deden ze dikwijls. Maar ik vermoedde niets. Ik dacht nooit: "Doen zij dit om mij te testen?" Dat kwam niet eens in me op. Het leek zo natuurlijk. Dat is belangrijk, want als iemand weet dat hij getest wordt, kan hij zelfs de zwaarste taken vervullen om aan te tonen dat hij gehoorzaam is, maar als hij niet weet dat iemand hem aan het testen is, en die persoon zelfs opgewonden en boos ziet, kan hij niet anders dan reageren en denken: "Kijk nu toch! Die man is hier al die jaren monnik geweest en hij kan niet eens zijn kwaadheid beheersen! Is dit mogelijk? Kan een monnik tegelijkertijd opvliegend zijn en bidden? Waarom heeft hij zich nog niet kunnen ontdoen van zijn kwaadheid? Deze mensen zijn onvolmaakt..."

In ieder geval dacht ik niet op deze wijze, en ik wist ook niet of zij mij aan het testen waren. Integendeel, ik genoot van deze incidenten, omdat ik van ze hield. En zij hadden ook veel liefde voor mij, zelfs al lieten zij het niet openlijk merken. Ik hield van allebei mijn oudvaders, maar zocht vooral steun bij degene die mijn geestelijke vader was, oudvader Panteleimon. Zoals David zegt: "Mijn ziel is innig aan U gehecht, Uw rechterhand is mijn steun" (Ps. 62, 9), zo was mijn eigen ziel gehecht aan mijn oudvader. En daar is geen woord van gelogen! Mijn hart was bij zijn hart. Ik keek naar hem, ik voelde hem aan. Hij nam mij mee naar buiten en wij gingen naar het Kyriakon om vandaar samen naar onze werkzaamheden te gaan. Het is ongelooflijk hoe ik hem aanvoelde. Het feit dat ik me aan hem hechtte, heiligde mij enorm; het feit dat mijn hart kleefde aan zijn hart, werkte wonderen voor mij. Hij was een heel grote heilige!

En toch deelde de oudvader nooit iets met mij. Niet alleen zei hij mij niet waar hij vandaan kwam, hij deelde zelfs zijn achternaam niet. Niets. Hij zei nooit "in mijn dorp" of "mijn ouders ... mijn broers". Hij was altijd stil, altijd aan het bidden, altijd deemoedig. Als hij ooit kwaad werd, waren zijn boosheid en alles wat hij zei, gemaakt. Ik hield van hem en ik denk dat mijn gehoorzaamheid aan hem en mijn liefde voor hem, ervoor zorgden dat de genade die hij bezat mij bezocht en bij mij bleef.

Ik lette op hem om zijn gewoonten over te nemen, hem na te doen. Ik hield van hem, vereerde hem; ik keek naar hem en had er baat bij. Het was voldoende om gewoon naar hem te kijken.

Samen gingen wij op expeditie. Wij liepen dan vanuit Kavsokalyvia de berg op om steeneiken om te zagen. Gedurende de tocht zei hij niets, geen woord. Ik herinner mij dat mijn oudvader mij enkel wees welke steeneiken ik moest omzagen, en zodra ik er een omgezaagd had, riep ik vol vreugde: "Oudvader ik heb hem omgezaagd!" Hij zei dan: "Ga daarheen met je zaag." Ik haalde het kreupelhout weg zodat ik er met mijn zaag bij kon. Dan zocht hij weer een andere boom voor me. Wij gebruikten de uitdrukking "met één ademhaling", dat wil zeggen, in één slag. En opnieuw riep ik uit: "Oudvader, ik heb hem omgezaagd." Met plezier. Dit waren geen alledaagse dingen. Het was mijn liefde; het was de genade Gods die van de oudvader in mij, onwaardige, overliep.

Herinnert u zich het verhaal over een groep monniken die gewend waren een van de Woestijnvaders te bezoeken en hem te overstelpen met vragen? Een van de monniken zat zonder een woord te zeggen naar het gezicht van de oudvader te kijken. Allen stelden ze hem vragen, maar hij zei niets. Uiteindelijk keerde de abba zich naar hem toe en zei: "Waarom vraag je niets? Heb je helemaal geen vragen?" De monnik antwoordde: "Ik heb niets meer te wensen; het is mij voldoende gewoon naar u te kijken, abba."[8] Ziet u, hij was genadevol van hem aan het genieten; hij was hem aan het inademen, dat wil zeggen, hij was de genade Gods via hem aan het inademen. De heilige Symeon de Nieuwe Theoloog zegt hetzelfde. Hij belijdt dat ook hij genade ontving van zijn oudvader.

Alles wat ik deed, deed ik met vreugde

Mijn oudvaders gaven mij geen zwaar werk te doen. Ik gaf water aan de tuin en deed mijn handwerk, dat is, mijn houtsnijwerk. Ze gaven mij ook geen onderricht. In het begin ging ik alleen met hen mee naar de kerkdiensten. Niets meer.

Na enkele dagen riep de oudvader mij bij zich en gaf mij een gebedssnoer en zei mij elke avond het volgende gebed te herhalen: "Heer Jezus Christus, Zoon van God, ontferm u over mij, zondaar". Dat was alles. Geen onderricht, geen verklaring. Voordat hij mij het gebedssnoer gaf, zei hij: "Kijk! Maak een buiging, kus mijn hand, en kus het kruis aan het begin van het gebedssnoer zodat ik je een zegen kan geven dat God je mag helpen." Zo leerde ik bidden met een gebedssnoer.

In het begin stuurden zij mij niet uit voor boodschappen buiten de kluizenarij. De werkjes die ik deed, deed ik in huis. Daarna ging ik naar buiten, naar de tuin. Ik schepte, gaf water, wiedde en deed verder al wat ik kon. Later begon ik houtsnijwerk te leren. Als ik klaar was met mijn werk, lieten ze mij het Psalterion lezen terwijl zij werkten. Ik was consciëntieus met mijn werk en ik wilde ze nergens mee teleurstellen. Mijn enige gedachte was hoe ik mijn oudvaders in alles kon dienen en tevreden stellen. Wat zij mij ook zeiden te doen, deed ik, en ik volgde hun aanwijzingen precies op. Om zeker te zijn van wat ik deed, ging ik in mijn gedachten steeds opnieuw na wat ze gezegd hadden, en leerde het als een les. Ik herhaalde hun woorden in mijn hoofd. Bijvoorbeeld, mijn handwerk was houtsnijwerk. Ik keek hoe de oudvaders het aanpakten en 's nachts als ik naar bed

....

[8] Een verhaal over de heilige Antonios uit de Spreuken van de Woestijnvaders.

ging, deed ik de "les" over in mijn gedachten: wij nemen het stuk hout, wij snijden het, wij leggen het in het water om te weken, dan halen wij het eruit en laten het drogen, dan snijden wij het in zijn vorm, wij schaven het, wij schuren het met schuurpapier, wij nemen de rasp en wij bewerken het in deze richting en dan in die, dan nemen wij een gekristalliseerde steen uit de zee om het hout te doen blinken (ze noemen het adamantine in het Grieks), dan zetten wij de tekening erop, enzovoorts. Ik herhaalde het hele proces in mijn hoofd, zodat ik niet het kleinste detail zou vergeten en ik het werk precies zou doen zoals zij het wilden. Ik was bang dat ik een fout zou maken en hen verdriet zou doen. En dus leerde ik wat zij mij ook zeiden, uit het hoofd.

Ze vertelden mij waarom het essentieel was een handwerk te leren. Ze zeiden:

"Leer beslist je handwerk. Anders kun je hier niet overleven. Dit is geen klooster, dat wil zeggen, geen cenobitisch klooster, met veel opbrengst uit het veld, de fruitbomen en de wijngaarden. Hier moet je werken om je brood te verdienen."

Ze legden mij dit uit en leerden mij de kunst van het houtsnijwerk en wat ik ook deed, ik deed het met vreugde. Ik zei tegen mezelf: "Ik ga een monnik worden, en ik moet leren wat dat betekent." Ik was nieuwsgierig om alles te leren in al zijn lengte en breedte. Ik wilde alles leren. Het was natuurlijk niet dat ik dacht dat ik later een prediker zou worden en dat ik deze kennis zou kunnen gebruiken, maar puur uit liefde voor Christus. Ik ontving de zegen van mijn oudvader om de dienst van de Monnikswijding te lezen en binnen twee weken kende ik deze uit het hoofd.

Zuiverheid van geest

Op de bank waar ik op werkte, waar ik mijn houtsnijwerk deed, had ik ook de Heilige Schrift. Ik opende en las hem vanaf het begin van het evangelie volgens de heilige Matteüs: "Geslachtsboek van Jezus Christus, Zoon van David, Zoon..." (Mt. 1, 1) Ik las, en werkte, en herhaalde de woorden van de evangelies ontelbare keren in mijn hoofd. Ik ken ze nu nog. Wat ik wilde, was heilige woorden in mijn hoofd hebben. Ik hield van de goddelijke woorden; ik voelde ze aan en begreep ze steeds dieper. Ik herhaalde ze onvermoeibaar de hele dag. Zelfs al herhaalde ik ze elke dag, ik werd ze nooit beu.

Ik had een groot enthousiasme, en als mijn oudvaders 's ochtends vertrokken en pas 's avonds weer terugkwamen, was ik vrij en ging ik naar de kleine kapel, naar de heilige Georgios, en wijdde mij aan het gebed. En wat gebeurde er? Ik was zo vervuld van vreugde dat ik niet at. Ik wilde niet afgeleid worden. Begrijpt u? Ik herhaalde het Jezusgebed, ik zong en ik las. Ik had een heel goede stem. Het is waar – ik had een uitstekende stem! Ik vertel u dit niet om mezelf te prijzen, maar omdat ik het zo voelde. Ik had een heel goede stem, en wanneer ik zong, klonken de woorden als een klaagzang. Het waren liefdesliederen, ze waren voor Christus, ze waren wat je maar wilt... begrijpt u? Mijn hemel! Hoeveel begrafenisdiensten... hoeveel... vanalles. Dat soort dingen zong ik.

Met het verstrijken van de tijd, groeide ik en werd ik sterker, en de oudvaders begonnen mij op pad te sturen voor boodschappen buiten de kluizenarij. In onze kluizenarij, in Kavsokalyvia, hadden wij geen aarde en wij haalden deze van een grote afstand, torsend op onze schouders. Als ik opdracht kreeg om aarde te gaan halen en ik liep in de richting van de grot van de heilige Nifon, dan was het mijn gewoonte om mijn gedachten niet zomaar vrij te laten rondzwerven, maar om delen van de Heilige Schrift, de Psalmen en de canons uit het hoofd te leren. Ik deed dit om zuiverheid van geest te verwerven. Ik heb nooit gedacht dat ik hetgeen ik uit het hoofd leerde ooit zou gebruiken zoals predikers dat doen, om publiekelijk te spreken en te preken. Ik heb nooit gedacht dat ik de woestijn zou verlaten. Zulk een gedachte is nooit in mij opgekomen. Ik geloofde dat ik daar zou blijven en daar zou sterven. Maar toch, zonder dat ik het begreep en zonder dat ik het wenste, heb ik de Heilige Berg verlaten.

Prediken met uitgestrekte hand

Op een dag zonden mijn oudvaders mij uit om aarde naar de skite te brengen. Zodra ik een eindje in de richting van de kapel van de heilige Nifon gelopen had, was ik, zoals gewoonlijk, de woorden van het evangelie van de heilige Johannes in mijn hoofd aan het herhalen en keek ik uit over de Egeïsche zee die zich uitstrekte in een horizonloze oneindigheid. Ik stond een ogenblik stil op een rots, ademde de geur van tijm in, legde de zak neer die ik had meegenomen om met aarde te vullen, en vervuld met vreugde door de weelde van de natuur, begon ik te roepen. Ik strekte mijn hand uit en preekte. Ja, ik verzeker u dat het waar is! Ik zei:

"En dit is het oordeel: het Licht is in de wereld gekomen, maar de mensen hielden meer van de duisternis dan van het Licht, want hun werken waren slecht. Immers, ieder die kwaad doet, haat het licht en komt niet in het licht opdat zijn daden hem niet te schande maken..." (Joh. 3, 19-20).

Ik declameerde deze passage tot het einde. En tot wie richtte ik mij met deze preek? Tot de lucht, tot de zee, tot de hele wijde wereld. Zonder iemand om het te horen, preekte ik middenin de wildernis.

Ik liep niet, ik rende

Ik wilde helemaal niet stil blijven zitten. Ik wilde altijd bewegen, planten water geven, hout hakken, noem het maar op. En alles werd gedaan met een buiging en een zegen. Ik was vervuld van vreugde en blijdschap. Ik voelde mij vol en overvloeiend en ik rende. Ik liep niet, ik rende. Ik was echter gegeneerd dat de oudvaders me zouden zien rennen, en dus begon ik met langzaam te lopen en pas als ik uit het gezichtsveld verdwenen was, begon ik te rennen. Ik deed vleugels aan om sneller te gaan en weer vlug bij mijn oudvaders te zijn. Een leven vrij van zorg ... wat kan ik zeggen? Dit is werkelijk een engelgelijk leven. En die gezegende oudvader van mij was ook heel ijverig. Hij zei tegen mij: "Ga hierheen... ga daarheen..." En wij hadden inderdaad veel werk. Ze hadden mij de verantwoordelijkheid over de kluizenarij gegeven. Wij hadden een huis dat goed ingericht en onderhouden was. Wij hadden olijfbomen, een paar fruitbomen en een groentetuin.

Maar natuurlijk vermoeide het werk me. Ik deed veel soorten werk. Ik ging blootvoets de berg op en er zaten dikwijls sneden in mijn voeten. Hoe hadden mijn oudvaders dat moeten weten?

Ze zagen mij als een kind. Als ik terugkwam van de berg, na drie uur lopen, kon het wel gebeuren dat vader Joannikios tegen mij zei: "Morgen gaan wij brood bakken, maak je nu klaar en ga hout halen voor de oven."

Dan nam ik een touw en ging de berg op om takken te verzamelen. Ik liep op paden, maar ook op ruw terrein. Dat is niet het enige dat ik me herinner, de oudvaders lieten mij dikwijls houtblokken of stokken halen en ik laadde ze op mijn rug als een ezel. En volgeladen als ik was, met pijn in de rug, ging ik op de stenen muur zitten om te rusten. Als de lading bijzonder zwaar was, zei ik tegen mezelf: "Ik zal het je eens laten zien, jij oude ezel." Ik wist niet wat luiheid betekende en had absoluut geen medelijden met mijn lichaam. Als mijn knieën pijn deden, wilde ik wraak op ze nemen. Hoe meer ze protesteerden en pijn deden, hoe groter de last was die ik op mijn rug laadde. "Ik zal je laten zien, jij oude ezel!" herhaalde ik dan. Ik nam wraak. Ik nam wraak op mijn slechte ik. Het is ongelooflijk dat ik als zeventienjarig jongen mijzelf belaadde met een gewicht van bijna 90 kilo en het de hele weg, laten wij zeggen een afstand van het Omoniaplein naar de top van de Lycavitos-heuvel[9], op mijn rug droeg.

Er was geen sprake van luiheid. Ik hield ervan te bidden, zelfs als ik moe was. Als ik uitgeput was, zocht ik God zelfs nog meer. U moet geloven en begrijpen dat dat werkelijk mogelijk is. Het is een kwestie van liefde. Het is niet een kwestie van snel werken. Je doet een werkje, dan begin je een ander, je komt terug en begint weer aan een ander, en je zorgt ervoor dat je ze allemaal afmaakt: water geven, schoffelen, aarde en takken brengen, de berg opgaan, hout halen voor het houtsnijwerk, enzovoorts. Met liefde kun je voortdurend in beweging zijn. Dan moet u zien wat er met de zonden gebeurt. Ze vallen allemaal in een diepe slaap. Hoort u dat? Dit is werkelijk een leven verloren voor de wereld, een gezegend en heilig leven, een leven in het paradijs.

....

[9] Bekende plaatsen in Athene, een stijgende wandeling van meer dan 1 km.

Een wilde geit van het woud

Ik kan u geen voorbeeld geven van wat ware gehoorzaamheid is. Het is niet dat wij een discussie hebben over de deugd van gehoorzaamheid en ik dan tegen u zeg, "Ga een duikeling maken", en u gehoorzaamt. Dat is geen gehoorzaamheid. U moet volledig zorgeloos zijn en überhaupt niet denken aan gehoorzaamheid, en dan plotseling vraagt men u iets te doen en bent u bereid het met vreugde te doen. Als u bezig bent met uw werk en iemand vernedert u, terwijl u zich in zijn geheel niet in een staat van oplettendheid of bereidheid bevindt, dan zult u aan uw reactie kunnen toetsen of u werkelijk over gehoorzaamheid beschikt of niet.

Ik volgde de instructies van mijn oudvaders letterlijk op. Ze zeiden tegen mij: "Je mag niet spreken en niet zeggen wat wij doen of welke gebedsregel wij er in de kluizenarij op nahouden. Als je onderweg een monnik ontmoet en hij zegt: 'Zegen', dan antwoord je: 'Zegen', met eerbied en liefde in Christus. En als hij een oudvader is, kus je zijn hand. Als hij je vraagt: 'Hoe gaat het met je oudvaders?' dan antwoord je: 'Dankzij uw gebeden gaat het goed met hen', en je loopt onmiddellijk door, zonder verder gesprek. En als hij achter je aankomt en je benadert en iets vraagt, sta niet stil en geef geen antwoord, want niet alle monniken zijn goed en je moet voorzichtig zijn. Wat ze ook vragen, je moet antwoorden: 'Ik weet het niet, vraag het mijn oudvader, ik weet het niet.' Zeg: 'Zegen', en vertrek. Laat hen niet tegen je zeggen: 'Weet je, houtsnijwerk is niet zo'n goed handwerk, kom en leer iconen schilderen of muziek, of zoiets.' Luister nergens naar en ga verder op je weg."

Eens stuurden zij mij naar de heilige Nifon, en onderweg ontmoette ik drie mannen uit de wereld – zo worden zij die geen monnik zijn genoemd op de Heilige Berg – en zoals gewoonlijk, toen ik naderbij kwam, zei ik: "Zegen" en ik liep door. Daar ik echt een "wild" uiterlijk had, zei een van hen: "De arme jongen, hij ziet eruit alsof hij niet helemaal goed bij zijn hoofd is".

Ik was tegen die tijd al een stuk verder gelopen, maar ik had een heel scherp gehoor. En toen ik dit hoorde was ik blij wegens de vernedering. Ik glimlachte innerlijk. "Hij heeft gelijk", dacht ik, "hij heeft helemaal gelijk. Maar wat zou hij zeggen als hij mijn echte waanzin kende!"

Ik ging niet dikwijls weg, en mijn oudvaders namen mij ook niet mee naar de vieringen van feestdagen. Als het de feestdag van een heilige was, gingen de oudvaders naar de kerk die aan zijn gedachtenis gewijd is en lieten ze mij thuis.

Op de Heilige Berg staken de oudvaders een vuur aan in de kluizenarij. Ik wilde er niet bij in de buurt zijn. De oude mannen zaten dicht bij het vuur, maar ik zat een eindje verder. Ik was bang. Ik was bang dat het vuur mij zou bederven en dat zei ik tegen de oudvaders, dus de goede mannen lieten mij met rust. Het is ook een kwestie van gewoonte. Als je er eenmaal aan went bij het vuur te zitten, kun je jezelf niet meer harden voor ontberingen. Als ik verkouden was, dronk ik een kop thee, maakte vijf- of zeshonderd metanieën, zweette overvloedig en trok andere kleren aan; daarna ging ik op mijn matras liggen en ik werd weer beter.

Ik was werkelijk een "wilde". Ik was een wilde geit van het woud. Ik zeg het u eerlijk. Ik liep barrevoets rond in de sneeuw en op de rotsen. U had moeten zien hoe rood mijn voetzolen werden! Ze werden rood in de sneeuw. Mijn oudvaders dwongen mij niet barrevoets te lopen, zelf deden ze dit immers ook niet. Het was iets dat ik zelf wilde. Maar aan de ander kant zeiden zij mij ook niet om mijn schoenen niet uit te trekken. In de kapel en in het Kyriakon, echter, droeg ik zowel sokken als schoenen, geen klompen met houten zolen. Ik herinner mij iets heel moois! Het was lente en de oudvaders hadden mij naar Kerasia gestuurd. Terwijl ik rende, trok ik mijn klompen uit, want ik wilde met mijn voeten afdrukken maken in de sneeuw en het ijs.

Omdat mijn oudvaders mij zo zagen leven, hadden ze ook plezier in mij. Het gebeurde wel dat ze mij vernederden en vermaanden: zelfs als ik iets goed deed, zeiden ze dat het slecht was. Niet altijd natuurlijk, maar ze wilden mij "betrappen" wanneer ik het niet verwachtte.

Mijn oudvaders waren bijzonder heilig. Ze onderrichtten mij op vele wijzen, dikwijls met strengheid. Ze zeiden nooit: "Bravo!" of "Goed gedaan!" Ze prezen mij nooit. Hun raad was altijd dat ik God moest beminnen en mezelf moest vernederen, dat ik God moest aanroepen om kracht te geven aan mijn ziel en Hem diep moest beminnen. Dat is wat ik geleerd heb. "Goed gedaan" zijn woorden die ik nooit heb gehoord, en ik heb er ook nooit naar gevraagd. Zelfs thuis heb ik nooit gehoord: "Gefeliciteerd, dat heb je goed gedaan". Mijn moeder vermaande mij en mijn vader was weg naar Amerika; hij werkte jarenlang aan het Panamakanaal. Dat deed mij veel goed. Iemand die gewend is aan vernederingen trekt de genade van God aan. Als mijn oudvaders mij niet vermaanden, was ik bedroefd en dacht bij mezelf: "Hemeltje, had ik geen betere oudvaders dan deze kunnen vinden?" Ik wilde dat zij mij kastijden, mij vermaanden, mij hard behandelden. Nu realiseer ik mij pas hoe streng ze waren. In die tijd realiseerde ik het mij niet, omdat ik van hen hield. Nooit had ik van hen gescheiden willen worden.

Dwaalspoor

Soms leidde mijn buitensporige ijver mij op een dwaalspoor en ging ik te ver. Ik deed ook dingen zonder zegen, maar dat is egoïsme. Ik zal u een voorbeeld geven.

Mijn oudvaders waren door hun werk de hele dag weg en lieten mij alleen achter in de kluizenarij. Ik was dan bezig met mijn handwerk. Mijn oudvaders hadden mij echter nog niet alles getoond in verband met dit werk, uit angst dat ik zou vertrekken.

Op een keer nu nam ik een mooi stuk wit hout en maakte er een tekening op. Ik sneed een heel mooie merel uit, vol beweging, met zijn vleugels naar achter gestrekt, pikkend aan een druif. De druif hing aan de tak van een klimrank met twee of drie bladeren, en de merel had van onder af zijn snavel tegen de druif. Het was heel mooi. Ik had het afgewerkt met schuurpapier. Toen mijn oudvaders terugkwamen, begroette ik ze met een buiging. Ik nam mijn houtsnijwerk mee en zei tegen vader Joannikios: "Kijk wat ik gemaakt heb!" Zodra hij het zag, werden zijn ogen glazig en hij viel woedend uit: "Wie heeft je gezegd dat te doen? Heb je het iemand gevraagd?" Hij greep het beet en smeet het op de grond waar het in stukken uit elkaar viel. "Ga het ogenblikkelijk aan de oudvader vertellen!" Ik was verdrietig en vroeg om vergiffenis. Zonder het te weten had ik hen verdriet gedaan. "Waarom doe je iets zonder het te vragen? Ga ogenblikkelijk naar de oudvader en toon hem de stukken en biecht het op."

Ik ging onmiddellijk naar de oudvader en liet hem de stukken zien en hij zei tegen mij: "Dat had je niet moeten doen, mijn jongen. Er wordt niets gedaan zonder zegen. Op die manier kun je gemakkelijk op een dwaalspoor raken en Gods genade verliezen." Ik maakte een metanie en vroeg hem om vergeving, met eenvoud en zonder hartstocht. Het verwijt maakte mij niet kwaad, integendeel, ik dacht: "Mijn oudvaders hadden strenger met mij moeten zijn, zij hadden mij moeten straffen."

Bij een andere gelegenheid echter, was ik bewust ongehoorzaam. Een keer, voordat de oudvaders vertrokken voor hun werk, zei mijn geestelijke vader: "Zie je dat boek daar op de plank? Kom er niet aan. Het is niet voor jou; je bent te jong. Later als je vooruitgang hebt geboekt, als je nederiger bent geworden, dan zul je het lezen."

Voor mij was dat wet. Ik keek er zelfs niet naar. Maar op een dag dat mijn oudvaders naar Kerasia vertrokken waren, werd ik overmand door nieuwsgierigheid. Ik ging ernaartoe en keek er naar op. Het was hoog. Ik was klein en kon er niet bij. Het bleef door mijn hoofd spelen... Toen zei ik bij mezelf: "Laat mij op zijn minst kijken waar het over gaat." Ik trok er een stoel naartoe, klom erop, reikte naar het boek en bracht het naar beneden. Wat jammer! De letters waren allemaal met elkaar verwikkeld in een vreemde taal. Het was met de hand geschreven. Met de hand – een groot boek, een heel groot, dik boek. Ik kon al de vreemde afkortingen, letters en kalligrafie niet begrijpen, maar later leerde ik ze lezen. Het was een manuscript. Het was van de heilige Symeon de Nieuwe Theoloog, een heel groot boek met dikke bladzijden. Het was ook heel zwaar. Maar ik kon het niet lezen en legde het terug op de plank.

Hierna voelde ik mij gedeprimeerd, verward en bedroefd. Ik kon niet werken, niet bidden. Niets. Andere keren, als mijn oudvaders weg waren, ging ik naar de kerk en werd vervuld van een gevoel van diepe verering en, daar ik een goede stem had, zong ik. Ik zong hymnen, weeklagend als voor een klaagzang. De hymnen waren heel ontroerend en ik genoot ervan en werd erdoor ontroerd. Deze keer echter, na mijn ongehoorzaamheid, ging ik niet naar de kerk. Ik ging naar buiten, zat op de muur en staarde somber naar de Egeïsche zee. Ik zat daar maar en wilde zelfs de woorden "Heer Jezus Christus" niet herhalen. Ziet u in wat voor toestand ik was? Grote neerslachtigheid. En dat was dat. Ik ging niet naar de kerk en ik bad het Jezusgebed niet. Ik was in de greep van melancholie. Ja, natuurlijk had ik geloof in God, maar ik wilde de bevelen van de oudvaders niet overtreden. Ik voelde de aanwezigheid van God, maar ik wilde geen mens verdriet doen. Ik wilde er niet de oorzaak van zijn dat iemand bedroefd was. Wat moest ik doen?

Bij het vallen van de avond kwamen de oudvaders terug. Wat moest ik, ongelukkige, toch doen? Ik zei tegen mezelf dat ik het ze zou vertellen. Maar ik kon mezelf er niet toe brengen. Ik ging naar de kerk omdat ik verplicht was met de oudvaders mee te gaan. Wij lazen de Vespers en de Completen. Ik zei niets. Ik ging naar mijn cel, naar mijn "kavia", zo noemen wij de kamers, en deed mijn metanieën niet, noch mijn psalmregel, noch mijn gebedssnoer. Ik ging liggen en dacht na over hoe ik eruit zou zien als ik stierf, liggend in mijn kist. Ik hoef niet te zeggen dat ik mij ellendig voelde. De volgende ochtend luidde de klok. We gingen naar de kerk en ik las; we eindigden de Metten, de wegzending en gingen naar buiten; we verlieten de kerk om naar de refter te gaan; ik kon het niet langer uithouden. Ik trok een beetje aan de mouw van mijn oudvader – dat wil zeggen mijn biechtvader – en ik zei tegen hem: "Ik wil u een ogenblikje spreken, oudvader."

Hij draaide zich om en wij gingen weer de kerk in en ik zei tegen hem: "Ik ben heel bezwaard. Ik ben ongehoorzaam geweest. U hebt mij gezegd niet aan dat boek te komen maar ik heb het bekeken en sindsdien heb ik geen vrede gehad; geen Heer Jezus Christus, geen psalmen, geen gebed, geen metanieën."

"Heb ik het je niet gezegd, mijn jongen?" zei hij. "Waarom heb je het gedaan?"

"Vergeef mij, Oudvader. De verleiding heeft mij overwonnen en het spijt mij heel erg. Vergeef mij en met uw gebeden zal ik in de toekomst voorzichtiger zijn en niet meer ongehoorzaam zijn."

Hij las een gebed van vergeving en weet u? Al mijn gekwelde gedachten verdwenen. Zodra ik aan mijn oudvader opgebiecht had – ere zij God – kwam ik onmiddellijk alles te boven. Telkens als ik gebiecht had, was ik vervuld van grote vreugde en wijdde ik mezelf hartstochtelijk aan het gebed. Ik geloofde dat ik alles aan God had verteld – dat ik weer bij God was. U kunt u niet voorstellen hoe sterk dit gevoel in mij was! En nu hoor ik monniken soms zeggen: "Zorg ervoor dat de oudvader daar niets over hoort!" Kunt u dat geloven? Voor ons, daarentegen, doordrong de oudvader ons hele wezen, tot in het allerbinnenste van ons hart.

Ik beminde de oudvaders enorm, maar in die tijd hielden alle novicen en zij die in gehoorzaamheid leefden van hun oudvaders. Na God, was de mening van je oudvader wat telde. Als je iets deed dat daar tegeninging, een ongehoorzaamheid, kon je bijvoorbeeld geen communie ontvangen.

Gehoorzaamheid: het geheim van het geestelijk leven

Velen die op de Heilige Berg hebben geleefd, leefden een geheim leven en stierven zonder dat iemand hen ooit heeft gekend. Ook ik wilde een geheim leven leiden. Ik wilde geen prediker worden of iets dergelijks, en het kwam nooit in mij op de Heilige Berg te verlaten. Een jonge jongen in een totale wildernis! Om het gevoel van de woestijn en van volledige hulpeloosheid te voelen, beklom ik de berg en verbleef daar uren. Ik wilde als kluizenaar leven. Ik vond wilde kruiden en at ze. Ik deed dit als een vorm van ascese. Ik wilde alleen leven, precies zoals de heilige van wie ik was gaan houden toen ik klein was: de heilige Johannes de Hutbewoner. Hij was mijn lievelingsheilige. Hij was degene die ik imiteerde. Het had zo'n indruk op mij gemaakt dat hij het had kunnen verdragen om zo dicht bij zijn ouders te blijven, zijn hutje naast hen neer te zetten zonder zich aan hen bekend te maken, en ze continu te sterken: "Gij hebt uw kleine hut geplaatst bij de poort van uw ouders." Dit is wat staat in zijn troparion:

Met ijver van uw jeugd af hebt gij verlangd en gezucht naar de Heer; Gij hebt vrijwillig achter u gelaten de wereld en al zijn genoegens en ijverig gestreden. Gij hebt uw kleine hut geplaatst bij de poort van uw ouders; vallen van de demonen hebt gij verstrooid en verslagen. Terecht, meest gezegende Johannes, hebt gij Christus' gloriekroon ontvangen.

En een andere hymne[10] luidt:

Arm als een andere Lazaros hebt gij lang en geduldig gewacht voor de poort van uw ouders, omsloten door uw kleine hut, o heilige vader, meest wijze heilige! Maar nu, Johannes, hebt gij een thuis gevonden, een weidse, glorierijke woonplaats, die ge deelt met het leger der Engelen en alle Heiligen in de hemelen.

Ik vertelde dit allemaal aan mijn oudvader. Ja, alles wat ik dacht. En van tijd tot tijd, als hij mij zag afdwalen naar uitersten, zei hij: "Dat is een dwaling, mijn jongen!"

Mijn hele leven was een paradijs: gebed, eredienst, handwerk en gehoorzaamheid aan mijn oudvaders. Maar mijn gehoorzaamheid was het gevolg van liefde, niet van dwang. Deze gezegende gehoorzaamheid deed mij veel goed. Zij veranderde mij. Ik werd scherpzinnig, snel en sterker van lichaam en ziel. Zij maakte dat ik alles kende. Ik moet God dag en nacht verheerlijken dat Hij mij de mogelijkheid gaf op deze wijze te leven.

Gehoorzaamheid is iets waar ik mij over gebogen en wat ik minutieus bestudeerd heb. De andere dingen die God mij in mijn leven gegeven heeft, kwamen vanzelf. De gave van helderziendheid is mij ook door God gegeven wegens de gehoorzaamheid. Uit gehoorzaamheid blijkt liefde voor Christus. En Christus houdt in het bijzonder van hen die gehoorzamen. Daarom zegt Hij: "Ik bemin hen die Mij beminnen, en zij die Mij zoeken zullen genade vinden" (Spr. 8, 17). Alles staat in de Heilige Schrift, maar op verborgen wijze.

IJver voor geestelijke dingen

Mijn oudvaders bevalen mij nooit wat te doen. Zij gaven mij een gebedssnoer en zeiden: "Zeg het gebed". Dat was alles. Ze zagen dat ik fanatiek was en zeiden mij niet veel, zelfs niet wat ik moest lezen. Ze wilden mij niets laten lezen van de grote Vaders waarin grote strengheid geschreven stond, dat wil zeggen de heilige Efrem, de heilige Isaäk de Syriër, de heilige Johannes Klimakos, de

....

[10] Exapostilarion, een hymne gezongen na afloop van de canon in de Metten. De canon bestaat uit een reeks hymnen, irmosi, gebaseerd op de bijbelse cantieken.

heilige Symeon de Nieuwe Theoloog, Evergetinos, enzovoorts. Ze hadden het mij verboden. Dus, uit gehoorzaamheid, las ik slechts de levens van de heiligen, de Psalmen, het boek van de acht tonen en de menea (met de hymnen voor de dagen van elke maand), en daarin leerde ik lezen, want in het begin kon ik het niet. Maar ik had veel ijver voor geestelijke dingen. Om de zoveel tijd ging ik naar de kapel van de heilige Georgios, die ik ook heb helpen bouwen, en ik zong veel van de gezongen delen van de diensten. Het meest van alles hield ik van de Drieëenheidscanons. Ik hield ook van de hymnen die doordrongen zijn van goddelijke liefde, goddelijke eros. Het was een klaagzang, een liefdeslied, noem het wat je wil. Ik liet vele tranen, maar het waren geen tranen van verdriet, maar tranen van vreugde, goddelijke vreugde. Ik was ontroerd. Ik zong ze prachtig! Dat was mijn leven. Ik leefde met de genade van de Heer, niet met mijn eigen kracht. Al deze dingen waren geschenken van goddelijke genade; ze kwamen niet uit mijn eigen vernuft of van mijn onderricht – dat had ik niet – neen, niets... Ze kwamen van Gods genade.

Bij sommige gelegenheden echter, dwaalde ik af. Ik nam dan initiatieven zonder het aan mijn oudvaders te vragen. Om zuiverheid van geest te verwerven, begon ik de Heilige Schrift uit het hoofd te leren. Ik begon bij het begin, bij het evangelie volgens de heilige Matteüs. Eens deed de gelegenheid zich voor om voor mijn oudvaders het eerste hoofdstuk van het evangelie van de heilige Johannes uit het hoofd te reciteren. Toen zij het hoorden, vermaanden zij mij, want ik had het gedaan zonder zegen.

Naar dit ogenblik had ik met verlangen uitgezien

Mijn kinderen, hoe moet ik beginnen u te vertellen hoe ik een monnik geworden ben? Mijn leven op de Heilige Berg is een lang verhaal.

Toen ik de leeftijd van veertien had bereikt, riep mijn oudvader mij bij zich en zei tegen mij:

"Wat ga je doen? Wat zijn je plannen? Blijf je hier?"

"Ik blijf!" riep ik uit, stralend van vreugde en blijdschap.

"Maak een metanie."

Ik maakte een metanie. Toen bracht hij mij een van zijn eigen oude en versleten togen die hij voor het werk gebruikte. Hij was zo vaak opgelapt dat de oorspronkelijke stof bijna niet meer te zien was, en de kraag was vet en gevlekt van het zweet. Ik had jonge monniken in het Kyriakon gezien: ze waren mooi gekleed en ik had gedroomd van een toog zoals de hunne. Wat kan ik zeggen? Naar dit ogenblik had ik met verlangen uitgezien. En jong als ik was, had ik gedacht aan de toog die ik zou krijgen om te dragen, en hoe mooi en prachtig die zou zijn. En toen de tijd kwam, wat zag ik? Een versteld oud vod. Ik was een beetje teleurgesteld, maar slechts vijf minuten. Ik was toen nog jong, ziet u, slechts veertien jaar oud. Ik zei echter niets, ik klaagde niet. Toen ik de toog zag, voelde ik mij plotseling terneergeslagen, zoals ik zei, maar ik dacht al gauw aan de positieve zijde.

"Met uw zegen", zei ik en nam hem aan.

Ik dacht er verder niet meer aan. Ik dacht aan de kluizenaars die haren hemden droegen en ze nooit uitdeden of wasten. God gaf mij daarvoor grote troost. Ik ging naar de lessenaar. De brief van de heilige Johannes viel toevallig voor mij open. En diezelfde dag, mijn God, sprak U tegen mij! O mijn God, Gij sprak zoveel tegen mij...

Wijding in het Grote Schima

Twee of drie jaar later werd ik gewijd in het Grote Schima. De dag ervoor had ik een andere speciale zegen ontvangen. Ik moest met mijn oudvader naar het klooster van de Grote Laura gaan om toestemming te krijgen voor de wijding. De hegoemen die mij de toestemming gaf was heel heilig. Terwijl wij van de plaats liepen waar de heilige Nilos de Myronvloeiende had gewoond bij de Grote Laura, rook ik voor het eerst het hemelse aroma. De geur stroomde over mij heen en ik zei het tegen mijn oudvader. Hij rook, op een soort eenvoudige, nuchtere manier, zei niets en liep door. Zo moeten wij deze dingen beschouwen, met eenvoud. Ik rook de geur een tweede keer bij de relieken van de heilige Charalampos.

Op de avond van mijn wijding kwamen alle vaders bijeen in de kerk van de Drieëenheid, het Kyriakon. Daar vierden zij een Vigilie, zij zongen prachtig en vroom terwijl ik daar vol berouw stond, zonder schoenen, met witte sokken. Ik maakte een metanie voor alle vaders en vereerde de iconen. Toen stelde de presiderende oudvader mij de speciale vragen voor het Grote Schima. Mijn ogen waren vol tranen van emotie. Toen de vigilie voorbij was, gingen wij naar de kluizenarij. Ik was dolgelukkig, maar stil. Ik wilde alleen zijn met God. Als je in die toestand bent, wil je niet zingen of spreken; je verlangt naar de stilte om de stem van God zuiver te kunnen horen.

Vigilies op de Heilige Berg

Het leven op de Heilige Berg is een leven van vigilie en waakzaamheid. Tijdens de vigilie zijn zij die eraan deelnemen verenigd in gemeenschappelijk gebed, zo wordt een geestelijke atmosfeer geschapen waarin allen gemakkelijk tot inkeer treden en waar een groot geestelijk voordeel van uitgaat. De ziel wordt verfijnd en de meest geschikte voorwaarden voor geestelijke verheffing en een diepe communicatie met de Heer worden geschapen. Om twee uur 's ochtends vindt op de Heilige Berg een ware aardbeving plaats. Hiervan was ik altijd vervuld van ontzag. Door het gebed beefde de Heilige Berg, en daarme de gehele geestelijke wereld, als bij een aardbeving. Dat is wat liefde voor Christus doet.

Ik hield van de vigiliediensten op de Heilige Berg. Ik ging er helemaal in op en werd een ander mens. Ook had ik een groot verlangen om elk woord tot mij te nemen en wilde daarom niet dat de slaap mijn aandacht zelfs ook maar een ogenblik zou wegrukken. Ik werd niet slaperig; ik volgde de diensten met ongekende toewijding, met eros. Als ik al eens op een koorstoel langs de muur van de kerk zat, leunde ik niet naar achter, om niet in slaap te vallen. En ook na de goddelijke liturgie wilde ik niet slapen. Het gevoel van liefde was wat overheerste, en daarom bleef ik wakker.

De genade van die Heilige

In het Kyriakon waar ik voor vigilies en andere diensten naartoe ging, leerde ik de heilige mannen kennen. Ik zal u vertellen over een verborgen Heilige.

Hoger dan onze kluizenarij, heel hoog in de bergen, woonde een Rus, oude Dimas, in een primitieve hut, helemaal alleen. Hij was erg vroom en oude Dimas bleef zijn hele leven zo goed als onbekend. Niemand spreekt over hem of over zijn charisma. Bedenk eens wat het voor hem betekend moet hebben om Rusland te verlaten! Wie weet hoe lang zijn reis geduurd heeft. Hij liet alles achter om naar het einde van de wereld te komen, naar Kavsokalyvia, en daar heeft hij de rest van zijn leven doorgebracht tot hij stierf in anonimiteit. Hij was geen egoïst. Integendeel, hij was een ijverige strijder. Hij had niemand met wie hij zijn ervaringen kon delen of tegen wie hij kon zeggen: "Ik heb vandaag vijfhonderd metanieën gemaakt en dit is wat ik voelde..." Hij was een geheime strijder.

Ja, inderdaad, dat is een volmaakt iets, volmaakt en onbaatzuchtig – onbaatzuchtigheid, gebed, heiligheid, voor Gods ogen, zonder behaagzucht tegenover de mensen; de dienaar voor de meester. Niets anders; geen hegoemen, geen "goed gedaan", geen "waarom is dit zo?" Ik zag een levende heilige. Ja, een onbekende heilige, arm en geminacht. Wie weet wanneer hij stierf? Na hoeveel dagen, of zelfs maanden als het winter was, zouden wij ervan horen? Wie zou die hele weg naar omhoog gaan, naar zijn ruwe stenen hut? Niemand zag hem. Dikwijls werden dergelijke kluizenaars pas twee of drie maanden na hun overlijden gevonden.

De uitstorting en overvloed van genade stroomde over mijn arme ik als ik oude Dimas metanieën zag maken en in tranen smelten tijdens zijn gebed in het Kyriakon. Tijdens de metanieën van die man overschaduwde de genade hem zo overvloedig, dat deze zelfs naar mij uitstraalde. Het is op zo'n ogenblik dat de rijkdom van genade ook mij overstroomde. Zeker, de genade bestond daarvoor al met de liefde die ik had voor mijn oudvader. Maar pas toen voelde ik de genade met uitzonderlijke intensiteit. Ik zal u vertellen hoe dat gebeurde.

Eens op een vroege ochtend, rond half vier, ging ik naar het Katholikon, naar de kerk van de Heilige Drieëenheid, voor de dienst. Het simandron was nog niet geslagen en er was niemand in de kerk. Ik zat in de narthex, onder een trap. Ik was niet te zien en zat in stilte te bidden. Op een zeker moment ging de deur van de kerk open en een lange oude monnik kwam binnen.

Het was oude Dimas. Toen hij binnenkwam, keek hij rond maar zag niemand. Toen begon hij, met een groot gebedssnoer in de hand, ritmisch metanieën te maken, vlug en veel, en tegelijkertijd onophoudelijk herhalend: "Heer Jezus Christus, ontferm U over mij ... Alheilige Moeder Gods, red ons." Na een korte tijd raakte hij in extase. Ik kan simpelweg niet de woorden vinden om u zijn houding tegenover God te beschrijven – bewegingen van liefde en verering, bewegingen van goddelijk verlangen, van goddelijke liefde en toewijding. Ik zag hem daar staan, hij opende zijn armen in de vorm van een kruis, zoals Mozes bij de Rode Zee, en hij maakte een geluid als "Ouououououou!..." Wat was dat? Hij baadde in genade. Hij schitterde in het licht. Dat was het! Onmiddellijk werd zijn gebed aan mij doorgegeven en ik trad in de atmosfeer die hem omringde. Hij had mij niet gezien. Ik was diep ontroerd en mijn tranen begonnen te vloeien. De genade Gods kwam over mijn arme en waardeloze ik. Hoe kan ik het u beschrijven? Hij gaf de genade Gods aan mij door. De genade die deze heilige bezat straalde door in mijn ziel. Hij gaf mij zijn geestelijke genadegaven door.

Oude Dimas was dus in extase geraakt. Het gebeurde zonder dat hij het gewild had. Hij kon zijn ervaring niet beheersen. Het is een gegrepen worden door God. Deze dingen kunnen niet verklaard worden, en als je dit wel probeert, zit je er heel erg naast. Neen, ze kunnen noch verklaard, noch weergegeven, noch verstaanbaar gemaakt worden. Je moet waardig zijn ze te begrijpen.

Het charisma van gebed en helderziendheid

Om vier uur luidden de klokken. Zodra hij de klokken hoorde, maakte oude Dimas nog een paar metanieën en hield op met bidden. Hij ging zitten op een lage stenen rand – ik geloof dat er een van steen gemaakte rand in de narthex was – en Makaroudas – dat was hun koosnaam voor Makarios – kwam binnen. Hij was snel en sprak zacht; als een kleine engel. Wat stak hij de olielampen goed aan! Hoe goed stak hij de kandelaar aan! En hoe goed deed hij de lichten weer uit, één voor één. Hoe goed maakte hij metanieën als hij links en rechts vergeving vroeg om de boeken van de diensten te nemen en er de woorden in te zetten voor de zangers. Wat hield ik van hem! Hij verdiende geliefd te zijn, want hij bezat de genade Gods.

Zo ging Makarios – Makaroudas – het schip van de kerk binnen. Oude Dimas volgde hem, opende de deur en ging ook naar binnen. Hij ging staan om zich voor de dienst in zijn koorstoel te installeren, en dacht dat niemand hem had gezien. Verborgen door de schaduw van de trap, sloop ik op mijn beurt verlegen het schip binnen. Ik vereerde de icoon van de Heilige Drieëenheid, keerde terug en ging langs de kant staan. Bij de uitroep "Nadert in vreze Gods..." ontvingen veel van de vaders de communie. Ook ik maakte een metanie en ontving de communie. Vanaf het ogenblik dat ik de communie had ontvangen, werd ik overspoeld door intense vreugde en enthousiasme.

Na de dienst ging ik alleen het bos in, vol vreugde en blijdschap. Waanzin! Terwijl ik naar de kluizenarij liep, herhaalde ik in stilte de gebeden van dankzegging. Ik rende hartstochtelijk door het bos, springend van vreugde en mijn armen wijd uitspreidend in extase en riep luid: "Ere zij U, o Gooood! Ere zij U, o Gooood!" Ja, mijn armen bleven uitgestrekt en stijf als een stuk hout en mijn lichaam had de vorm van een kruis. Als u mij van achter had gezien, had u een kruis gezien. Mijn hoofd was opgeheven naar de hemel, mijn borst was gestrekt en mijn armen klaar om weg te vliegen naar de hemelen. Mijn hart wilde vliegen. Wat ik u vertel is waar, ik heb het ervaren. Ik weet niet hoelang ik in deze toestand bleef. Toen ik weer bijkwam, liet ik mijn armen zakken en liep in stilte door, de tranen nog in mijn ogen.

Ik kwam aan in de kluizenarij. Ik at niets, wat ik gewoonlijk wel deed, en kon niet spreken. Ik ging naar de kapel, maar ik zong niets – geen van de hymnen van berouw die ik gewoonlijk zong. Ik zat in mijn koorstoel en herhaalde de woorden "Heer Jezus Christus, ontferm U over mij". Ik bleef in die toestand, maar werd wat rustiger. De emotie wurgde mij. Ik smolt weg in tranen. Ze vloeiden moeiteloos uit mijn ogen, als vanzelf. Ik wilde ze niet, maar het was de emotie over het bezoek van God. De tranen hielden niet op voor het avond was. Ik kon niet zingen, denken of spreken. En als iemand anders daar was geweest, had ik niet tegen hem gesproken. Ik zou zijn weggegaan, om alleen te zijn.

Een ding is zeker: oude Dimas gaf mij het charisma van gebed en van helderziendheid door op het ogenblik dat hij aan het bidden was in de narthex van de kerk van de Heilige Drieëenheid, het katholikon van Kavsokalyvia. Wat mij was overkomen was iets waar ik nooit aan gedacht had, verwacht had, of zelfs naar verlangd had. Mijn oudvaders hadden nooit met mij gesproken over deze genadegaven. Dat was zo hun stijl. Zij onderrichtten mij niet door woorden, alleen door hun manier van leven. Als ik de levens van de heiligen en de asceten las, zag ik de gaven die God hun gegeven had. De vaders dwongen niet, ze vroegen niet om tekenen, ze vroegen niet om genadegaven. En geloof mij, ik had nooit gedacht dat ik een charisma van God zou ontvangen. En dat waar ik nooit aan gedacht had, verscheen plotseling en ik heb er nooit enig belang aan gehecht.

Aan het eind van de middag van diezelfde dag ging ik de kerk uit en zat op de lage muur en keek naar de zee. De tijd naderde waarop mijn oudvaders gewoonlijk thuiskwamen. Terwijl ik keek of ze kwamen, zag ik ze plotseling verschijnen. Ik zag ze marmeren treden afdalen. Maar die plaats was ver weg en normaal zou ik ze niet hebben kunnen zien. Ik zag ze door de genade Gods en was vervuld van enthousiasme. Het was de eerste keer dat dit mij was overkomen. Ik sprong op, liep hen tegemoet en nam hun tassen aan.

"Hoe wist je dat wij eraan kwamen?" vroeg de oudvader.

Ik antwoordde niet. Maar toen wij bij de kluizenarij aankwamen, naderde ik de grote oudvader, vader Panteleimon, en in het geheim, buiten het gehoor van vader Joannikios, zei ik tegen hem:

"Ik weet niet hoe ik u dit moet uitleggen, maar toen u aan de andere kant van de heuvel was, zag ik u beladen met uw tassen en ik liep u tegemoet. De heuvel was als van glas en ik zag u aan de andere kant."

"'t Is goed, 't is goed", zei de oudvader, "hecht maar geen belang aan deze dingen en zeg het tegen niemand, want de boze let erop."

Tussen de sterren, in oneindigheid, in de hemel

De gave van helderziendheid was, zoals ik al zei, iets waar ik nooit om gevraagd had. En toen ik deze kreeg, heb ik het nooit getracht te versterken of aan te kweken. Ik hechtte er geen belang aan. Ook heb ik God nooit gevraagd iets aan mij te openbaren, en dat vraag ik Hem ook nooit, want ik geloof dat dat tegen Zijn wil is. Maar na de ervaring met oude Dimas, was ik een ander persoon. Mijn leven werd een en al vreugde en blijdschap. Ik leefde tussen de sterren, in oneindigheid, in de hemel. Daarvóór was ik niet zo.

Vanaf het ogenblik dat ik de genade Gods ervoer werden alle gaven vermenigvuldigd. Ik werd scherp van geest; leerde de Drieëenheidscanons, de Canon van Jezus en andere canons. Gewoon doordat we ze lazen en zongen in de kerk leerde ik ze uit het hoofd. Ook reciteerde ik het Psalterion uit het hoofd en ik lette goed op met sommige psalmen die dezelfde woorden hebben, zodat ik ze niet verwarde. Ik veranderde echt. Ik "zag" vele dingen, maar ik sprak niet. Dat wil zeggen, ik kreeg niet het recht iets te zeggen; ik was niet "ingelicht" om te spreken. In plaats daarvan zag ik alles, nam ik alles in mij op, en wist ik alles. Door mijn vreugde liep ik niet langer op de aarde. Mijn vier zintuigen werden versterkt; ik herkende dingen van veraf; ik onderscheidde de dieren en de vogels. Aan de klank van zijn roep wist ik of het een merel was of een mus, een vink of een nachtegaal, een roodborst of een lijster. Ik herkende alle vogels aan hun zang en 's nachts en bij zonsondergang genoot ik van het koor van nachtegalen en merels.

Ik werd een andere, een nieuwe, een veranderde persoon en zette alles wat ik zag om in gebed en verwees dit naar mezelf. Waarom zingt de vogel en verheerlijkt hij zijn Schepper? Ik wilde het ook doen. Evenzo met de bloemen: ik herkende de bloemen aan hun geur en ik rook ze als ik op een half uur afstand was. Ik keek naar de grassen, de bomen, het water, de rotsen. Ik sprak met de rotsen. De rotsen hadden al zoveel gezien! Ik vroeg het ze en ze vertelden mij alle geheimen van Kavsokalyvia. Ik was vervuld van ontroering en berouw en bekeek alles met de genade Gods. Ik zag, maar ik sprak niet. Dikwijls ging ik naar het bos.

Ik hield er erg van om tussen de stenen en de biezen, de kleine en grote bomen te lopen.

De nachtegaal inspireerde mij

Op een ochtend liep ik alleen in het maagdelijk bos. Alles was ververst door de ochtenddauw en schitterde in de zon. Ik liep door een ravijn en ging op een rots zitten. Het koude water stroomde vreedzaam langs mij heen en ik was het gebed aan het zeggen. Volledige vrede en stilte. Na korte tijd hoorde ik in de stilte een zoete, bedwelmende stem die de Schepper bezong en prees. Ik keek op, maar kon niets onderscheiden. Uiteindelijk, zag ik op een tak tegenover mij en heel klein vogeltje; een nachtegaal. Ik luisterde terwijl de nachtegaal zong en zich inspande, zijn keel uitgezet. Dat microscopisch kleine vogeltje was zijn vleugels naar achter aan het strekken om de kracht te vinden om die zoetste tonen te uiten, en zijn keel aan het uitzetten om die prachtige stem voort te brengen. Had ik maar een kop water om hem te drinken te geven en zijn dorst te lessen!

Er kwamen tranen in mijn ogen – dezelfde tranen van genade die zo moeiteloos stroomden en die ik verkregen had van Oude Dimas. Het was de tweede keer dat dit me overkwam.

Ik kan u niet vertellen wat ik voelde, wat er in mij omging, maar ik heb u het mysterie verteld. En ik dacht: "Waarom brengt deze kleine nachtegaal deze geluiden voort? Waarom maakt hij zulke trillers? Waarom zingt hij dit prachtig lied? Waarom, waarom, waarom... Waarom zingt hij zijn keel schor? Waarom, waarom, om welke reden? Verwacht hij dat iemand hem zal prijzen? Zeker niet. Niemand zal dat doen." Zo filosofeerde ik bij mezelf. Deze gevoeligheid had ik verkregen na de ervaring met Oude Dimas. Daarvóór had ik dat niet. Wat vertelde die nachtegaal me niet! En hoeveel zei ik niet tegen hem in stilte. "Kleine nachtegaal, wie heeft je gezegd dat ik hier langs zou komen? Niemand komt hier. Het is zo'n afgelegen plek. Hoe wonderbaar vervul je voortdurend je plicht, je gebed tot God! Hoeveel zeg je mij, en hoeveel leer je mij, kleine nachtegaal! Mijn God, wat ben ik ontroerd. Met je fluiten, lieve nachtegaal, toon je mij hoe ik God moet bezingen, je leert mij duizenden dingen, ontelbaar..."

Mijn slechte gezondheid laat mij niet toe u dit alles te vertellen zoals ik het voel. Er zou een heel boek over geschreven kunnen worden. Ik hield erg veel van die nachtegaal. Ik hield van hem en hij inspireerde mij. Ik dacht: "Waarom hij en niet ik? Waarom verbergt hij zich voor de wereld en ik niet?" En de gedachte kwam ik mijn hoofd dat ik moest vertrekken, ik moest mezelf verliezen, ophouden te bestaan. Ik zei tegen mezelf: "Waarom? Had hij toeschouwers? Wist hij dat ik daar was en het kon horen? Wie hoorde hem toen hij zijn keel schor zong? Waarom ging hij naar zulk een verborgen plaats? En al die kleine nachtegalen dan midden in het dichte woud, in de ravijnen, dag en nacht, bij zonsondergang en zonsopgang? Wie hoorde ze hun keel verscheuren? En waarom deden ze dat? Waarom gingen ze naar zulke geheime plaatsen? Waarom zetten ze hun keel uit tot barstens toe? Het doel was gebed, zingen voor hun Schepper, God aanbidden." Zo verklaarde ik het.

Ik beschouwde ze alle als engelen van God, kleine vogels die God de Schepper van alles verheerlijkten en niemand hoorde ze. Ja, geloof mij, ze verborgen zich zodat niemand ze zou horen. Het interesseerde ze niet of ze gehoord werden; maar daar in de eenzaamheid, in vrede, in de wildernis, in stilte, door wie wilden ze dan gehoord worden? Door niemand anders dan door de Maker van alles, de Schepper van alles, door Hem Die hun leven en adem en stem had gegeven. U zult vragen: "Deden ze het bewust?" Wat moet ik zeggen? Ik weet niet of ze het bewust deden of niet. Ik weet het niet. Uiteindelijk zijn het vogels. Het kan zijn, zoals de Heilige Schrift zegt, dat ze heden leven en morgen niet langer bestaan. Wij moeten niet anders denken dan wat de Heilige Schrift zegt. God kan ons zeggen dat dit allemaal engelen Gods zijn. Wij weten het niet. In ieder geval verborgen ze zich zodat niemand hun lofzang zou horen.

En zo is het ook met de monniken op de Heilige Berg; hun leven is onbekend. Je leeft met je oudvader en je houdt van hem. Metanieën en ascetische strijd maken allen deel uit van het dagelijks leven, maar je herinnert je ze niet, en niemand vraagt over je: "Wie is hij?" Je leeft Christus; je behoort toe aan Christus. Je leeft met alles en je leeft God, in Wie alle dingen leven en bewegen – in Wie en door Wie... (vgl. Hand. 17, 28) je binnentreedt in de ongeschapen kerk en daar onbekend leeft. En al wijd je jezelf in gebed toe aan je naaste, je blijft onbekend voor alle mensen, en misschien zullen ze je nooit kennen.

Naar de woestijn, met God alleen

Ik haalde het in mijn hoofd weg te gaan, zegen aan mijn oudvader te vragen en een zak droog brood te nemen en te verdwijnen om God onophoudelijk te loven en te verheerlijken. Maar ik dacht: "Waar zal ik naartoe gaan? Ik heb nog steeds niet goed mijn handwerk geleerd." Zij hadden het mij nog steeds niet geleerd. Misschien waren ze bang dat ik zou vertrekken. Dat was een wijdverspreide angst op de Heilige Berg. Ze wilden novicen niet leren hoe hun handwerk af te maken zodat ze niet konden weggaan. Terwijl voor een monnik de kennis van een handwerk vrijheid betekent, want dan heeft hij de mogelijkheid zijn brood te verdienen.

Dus de gedachte kwam in mijn hoofd op te vertrekken naar de woestijn, alleen, met God alleen. Onbaatzuchtig. Zonder trots, egoïsme, ijdelheid... Gelooft u het? Daar kwam mijn ideaal van onbaatzuchtigheid vandaan. Een aantal asceten die in de woestijn verdwenen hebben deze zuiverheid, deze volmaaktheid, bereikt. Zij zochten noch de wereld, noch om het even wat... Zij smolten in tranen weg voor God en baden voor de kerk. Ze waren eerst bekommerd om de wereld en de kerk en daarna om zichzelf.

Dus, zoals ik zei, bleef het doel van de nachtegaal vastzitten in mijn hoofd. Wat is zijn doel dat hij zijn keel doet barsten van zang in de wildernis? Aanbidding, lof en doxologie gericht op God de Schepper. Waarom zou ik dan niet naar de wildernis gaan om God in stilte te aanbidden, verloren voor de wereld en de gemeenschap van mensen? Bestaat er iets volmaakters? Al deze gedachten had ik van de nachtegaal. O, de plannen die ik maakte! Hoe ik naar de wildernis zou gaan, hoe ik vreugdevol zou leven, hoe ik zou sterven! Ik zou wilde kruiden eten, ik zou dit doen, ik zou dat doen! Ik zou als een onbekende in lompen geklede bedelaar naar een of ander klooster gaan om een korst brood te vragen en ik zou het opeten zonder te zeggen wie ik was of waar ik verbleef. Ik bouwde een heel scenario op. Het was mijn geheim.

Ik keerde terug naar mijn cel vol van al deze emoties en dromen. Ik biechtte ze op aan de oudvader. De oudvader glimlachte. "Dwaling", zei hij, "haal het uit je hoofd. Denk nooit meer aan deze dingen, want zulke gedachten zullen een einde maken aan je gebed."

En zoals ik u al dikwijls heb gezegd, wat ik ook biechtte aan de oudvader hield ogenblikkelijk op en ik had een plotseling gevoel van vreugde. Het was blijkbaar het resultaat van de gebeden van de oudvader.

Ik leefde dus in gehoorzaamheid in het aardse paradijs van de Heilige Berg. Ik wilde daar nooit weggaan. Maar Gods plan was anders.

God heeft mij bevrijd

Het was een regenachtige dag. Toen de regen ophield zagen wij vanuit de werkplaats waar wij aan het werk waren veel van de vaders van de andere kluizenarijen naar de heilige Nifon lopen om slakken in te zamelen. Vader Joannikios zag de monniken voorbijgaan en werd onrustig. Hij wilde dat ik slakken ging zoeken. Ik zei tegen hem: "De oudvader heeft mij gezegd niet te gaan. Ik was op weg gegaan, maar hij riep mij terug. Maar als u wilt dat ik ga, zal ik gehoorzaam zijn en gaan."

"Ga", zei hij, "er zijn vandaag veel slakken."

Ik greep een schoudertas en rende weg. Of beter gezegd, om te beginnen rende ik niet opdat mijn oudvaders mij niet zouden zien, maar zodra ik uit het gezichtsveld was, begon ik te rennen. Ik klom hoog op steile rotsen waar zelfs de wilde everzwijnen niet kwamen, want als het regent komen de everzwijnen bij elkaar en gaan op stap om slakken te eten. Ik zamelde drie uren lang slakken in. Ik vond er heel veel en de zak was helemaal vol. Ik was bedekt met zweet en terwijl ik weer naar beneden ging – tegen die tijd was het middag en de lucht was koud en vochtig geworden – zat ik vast in een vriezende wind die vanaf de Athos-top naar de zee waaide. De zak op mijn schouder was drijfnat en mijn rug was helemaal bevroren door het slijm van de slakken.

Terwijl ik mijn weg naar beneden zocht over moeilijk terrein, moest ik over een berghelling met losse stenen lopen. Toen ik halverwege was, kwam de helling in beweging, stromend als een rivier vanaf de top en sleurde alle stenen en rotsen met zich mee. Deze rivier van stenen was ongeveer vijftien tot twintig meter breed. Mijn benen waren tot aan mijn knieën bedolven. Ik zat vast. Met de zak nog op mijn rug en in gevaar voor mijn leven, riep ik uit "Heilige Moeder Gods!" Plotseling wierp een onzichtbare kracht mij twintig meter verder aan de andere kant van het ravijn op wat grote rotsblokken die op hun beurt op het punt stonden van de helling naar beneden te rollen. Op hetzelfde ogenblik kwamen juist de vaders, die terugkeerden van de heilige Nifon met hun slakken, langs. Zij zagen de verraderlijke aardverschuiving op de helling daarboven en zij riepen uit: "Kijk uit! Is er iemand daarboven?" Ik was nu buiten gevaar en er was me niets ergs overkomen. Alleen waren mijn klompen blijven steken in de aardverschuiving en mijn benen waren vol sneden en blauwe plekken. De vaders riepen weer naar boven, maar ik riep niet terug. Ik wilde wel, maar ik was in shock en kon het niet. De zak die ongedeerd op mijn rug was blijven hangen, moest wel meer dan honderd kilo wegen. Toen ik bijkwam begon ik van rots tot rots te lopen tot ik beneden was. Zodra ik beneden was ontmoette ik een ander gevaar: ik zag een slang onder cypergras. Ik was doodsbang...

God heeft mij bevrijd. Ik kwam aan in de kluizenarij in een toestand van paniek en zakte in elkaar. Ik vertelde de oudvaders alles wat mij was overkomen; over de aardverschuiving op de helling, over mijn klompen die verloren waren, over de sneden in mijn benen, over de slang. Mijn oudvader was heel ongelukkig en legde vader Joannikios een penitentie op. Hij mocht vele maanden lang geen liturgie vieren. Vader Joannikios was ook heel erg van streek over wat er gebeurd was.

Afscheid onder tranen

Als gevolg van de verkoudheid die ik die dag had opgelopen, kreeg ik pleuris met een ophoping van vocht en ik leed veel pijn. Ik was lusteloos en wilde niet eten. De oudvaders lieten vader Antonios komen, een lange, zeer heilige monnik van de kluizenarij gewijd aan de Heilige Vaders van de Athos. Dikwijls werd hij geroepen om als arts te fungeren. Hij kwam en zag mij en ging toen terug naar zijn kluizenarij om een soort huid te halen die ze een 'trekpleister' noemen. Hij legde dit op mijn rug en gedurende de hele nacht zoog dit het vocht van mijn rug. De volgende dag, rond tien uur, nam hij een schaar, steriliseerde hem met alcohol en sneed de huid weg die zich vol vocht had gezogen en zich als een kussen op mijn huid had gevormd. De pijn was een marteling. Ik was erg verzwakt en viel flauw. Toen ik weer wat was bijgekomen voelde ik een grote vreugde omdat ik kon bidden. Ik begon de woorden te zingen van de Kleine Troostcanon: "Door de menigte mijner zonden, zijn mijn ziel en mijn lichaam geheel verzwakt en ziek..."[11]. Toen vader Joannikios mij hoorde, kwam hij naar mij toe en omhelsde mij, hij kuste mijn voorhoofd en zei: "Vergeef mij, mijn jongen."

De oudvader kwam naar hem toe en zei woest: "Bah! Jij lelijkerd!"

Ik had geen eetlust, ik wilde niet eten; ik at heel weinig en elke dag werd mijn toestand erger. Het leek erop dat ik op weg was naar de dood. De oudvaders waren bang dat ik zou sterven, en vader Antonios, die als arts handelde, ook.

"De jongen moet weg", zei vader Antonios. "Hij komt er niet doorheen. Hij heeft medicijnen nodig die wij hier niet hebben. Hij eet niet, en het is een feit dat hoe langer hij hier blijft, hoe erger het met hem zal worden."

Denk u eens in, ik had een mondvol gemalen amandelen gegeten en mijn maag verdroeg het niet. Zo erg was ik verzwakt.

Mijn oudvaders wilden mij graag houden, maar ze voelden zich verplicht mij terug naar de wereld te sturen, want op de Berg was er noch melk noch vlees. Ze verkregen de nodige papieren voor mij om voor ongeveer twee maanden terug naar mijn dorp te gaan tot ik hersteld zou zijn. En zo vertrok ik. Vader Joannikios bracht mij naar Daphni in een roeiboot. In die tijd hadden wij geen muilezels of motorboten, dus al wat de monniken daar naar boven brachten, droegen zij op hun schouders, op hun rug. En zo kwamen wij aan in Daphni. Ik kon niet rechtop staan; ze legden mij in een kamer in het huis waar het postkantoor gevestigd

---

[11] Megalynarion uit de Kleine Troostcanon tot de Moeder Gods.

was. Na een korte tijd begon ik martelende pijnen in mijn nieren te hebben. Ik huilde van de pijn. Vader Joannikios huilde ook. Niettegenstaande al mijn pijn vond ik de kracht hem te troosten: "Huil niet, oudvader, ik zal beter worden; er is niets aan de hand."

En hij troostte mij door zijn tranen heen, zeggend: "Huil niet, mijn jongen, je zult beter worden."

De boot kwam aan en zij droegen mij aan boord. Hij kuste mijn voorhoofd en wij scheidden van elkaar onder tranen.

EUBOA (1925-1940)

*Hun harten werden verzacht en zonder uiterlijke aanmoediging
verlangden zij de vasten te onderhouden, de geestelijke arena binnen
te gaan en Christus te leren kennen*

Ik had nooit gedacht dat ik in de wereld zou terugkeren. Kavsokalyvia was mijn thuis. Het is waar dat ik God gevraagd had mij een ziekte te geven. En hij gaf mij een ziekte. Maar ik zei: "Het is goed en wel, God, dat Gij mij een ziekte hebt gegeven, maar niet dat Gij mij weghaalt van de Heilige Berg." Maar Hij heeft mij toch weggehaald. Ik vertrok wegens mijn ziekte; of liever, zij zonden mij weg. God luisterde wel, maar niet naar mijn wil. Hij gaf mij ook iets dat ik niet wilde, want, zoals ik al zei, wegens mijn ziekte verliet ik de Heilige Berg. En zo ging ik na zovele jaren terug naar mijn thuis!

Eindeloze uren verbleef ik in de boot. Alles leek mij vreemd. Jarenlang had ik geen kleine kinderen of vrouwen gezien.

Ik ging naar mijn dorp via de stad Chalcis. Ik ging via Aliveri en kwam aan in Aghios Ioannis, mijn dorp. Eerst ging ik naar Perivolia. Ik vond iemand, mijn zwager Nicolaas, de vader van Eleni, en ik vroeg hem welke families nog in het dorp woonden. Hij antwoordde dat een beetje verderop Leonidas Bairaktaris, mijn vader, woonde en verderop andere families, en hij noemde hun namen.

Met bonzend hart ging ik op weg om mijn vader te ontmoeten. Ik had hem vele jaren niet gezien. Zoals ik u al gezegd heb, was hij jarenlang in Amerika geweest. Toen ik hem zag, herkende ik hem onmiddellijk. Maar hoe kon hij mij ooit herkennen – een monnik met lang haar en een grote lange baard! Ik voelde mij gegeneerd, en had mijn haar en mijn baard in mijn pij verborgen. Bovendien was ik vel over been als gevolg van mijn ziekte. Ik groette hem en hij zei: "Wie bent u? Waar komt u vandaan?"

"Ik ben een monnik", antwoordde ik. Toen vroeg ik: "Hebt u familie? Hoeveel kinderen hebt u?"

"Ik had er vier, maar een van mijn zonen is jaren geleden verdwenen. Wij hebben hem verloren. Hij werkte in Piraeus en hij is verdwenen."

"In Piraeus? Wat was zijn naam?"

"Vangelis."

"Vangelis? Dat was een vriend van mij."

"Zeg mij, weet u waar hij is?"

"Helaas, hij is gestorven..."

"Is hij gestorven?"

Mijn vader was dodelijk bedroefd. Hij begon te huilen. Ik kon het niet aanzien. Als ik van staal was geweest, was ik gesmolten. Ik begon ook te huilen. Mijn hart bonsde. Ik kon het niet verdragen zijn vaderlijk hart zo bedroefd te zien en ik zei hem wie ik was.

"Ik ben het, vader! Evangelos."

Denk u eens in wat er toen gebeurde! Vreugde en tranen vermengden zich. Wij omhelsden elkaar en vol ontroering gingen wij naar huis toe om mijn moeder te zoeken. Mijn moeder was echter onverzoenlijk. Toen zij mij zag, ging ze meedogenloos tegen me tekeer. Zij beschouwde het als een persoonlijke belediging dat een van haar kinderen monnik was geworden.

Bekijks

Toen men vernam dat ik was thuisgekomen, kwamen verschillende mensen mij bezoeken. Ik was een jonge man. Voordat ik ziek geworden was, was ik heel blozend en knap, maar mijn gezicht had geen wereldse schoonheid. Het was een goddelijke schoonheid. En nu ik terug in de wereld was, gaf iedereen commentaar over mij en mijn haar. Ik had mijn haar niet meer geknipt sinds de dag dat ik naar de Heilige Berg was vertrokken. Het reikte inmiddels tot onder mijn middel. Er was veel gedoe in het dorp. Dus, om het niet te hoeven knippen, bracht ik een pan water aan de kook, legde mijn haar erin en liet het gedurende lange tijd koken. Mijn haar was beschadigd en viel uit. Ik was bijna kaal.

Dus, zoals ik zei, kwamen mensen in het dorp naar me kijken. Het gerucht deed al snel de ronde dat de zoon van Leonidas Bairaktaris, die verdwenen was en als dood was opgegeven, teruggekeerd was van de Berg waar hij als kluizenaar had geleefd. Mensen kwamen uit nieuwsgierigheid naar me kijken. Ik zei niets en ik voelde mij erg gegeneerd. Ik ging naar de dorpskerk. Iedereen roddelde over mij en mijn moeder was zeer beschaamd. Zij weende en betreurde haar lot. De arme vrouw kon het niet verdragen mij te zien; zij wilde mij niet en dwong mij het huis te verlaten.

In het begin nam mijn tante mij in huis. Daar begon ik goed eten te krijgen – melk, kaas eieren en vlees – om van mijn ziekte te genezen. Maar ik kon daar niet lang blijven want ik wilde, wel... een andere omgeving. Wat moest ik in huis doen? Daarbij, ik geneerde mij omdat ik niets voor mijn familie had gedaan... hoe kon ik hen vragen voor mij te zorgen?

Mijn terugkeer naar de Heilige Berg

Op vier of vijf uur loopafstand van het dorp was een klooster gewijd aan de heilige Charalampos[12]. Op een dag vroeg ik mijn vader mij daarnaartoe te brengen – niet met het doel er te blijven. Ik had geen flauw idee wat ik daar zou vinden en of zij mij zouden willen. Intussen ontmoetten wij vader Yiannis Papavasileiou in Aliveri. Hij belde de bisschop – in die tijd was er een telefoonverbinding van Aliveri naar Kymi – en vertelde hem dat er een monnik van de Heilige Berg was aangekomen. De bisschop zei tegen hem: "Houd hem vast, Vader Yiannis, laat hem niet van ons weggaan." De bisschop van Kymi, Panteleimon Fostinis, was erg gesteld op monniken.

Mijn vader nam me mee en wij vertrokken. Ik ging naar mijn moeder om haar hand te kussen, maar ze trok haar hand terug en wilde hem mij niet geven. Mijn vader nam me dus mee en bracht me naar het klooster van de heilige Charalampos. De hegoemen heette mij hartelijk welkom; hij mocht me en sprak met me. Toen

....

[12] Het klooster van de heilige Charalampos Lefkon, bij het dorp Avlonari, gesticht in 1040. Nu een vrouwenklooster.

ik hem over mijn moeilijkheden vertelde, zei hij: "Blijf toch hier. Wij hebben eieren, melk, kippen, alles."

En dus bleef ik daar. De hegoemen mocht mij zo graag dat hij speciaal eten voor mij kookte. In het begin had ik geen eetlust, maar stilletjes aan werd ik beter. Mijn vader bleef in het begin bij mij om voor mij te zorgen. Mijn vader was kerkzanger en had het geluk gehad de heilige Nektarios[13] gekend te hebben. Hij had een groot geloof en was heel vroom.

Toen ik mij beter voelde, ging ik onmiddellijk terug naar de Heilige Berg. Mijn oudvaders waren overgelukkig. Maar na een dag of veertien stortte ik weer in en verloor mijn eetlust. Ik werd bleek, vermagerde en werd uitgeput door een dieet van vermicellisoep. Ziet u, ik was ernstig ziek geweest. Weer kreeg ik toestemming om te vertrekken en ik ging op weg naar het klooster van de heilige Charalampos. Daar kreeg ik eieren, kaas, boter en andere dierenproducten, precies zoals daarvoor. Weer herstelde ik. Na drie maanden keerde ik terug naar de Heilige Berg. Drie keer ging ik weg en kwam ik terug, maar elke keer stortte ik weer in na een dag of veertien.

De derde keer zeiden mijn oudvaders tegen mij:

"Wij zijn verantwoordelijk voor je gezondheid en kunnen je niet houden. Wij houden van je en willen je graag hier hebben, maar God toont ons dat je moet vertrekken om niet te sterven."

Ze voegden er nog aan toe:

"Wij houden van je en als God je ooit de mogelijkheid biedt – en wij geloven dat Hij je zal helpen beter te worden – en je wilt hier komen, vind dan een andere jongen als jezelf. Wij willen je graag hebben."

En zij stuurden mij weg met de boodschap:

"Wij vrezen dat de andere monniken ons de schuld zouden geven als je hier zou sterven; je bent nog zo jong. Het bevalt ons helemaal niet je te moeten wegsturen, maar wij hebben geen

....

[13] De heilige Nektarios (1846-1920), bisschop van Pentapolis in Egypte en stichter van een bekend vrouwenklooster op het Griekse eiland Egina, is een van de meest geliefde moderne heiligen van de Orthodoxe kerk. Hij werkte van 1891 tot 1893 als evangelisator op het eiland Euboa en het is ongetwijfeld in die tijd dat hij in contact kwam met de vader van oudvader Porfyrios.

andere keuze. Je ziet dat wij wat onze liefde kan bieden hebben uitgeput. Je bent drie keer weggegaan en teruggekeerd en je hebt het hier niet kunnen volhouden."

Ze gaven mij een deken voor de reis, die ik bewaard heb en die nog steeds mijn beste deken is. Ik had hem in mijn cel; ik maakte mijn metanieën erop, ik sliep erop en ik wikkelde mij erin als ik staande een dutje deed. Dat wil zeggen, ik sliep terwijl ik wakker was! Op die deken deed ik al mijn geestelijke oefeningen.

En zo verliet ik voorgoed de Heilige Berg. Ik ging naar het klooster van de heilige Charalampos. Iedereen daar wilde mij graag; zij waren op mij gesteld en waren blij dat ik was teruggekeerd. Weer begon ik melk, boter en eieren te eten.

Ik moet u ook nog iets belangrijks vertellen dat ik mij herinner. Er was een monnik op de Heilige Berg die vader Joachim heette en hij woonde in de kluizenarij van de heilige Nilos – de monniken die in gehoorzaamheid onder hem leefden, leven nog steeds. Wel, hij schreef een brief aan mijn moeder en veegde haar streng de mantel uit, heel streng. Hij schreef dat zelfs de wilde dieren hun kinderen beminnen. Hij schreef vele goede dingen, dat is waar, maar heel scherp en hard. Daardoor was mijn moeder echt verpletterd.

Later, echter, veranderde zij en wijdde zij zich aan de kerk. Als ik de liturgie vierde, zat zij tegenover mij, biddend, met gekruiste armen. Zij keek voortdurend naar mij. Zij nam haar ogen niet van mij af. "Mijn priester", zei zij dan trots. In Tsakei, een dorp waar ik korte tijd woonde na mijn wijding, noemden ze haar "papadia", vrouw van de priester. Ze kusten haar hand en ze straalde van trots. Ik was bij haar toen ze stierf. "Ik had van al mijn kinderen monniken moeten maken", zei ze tegen mij. "In het begin heb ik het heel slecht opgenomen. Nu wilde ik dat al mijn kinderen monniken waren geworden."

Porfyrios III maakt mij tot priester

In het klooster van de heilige Charalampos leefde ik als monnik, met een oude, versleten pij en dezelfde gebruiken als vroeger. Ik hield ervan de heiligenlevens te lezen, de canons, enzovoorts. Ik leerde gebeden en passages uit het Nieuwe Testament uit het hoofd, en had reeds het Psalterion en alle psalmen gememoriseerd. Het Psalterion was het voedsel van mijn gedachten en 's nachts ging ik naar buiten om het op te zeggen, want ze lazen het in het klooster niet tijdens de diensten. Ik was altijd bezig. Ik hielp bij het werk in het klooster en ook had ik de sleutels tot de kaasmakerij, want daar werkten twee of drie oude monniken die mijn hulp goed konden gebruiken. Maar terwijl ik bezig was met al het werk, liet ik mijn geest niet zwerven; ik hield hem streng onder controle. Of, beter gezegd, het was mijn liefde die dat deed. 't Is zoals een meisje dat, laten wij zeggen, pleuris krijgt, maar van wie de geest onverstoorbaar gericht blijft op haar beminde. Begrijpt u? De beminde. Toewijding tot de beminde, tot Christus.

Uiteindelijk werd ik ook priester in dat klooster. De bisschop van Kymi, Fostinis, deed altijd veel moeite om studenten en docenten theologie te steunen en besteedde veel aandacht aan hen. In die tijd was er een theologiestudent die, terwijl hij studeerde voor zijn eindexamen, in het huis van de bisschop woonde. Het was de gewoonte van de bisschop om een discussie op gang te brengen met alle monniken over een geestelijk onderwerp tijdens of na de maaltijd in de refter. Ik zal u een voorbeeld geven. De bisschop vroeg dan: "Zeg mij eens, wat is de grootste deugd?" En dan zouden de monniken hun mening geven terwijl zij met ongeveer vijftien man aan tafel zaten. De onderwerpen varieerden van de Schrift tot godsdienst of het monachisme.

Op een avond, toen de discussie ging over het monachisme, zuchtte de bisschop diep en zei:

"Ach, had ik maar monniken! Ik wil niets anders. Goede, trouwe en geduldige monniken. Niets anders. Dan kan ik wonderen doen."

Toen hij dat zei, sprong de theologiestudent op – hij kwam uit Kokla bij Thebes – en zei tegen hem: "Mijn bisschop, u roept om monniken, terwijl er een monnik in het klooster van de heilige Charalampos leeft die aan het wegkwijnen is en u kent hem niet eens."

"Werkelijk?" riep de bisschop uit.

"Ja, er is een arme jongen die van de Heilige Berg komt. Hij is heel goed, maar hij is heel zwak – vel over been – en de hegoemen laat hem werken."

"Wel, ga daar onmiddellijk naartoe en breng hem hier bij mij."

Zo kwam hij met een brief gericht aan de hegoemen vragend naar Niketas – zo heette ik in die tijd; het was mijn monastieke naam. Onmiddellijk begaf ik mij naar de bisschop en daar legde hij zijn hand op mijn hoofd en zei: "Hoe gaat het, mijn jongen?" We gingen zitten en hij begon mij vragen te stellen: "Waar kom je vandaan? Hoe ben je hier gekomen?"

En ik vertelde hem in een paar woorden hoeveel ik Christus en het ascetische leven beminde en hoe ik als jongen naar de Heilige Berg was gegaan. Ik vertelde hem hoe ik ziek geworden was en hoe mijn oudvaders mij naar de wereld hadden gestuurd om te herstellen. Wel, wel, wel, wat er toen gebeurde! Hij ontbood de beste dokter uit Kymi voor me, welke mij na onderzoek hele stapel medicijnen voorschreef. De bisschop wilde dat ik daar bleef, maar ik voelde mij gegeneerd om bij hem in huis te verblijven. Wat ik wilde was het bos, stilte en eenvoud. En ik ging terug naar het klooster van de heilige Charalampos.

De bisschop bezocht het klooster regelmatig. De goede man was heel heilig, wat ik herkende met mijn charisma. Een keer hoorde ik hem in het klooster spreken en wat hij zei beviel me zeer. Ik had nog nooit in mijn leven iemand een preek horen geven. De bisschop had een liefdadigheidsinstelling bij Kymi gesticht die hij de Heilige Orde van de Heilige Panteleimon noemde en soms bezocht hij het klooster met de kinderen van de Orde.

Bij een andere gelegenheid kwam de bisschop naar het klooster met de aartsbisschop van de Sinaï, Porfyrios III. Dat was het moment waarop zij besloten mij priester te maken. Zoals u zult begrijpen, wilde ik geen priester worden. Ik had geleerd dat de juiste houding was te trachten een monnik te blijven, niet om een priester of een bisschop te worden, en dat als mensen beginnen voor stellen dat je gewijd moet worden, je dan onmiddellijk vertrekt. Dat wist ik. Uiteindelijk, echter, maakte Porfyrios III mij priester en gaf mij zijn naam. Ik had hem enthousiast gemaakt. Toen wij samen een wandeling door de heuvels maakten, openbaarde ik hem met mijn charisma iets persoonlijks over hemzelf en hij zei tegen de bisschop: "Let erop dat u hem niet verliest."

In die tijd was ik twintig jaar oud. Ik wilde geen priester worden, maar ik kon er niet aan ontkomen. De bisschop drong zo erg aan en de bisschop is "de afdruk van Christus". Je kunt je bisschop niet voortdurend weigeren; je kunt je verhouding met je bisschop niet beschadigen, anders stijgen je gebeden niet ten hemel, zij blijven vruchteloos. En zo maakten zij mij tot diaken op het feest van de heilige Paraskevi en priester de dag daarop, op het feest van de heilige Panteleimon.

De oneindige biecht

Na twee jaar maakten zij mij ook biechtvader. Op een grote feestdag, toen er veel mensen aanwezig waren, namen zij mij mee naar het huis van de bisschop en lazen zij officieel het gebed voor om biechtvader en geestelijke vader te worden. Ik was heel jong. Wat wist ik ervan! En ik, ongelukkige, was nog een domkop ook. Ik was nog steeds onopgevoed; ik kende de canons niet. En wat deed ik, in mijn ongelooflijke domheid? Ik boog het hoofd in gehoorzaamheid. Nu weet ik dat ik dwaas was. Maar op het moment zelf was ik me er niet van bewust.

Wat hielden de monniken en leken die bij mij kwamen om te biechten toch van mij! Ik hoorde daar dag en nacht aan één stuk door de biecht. Ik begon 's morgens vroeg en ging de hele dag en nacht, en de volgende dag en de volgende nacht, zonder onderbreking door. Ik bleef achtenveertig uur zonder eten. Gelukkig zorgde God voor mij en bracht Hij mijn zuster op het idee mij melk te brengen. Er was een trap met vele treden naar de biechtplaats en de mensen kwamen naar boven om te biechten. Zij wachtten de hele nacht op hun beurt. Als zij weggingen, zeiden zij tegen elkaar: "Dat is een priester die de harten kent!" Ik herinner mij dat zij het Albanese woord gebruikten voor priester, "priftis". Ik bleef daar vijftien jaar.

Als zij naar mij toe kwamen, stelde ik hen vragen. Bijvoorbeeld: "Hoe oud bent u? Met wie woont u?" De een zou zeggen: "Met mijn vrouw", een ander zou zeggen: "Met mijn ouders", en weer een ander: "Ik woon alleen." Dan vroeg ik verder: "Wat hebt u gestudeerd? Wat is uw werk? Hoelang is het geleden dat u hebt gebiecht? Hoelang is het sinds u de heilige communie hebt ontvangen?" En dan, afhankelijk van wat mij gezegd werd en de grootte van de rij met wachtenden buiten, zei ik: "Wat herinnert u zich nu, mijn kind? Wat bezwaart uw ziel, uw geweten? Wat voor overtredingen hebt u begaan, wat voor zonden?" En dan, terwijl ik hem een beetje op weg hielp na hem eerst gezgd te hebben dat hij werkelijk alles moest zeggen zoals hij het voelde, werden alle begane overtredingen opgebiecht.

In het begin, toen ik pas begon de biecht te horen, 'waste' ik degenen die kwamen biechten echt 'uit'. Ik had de "Gids van de biechtvader" van de heilige Nikodemos bij me als iemand kwam biechten. Als hij een zware zonde biechtte, zocht ik het op in het boek en zag dat er stond: "Mag geen heilige communie ontvangen gedurende achttien jaar". Ik wist het niet; ik was onervaren. En dus legde ik de overeenkomstige straf op. Wat het boek zei was wet. Maar dan kwamen de mensen het volgende jaar terug – zij kwamen van verschillende plaatsen, van verschillende dorpen, van ver en van nabij – en als ik ze vroeg: "Hoelang geleden is het sinds u gebiecht hebt?" antwoordden ze: "Ik heb bij u gebiecht rond deze tijd vorig jaar." Dan vroeg ik: "En wat heb ik u gezegd?" Zij zouden antwoorden: "U hebt mij gezegd 's avonds honderd metanieën te maken."

"En hebt u dat gedaan?"

"Neen."

"Waarom niet?"

"Wel, u hebt mij gezegd dat ik achttien jaar lang geen communie mocht ontvangen, dus dacht ik bij mezelf: 'Ik ben verdoemd,' dus heb ik alles maar vergeten."

Begrijpt u? Dan kwam een ander naar mij toe en zei hetzelfde. Dus dacht ik: "Wat moet ik nu doen?" Het is toen dat ik wat wijzer begon te worden. De biechtvader heeft de macht te binden en te ontbinden. Ik herinnerde mij een van de regels van de heilige Basilios, en ik nam die als basis en veranderde mijn tactiek bij het biechthoren. De regel zegt: "Als hij die de macht ontvangt te binden en te ontbinden, ziet dat een zondaar veel berouw heeft, laat hij dan de tijd van boete verminderen. Laat hij niet de boete oordelen in termen van tijd, maar in termen van gezindheid."

En zo begon ik de mensen aan te moedigen de canons te lezen die geschreven zijn ter ere van de heiligen, korte gebeden te lezen, metanieën te maken en de Heilige Schrift te lezen. En op die manier begonnen zij aandacht te schenken aan wat belangrijk is in ons geloof. Hun harten werden verzacht en zonder aanmoediging van buitenaf wilden zij vasten, om de geestelijke arena binnen te treden en om Christus te leren kennen. En één ding heb ik begrepen, namelijk dat wanneer iemand Christus leert kennen, Hem bemint en door Christus wordt bemind, alles daarna goed zal gaan, in heiligheid, in vreugde en met gemak.

Neerknielen voor een visioen

Ik herinner mij veel gebeurtenissen uit mijn leven in het klooster van de heilige Charalampos. Laat ik u er één vertellen. Ik heb al eerder gezegd dat ik veel van het bos houd. Ik was gewend aan eenzaamheid en ik wilde alleen zijn en buiten leven, vooral 's nachts. Dus klom ik in een groenblijvende eik, meer dan twee en een halve meter boven de grond, en maakte daar een bed voor mezelf met de takken van een mastiekboom. Ik sneed de takken en vlocht ze tussen de takken van de eikenboom. Ik legde er een deken bovenop en wikkelde mezelf erin. Het was heel mooi. Ik klom omhoog langs een ladder die ik zelf had gemaakt, en eenmaal boven trok ik de ladder op en niemand viel mij lastig. Om het bed heen groeide wilde clematis en de overvloedige bloemen ervan hadden een heerlijke geur. Onder de eik groeide een dikke mastiekstruik van twee bij drie meter, aan de wortels van de eik. Ik klauterde omhoog naar het bed. Daar was ik een en al gebed; ik was een monnik van de Heilige Berg. Wat ik verlangde was eenzaamheid en het Psalterion – en het Jezusgebed. Ik bad urenlang daar in de eikenboom omringd door de bloemen van de clematis, op mijn bed van mastiek.

Op een avond toen ik in dit bed vol bloemen geklauterd was, lag ik te bidden. De maan waste de schepping in haar licht. De nachtegalen, die net wakker geworden waren en waren begonnen te zingen, begeleidden mij. Ik bad vele verzen uit het Psalterion en vooral ook het Jezusgebed. Op een bepaald moment ging ik staan en bad de dienst van de Completen. Toen ik het Gebed tot de Moeder Gods begon te zeggen, bracht ik voor mijn geest een beeld van de Alheilige: de Alheilige Moeder Gods op een glorierijke, goddelijke en verheven troon en om haar heen de heerscharen der engelen en aartsengelen, de cherubijnen en de serafijnen, de martelaren, de heiligen, de heilige vaders en de profeten. Voor dit prachtig visioen knielde ik, onwaardige, neer en begon hardop te zeggen: "Onbevlekte, smetteloze, ongeschonden, reine Maagd, Koningin en Bruid Gods…". Ik was bevangen door ontzag en beven toen een lichtstraal, die kwam van de Alheilige, mijn hoofd, dat ik wegens mijn onwaardigheid heel diep in nederigheid gebogen had, raakte.

Zodra ik klaar was met het Gebed tot de Moeder Gods en stil was, hoorde ik een geluid onder de boom en zag ik een man tevoorschijn komen. Hij zei tegen mij: "Man Gods, kom naar beneden, ik wil u spreken."

Ik klom naar beneden en hij groette mij en zei: "Ik heb heel erge honger."

"Ik zal iets voor u gaan halen", zei ik.

"Luister en ik zal u vertellen wat er gebeurd is", zei hij. "Ik ben uit Amerika gekomen en ik heb mijn vrouw gedood. Ze zaten me op de hielen en ben naar de heuvels gevlucht om niet te worden aangehouden, maar ik sterf van de honger."

Ik ging drie prosfora's[14] voor hem halen. Hij vertelde mij dat zijn vrouw een minnaar had gehad, en dat toen hij ervan hoorde, hij teruggekomen was en deed wat hij gedaan had. Hij had er berouw over gehad, maar hij had het toch gedaan.

"Ik smeek u, man Gods, vertel niemand over mij", smeekte hij en verdween in de duisternis.

Toen het ochtend was kwam de politie hem zoeken. Zij vroegen of ik iemand had gezien en gaven een beschrijving van hem.

"Nee", antwoordde ik, "ik heb niemand gezien."

Wat die man aan mij gebiecht had, was gebeurd door de genade van de Moeder Gods.

Wat ik u vertel is waar. De Alheilige Moeder Gods stond daar voor mij en zond haar glanzende lichtstraal op mij, een nederige jonge monnik – alhoewel een priester – van eenentwintig jaar.

....

[14] Grote ronde broden met een speciale stempel, gebruikt voor de heilige communie.

Waterwijding

Ik werd voor een tijd benoemd als priester in een dorp in Euboa. Ik zal u vertellen over een van de vele voorvallen die daar plaatsvonden. Op een keer kwam een vrouw, rijdend op haar ezel, naar de kerk waar ik diende. Zodra ze mij zag steeg ze af en kwam naar mij toe en zei: "Vadertje, mijn jongen is ziek."
"Wat heeft hij?"
"Hij is zijn stem kwijt."
"Duurt dit al lang?"
"Ja, hij spreekt helemaal niet."
De jongen was ongeveer achttien jaar oud. Ik nam mijn epitrachiel en ging met haar mee naar huis. Ik zag de jongen die, inderdaad, niet sprak. Ik zei tegen haar: "Kom, laten wij een waterwijding doen."

Ze nam een stoel en zette er een kom water op met een handdoek erbij. Ik begon de dienst te lezen. De jongen stond er zonder te spreken bij. Ik eindigde de wijding en begon het water om mij heen te sprenkelen, al zingend: "Heer, red Uw volk…". Toen ik de jongen op het voorhoofd aanraakte met het kruis en het bosje basilicum, zei hij tegen mij: "Dank u zeer!"

Daarna was die jongen erg op mij gesteld. Korte tijd later werd hij peetvader van een jongetje en hij gaf het kind de naam Porfyrios. Later kwam hij naar mij toe en zei: "Ik heb uw naam aan een jongetje gegeven."
"Heb je het mij gevraagd?" wierp ik terug.
"Ik houd van u", zei hij, "en ik wilde hem uw naam geven."
Luister naar nog zo'n verhaal. Dit gebeurde ook op Euboa.
Eens kwam een vrouw naar mij toe met haar dochter. De dochter was stom. De moeder zei: "Vadertje, ik ben heel bezorgd over mijn dochter. Zij heeft al een maand niet gesproken."
"Wat is er gebeurd?" vroeg ik haar.
"Wij hadden ginder bij de stroom een geit vastgebonden – er waren daar veel braamstruiken. Mijn dochter ging daar de geit halen. Het was nacht en toen zij terugkwam, was zij stom."

Ik deed een waterwijding voor haar. De moeder was de vrouw van een priester. Ik vroeg haar: "Wie is uw man?"
"De priester van …"

"O, bent u de vrouw van vader Christos?"
"Ja, vadertje."
Ik las dus de dienst van de waterwijding en de dochter van de priester genas – door Gods genade natuurlijk.

Het klooster van de heilige Nicolaas

Nadat jaren voorbijgegaan waren, en terwijl ik nog op Euboa was, zocht ik een andere plaats om mijn gedachten te verzamelen, als een opgejaagde vogel die naar Gods armen wil vliegen door gebed van het hart. Ik was eenzaam en alleen.

Ik ging naar Vatheia op Euboa, naar het klooster van de heilige Nicolaas, en ik bleef daar tien dagen. Het had wat bouwvallige cellen vol grote muizen. Maar wat gebeurde er? Twee dagen lang was er een grote storm en was de zee gezwollen. Het regende onophoudelijk en de regen hamerde op de muren en ratelde tegen de ramen alsof het hagel was. De wind loeide vreselijk in de reusachtige plataan. Ik hoorde zijn takken tegen elkaar slaan. De storm raasde zonder ophouden daar in de totale wildernis. Alle elementen van de natuur waren aan het loeien. En ik was binnen in de arme, kleine kerk van de heilige Nicolaas, bedekt met fresco's – een kerk die jaren geleden vele malen geheiligd was door de zielen waarvan ik zag en voelde dat ze neerbogen voor de heiligen en hun harten openden.

Daar, in de wildernis, in de koude noordenwind, was ik als een kleine opgejaagde vogel in de lucht. Stelt u voor, wat zou een kleine vogel in zo'n storm hebben gedaan? Zou hij niet geprobeerd hebben een nestje te vinden, een hol om zich in te verbergen? Ik deed dit ook in het tumult en de storm, doodsbang voor de elementen van de natuur. Ik rende om dekking te zoeken; ik rende om mezelf te verbergen in de armen van de hemelse Vader. Ik voelde de aangename warmte van Christus, mijn eenheid met God. Ik voelde een grote vreugde en vervoering en opluchting door mij te verbergen in God. Ik trok mij niets aan van de storm en het onweer, dit waren dingen van de wereld. Mijn ziel zocht iets hogers, meer volmaakt. Ik voelde mij veilig, comfortabel en in vrede. Ik bracht daar gouden dagen door. Ik trok voordeel uit een periode van vreselijk weer.

Wij moeten altijd op die manier denken. En wij zouden ook zo moeten leven, in moeilijkheden en tragedies. We zouden ze alle moeten zien als mogelijkheden voor gebed, om tot God te naderen. Dat is het geheim: hoe een man Gods alles verandert in gebed. Dat is wat de heilige apostel Paulus bedoelt als hij zegt: "Ik verheug mij in mijn lijden" (Kol. 1, 24), in alle moeilijkheden die hij tegenkwam. Zo vindt heiliging plaats. Moge God ons dit schenken. Ik vraag dit vurig in mijn gebed.

Ik bleef daar een hele tijd – drie hele jaren – in Vatheia in het klooster van de heilige Nicolaas. Ik vertrok net voordat de Italianen Griekenland binnenvielen, in 1940.

DE POLIKLINIEK VAN ATHENE
(1940-1973)

Ik leefde daar drieëndertig jaar.
Gezegende jaren, gewijd aan zieken en aan lijden

Ik leefde daar drieëndertig jaar alsof het één enkele dag was.

Bij de oorlogsverklaring kwam ik naar Athene. Ik was aangesteld als aalmoezenier van de kapel van de heilige Gerasimos in de polikliniek van Athene precies op het moment waarop de oorlog verklaard werd in 1940. Ik verlangde er erg naar om in een ziekenhuis te werken. God vervulde dit verlangen, en tot mijn grote vreugde werd ik als priester aangesteld in de polikliniek van Athene. Daar ik de gewoonte heb aangenomen u te vertellen over gebeurtenissen in mijn leven, hoe ik ze ervaren heb en wat ik voelde, zal ik u het verhaal vanaf het begin vertellen.

Eens toen ik in de skite van Kavsokalyvia was, hoorde ik de uitleg van het zondagsevangelie van Nikiforos Theotokis[15] gelezen worden in het Kyriakon. Theotokis benadrukte hoeveel goed een persoon kan doen als hij zielen die pijn lijden kan troosten – mensen die lijden aan kanker, melaatsheid of tuberculose. Toen ik dit hoorde, werd ik diep ontroerd en vervuld met enthousiasme – de lezer las op een levendige manier en daarbij kwam dat ik altijd door alles geïnspireerd werd. En ik begon te dromen: was ik maar ontwikkeld en kon ik maar preken, dan zou ik naar een ziekenhuis kunnen gaan – een ziekenhuis voor melaatsen of een sanatorium voor teringlijders… Zo dacht ik toen. En wanneer ik iets verlangde, wilde ik het ervaren. Als

....

[15] Nikiforos Theotokis (1731-1800), Kyriakodromion, 3 delen, Moskou 1796.

ik een sterk verlangen had om naar de woestijn te gaan, ervoer ik de woestijn, waar ik ook was. Het was een ijdele fantasie, maar niettemin, ik ervoer het. Ik had bijvoorbeeld het gevoel dat ik in Karmelion was, boven Kerasia, waar de kerk van de heilige Basilios staat – de vredigste plaats op de Heilige Berg. En ik had het gevoel dat ik een kluizenaar was en ik fantaseerde: "Zo zal ik lezen, zo zal ik mijn lamp aansteken, zo zal ik het Jezusgebed zeggen, ik zal zoveel metanieën maken en ik zal droog brood eten en wilde kruiden." Ik maakte mijn droom tot werkelijkheid. IJdele fantasie! Maar niettegenstaande was ik op die manier korte tijd tevreden en dan verliet de gedachte mij weer. En in tijden van zwakheid – en het is in tijden van zwakheid dat wij de vrije loop geven aan gedachten die niet zo goed zijn – dacht ik aan zulke dingen waar mijn ziel naar verlangde en ik ervoer ze.

Zo beleefde ik dat toen ook. Ik ging naar een eiland met melaatsen en ik sprak met de melaatsen. Ik vierde daar de liturgie en ik zorgde voor hen en hielp degenen die zwaar gehandicapt waren. En in mijn fantasie leefde ik met de melaatsen. Daarna vergat ik dit allemaal. Ik werd echter zelf ziek en mijn oudvaders stuurden mij driemaal naar de wereld terug om te genezen. Maar ik genas niet en uiteindelijk, zoals ik u verteld heb, gaven zij mij hun zegen om buiten de Heilige Berg te leven op een plaats waar melk, eieren en vlees zouden zijn en alles wat wegens mijn ziekte noodzakelijk was. Om die reden ging ik naar het klooster van de heilige Charalampos op Euboa en bleef daar ongeveer vijftien jaar. Toen begon ik weer overspoeld te worden door de gedachten die ik op de Heilige Berg had gehad, namelijk te gaan werken in een sanatorium. Ik dacht erover naar Pendeli te gaan. Een kennis van me had mij verteld dat zij daar een priester nodig hadden. Het sanatorium in Pendeli was in die tijd vol tuberculoselijders. Ik ging naar de directeur van het ziekenhuis en hij zei tegen mij: "Wij hebben net iemand aangesteld, Vader, wij hebben net een priester gevonden."

Ik vertelde hem over mijn verlangen te werken in een sanatorium en hij zei: "Ja, ik begrijp het. Ik had hetzelfde verlangen en God bracht mij hier."

Daarna ging ik naar Athene en daar ontmoette ik een priester van de Heilige Berg die diende in de kerk van het Heilig Kruis in

Stavros in de buurt Spata. Ik zei tegen hem: "Vader Mattheos, dit is wat ik verlang te doen. Hoe moet ik te werk gaan?"

"Luister, en ik zal het u vertellen", zei hij. "Er is mij gevraagd naar een ziekenhuis te gaan, de polikliniek in Athene, maar ik heb het niet aangenomen. Ik ging liever hier naar Stavros. Wilt u dat ik contact opneem met professor Amilkas Alivizatos[16] en hem vraag of ze u daar willen aannemen?"

"Laten wij gaan kijken", zei ik.

Ik ging kijken. Mijn hemel! Wat een menigte en wat een drukte en gedrang...

"Ik zou niet geschikt zijn voor deze plaats, vader Mattheos", zei ik.

"Waarom zou u niet geschikt zijn?" wierp hij terug.

En zo gingen wij naar professor Amilkas Alivizatos en spraken met hem. Vader Mattheos vertrok en de professor zei tegen mij: "Kom morgen maar."

Ik ging de volgende dag en wachtte op de professor bij hem thuis. Het dienstmeisje bracht mij naar het salon en ik moest op hem wachten, want hij was uitgegaan. Ik nam mijn Nieuwe Testament dat ik in pocketuitgave had en begon te lezen om geen tijd te verliezen. Toen de professor verscheen sloot ik het boek. Hij kwam naar mij toe, ik groette hem en hij zei: "Wat voor boek was dat, vader?"

"Het Nieuwe Testament, professor", antwoordde ik.

"Hebt u theologie gestudeerd?"

"Nee", zei ik.

"Wat voor opleiding hebt u?"

"De eerste klas van de lagere school en daar heb ik niet veel geleerd. Wat ik aan onderricht heb, heb ik in de woestijn van de Heilige Berg ontvangen, in Kavsokalyvia. Ik had twee oudvaders bij wie ik woonde."

"Kunt u zingen?"

"Ja, ik kan zingen."

....

[16] Professor Amilkas Alivizatos (+ 1969), professor van canoniek recht en pastorale theologie aan de Theologische school van de universiteit van Athene en voorzitter van de polikliniek van Athene.

"Ik heb een kerk, maar ik heb geen priester", zei hij. "Ik vind wel priesters, maar zij vertrekken altijd weer."

"Ik weet het niet, professor, u moet beslissen", zei ik tegen hem. "Ik verlang ernaar in een ziekenhuis te dienen. Dit verlangen heb ik sinds ik in de woestijn was en ik heb niet de intentie de Heilige Berg te verlaten. Ik zeg het u eerlijk! Ik heb er nooit aan gedacht de Heilige Berg te verlaten om in een melaatsenziekenhuis te werken, maar omdat de gedachte mij beviel toen ik ervan hoorde, wilde ik het beleven en heb ik het in mijn fantasie ervaren. God echter heeft mij nu de mogelijkheid geschonken om de fantasie werkelijkheid te laten worden."

Hij vroeg mij: "Onder welke bisschop stond u?" Ik antwoordde: "De bisschop van Kymi." De professor ging naar een andere kamer en belde het diocees Kymi.

Zoals ik later hoorde van de bisschoppelijke kanselier Spyridon, die toevallig aanwezig was toen de professor belde, had de bisschop geantwoord: "Uitstekend! De polikliniek heeft eindelijk zijn priester gevonden!"

Amilkas kwam bij mij terug en zei: "Wij moeten u de liturgie laten vieren."

Ik antwoordde: "Ik kan de liturgie niet vieren, professor, want ik ben bang. Ik kan niet celebreren zonder toestemming van het Aartsbisdom."

"Dat is mijn zaak", antwoordde hij, "uw zaak is de liturgie te vieren."

"Maar wij moeten toestemming hebben van het Aartsbisdom", drong ik aan.

"Nee", zei hij, "u zult dienen en wij zullen geen toestemming vragen."

Ik was niet gelukkig, maar uiteindelijk stemde ik toe.

Hij liet mij elke dag de liturgie vieren in de kapel van de heilige Gerasimos in de polikliniek.

"Wij zullen u als priester aanstellen", zei hij uiteindelijk.

En zo geschiedde het. Maar wat er toen gebeurde! Er was een archimandriet, een gediplomeerde in theologie die in Londen had gestudeerd, die priester van de kapel van de heilige Gerasimos wilde zijn, maar intussen had professor Amilkas mij benoemd. De priester in kwestie was heel kwaad. Hij had erover gesproken met vader Gervasios Paraskevopoulos, de kanselier van het Aartsbisdom, en die had hem de plaats beloofd. Maar toen vernamen zij dat ik daar diende en daarop liet vader Gervasios mij naar het Aartsbisdom komen. Zodra hij mij zag, schreeuwde hij woedend: "Ik zal u in verbanning sturen! Wat dacht u eigenlijk dat u aan het doen was? Bent u werkelijk zo onwetend? Weet u niet dat u toestemming moet hebben van de plaatselijke bisschop?"

Hij ging echt tekeer. Ik ging terug naar de professor en zei tegen hem: "De kanselier heeft werkelijk de vloer met mij aangeveegd."

"Kom mee", zei hij. En hij nam mij mee naar de aartsbisschop. In die tijd was het Chrysanthos van Trapezunt. Het was 1940 – het begin van de Albanese oorlog. Zijne Beatitude vroeg mij: "Wat voor opleiding hebt u?"

"Uwe Eminentie", zei ik, "Ik heb geen opleiding, ik heb leren lezen in de woestijn."

"Hoelang bent u naar school gegaan?"

"Slechts een jaar van de lagere school."

Hij keek naar de professor.

"Wat kunnen wij doen, professor?" zei hij "Het is daar het centrum van Athene, op het Omoniaplein. De mensen zullen denken dat wij gek zijn."

"Helemaal niet", zei Amilkas. "Dit is de priester die ik wil, hij is de juiste persoon."

"Hoe moet dat dan?" vroeg de Aartsbisschop.

Zijne Eminentie keerde zich naar mij en vroeg:

"Kunt u zingen?"

"Ik heb het in de praktijk geleerd."

"Luister, mijn kind", zei hij, "dit is een plaats die een opgeleide persoon vraagt – een priester die kan preken, want die buurt is een centrum van verderf en corruptie en er is iemand nodig die kan spreken en de mensen kan onderwijzen. Toch wil de professor u. Ik zou zeggen: je bent niet opgeleid, maar je kunt proberen dan toch minstens een waardige houding te hebben, en ik zou zelfs zover gaan te zeggen dat jouw manier misschien beter is dan die van iemand met een theologische opleiding die met mooie woorden tegen de mensen zou preken."

"Met uw zegen, Uwe Eminentie", antwoordde ik.

En zo gebeurde het. Ik boog om zijn zegen te ontvangen en vertrok. De professor bleef achter met de aartsbisschop.

De volgende dag was er liturgie. Weer was ik in moeilijkheden, want er was een gedachtenisdienst. Vader Gervasios hoorde hier ook van en was kwaad omdat ik de gedachtenisdienst had gedaan, want dit is niet toegestaan zonder schriftelijke aanstelling. Een lang verhaal... Al deze dingen echter maakten mij niet erg overstuur; ik kwam er overheen.

Ik hield veel van de kerk van de heilige Gerasimos, maar ook van de patiënten. Ik vergat niemand; ik bezocht ze allemaal. Na de goddelijke liturgie deed ik de ronde langs alle zalen. En als ik geen liturgie had 's ochtends, hoorde ik biecht van degenen die wachtten en daarna bezocht ik de zieken. Ik woonde daar drieëndertig jaar alsof het een enkele dag was. Ik had een blij, zorgeloos leven. Ik was zo onbekend en zo onopvallend daar in de polikliniek, dat als ik 's middags heel moe was en 's avonds veel werk had, ik niet naar huis ging, maar daar bleef en niemand lette op mij. Ik verborg mezelf in een klein zijkamertje, zette stoelen op een rij en lag erop met mijn gezicht naar omlaag om het niet koud te hebben en sliep een beetje zonder dat iemand mij zag. Ik had mij niet opengesteld voor gezellige omgang en dus werd ik gering geacht. Ik was onopgevoed, onbetekenend en arm. Andere mensen zorgden voor de administratie van de kapel; ik wist nergens van. En toch woonde ik daar drieëndertig jaar.

Het waren gezegende jaren, gewijd aan de zieken en het lijden. Er werd rondverteld dat ik een goede biechtvader was en daarom kwamen er velen om te biechten. Vele gebroken en vermorzelde zielen kwamen warme tranen storten voor de heilige Gerasimos. En met wat een geloof biechtten zij!

Zoals ik u verteld heb, hoor ik al meer dan vijftig jaar biecht. Ik liet de persoon die biechtte lange tijd spreken over wat hij wilde en aan het einde zei ik iets. Terwijl hij aan het praten was – en niet alleen over persoonlijke zaken – keek ik hoe zijn ziel eruitzag. Uit zijn hele houding begreep ik hoe het met hem gesteld was en aan het einde zei ik iets dat nuttig voor hem zou zijn. En zelfs de dingen die niet persoonlijk betrekking op hem hadden, hielden toch verband met de toestand van zijn ziel. En al de mensen die kwamen biechten waren tevreden over mij want ik sprak niet tegen hen en zij zeiden vrijuit wat zij maar wilden. En als er iemand was die weinig band had met de Kerk of die mij een zonde opbiechtte die wat ernstiger was, benadrukte ik dit niet speciaal. Als u iemand scherp bewust maakt van zijn fout, roept dit een reactie in hem op die het hem onmogelijk maakt deze later op te geven. En aan het einde van de biecht zei ik iets over de ernstige fout waarvoor hij de grote moeite had gedaan zich ertoe te brengen deze te biechten. Op die manier toonde ik geen totale onverschilligheid, maar ik benadrukte het ook niet. Het hing af van de omstandigheden. Soms deed ik ook alsof het niet erg was.

Op het einde zei ik dan:

"Mijn kind, de Heer heeft alles wat u verteld hebt vergeven. Wees van nu af aan oplettend, en denk erom te bidden opdat de Heer u zal sterken, en ga na zoveel dagen ter communie."

Op die manier legde ik geen nadruk op een bepaalde zonde. Dit is heel belangrijk. Daarbij komt dat een persoon niet de enige is die verantwoordelijk is voor zijn fout.

Temidden van de drukte leefde ik als in de woestijn

Temidden van de menigte en het geroezemoes van het Omoniaplein, hief ik mijn handen op tot God en ik leefde innerlijk als in de woestijn van de Heilige Berg. Ik zei dan bij mezelf: "Ik ben niet gemaakt om in de wereld te zijn; ik ben gemaakt voor de woestijn. In de woestijn kent niemand je, wat je ook doet." En toch leefde ik in de wereld. Ik bleef waar God mij gebracht had.

Ik hield van iedereen, ik voelde pijn voor iedereen en alles ontroerde mij. Dit is iets dat de Goddelijke Genade mij geschonken heeft. Ik zag de verpleegsters in hun witte uniformen als in het wit geklede engelen naar de kerk komen en ik kreeg tranen in mijn ogen als ik hen zag. Ik hield erg veel van de verpleegsters. En als ik een verpleegster in uniform zag, dacht ik aan haar als een zuster van barmhartigheid, een zuster van liefde op weg om een liturgie te vieren in de tempel van de liefde van God, in het ziekenhuis, en om de zieken te dienen. Een engel, een witte engel. Aan hoeveel dingen gaan wij zonder ze op te merken voorbij. Ook als ik een moeder zag die haar kind de borst gaf, was ik ontroerd. Als ik een zwangere vrouw zag, weende ik. Ik zag de onderwijzers van de lagere school hun leerlingen naar de kerk brengen en ik weende bij hun liefdeswerk.

De grootste vreugde voor mij was natuurlijk de tijd van de goddelijke liturgie. Als ik las, hielden de gelovigen hun adem in. Ik was in vervoering. Ik celebreerde op vrome wijze want ik hield ervan de liturgie te vieren. Maar de mensen werden ook geïnspireerd door de eenvoudige wijze waarop ik diende.

Omdat ik niet ontwikkeld was, moest ik veel moeite doen. Heel ontwikkelde mensen kwamen zingen in de kerk van de heilige Gerasimos. Velen van hen waren universiteitsprofessoren, zoals de broers Alivizatos, Leonidas Philippidis, de professor in de vergelijkende godsdienstwetenschap, en anderen. Naast de polikliniek was het Atheense Odeon, de muziekschool. De leraren van deze school kwamen ook naar de kerk, met hun gezinnen. Het kerkkoor was van het Koninklijk Theater. Het was voor mij echter moeilijk om in harmonie te blijven met al de verschillende kerktonen. Dus besloot ik lessen te volgen in het Odeon in mijn vrije uren. Ik ging muziek leren met volharding en ijver, uren achter elkaar. Ik deed het om het gemakkelijker te maken voor de zangers. Ik wilde het kerkkoor niet in de war brengen. En zoals ik al zei, het was een koor naar professionele maatstaven. Ik wilde er zeker van zijn dat ik op de juiste noot zou kunnen inzetten, om hen niet te vermoeien en te irriteren. Dus moest ik naar de Odeon gaan om muziek te leren. Maar luister hoe dwaas ik was!

Ik wilde ook harmonium leren spelen en dat was met een bijbedoeling. Als ik een klooster zou stichten, was het mijn bedoeling een harmonium te hebben in het archontariki, de officiële ontvangstkamer, zodat als wij daar waren en zouden spreken over verschillende leren of over een mooi onderwerp, wij een harmonium zouden hebben om onze zang te begeleiden. Het Odeon echter had geen harmonium, dus boden zij mij de piano aan. Daarom leerde ik piano, maar de harmonium was het instrument waar ik van hield. Hoe regelt God toch alles! Het personeel in het Odeon was op mij gesteld en zij gaven mij een lerares die werkelijk heilig was.

Een keer dat ik celebreerde had ik een mooi communiebrood gekregen – en wat was dat een kostbaard geschenk in die tijd van de Duitse bezetting. Ik nam het naar mijn lerares en zei tegen haar met een glimlach:

"Ik heb een mooi communiebrood gekregen."

"Nee, nee", zei zij, "ik kan het beslist niet eten."

"Neemt u het alstublieft aan", smeekte ik.

"Nee", zei zij, "het zou niet juist zijn."

Ik voelde mij gegeneerd. Ik ging aan de piano zitten en zij gaf mij les. Aan het einde zei ik tegen haar: "Ik ben hier erg verdrietig over." En toen nam de goede vrouw het brood toch aan.

Maar ik wilde haar niet van streek maken over de lessen. Dus wat deed ik? Als ik 's nachts mijn nederige gebeden gedaan had, legde ik, totdat ik in slaap viel, mijn handen als op een piano en dan repeteerde ik de les in mijn hoofd: C, B, A, G, G, G, E. En zo leerde ik de les. Waarom ik dat deed? Om mijn lerares niet van streek te maken. Dat is iets dat ik op de Heilige Berg geleerd heb. Het is mij onmogelijk iemand bedroefd te maken, omdat ik vanaf mijn vroegste jeugd geleerd heb gehoorzaam te zijn. Dit is er de oorzaak van. Als ik iemand zie die bedroefd is en die bij mij aandringt en me smeekt iets te doen of te zeggen, dan heb ik medelijden met hem en doe ik het, zelfs als ik het niet wil.

Een grote beproeving

Ik heb u echter nog niet verteld dat ik in het begin van mijn aanstelling als priester in de polikliniek, een grote beproeving moest doorstaan, maar God hielp mij.

Op de eerste zondag ging ik vol vreugde de liturgie vieren. Mijn verlangen om in een ziekenhuis te werken stond op het punt in vervulling te gaan. God had mij dit geschenk gegeven. Maar wat overkwam mij! Net toen ik op het punt stond te beginnen, hoorde ik het geluid van een grammofoon die liefdesliederen uittoeterde net buiten de kerk: "Ik hou van je, ik hou van je," enzovoorts. Ik begon de dienst, maar het geluid dreunde onverminderd door. Ik las de gebeden, de goddelijke liturgie, maar buiten ging het gezang onophoudelijk door. Binnen was de kerk vol mensen. Ik kwam naar de Koninklijke Deuren en zei:

"Vrede aan allen", maar de liturgie was verre van vredig. Toen ik in een toestand van wanhoop de liturgie beëindigd had, nuttigde ik de heilige gaven, nam mijn gewaden, vouwde ze op en ging onmiddellijk naar buiten. Tegenover de kerk was een winkel die grammofonen en grammofoonplaten adverteerde. Ik ging beleefd naar de eigenaar, mijnheer Kouretas, en vroeg hem of het mogelijk was de grammofoon tenminste tijdens de goddelijke liturgie af te zetten,.

"Ik moet mijn brood verdienen", antwoordde hij. "Ik kan niet doen wat u wilt. Ik moet voor mijn kinderen zorgen en de huur betalen."

"Alstublieft", drong ik aan, "het leidt me af en het is een zonde."

"Bemoei u met uw eigen zaken, vader", was zijn antwoord.

Wat moest ik nu doen? Ik dacht erover deze kerk te verlaten en een andere te zoeken. Maar ik voelde een verplichting, want de plaats was mij gegeven al had ik niet de juiste kwalificaties – ik had geen diploma van de lagere school of zelfs maar een rapport van een van de klassen. Wat moest ik zeggen tegen de Aartsbisschop, die mij de gunst had verleend zijn toestemming te geven? Wat moest ik zeggen tegen professor Alivizatos, die zijn uiterste best had gedaan mij te doen aanstellen? Ik was erg verdrietig en ging in het heiligdom zitten om na te denken. Wat moest ik doen? Ik zei tegen mezelf dat ik weg zou moeten gaan; ik kon niet langer blijven. Hoe kon ik daar leven? Hoe kon ik de liturgie vieren? Vooral voor iemand die uit de woestijn kwam, uit de volledige stilte, hoe kon ik zulk hels lawaai verdragen? Al de bussen van Nikaia, van Peristeri en van Piraeus kwamen voorbij de deur van de kerk en men kon voortdurend het geluid van hun claxons horen terwijl zij heen en weer reden. Ik besloot te vertrekken. Maar hoe moest ik het aankondigen? Ik ging verslagen naar huis. Ik wist niet wat ik moest doen...

In die tijd woonde ik in de Lykavitos-buurt, in Doxapatristraat. Ik ging daar naartoe en tobde mijn hersens af... Ik wilde zelfs niet eten. Ik was zo verdrietig. Wat moest ik doen? Ik was nog wel zo blij geweest dat ik een plaats had gevonden in een ziekenhuis en dat ik voor zieke mensen zou kunnen zorgen, met hen spreken, hun biecht horen en hen de heilige communie brengen. Wat moest ik nu doen? Alleen God kon mij uit deze moeilijke situatie helpen. En dus in antwoord op dit vreselijke probleem zei ik tegen mezelf: "Wat God zegt."

"Mijn God", zei ik, "ik wil niet dat U met mij spreekt; ik wil niet dat U mij een teken toont. Maar toon mij met Uw eigen liefde iets eenvoudigs, zodat ik kan weten of ik moet weggaan of blijven. Iets heel simpels. Ik vraag niet om een wonder. Daar schaam ik mij voor." En dus besloot ik drie dagen te vasten zonder zelfs water in mijn mond te nemen, in volledige stilte te bidden en te wachten op een antwoord van God.

En het antwoord kwam. Terwijl ik in de kapel van de heilige Gerasimos was, kwamen allerlei mensen binnen om een kaars op te steken. Op een bepaald ogenblik kwam een vrouw binnen met haar kind. De jongen leek de leeftijd van een brugklasser te hebben. Hij had zijn schoolboeken bij zich. Een ervan was zijn boek natuurkunde. Ik vroeg hem of ik erin mocht kijken, want ik was altijd gretig om iets nieuws te leren. Terwijl ik erin bladerde kwam ik bij een bladzijde die het volgende experiment liet zien: als men een kleine steen in een rustig meer gooit, ziet men het water golfjes maken over een klein gebied. Als men er dan een grotere steen in gooit, worden de golfjes groter en bedekken een groter oppervlakte zodat ze de eerste golfjes voorbij gaan. Op dat moment ontving ik het antwoord op mijn probleem. Het was een goddelijke verlichting. Ik redeneerde als volgt: de kleine golfjes van het zingen buiten de kerk kunnen voorbij gegaan worden door de gebeden van grote geestelijke intensiteit die binnen in de kerk gezegd worden. En op hetzelfde ogenblik kwam krachtig, heel krachtig in mijn geest: "En als je hier celebreert en je geest op God vestigt, wie kan je dan kwaad doen?"

Dus nam ik mij voor precies dit te doen: mijzelf geheel en al over te geven aan Christus' liefde, om met grote ijver en geestelijke intensiteit het drama van de goddelijke liturgie, het ontzagwekkende drama op Golgotha, te volvoeren. Mijn vreugde was groot. Ik geloofde dat God de oplossing voor mij had gevonden. Op zondagochtend kwam ik vol hoop in de kerk aan en begon aan de beginzegen. Mijn geest was uitsluitend geconcentreerd op de goddelijke eredienst. Ik voelde dat ik zowel in de hemel was als op de aarde, en met mij was de congregatie, Gods kudde, deelnemers aan het mysterie van Zijn woord. Ik voelde dat wij allen omringd waren door Goddelijke genade. Buiten was de grammofoon verwoed aan het schreeuwen. Ik hoorde niets. Voor de eerste keer ervoer ik een goddelijke liturgie zo. Het was de mooiste van mijn leven. En vanaf toen waren alle goddelijke liturgieën hetzelfde.

Alles leren in al zijn diepte en breedte

Ik maakte veel mee tijdens mijn jaren in de polikliniek. Griekenland, en vooral Athene, leed onder de ontberingen van de oorlog en de bezetting – elke dag stierven mensen van de honger. Ik deelde de prosfora's met hen en alles wat mij verder gegeven werd. Maar ik leed nog meer met hen mee wegens de angst in hun ziel, want door de gave van helderziendheid kon ik in de diepte van hun ziel kijken. Als iemand mij kwam vertellen over een lichamelijke pijn, maakte ik het tot een onderwerp van gebed. Dit feit zette mij altijd aan tot studie. Als ik een ziek deel van een lichaam "zag", wilde ik zijn wetenschappelijke naam kennen en de ligging van alle organen in het menselijk lichaam, de gal, de pancreas, enzovoorts. Daarom kocht ik medische boeken over anatomie en fysiologie om het te bestuderen en te begrijpen. Een tijdlang woonde ik de lessen bij van de Medische School om een meer volledige kennis te verkrijgen. Mijn dorst naar kennis strekte zich uit tot alle gebieden. Ik wilde alles leren in al zijn diepte en breedte. Als ik een fabriek bezocht, wilde ik elk detail leren over zijn werking. Als ik een museum bezocht, bestudeerde ik urenlang de beeldhouwwerken. Ik zal u vertellen over een incident dat ik mij herinner.

Op een zondagmiddag liep ik voorbij het Archeologisch Museum en daar ik wat vrije tijd had, besloot ik er binnen te gaan. Ik liep door de zalen en keek naar de beelden. In een van de zalen was een groep mensen met een gids die uitleg gaf. Het was helemaal stil. Ik ging in hun richting. Maar toen de gids mij zag, fluisterde zij tegen hen:

"Er is juist een priester binnengekomen. Ik kan priesters niet uitstaan, maar deze lijkt niet op de anderen."

Ik kwam dichterbij en zei: "Goedemiddag."

"Goedemiddag", antwoordde de gids.

"Mag ik luisteren naar wat u zegt?" vroeg ik.

"Natuurlijk", zei zij.

Wij gingen van het ene beeld naar het andere. Op een gegeven moment stonden wij voor een beeld van Zeus. Zeus zat op zijn troon terwijl hij een bliksemstraal naar de mensheid wierp. Toen de gids klaar was met hen te vertellen wat zij ervan wist, keerde zij zich tot mij en zei:

"Wat hebt u hierover te zeggen, Vadertje? Wat denkt u van dit beeld?"

"Ik weet niets over deze dingen", zei ik. "Maar als ik ernaar kijk, ben ik vol bewondering voor de kunstenaar en ook voor het menselijk lichaam, zulk een volmaakte goddelijke schepping. En ik zie dat de kunstenaar die het gemaakt heeft een groot gevoel voor het goddelijke had. Kijk naar Zeus. Al gooit hij een bliksemstraal naar de mensheid, toch is zijn gezicht vreedzaam. Hij is niet kwaad. Hij is hartstochtloos."

De gids, maar ook de hele groep, was heel tevreden over mijn uitleg. Wat zegt dat ons? Het zegt ons dat God zonder hartstocht is, zelfs als Hij straft.

Ik had een grote dorst naar kennis over alles, zoals ik al zei. Eens leerde ik om pluimvee te fokken. Werkelijk! Een andere keer ging ik naar een imker om te leren bijen te houden. De leermeester kwam uit Corfou. Er waren verschillende mensen in de klas, jongens en meisjes, jong en oud. Toen de les voorbij was, kwam de leermeester naar mij toe en zei:

"Weet u wat ik mij gerealiseerd hebt, Vader? Ik kan zien dat u een succesvolle imker zult zijn."

"Waarom denkt u dat?" vroeg ik.

"Vanwege de wijze waarop u kijkt, vanwege uw aandacht, ik zag dat u een heel goede imker zult zijn. U zult het goed doen. U zult de bijen begrijpen, u zult met ze spreken en zij zullen met u spreken."

"Dat is juist", zei ik, "ik zal met de bijen spreken, ik zal naar de korf gaan, naar ze luisteren, ze begrijpen en plezier in ze hebben – maar ik zal mijn toog en mijn priesterhoed verliezen!"

Als asceet leven, zelfs midden in Athene

Mijn voornaamste taak in al die jaren als geestelijk vader, was het biecht horen geweest. Ik hoorde urenlang biecht, dagen en nachten, 24 uur achter elkaar zonder onderbreking, of ik nu in de Heilige Charalampos op Euboa was, in de Heilige Gerasimos of in de Heilige Nicolaas in Kallisia, of nu hier in het klooster. Zelfs tijdens mijn ziektes – en er zijn er veel geweest en ze hebben jaren geduurd – ontving ik met de liefde van Christus de zielen die God naar mij gestuurd had.

Ik wilde als asceet leven, zelfs midden in Athene, en dus verborg ik mij in de Tourkovounia-heuvels. Ik woonde daar met mijn ouders, mijn zuster en mijn nicht in een hut gemaakt van cementblokken.

's Nachts werkten wij in stilte en in gebed. Wij hadden breimachines en wij breiden hemden en truien en verkochten ze. Het was ons doel geld te sparen om een klooster te bouwen.

Wij maakten ook wierook, kostbare wierook, van eigen fabrikaat, volgens eigen recepten, eigen mengsels en met vijftig aromatische substanties. Ik herkende de verschillende wierooksoorten en hun zuurtegraad aan de geur. Ik had een notitieboekje gevuld met mijn recepten waarmee ik de geuren maakte voor de wierook. Ik plaatste al de aromatische substanties die ik had op een rij – ongeveer vijftig flessen in totaal: routinol, rinanol, rinalil, enzovoorts. En vreemd genoeg, ik kende al deze flessen. Ik kende de geur van elk ervan en zijn intensiteit en zijn zuurtegraad. Ik wist dat als ik tien delen van het ene nodig had, ik van het andere twee nodig had of drie of een, en ik maakte enkele heel goede, zeldzame recepten. Helaas is dit notitieblokje uiteindelijk gestolen. Ik weet wie het van mij gestolen heeft, maar ik wil niet zeggen wie. Dat kan ik niet...

Ik was heel simpel

Ik was heel simpel, zonder wereldse kennis en zonder kennis van goede omgangsvormen. Ik wist niet hoe ik mij moest gedragen, want ik was opgegroeid op een heuvelrug. Ik had een korte tijd doorgebracht met mijn peetvader in Piraeus, maar ook daar zorgde ik voor mijzelf. Zijn dochters brachten mij eten en ik at in mijn eentje en sliep op zolder. Ik wist dus niet hoe ik aan tafel een vork of een lepel moest gebruiken. Meestal ging ik niet als ik werd uitgenodigd. Maar op een keer werd ik geroepen om een gebed te lezen voor een zieke vrouw die naast de polikliniek werkte nabij het stadhuis. Een heel goede, vrome vrouw. Maar toen wij eindelijk bij haar huis kwamen en het gebed hadden gelezen, was het laat en zij drongen erop aan dat ik bij hen zou blijven eten.

"Nee", zei ik, "ik vrees dat dat niet kan. Ik moet gaan."

De echtgenoot van de vrouw zei:

"Wij zullen ons beledigd voelen als u niet blijft, want wij weten dat u niet gegeten hebt. Wij zullen heel bedroefd zijn als u weggaat, vader. Doe ons de eer. Wij hebben ons dochtertje ook."

Zij hadden een klein meisje. Zij waren nog niet lang getrouwd. Een schattig klein meisje.

Dus gaf ik toe. Ik zei een gebed, zegende het eten en wij begonnen te eten. Maar toen hun dochtertje zag hoe ik at, riep zij uit:

"Mama, hij houdt zijn lepel niet goed vast!"

"Stil nu, stil!" zeiden zij.

Maar zij werd niet stil.

"Hij houdt zijn lepel niet goed vast."

Hoe gênant! Ik keek hoe zij hun lepels vasthielden en deed evenzo. Toen gaven zij mij iets te eten met een vork.

Onmiddellijk riep de kleine uit:

"Hij houdt zijn vork niet goed vast."

Helaas, u ziet hoe simpel ik was...

De wandelstok van de heilige Gerasimos

In Tourkovounia woonden wij op een heel steile helling. Ik stond 's ochtends heel vroeg op, ging op weg naar de kerk, naar de Heilige Gerasimos, en kwam 's avonds thuis. De weg buiten ons huis was heel verraderlijk en daalde heel abrupt. Op een ochtend viel ik en brak mijn been. Het was zondagochtend, de zon was nog niet boven de horizon gerezen en alles was stil. Mensen hoorden mij kreunen van de pijn, kwamen naar buiten en lieten een ziekenauto komen. Ik werd naar het ziekenhuis gebracht, waar bleek dat mijn rechter scheenbeen was gebroken. Alle botten waren verbrijzeld en de pijn was moordend. Mijn been moest in het gips, terwijl de mensen in de kerk stonden te wachtten tot ik de liturgie zou beginnen. Uiteindelijk moesten zij weggaan.

Na twee weken in bed te hebben doorgebracht, keek ik tijdens het gebed toevallig naar mijn been en zag ik, met Gods genade, dat zij mijn been verkeerd hadden gezet. Ik vroeg aan de dokters het gips eraf te halen. De consulterende arts die het hoorde zei lachend:

"In plaats van voor de kerk te zorgen, wil die priester ons bekritiseren, ook al is alles behoorlijk gedaan en is zijn been geradiografeerd. Wat wil hij nu? Wil hij ons leren hoe het moet?"

Niemand toonde enige belangstelling. Toen zij mij 's middags eten brachten, at ik niks en ik zei dat ik erop aandrong dat zij een radiografie zouden maken, omdat het been scheef aan elkaar zou groeien. De consulterende arts stuurde een boodschap: "Zeg maar dat hij zich met zijn priesterlijke taak moet bezighouden! Zijn been is helemaal in orde."

Het werd avond en zij brachten mij weer eten en weer at ik het niet, en eiste dat zij naar mijn been zouden kijken. De volgende ochtend kwam de consulterende arts bij mij en zei kwaad:

"Zo, wat is dit voor onzin, Vader? Probeert u ons de les te lezen?"

Uiteindelijk brachten ze me naar de radiografie en zagen dat zij inderdaad mijn been verkeerd gezet hadden en, erger nog, dat het geheeld was. De consulterende arts begon te lachen:

"Arme Vader" zei hij. "U moet een echte zondaar zijn! Nu realiseer ik het mij ook! Nu zult u weten wat u moet doorstaan! Wij zullen uw been weer moeten breken en het opnieuw moeten zetten."

Zij begonnen hard op het gips te hameren om het te breken. Ik zei niets, maar bad mijn armzalige gebeden.

"Nu zegt u niets", zei hij, "maar nu ga ik al uw zonden vergeven!

Met een plotse beweging trokken zij aan het gips en verwijderden het. Ik had veel pijn. Twee artsen trokken aan mijn been en de consulterende arts begon met zijn vuist op mijn scheenbeen te slaan om het te breken.

"Kijk, Vader" zei hij. "Ik zal al uw zonden vergeven, en de mijne zullen ook vergeven worden."

Zij begonnen het been te breken; het was al een beetje geheeld en ik leed ondraaglijke pijn. Ik beet op mijn lip. Eindelijk braken zij het. Zij legden mij weer onder de radiografie, trokken aan mijn been en zette het op de juiste manier. Toen deden zij er voorzichtig gips omheen en brachten mij terug naar bed.

Gedurende twee of drie maanden – ik weet het niet precies meer – bleef ik uitgestrekt op bed liggen. Daarna moest ik zitten en gaven zij mij twee krukken om mee te lopen. Ik wilde ze niet. De arts zei tegen mij:

"Neem ze om op te staan, want u hebt zo lang gelegen."

Ik gebruikte de krukken niet lang, want ik kon al gauw zelf in evenwicht blijven. Ik was wat bang voor krukken voor het geval ik eraan zou wennen en niet meer zonder zou kunnen.

Toen zei de arts tegen mij:

"Vergeet niet een wandelstok te kopen."

"Nee", zeik ik, "ik heb er geen nodig."

"U bent een priester", zei hij, "en toch bent u zo ongehoorzaam! Luister maar naar mij, anders zult u vallen en al uw botten breken."

Ik was dus verplicht om aan mijn zuster te vragen of zij een wandelstok voor mij kon kopen, daar ik er zelf geen geld voor had. Het was elf uur 's ochtends en ik ging met de krukken naar de kapel van het ziekenhuis.

Mijn zuster maakte zich onmiddellijk gereed om naar Aiolosstraat te gaan om een wandelstok te kopen. Toen zij op het punt stond weg te gaan, kwam een vrouw met een wandelstok in de hand de kerk binnen.

"Is dit hier de Heilige Gerasimos?" vroeg zij.

"Ja, mijn kind, het is hier", antwoordde de vrouw die daar conciërge was.

"Waar is de icoon van de heilige?"

"Daarginds", zei zij, wijzend naar de icoon.

De onbekende bezoekster knielde voor de icoon van de heilige en met tranen in de ogen begon zij de heilige hardop toe te spreken, zodat wij het allen konden horen:

"Lieve Heilige, ik kende u niet. Ik had nog nooit van u gehoord. Ik had zelfs nog nooit uw naam gehoord en toch hebt u mij de eer gedaan mij te bezoeken en u hebt mij gevraagd de wandelstok die ik in Jeruzalem gekocht hebt naar uw huis te brengen. Kijk, hier is hij, lieve Heilige. U zei: 'Ik wil dat u mij de stok morgenochtend brengt!' Ik wist niet waar u was, maar ik heb het gevraagd en nu heb ik u gevonden."

Ik zat met mijn zuster en de conciërge in de koorstoelen naast de kaarsentafel. De vrouw kwam dichterbij en zei:

"Wat is dit toch? Waarom vroeg de Heilige mijn wandelstok? Wat moet hij ermee?"

De conciërge antwoordde:

"Luister, en u zult zien waarom de Heilige uw wandelstok wilde. Hij heeft hem zelf niet nodig, maar de Heilige heeft een dienaar en zijn dienaar is deze priester die u hier ziet. Hij heeft zijn been gebroken en heeft maandenlang vreselijk geleden. Vandaag is de eerste dag dat hij uit bed is en de dokters hebben hem gezegd een wandelstok te gebruiken. En zie, zijn zuster wilde net naar de Aiolosstraat gaan om voor hem een wandelstok te kopen. Kom, neem de wandelstok van de Heilige en geef hem aan Zijn dienaar hier."

Diep ontroerd bracht de vrouw mij de wandelstok en kuste mijn hand.

"Neem hem, vader", zei zij, "en vergeef mij mijn zonden. Ik kocht hem in Jeruzalem. Hij is van de Heilig Grafkerk. Ik kom uit de Probona-buurt, aan de voet van Patissia. Daar woon ik. Ik zag daar de Heilige in mijn slaap."

Ik bedankte haar. Ik deed mijn krukken weg, aanvaardde de wandelstok en nam hem onmiddellijk in gebruik. Ik noemde hem de wandelstok van de heilige Gerasimos en ik ben er erg op gesteld. Ik let er goed op hem niet te verliezen. Hij is wonderdoend. Als iemand ergens pijn heeft, geef ik een klopje met de stok op de pijnlijke plek en het geneest. Kunt u het zich voorstellen! De Heilige heeft voor iemand zo onbeduidend als ik gezorgd! Hij verscheen levensgroot aan de vrouw die nog nooit van de heilige Gerasimos had gehoord, noch van mij. De Heiligen doen de meest ongelooflijke wonderen. Daarom moeten wij ze eren. En ik vereer de heilige Gerasimos die met zijn heiligheid en genade de staf is van de zieken.

"Hij doet regen neerdalen op rechtvaardigen en onrechtvaardigen"

Veel mensen kwamen naar de kerk van de heilige Gerasimos in de polikliniek om een kaars op te steken. Sommigen bleven om te biechten, anderen vroegen een zegen, terwijl anderen hun kaars opstaken, een kruisteken maakten en vertrokken. Allerlei soorten mensen kwamen er: mannen en vrouwen, jong en oud, ontwikkeld en niet ontwikkeld. Er leefden mensen uit allerlei milieus in de buurt van Omonia.

Op het feest van Theofanie, na de Grote Waterwijding, was het vroeger de gewoonte de ronde te doen en de huizen van de mensen te zegenen door ze met wijwater te besprenkelen. Eens ging ik ook om te zegenen. Ik klopte dan op de deuren van de appartementen en als de deur geopend werd, ging ik naar binnen en zong "Toen Gij, Heer, gedoopt werd in de Jordaan …" Toen ik in de Maizonstraat was zag ik een ijzeren deur. Ik opende hem en kwam op een binnenplaatsje dat vol mandarijn-, sinaasappel- en citroenbomen was en liep naar de buitentrap die toegang verschafte tot de eerste verdieping en een kelderverdieping. Ik liep de trap op, klopte op de deur en een vrouw verscheen. Toen zij de deur voor mij opende, begon ik zoals gewoonlijk te zingen: "Toen Gij, Heer, gedoopt werd in de Jordaan …", maar zij hield mij abrupt tegen. Intussen echter had men mijn stem gehoord, en meisjes kwamen van links en rechts uit de kamers de gang op. "Ik zie wat er gebeurd is", dacht ik bij mezelf, "ik ben terechtgekomen in een huis van slechte zeden." De vrouw versperde mij de weg voor de ingang.

"Ga weg", zei zij tegen mij, "het is niet juist dat deze meisjes het kruis kussen. Laat mij het kruis kussen en ga dan alstublieft weg."

Ik nam een ernstige en vermanende houding aan en zei tegen haar:

"Ik vrees dat ik niet weg kan gaan. Ik ben een priester en ik ben gekomen om het huis te zegenen."

"Dat is allemaal goed en wel, maar het is volstrekt uitgesloten dat deze meisjes het kruis zouden kussen."

"Maar hoe weten wij wie het kruis mag kussen, de meisjes of u? Want als God mij zou vragen wie het kruis zou mogen kussen, zou ik misschien antwoorden dat de meisjes het mogen kussen en u niet. Hun zielen zijn in een betere staat dan de uwe."

Ze bloosde, waarop ik zei: "Laat de meisjes het kruis komen vereren."

Ik gaf de meisjes een teken om naar voren te komen en begon met nog meer vuur dan daarvoor te zingen: "Toen Gij, Heer, gedoopt werd in de Jordaan ...", want ik voelde zoveel vreugde dat God het zo voor mij geregeld had ook naar deze zielen te komen.

Allen kusten zij het kruis. Ze waren netjes gekleed met gekleurde rokken. Ik zei tegen ze: "Zalig feest, mijn kinderen. God bemint ons allen. Hij is vol goedheid en doet het regenen over de rechtvaardigen en de onrechtvaardigen. Hij is ons aller Vader en bekommert Zich om ieder van ons. Alleen moeten wij ook trachten Hem te leren kennen en te beminnen en goed te worden. Bemin Hem en u zult zien hoe gelukkig u wordt."

Ze keken mij niet-begrijpend aan. Maar iets bleef achter in hun kleine, verontruste zielen.

"Ik ben blij dat God mij vandaag de eer heeft gedaan u hier vandaag te komen zegenen", zei ik toen ik mij omdraaide om weg te gaan. "Nog vele jaren!"

"Nog vele jaren!" antwoordden ze en ik vertrok.

Prachtige gebeden

Naast het feest van Theofanie werd ik voor verschillende gelegenheden gevraagd huiswijdingen te doen. Eens tijdens de Duitse bezetting kwam een vertegenwoordiger van het Rode Kruis mij in de polikliniek halen om een wijding te doen.

"U zult een priester moeten halen van de Heilige Constantinos", zei ik, "het huis hoort bij die parochie."

"Neen", antwoordde hij beslist, "u bent de priester die moet komen. Er is een reden voor, en of u het wilt of niet, u zult met mij meegaan naar de 3 September-straat!"

En dus ging ik gedwee met hem mee; ik nam het kruis, mijn monnikshoed en mijn goede riasson. Toen wij aankwamen, was ik erg verbaasd. Ik stond tegenover een groep hoogst deftige dames en heren, onder andere de kanselier van de universiteit die filosofie onderwees – ik geloof dat hij Beis heette. Zodra ik de kamer binnenkwam, stelde ik mij zelfverzekerd voor en gaf iedereen een hand. Echter had ik, ongeletterd als ik was, geen boek meegebracht. Toen ik de mensen in mooie kleren zag en de schalen opgestapeld met uitgezochte zoete spijzen - tijdens de bezetting - begon ik te beven van zenuwachtigheid.

"Laten wij de dienst van wijding doen", zei ik tegen hen.

Ik deed mijn riasson aan, deed mijn hoed met sluier op en nam het kruis in de hand. Ik begon de dienst zonder boek, en al mijn moed verzamelend, begon ik de gebeden helder en duidelijk op te zeggen, woord voor woord. Met de tijd begonnen de woorden er met meer vertrouwen uit te stromen, maar ik hield mijn blik gevestigd op de kom water voor mij.

"Vrede aan allen"… "Buigt uw hoofden voor de Heer"… "Heer neig Uw oor en verhoor ons, Gij hebt U in de Jordaan laten dopen om de wateren te heiligen. Zegen ons allen die het hoofd voor U buigen als teken van onze dienstbaarheid, en maak ons waardig vervuld te worden met Uw heiliging door de deelname aan dit water. Geef, Heer, dat het ons worde tot gezondheid van ziel en lichaam. Want Gij zijt onze heiliging en tot U zenden wij onze lof, dankzegging en aanbidding, evenals tot Uw beginloze Vader en Uw alheilige, goede en levendmakende Geest, nu en altijd en in de eeuwen der eeuwen…"

Ik zei het allemaal als een bisschop. Toen ik klaar was met de Waterwijding, ging ik niet naar hen toe om water op hun hoofd te sprenkelen – veel mensen houden daar niet van – maar hield ik eenvoudig het kruis in de hand om te zien wie naar voren zou komen. De aanwezige kabinetsminister kwam als eerste en de anderen volgden. Ik sprak de zegen over hen uit: "Moge God u zegenen, verlichten en sterken." Maar ik was voortdurend bedrukt door het gevoel dat ik ongeletterd was. Voor mijn vertrek maakte ik het kruisteken in de lucht, zegende hen en zei: "Goede dag, mijn kinderen." En dt terwijl er universiteitsprofessoren aanwezig waren!

"De gebeden waren prachtig", zei de universiteitskanselier, "ik was zeer voldaan. Ik heb erg genoten van de Wijding, en u zei het allemaal zo goed uit het hoofd. Bent u gediplomeerd in theologie? Ik merkte echter dat u een fout hebt gemaakt in de evangelielezing. U zei 'werd (egeneto) gezond, maar de juiste lezing is 'zou gezond worden (egineto)'.

"Dank u", zei ik, "ik ben een ongeletterde priester."

Dit is het evangelie dat wij lezen op de Zondag van de Verlamde. Het luidt als volgt:

"Te dien tijde ging Jezus naar Jeruzalem. Nu is er te Jeruzalem bij de Schaapspoort een badinrichting, in het Hebreeuws Bethesda geheten, met vijf zuilengangen. Daarin lagen vele zieken, blinden, kreupelen en verlamden te wachten op de beweging van het water. Want van tijd tot tijd daalde een Engel des Heren neder in het bad en bracht het water in beweging en wie dan het eerst in het water afdaalde, zou gezond worden, aan welke kwaal hij ook leed" (Joh. 5, 1-5).

Laat mij u herinneren aan het kondakion van de zondag van de Verlamde. Daarin staat:

"Door vele zonden en tegennatuurlijke daden is mijn ziel geheel en al verlamd, o Heer. Maar doe haar weer opstaan door Uw goddelijke tegenwoordigheid, zoals Gij eens de Verlamde hebt opgericht, opdat ik gered tot U mag roepen: Barmhartige Christus, ere zij Uw kracht."

Dit is een goed kondakion om te onthouden en te gebruiken als gebed.

Een duidelijk beeld van Christus

In de kerk – ik bedoel de kerk van de heilige Gerasimos – was ik soms heel ontroerd. Ik werd erg aangedaan als ik de evangelielezing hoorde. Dit was omdat ik het beeld voor mij zag, Christus zelf.

Eens op Goede Vrijdag deden wij de dienst. De kerk was stampvol mensen. Ik was het evangelie aan het lezen en toen ik bij de zin kwam: "Eli, Eli, lama sabachthani, dat wil zeggen: Mijn God, mijn God, waarom hebt Gij mij verlaten", kon ik het niet afmaken. Ik las de woorden 'Waarom hebt Gij mij verlaten' niet. Ik was overmand door ontroering. Mijn stem brak. Voor mij zag ik het hele, tragische tafereel. Ik zag dat gezicht. Ik hoorde die stem. Ik zag Christus zo duidelijk. De mensen in de kerk wachtten. Ik zei niets. Ik kon onmogelijk verder. Ik liet het evangelie op de lessenaar en keerde terug in het altaar. Ik maakte het kruisteken en kuste de Altaartafel. Ik haalde mij een ander beeld voor de geest, een beter beeld. Nee, niet een beter beeld. Er was geen mooier beeld dan dat, maar het beeld van de opstanding kwam mij voor ogen. Ik werd onmiddellijk weer rustig. Toen keerde ik terug naar de koninklijke deuren en zei: "Vergeef mij, mijn kinderen, ik werd meegesleept." Toen nam ik het evangelie weer op en las die passage vanaf het begin. Maar op dat ogenblikkelijk was de hele kerk tot tranen toe ontroerd.

Dat was slecht. Iemand mag denken wat hij wil. Maar het is niet goed ons te laten meeslepen. Wij moeten ons inhouden.

Gods liefde en voorzienigheid

De jaren na de oorlog waren heel moeilijk en de mensen hadden een zware strijd om aan de kost te komen. Zoals ik u verteld heb, was ik in die tijd in de polikliniek. Ik herinner mij veel voorvallen uit die jaren. Luister, ik zal u een ervan vertellen.

Effi was zeventien jaar oud en had de gewoonte de zomer door te brengen met haar ouders en haar broer in Boyati[17]. Zij hadden een groentetuin en zij verkochten de opbrengst. Op een avond stuurde Effi's moeder haar naar een winkel dichtbij om paraffineolie te kopen voor de lamp. Herinnert u, in die tijd hadden zij geen elektriciteit. Onderweg terug naar huis ontmoette Effi een jongen die bij haar op school in de klas zat. Zij wisselden een paar woorden over hun lessen. Zij waren stil blijven staan om te praten achter een geparkeerde vrachtauto. Op dat ogenblik kwam Effi's broer voorbij en zag haar praten. Hij begreep de situatie verkeerd omdat hij dacht dat hun gesprek niet zo onschuldig was en hij vertelde het aan hun moeder.

"Effi heeft ons te schande gemaakt", zei hij, "zij was aan het praten met een jongen op straat."

Toen Effi thuis kwam, vermaande haar moeder haar kwaad en sloeg haar. In die tijd waren de morele principes heel streng. Effi was diep vernederd. Ze was gekwetst en verontwaardigd door het onrecht en de vermoedens van haar broer.

De volgende dag kwam haar vader, die niet thuis was geweest, terug. Hij behandelde haar anders, met begrip en vriendelijkheid.

---

[17] Een district ten noorden van Athene, nu meer bekend onder de naam Aghios Stephanos.

"Dat geloof ik allemaal niet", zei hij tegen haar. "Kom, laten wij de groentetuin water gaan geven. Jij moet kijken, en als je ziet dat een deel water heeft gehad, zeg het mij, dan ik zal het water draaien naar de groef rond het andere deel."

Zo gezegd, zo gedaan. Effi had echter de hele vorige nacht niet geslapen. Haar verdriet en het onrecht wurgden haar. Ze was zo wanhopig dat ze besloot een einde aan haar leven te maken. Toen ze met haar vader onderweg was naar de groentetuin, bedacht ze een plan. Ze zou onkruidverdelger meenemen en 's avonds, als zij alle planten water hadden gegeven, zou ze het in het geheim drinken en sterven. Ze dacht bij zichzelf: "Dan zullen we wel zien of ze van mij houden". Dus nam ze de onkruidverdelger en stopte deze in haar zak en wachtte tot het avond was om het te drinken. Het moeilijke ogenblik liet niet lang op zich wachten. Haar vader, die niets vermoedde, zei tegen haar: "Ga achter in de tuin het water afzetten."

Ze was al snel uit het zicht verdwenen. Helemaal alleen stak ze bevend haar hand in haar zak. Precies op dat ogenblik hoorde ze voetstappen. Voordat ze kon bewegen, verscheen plotseling een onbekende priester. Hij groette haar en zei:

"Beste Effi, je weet hoe wonderbaar het paradijs is: licht, vreugde en heerlijkheid. Christus is geheel licht en Hij verspreidt vreugde en blijdschap over iedereen. Hij wacht op ons in het volgende leven om ons het paradijs als geschenk te geven. Maar er is ook de hel, die een en al duisternis, verdriet, ellende, angst en depressie is. Als je slikt wat je in je zak hebt, zul je naar de hel gaan. Gooi het dus onmiddellijk weg, om de schoonheid van het paradijs niet te verliezen."

Effi stond sprakeloos aan de grond genageld, maar na een tijdje zei ze tegen de priester, nadat ze onbewust het vergif had weggegooid:

"Wacht, ik zal mijn vader roepen, dan kan hij u ontmoeten."

Ze rende door de tuin en dwars door de hoge maïsstengels om haar vader te zoeken. Toen ze hem had gevonden zei ze tegen hem:

"Vader, kom vlug kijken naar een priester die achter in onze tuin gekomen is."

Toen zij aankwamen op de plaats waar zij de priester had gezien, was daar niemand.

Lange tijd kon Effi alles wat er die avond gebeurd was niet verklaren. Ze wilde de verdwenen priester weer vinden, omdat hij haar leven had gered.

Intussen ging de familie elke winter in Athene logeren. Effi bezocht dikwijls haar meter, die een heel vrome vrouw was, en bleef lange periodes bij haar logeren. Haar meter had dikwijls priesters, monniken en theologen op bezoek. Eens toen Effi bij haar meter kwam hoorde zij dat er een bezoeker in het salon was. Effi wist niet wie het was. Haar meter kwam naar de keuken en zei tegen haar:

"Effi, maak eens wat zoetigheid en een kop koffie klaar en breng het naar het salon voor onze bezoeker."

Effi maakte alles klaar. Zij deed er echter wat lang over en net toen zij het naar binnen wilde brengen, verscheen haar meter weer en zei tegen haar:

"Nee, niet op dat blad. Neem het zilveren blad, want het is een belangrijke bezoeker."

Effi keerde terug naar de keuken, verwisselde het blad en droeg het naar het salon. Maar wat zag zij daar! Ze liet het blad bijna uit haar handen vallen. Voor zich zag ze de priester die tot haar verschenen was op die moeilijke avond in hun groentetuin.

"Ik ben vader Porfyrios", zei hij met een glimlach.

En zo leerden wij elkaar kennen en sindsdien is er een grote vriendschap tussen ons ontstaan. Effi is getrouwd en heeft veel kinderen. God heeft haar gezegend. Ziet u de middelen die God gebruikt als Hij iemand wil redden?

DE HEILIGE NICOLAAS KALLISIA
(1955-1979)

Een grote pijn, een probleem bracht hen ertoe op weg te gaan op het ruwe pad dat leidt naar de Heilige Nicolaas

Wij leefden meer dan twintig jaar op die verlaten plek.

God vervulde mijn verlangen om te werken in een ziekenhuis. Drieëndertig jaar bracht ik in de polikliniek door. Maar ik had in mij nog een ander groot verlangen: een plek vinden om een klooster te bouwen. Na wat gezocht te hebben, vond ik de Heilige Nicolaas in Kallisia. Het was een dependance van het Heilig Klooster van Pendeli.

Op een dag ging ik door de genade Gods daarnaartoe. De kerk was al van verre zichtbaar. Het was een plaats van gebed, oud, met een paar iconen. Buiten waren een paar kleine, door rook zwartgeblakerde kamers. Intussen was het nacht geworden en ik was alleen. Op geen enkele manier kon ik terug naar Athene gaan, dus ik ging in de kerk liggen om te slapen. Na korte tijd hoorde ik een kenmerkend geklop. Het kwam van de muur boven mijn hoofd, waar de icoon van de heilige Nicolaas hing. Het geklop kwam van de icoon. Ik voelde dat de heilige wilde dat ik daar ging wonen.

Ik haalde mijn ouders, mijn zuster en mijn nicht om bij mij in te trekken, daar ik mij er als monnik van bewust was dat monniken die alleen in de 'wereld' leven, hun weg kwijtraken. We hadden daar grote vrede en leefden er heel goed, al waren de omstandigheden primitief. Meer dan twintig jaar leefden wij op deze verlaten plek. In die tijd was het een echte wildernis; de hele omgeving rond de Heilige Nicolaas was begroeid. Er waren oude en jonge dennenbomen, platanen, hier en daar struiken, tijm die zijn geur verspreidde, cyclamens die groeiden uit kloven in de rots, anemonen en andere wilde bloemen naargelang het seizoen. Het was een paradijs, bijzonder mooi. Ik wilde daar een klooster stichten. Maar God liet het niet toe.

De heilige Nicolaas is niet ver van Pendeli, en vooral niet van het Centrum voor Sociaal Werk, bekend als PIKPA, maar in die tijd was er geen weg. Men moest te voet of per ezel een uur lang langs een ruw pad en dan nog twintig minuten langs een geitenpad om bij de Heilige Nicolaas te komen, die gebouwd is op een rotsachtige heuvel. Met de tijd baanden wij een smalle weg zodat wij er gemakkelijker konden komen en er de nodige voorraden konden brengen, hetgeen wij niet uit onze tuin konden halen.

Ik genoot van de tuin. Ik kocht een handcultivator om de grond zo goed mogelijk voor te bereiden. Alles groeide in de tuin: tomaten, aubergines, pompoenen, uien, knoflook, enzovoorts. Mijn grote liefde ging uit naar de bomen. Ik werd vervuld van vreugde als ik ernaar keek. Ik plantte vierhonderd bomen: walnotenbomen, pruimenbomen, perenbomen, appelbomen, perzikenbomen, amandelbomen, hazelnootbomen, mispelbomen en granaatappelbomen. Ik hield van het werk. Ik heb altijd gezegd en zeg het nog steeds: "Werk alsof u onsterflijk bent, en leef alsof u op het punt staat te sterven." Dat wil zeggen, plant walnotenbomen, vijgenbomen en olijfbomen, zelfs als u negentig jaar oud bent. Is het mogelijk dat uw hart niet opspringt bij het planten? Zelfs als voorbijgangers zien hoe u zich uitslooft en zeggen: 'Arme, ongelukkige ziel!'

Om de bomen te beschermen tegen ziektes besproeiden wij ze met zwavel en kopersulfaat. Ik kwam terug van Pendeli met een zak jonge bomen op mijn rug. Ik omringde ze met alle zorg. Maar ik maakte ook gebruik van werklieden, want ik had niet veel tijd omdat ik nog in de polikliniek werkte. Het was mijn plicht 's morgens vroeg in de Heilige Gerasimos te zijn, dus vertrok ik de avond ervoor naar Athene. Als iemand mij kwam spreken en ons gesprek duurde tot laat, vertrok ik om middernacht van de Heilige Nicolaas.

Wij hadden water in overvloed voor onze groenten bij de Heilige Nicolaas. Beneden in een dal met veel platanen was een bron. Ik installeerde er een pomp om het water de heuvel op te pompen naar een reservoir dat ik had gemaakt om water in te zamelen. En het was natuurlijk drinkwater. Om in de zomer een beetje koel water te hebben en omdat wij geen ijskast hadden, deed ik wat water in een kleine kruik van aardewerk met een lange hals, die ik op Aegina had gekocht en daarin bleef het water koel.

Ik verkocht ook kippen. Ik had een stuk grond gehuurd dat toebehoorde aan het Heilig Klooster Pendeli, tegenover de Sterrenwacht, en daar hield ik ongeveer duizend kippen. Wij konden er niet meer hebben, want het stuk land was klein. Zoals ik u gezegd heb, dacht ik eraan een klooster te bouwen en dus vond ik verschillende manieren om geld in te zamelen voor dat doel.

Wij waren vrij afgezonderd in Kallisia en daarom wilden wij een dienst of een goddelijke liturgie horen op een van de Atheense radiozenders en ook de weersvoorspellingen en het nieuws, om te weten wat er in de wereld gebeurde en waarvoor wij moesten bidden. En dus besloot ik een radio te maken volgens mijn eigen uitvinding. Ik plaatste een antenne op een vijftien meter hoge dennenboom, bevestigde een kabel aan de muur van de kerk en bond deze vast aan een wilde perenboom. Deze primitieve radio had geen aan- en uitknop en speelde dag en nacht zonder ophouden, maar ik had het zo geregeld dat hij zachtjes speelde, zodat het ons niet zou storen.

Als ik niet nodig was bij de Heilige Gerasimos, celebreerde ik in de Heilige Nicolaas. Langzaamaan begonnen mensen te komen om de dienst bij te wonen of om te biechten. Wij werden een grote familie met deze mensen, de familie van Kallisia.

Het wonder

Van tijd tot tijd kwamen er echter ook andere mensen. Een grote pijn of een probleem bracht hen ertoe langs het ruwe pad naar de Heilige Nicolaas te gaan.

Zo kwam er eens een vrouw met haar man en vier kleine kinderen. Zij waren jong en waren nog niet vele jaren getrouwd. In het begin hadden zij geen kinderen gewild. Toen besloten zij: "Laten wij een kind krijgen." Ze kregen toen een tweeling en daarna weer één, en zo eindigden zij met vier kinderen. Zo waren ze allen daar gekomen en de jonge vrouw – zij was dertig jaar oud – zei tegen mij:

"Oudvader, ik heb veel pijn. Ik ben helemaal niet goed."

Terwijl zij tegen mij sprak, keek ik zorgvuldig naar haar en legde mijn hand onder haar hals.

"Op deze plaats", zei ik, "voelt u een samentrekking?"

"Ja" antwoordde ze.

"En er komt een soort droefheid in u, die een cyclus aflegt. Dat wil zeggen, om te beginnen voelt u een soort samentrekking, dan komt er een gevoel van droefheid in u en u kunt niet bewegen. U beweegt, u lacht misschien zelfs, maar binnenin ervaart u deze toestand."

"Ja", bevestigde ze.

Ik beschreef haar toestand goed en ze voelde zich tevreden. Toen legde ik weer mijn hand op haar hals.

"Denk maar niet dat er iets mis met u is", zei ik tegen haar. "U hebt deze symptomen niet meer."

Mijn hand lag nog altijd op haar hals en ik zei plotseling tegen haar:

"Daar! Het is nu helemaal weg!"

Dit zei ik omdat ik het zag. Ik zag, dat er niets mis was met haar hals. Zij zei nu ook tegen mij:

"Het is inderdaad weg; ik voel mij helemaal blij van binnen."

Toen zei ik tegen haar: "Kniel."

Zij knielde en ik plaatste een hand voor haar hals en de andere achter op haar hoofd en begon te zeggen: "Heer Jezus Christus, ontferm U over mij." Toen bleef ik even stil. Daarna riep ze uit, terwijl zij daar knielde: "Ah!", zo opgelucht was ze.

"Ga nu maar weg. Sta op", zei ik tegen haar. "Er zijn nog andere mensen die wachten."

Ze kuste mijn hand en vertrok. Een eindje verder veroorzaakte ze een soort commotie onder de mensen daar. Haar man was ook overgelukkig. Zij verheerlijkten God wegens het wonder.

Pijn verdragen

Een andere keer kwamen de ouders van Costas van Xylokastro. U zou de pijn moeten zien die sommige mensen moeten verdragen!

Het zijn goede mensen, maar allebei hun kinderen, Costas en Maria, zijn fanatieke volgelingen geworden van Sai Baba uit India. Costas was een medische student. Hij had kort voor Pasen het huis verlaten, samen met zijn zuster. Toen zij het huis verlieten, zei de vader tegen zijn dochter:

"Zalig feest van de Opstanding, Maria!"

"De Opstanding is gekomen, vader, maar de mensen hebben het niet herkend", antwoordde zij.

Intussen gaven hun ouders hen voortdurend geld. Inmiddels zijn ze daarmee opgehouden, want ze gebruikten het voor hun 'god'. Costas ging naar Thessalonika. Hij probeerde daar wat jonge mensen te bekeren, maar hun ouders grepen hem vast en sloegen hem in elkaar.

Deze goede mensen brachten mij een tijdschrift en ze zouden me er ook een sturen. Op het kaft staat een foto van die Sai Baba. Hij heeft een nieuwe godsdienst geschapen waarin ze geloven dat hij de nieuwe Christus is die in de wereld gekomen is om de mensheid te redden en naar de waarheid te leiden. Ze zeggen dat hij de 'nieuwe god' is. Sai Baba leeft nog steeds en is getrouwd. Samen met zijn vrouw heeft hij twee kinderen. Onderaan de foto zien wij veel jonge mensen die zijn volgelingen zijn; veel van hen zijn ontwikkelde mensen. Hoe komen deze ontwikkelde jonge mensen daar? Op een andere bladzijde kussen zij zijn voeten. "De dagen van die Christus" – dat wil zeggen de ware Christus – "zijn nu voorbij", vertelt hij hen. "Dit is een andere tijd. Alles is nu aan het veranderen." Het is net een sprookje. Misschien is die Sai Baba gek. Zij zeggen dat hij veel geld heeft ingezameld.

Eens nam een officier van de Griekse vloot mij naar de waterrand in Oropos. Wij liepen langs de golfbreker waar een man aan het vissen was. Ik zei tegen de officier:

"Ga een van die vissen voor mij halen die die man gevangen heeft."

De visser antwoordde echter:

"De mand is leeg. Ik ben hier sinds vanochtend en ik heb niets gevangen. Ga weg en laat mij met rust..."

Ik zei tegen hem: "Werp uw haak in zee."

"Ga weg", zei hij op geërgerde toon.

Wij keerden ons om om te vertrekken, maar op dat ogenblik, toen de man zijn lijn in zee gooide, voelde hij dat hij beet had. Hij trok de lijn in en een grote vis worstelde aan de haak. Hij riep naar ons:

"Ga niet weg! Kom terug. Ga niet weg. Ik heb een vis gevangen."

De officier zei:

"Ik weet waarom dat gebeurd is, vader. Het gebeurde opdat ik in u zou geloven, dat u van God bent, en opdat de visser zou geloven. Tot nu toe geloofde ik in de nieuwe Christus, Sai Baba van India. Nu zal ik geloven in de ware Christus."

Het goddelijk licht

In de Heilige Nicolaas te Kallisia wijdde ik het grootste deel van mijn tijd aan het biecht horen. Er was natuurlijk ook veel tijd voor gebed, vooral 's nachts. Ik zal u in verband hiermee een voorval vertellen.

Eens, het was avond, besloten mijn zuster en ik dat wij samen zouden gaan bidden in de kerk van de heilige Nicolaas. Wij zeiden dat wij eerst zouden eten en wachten tot iedereen was gaan slapen, dan zouden wij opstaan en in het geheim naar de kerk gaan. Wij sloten de deur en begonnen te bidden: "Heer Jezus Christus, ontferm U over mij…" Na korte tijd werden wij overstroomd door licht, goddelijk licht. Wij gingen door met het Jezusgebed en voelden een vreugde, een onuitsprekelijke vreugde. Wij bleven daar uren in het goddelijk licht en daarna, toen het licht langzaamaan wegtrok, gingen wij door met het "Heer Jezus Christus…". Toen keerden wij terug naar huis. Onze moeder was wakker en wachtte op ons, en zodra wij de deur openden zei ze:

"Waar waren jullie naartoe? Hebben jullie me daarom naar bed gestuurd? Dachten jullie dat ik het niet zag? Ik zag jullie door het raam. Ik heb alles gezien. Ik zag een licht, een licht dat uit de hemel nederdaalde en de kerk inging. Ik keek ernaar en ik begon te huilen. Kijk! Mijn ogen zijn vol tranen."

De oude dame was knorrig van aard maar heel vroom. Ondanks de gesloten deur had zij het licht gezien. De kerk baadde in het licht.

Een andere keer toen wij in Pendeli woonden – het was een groot feest, Kerstmis of Pasen, ik herinner het mij niet – stond de oude dame op en zei:

"Ik ga naar de Heilige Nicolaas. De olielampen zijn uitgegaan, ik voel het."

Het was anderhalf uur lopen heen en anderhalf uur terug. Ze ging ernaartoe en vond de kerk badend in het licht met brandende lampen.

HET HEILIG KLOOSTER VAN DE VERHEERLIJKING – MILESI (1979-1991)

Ik wilde graag dat het klooster een plaats was waar mensen met hun droefheid en smart naartoe konden vluchten om troost, sterkte en genezing te vinden

Wet was mijn verlangen een klooster te stichten, dat een geestelijke werkplaats zou zijn waar zielen geheiligd zouden worden en waar men de naam van God onophoudelijk zou verheerlijken. Ik wilde graag dat het een plaats was waar mensen met hun droefheid en smart naartoe konden vluchten om troost, sterkte en genezing te vinden.

Jarenlang, terwijl ik met mijn zuster en mijn nicht in de Tourkovounia-buurt woonde, hadden wij breimachines waar wij hemden mee breiden. Zo spaarden we geld voor het klooster. Ook waren we heel zuinig met eten en kleding en met dit geld kochten we de eerste stukken grond. Daarbij ontvingen wij geld en arbeid van christenen die de waarde van dit project appreciëren.

Al jaren zocht ik naar de juiste plek. Ik wilde niet naar makelaars gaan, dus ik bezocht zelf verschillende plaatsen. Ik wilde een plek die beschut was tegen de wind, maar een mooi uitzicht had. Ik bad, zoals ik gewend was, dat God mij zou leiden. Ik wilde dat de genade Gods mij hierover zekerheid zou geven. Ik bad voortdurend "Heer Jezus Christus…" Uiteindelijk toonde God mij de huidige plek boven op de heuvel te Milesi als de plaats waar het klooster gebouwd moest worden. Een herder vertelde mij dat de plaats "Heilige Verlosser" genoemd werd. De plaats beviel mij en ik vroeg of het te koop was.

"Ja", zei hij. "Het behoort aan de heer Baloka uit Milesi en hij heeft het beloofd aan zijn dochters Eleni en Spyridoula. U zult met hen contact moeten opnemen."

Vlak bij de plek begon ik te bidden. Ik wilde weten of er water was en zag dat dit er inderdaad was, heel goed water zelfs. Maar ik zag dat het water heel diep onder de grond liep en ik dacht: "Hoe kan dit water naar de oppervlakte gebracht worden?" Ik zag water op andere plaatsen; het was hetzelfde water. Verder naar beneden, op ongeveer anderhalve kilometer van de heuveltop, was het water niet zo diep. Ik dacht dat ik ook daar dan een stuk grond zou kopen en een put kon boren om het water te pompen naar de plek waar ik het klooster zou bouwen. Met Gods verlichting wist ik dus zeker dat ik water zou hebben.

Toen keek ik of er een weg kon worden aangelegd, of er elektriciteit en telefoon naartoe kon komen. Ik keek om te zien of het naar het zuiden gericht was, of het beschut was tegen de wind, en of het niet blootstond aan de noordenwind of vochtig was. Ik wilde de baan van de zon zien opdat er in de winter geen kamers zouden zijn die de zon niet zagen. Maandenlang keek ik hoe de zon stond bij zonsopgang, midden op de dag en bij zonsondergang, zodat wij zo konden bouwen dat de zon op het gebouw zou schijnen zowel bij zonsopgang als bij zonsondergang – zodat de laatste lichtstraal op het klooster zou vallen. Al deze dingen waren gunstig. Ik zette ogenblikkelijk de procedure van aankoop in gang. Wij kochten het en begonnen het werk.

Ik knielde neer en dronk in de geest van het water

Wij begonnen de funderingen te graven en te bouwen zonder water. Het was niet gemakkelijk zo te beginnen. Wij bouwden dus een groot reservoir van zeshonderdveertig kubieke meter regenwater. Toch was het water van het reservoir niet voldoende en gedurende vijf of zes jaar waren wij verplicht water te kopen van Kifisia. Wij gaven elk jaar veel geld uit voor water. Zelfs onze bomen moesten we gekocht water geven. Het was daarom noodzakelijk voor ons om het water dat ik onder de plek had gezien te exploiteren. Maar hier zou veel geld voor nodig zijn, want het water was heel diep en er zou een geschikte persoon gevonden moeten worden om het werk uit te voeren. Het probleem hield mij bezig, maar God vond de oplossing.

Op een dag kwam een man mij om raad vragen. God openbaarde mij, voor zijn welzijn, bepaalde dingen uit zijn familieaangelegenheden. Hij was verbaasd en ontroerd en zei tegen mij:

"Niemand buiten mijn vrouw weet de dingen die u mij vertelt. Ze zijn heel geheim."

In zijn enthousiasme zei hij tegen mij:

"Wat zou u willen dat ik u bracht, Oudvader?"

"Niets", antwoordde ik.

"Hebt u water in het klooster?" vroeg hij.

"Nee", zei ik, "dat hebben wij niet."

"Dan zal ik water naar boven brengen voor u. Ik heb machines om putten te boren."

"Wat zal dat kosten?" vroeg ik hem.

"Niets", antwoordde hij. "Ik zal alle onkosten voor het boren betalen en ik zal een pomp brengen."

"Goed", zei ik. "Christus is onze getuige."

En hij vertrok.

Enkele dagen later verscheen hij met een boormachine. Hij boorde tot een diepte van achtendertig meter, maar toen stootte hij op harde rots en hij wilde niet verder boren. Ik smeekte hem en hij kwam met een betere boor en kwam tot een diepte van tachtig meter, zonder water te vinden. Weer stootte hij op harde rots en de boor wilde niet verder gaan. In wanhoop zei hij tegen mij:

"Ik kan geen water vinden, Oudvader. Ik zal moeten vertrekken."

"U mag niet vertrekken", zei ik hem.

"Ik zal moeten vertrekken", herhaalde hij.

Toen vroeg ik, omdat ik blind was, een van de zusters mij naar beneden te brengen, achter de plaats waar zij aan het boren waren, ongeveer vijfentwintig meter van de boorplaats af, naar een plek tussen dennenbomen, zodat zij mij niet zouden zien. Daar bad ik en met mijn geest vond ik de waterloop. Ik maakte een kruisteken en bad. Vandaar mat ik in de geest hoe diep het water was, zoals ik gewend was te doen. Want ook bij andere gelegenheden, toen ik jonger was, had ik water gevonden voor mensen die mij dat vroegen. En ik vond het niet alleen, ik proefde het ook om de kwaliteit van het water te controleren, of het zoet of zout water was, enzovoorts. Ik nam een meetstok en mat omlaag – dat wil zeggen in de geest. Ik mat een, twee, drie… Het water was heel diep, dus begon ik te tellen met een tienmetertstok – nog altijd in de geest natuurlijk. Ik zei "Tien, twintig, dertig, veertig, vijftig, honderd…" Ik voelde een grote triomf. Ik had het water gevonden, al was het zo diep! Ik voelde een onuitsprekelijke vreugde. Ik dacht er onmiddellijk aan het te proeven om te zien of het goed was. Ik knielde en dronk het in de geest. Het was uitzonderlijk goed! Tevreden en opgewonden keerde ik terug naar mijn cel. Na een korte tijd riep ik Nicolaas Mitas – dat was de naam van de man met de boorapparatuur – en ik zei tegen hem:

"U zult heel diep moeten gaan."

"Het zal stevige rots zijn, Oudvader", antwoordde hij. "Er zal geen water zijn. Zoveel buizen heb ik niet. Ik zal moeten vertrekken."

"U zult niet vertrekken", zei ik hem. "Ga de buizen halen. Ik laat u niet vertrekken."

De volgende dag bracht hij buizen en hij ging tot de diepte die ik hem genoemd had. Daar vond hij een bron met overvloedig goed water. Hij was zelf ook tevreden. En wij waren ten zeerste verheugd. Het was een zegen van de Heer. Een bron van heilig water. Wij zongen de dienst van de Troostcanon in de kerk van de Transfiguratie van de Verlosser, uit dankbaarheid tot de Heer voor het grote wonder. Het was een wonder van de Transfiguratie van de Heer.

De "Universiteit van de Kerk"

Toen ik voor het eerst het idee kreeg een vrouwenklooster te stichten, kwamen er veel gedachten in mijn hoofd op. Heel veel. Als belangrijkste wilde ik een aantal nonnen om mij heen verzamelen die van mij zouden houden in Christus en die ik zou liefhebben in Christus. Ik wilde dat zij allen echte nonnen zouden zijn, bezield met de geest van het monastieke leven, zonder jaloezie en de dingen die vrouwen gewoonlijk hebben. Ik wilde dat er liefde en goede orde tussen hen zou heersen. Ook wilde ik dat wij een handwerk zouden hebben dat ons twee à drie uur per dag in de ochtend zou bezighouden.

Maar ik wilde het zwaartepunt plaatsen in de "Universiteit van de Kerk." Daarmee bedoel ik de hymnen, canons, Middernachtofficies, diensten van de Uren, Psalterion, Horologion, Meneon, Theotokarion, Triodion, Pentecostarion – alle officieboeken van de Kerk. Ik wilde dat wij, als dit mogelijk was, alles zouden lezen zoals het voorgeschreven is in het boek van Liturgische Orde, het Typicon. Wij zouden de delen van het Psalterion voor de middag lezen, uit economia, zodat wij ze niet 's nachts zouden lezen en de zusters vermoeid zouden zijn. Toewijding aan en zich bezighouden met de hymnen en lezingen is in mijn ogen een groot iets – een heel groot iets, want op die manier wordt een persoon geheiligd zonder het te weten. Hij verkrijgt liefde en nederigheid en alles, terwijl hij de woorden van de Heiligen hoort in de verschillende liturgische boeken. Wij moeten daar tijd aan besteden. Het moet onze dagelijkse bezigheid en vreugde in de kerk zijn. En dan zouden wij ook elke dag, een tijdje voor het eten of 's middags, een uur of anderhalf lezen uit de grote kerkvaders. 's Avonds zouden wij weer allen tezamen lezen. En ook alleen op onze cel, ook weer op een bepaald tijdstip. Er moet een uurrooster zijn.

Veel kloosters hebben de gewoonte om op een bepaalde tijd de klok drie keer te luiden, en elke zuster, waar zij ook is, knielt dan en herhaalt gedurende tien minuten het Jezusgebed. In de praktijk is dit moeilijk. Maar weet u hoe wonderbaar het is om bezig te zijn te tuin water te geven en, zodra u de klok hoort, te knielen? Of anders dat alle nonnen naar buiten komen en in stilte knielen? Gedurende tien minuten zeggen wij dan intensief het Jezusgebed, waar wij ook zijn, als één persoon, verenigd in Christus in het Jezusgebed, en dan gaan wij verder met ons werk. Het klooster moet een school worden. Weet u wat een school betekent?

Wij moeten een levendige belangstelling hebben in hetgeen wij doen. Het heeft geen nut half in slaap te zijn. Zelfs als u onontwikkeld bent, moet u naar de lezenaar komen. En na een, twee, drie, vier, vijf of tien keer zult u wakker worden. U zult het Onze Vader leren en het Credo. Een andere zuster zal u wijzen hoe het moet. In een, twee of drie jaar zult u hebben leren lezen. Ik zou natuurlijk het liefst hebben dat alle zusters goed kunnen lezen, dat wil zeggen, helder en duidelijk en vanuit het hart.

Wonderen door onze liefde

Mijn droom voor het klooster was dat het in een paradijselijke staat zou zijn; dat diensten en biechten vierentwintig uur per dag zouden duren; dat er veel priesters en biechtvaders zouden zijn zodat zij, als artsen in een ziekenhuis, zouden kunnen rouleren; zodat mensen die lijden aan verschillende kwalen van lichaam of ziel, en verwond zijn door de zonde, daar zouden kunnen komen op elk uur van de dag of de nacht; dat daar een telefoon zou zijn die dag en nacht door de zusters beantwoord zou worden, zodat zij troost zouden kunnen bieden aan al degenen die tot wanhoop gebracht zijn door de verschillende trauma's van het leven en hen door hun woorden zouden leiden tot Christus, de grote Trooster; zodat op deze wijze hun zielen gered zouden kunnen worden en vervuld met het hemels licht dat de goddelijke genade hen zou schenken.

En ikzelf zou graag de biecht afnemen van de mensen die zouden komen. Als er iemand zou komen die ziek is – en vooral degenen die ziek zijn door het werk van de verleider – zou ik hun biecht horen en dan zouden de zusters komen en met vroomheid een dienst van smeking zingen ten bate van hen. Dat wil zeggen, ik zou de zieke laten knielen en in mijn epitrachiel zou ik in een stoel zitten en de gebeden lezen, terwijl de zusters als met één stem de dienst van smeking zouden zingen. Ik geloof dat de Heer vele wonderen zou doen door onze liefde. Veel van de zieken zouden gezond worden door de genade Gods. Bijvoorbeeld, een vader in nood zou komen en zeggen: "Mijn kind lijdt aan duizelingen en valt op de grond." Wij zouden het kind een tijdje in het klooster houden. Alle zusters, die één zijn van geest, ziel en hart met hun oudvader, zouden knielen en het gebed van allen zou invloed hebben op zijn toestand. Een groep nonnen in gebed heeft grote kracht, het werkt wonderen, en dat is wat ik verlang. Dat is wat ik wil doen in het klooster.

En er is nog iets dat ik graag zou willen in het klooster. Ik zou graag een mooie, grote kerk bouwen. Ooit zouden daar veel mensen kunnen komen om te biechten, om de heilige communie te ontvangen, om te bidden en om het Jezusgebed te oefenen. Mijn droom is dat geestelijke vaders die zich diep en krachtig hebben ondergedompeld in mystieke theologie in de woestijn van de Heilige Berg, zouden komen om het Jezusgebed te onderrichten in de kamers onder de kerk; al was het maar voor een dag. Natuurlijk, er zijn er velen die zich niet willen uiten of vertonen. Zelfs hen, echter, zouden wij voor een dag kunnen laten komen en de volgende dag laten vertrekken. Wat een opluchting zou op deze wijze gegeven worden aan al die zielen die gekweld worden door de hartstochten en de andere problemen van het leven!

Het klooster moet zielen ontvangen met vreze Gods, en inspireren door gebed, vreze Gods en voorbeeld, niet door onderricht en preken. Dit is een uiterst delicate zaak. Bijvoorbeeld, als iemand naar het klooster komt, moeten wij hem gastvrijheid aanbieden, maar het is niet noodzakelijk veel te spreken. De gastvrijheid moet gegeven worden door de kerk. Dat wil zeggen, wij moeten onze gast naar het gebed brengen: naar de Vespers en de Completen. Wij moeten de diensten helder en duidelijk lezen. Wij moeten eerbiedig zingen en er moet een gevoel van orde en stilte heersen. Wij kunnen een paar stichtende woorden zeggen. Wij zullen ook materiële zaken aanbieden, iets om te eten of te drinken bijvoorbeeld, maar het is de stilte die zal overheersen en het voorbeeld dat zal spreken. Meer dan iets anders zal onze gezindheid die persoon onderrichten. Het is niet nodig van deze werkwijze af te wijken. Dit zal nuttiger zijn dan woorden. Als er een goede orde heerst en wij aan Christus toegewijd zijn, zal het hele klooster geheiligd worden. Dit moet wel met eenvoud en op een natuurlijke wijze gedaan worden en zonder druk en moeite voor de zusters. Ik geloof dat dit de beste vorm van missiewerk is.

Heel gauw zullen er vogels naar het klooster komen. Zij zullen de klok horen en zij zullen komen eten. Zij zullen buiten zitten en naar de Vespers luisteren. Zij zijn onze metgezellen uit het bos die zullen deelhebben aan ons gebed.

Christus is opgestaan!

Vandaag bezocht een aantal van mijn geestelijke kinderen mij in mijn cel[18] en wij zongen samen drie keer de hymne 'Christus is verrezen'. De Paasgroet die ik hen gaf was als volgt: ik bid dat de Opstanding van onze Heer Jezus Christus in uw ziel elk nobel en mooi gevoel mag doen verrijzen. En dat het ons allen mag leiden tot heiligheid en tot de overwinning op onze 'oude mens', samen met zijn hartstochten en zijn verlangens. Dit is wat de Heer vraagt. Dit is waarom wij bidden (Gal. 5, 24) dat Zijn Opstanding ons mag helpen, dat zij ons de genade moge schenken onze oude mens te doen vluchten en te doden, en Zijn Kerk waardig te worden (Rom. 6, 6). Dus bidden wij de Heer om hulp. Het grootste wonder van Christus is Zijn Opstanding. Laten wij dit nooit vergeten. Welgefeliciteerd!

Een van hen zei dat vandaag alles bidt – de aarde, de hemel, de sterren, de welriekende bloemen, de kabbelende stromen, de zingende nachtegalen, de fladderende vlinders – allen zingen 'Christus is verrezen'. En hij raakte zo opgewonden dat hij in vreugde begon te roepen: 'Christus is opgestaan!'

Ik werd ook zo enthousiast op de Heilige Berg. Het was Pasen. Ik klom alleen naar de Athos-berg tot een hoogte van ongeveer achthonderd meter. Ik had het Oude Testament bij me en ik keek naar de helderblauwe hemel, naar de zee die zich eindeloos uitstrekte, naar de bomen, de vogels, de vlinders en heel de schoonheid van de natuur, en ik riep vol enthousiasme 'Christus is opgestaan!' En terwijl ik zo riep, strekte ik mijn armen hartstochtelijk uit en zij bleven verstard in die houding. Ik was gek geworden! Ik opende het Oude Testament en mijn oog viel op de woorden uit het Boek der Wijsheid van Salomon: "O God mijner vaderen, en Heer aller goedertierenheid, Gij, Die alle dingen door Uw woord gemaakt en de mens door Uw wijsheid bereid hebt, opdat hij heersen zou over de schepselen die door U gemaakt zijn; opdat hij de wereld regeren zou met heiligheid en gerechtigheid en met een oprecht hart oordelen: geef mij de wijsheid die altijd bij Uw troon is, en verwerp mij

....

[18] Het was toen Pasen 1989.

niet van uw kinderen. Want ik ben Uw knecht en de zoon van Uw dienstmaagd, een zwak mens en van een kort leven, en te gering in het verstaan van het recht en de wet." (Wijsh. 9, 1-5).

Ik raakte geheel opgenomen in deze goddelijke woorden. Ik bleef uren zonder mij gewaar te zijn dat de tijd voorbijging.

Luister hoe de wijze Salomon verdergaat:

"en met U is wijsheid, die Uw werken weet en daar bij was toen Gij de wereld maakte, en erkent wat U behaagt en wat recht is naar Uw geboden. Zend haar af uit Uw heilige hemel en van de troon Uwer heerlijkheid; zend haar opdat zij bij mij zijt en met mij arbeide, opdat ik erkenne wat U behaagt; want zij weet alles en verstaat het, en laat zij mij geleiden in mijn werken matiglijk en mij bewaren door haar heerlijkheid." (Wijsh. 9, 9-11).

Begrijpt u hoe belangrijk deze woorden voor mij waren? Zij 'erkent wat U behaagt'. Zoekt deze dingen, wijdt uzelf aan deze dingen en vult uzelf met het vurige verlangen voor deze dingen. Zonder het u bewust te zijn, zult u verliefd worden op Christus.

KAVSOKALYVIA 1991

Ik vraag u allen mij datgene te vergeven waarmee
ik u verdriet heb gedaan

In Kavsokalyvia, 4/17 juni 1991.
Mijn dierbare geestelijke kinderen,
Nu ik nog gezond van geest ben, wil ik u raad geven. Van kleins af aan was ik altijd geneigd tot zonde. En toen mijn moeder mij zond om de kudden te hoeden op de heuvel – mijn vader was naar Amerika gegaan om te werken omdat wij arm waren – las ik, terwijl ik voor de dieren zorgde, woord voor woord het leven van de heilige Johannes de Hutbewoner en ik werd verliefd op hem en, zo jong als ik was, ergens tussen de twaalf en vijftien jaar oud, bad ik heel vurig; en daar ik de heilige Johannes wilde navolgen, verliet ik met veel moeite in het geheim mijn ouders en kwam naar Kavsokalyvia op de Heilige Berg en plaatste mijzelf onder de gehoorzaamheid aan twee oudvaders, broers, Panteleimon en Joannikios. Zij waren heel vroom en deugdzaam en ik hield erg veel van hen, en daarom was ik, door hun gebeden, heel gehoorzaam. Dit hielp mij erg. Ik had ook een grote liefde voor God. Mijn tijd op de Heilige Berg was heel goed voor mij. Maar volgens Gods plan, werd ik, wegens mijn zonden, erg ziek en mijn oudvaders stuurden mij terug naar mijn ouders in mijn dorp Aghios Ioannis op Euboa.

En ondanks dat ik van jongs af aan vele zonden heb bedreven, bleef ik zonden bedrijven toen ik terug keerde naar de wereld, en het zijn er op de huidige dag heel veel geworden. De mensen, echter, keken welwillend naar mij en allen zeiden ze dat ik een heilige ben. Maar ik voel dat ik de meest zondige mens ter wereld ben. Natuurlijk heb ik de zonden die ik mij herinner gebiecht, en ik weet dat God mij vergeving heeft geschonken voor hetgeen ik gebiecht heb. Maar toch heb ik nu het gevoel dat ik ook vele geestelijke zonden heb begaan, en ik vraag aan allen die mij gekend hebben, voor mij te bidden, want toen ik in leven was, heb ik heel nederig voor u gebeden. Maar nu ik op weg ga naar de hemel, heb ik het gevoel dat God tegen mij gaat zeggen: "Wat zoek je hier?" Ik kan maar één ding tegen hem zeggen: "Ik ben niet waardig, Heer, hier te zijn, maar doe met mij wat Uw liefde wil." Wat er daarna zal gebeuren, weet ik niet. Ik wil echter dat Gods liefde zijn werk zal doen.

Ik bid altijd dat mijn geestelijke kinderen God, Die alles is, liefhebben, zodat Hij ons mag schenken in Zijn aardse ongeschapen Kerk in te gaan. Want van hieruit moeten wij beginnen.

Ik heb altijd getracht de hymnen van de Kerk, de Heilige Schrift en de levens van onze Heiligen te bidden en te lezen. En ik bid dat u hetzelfde zult doen.

Ik vraag u allen om mij datgene te vergeven waarmee ik u verdriet heb gedaan.

Priester-monnik Porfyrios
Kavsokalyvia, 4/17 juni 1991[19].

---

[19] Toen Oudvader Porfyrios voelde dat zijn levenseinde naderde, ging hij in 1991 naar de Heilige Berg, waar hij op 2 december ontsliep in de Heer in zijn kluizenarij van de heilige Georgios in Kavsokalyvia. Deze brief, die hij heeft nagelaten als geestelijk testament, dicteerde hij aan een van de monniken daar. Van de dubbele datering is de eerste datum volgens de Juliaanse kalender en de tweede volgens de Gregoriaanse kalender.

Deel II
DE WIJSHEID
VAN OUDVADER PORFYRIOS

OVER DE KERK

Bij het ingaan van de ongeschapen Kerk, komen wij tot Christus; wij gaan het rijk van het ongeschapene binnen

Groot is het mysterie van het geloof.

De Kerk is zonder begin, zonder einde en eeuwig, zoals de Drieëne God, haar stichter, zonder begin, einde en eeuwig is. Zij is ongeschapen zoals ook God ongeschapen is. Zij bestond vóór de eeuwen, vóór de Engelen, vóór de schepping van de wereld – vóór de grondlegging van de wereld, zoals de Apostel Paulus zegt (Ef.1, 4). Zij is een goddelijk instituut en in haar woont de gehele volheid van de Godheid (Kol. 2, 9). Zij is een uitdrukking van Gods rijk gevarieerde wijsheid. Zij is het mysterie der mysteries. Zij was verborgen en werd geopenbaard "aan het einde der tijden" (1 Petr. 1, 20). De Kerk blijft onwankelbaar, omdat zij wortelt in de liefde en de wijze voorzienigheid van God.

De drie personen van de Heilige Drieëenheid vormen de eeuwige Kerk. De Engelen en de mensen bestonden vanaf het begin in de gedachte en de liefde van de Drieëne God. Wij mensen werden niet nu geboren, wij bestonden voor alle eeuwen in Gods alwijsheid.

Gods liefde schiep ons naar Zijn beeld en gelijkenis. Hij nam ons op in de Kerk hoewel Hij op de hoogte was van onze afvalligheid. Hij gaf ons alles om ook ons tot goden te maken door de vrije gift van de genade. In dit alles hebben wij slecht gebruik gemaakt van onze vrijheid en onze oorspronkelijke schoonheid; wij hebben onze oorspronkelijke gerechtigheid verloren en hebben ons afgesneden van de Kerk. Buiten de Kerk, ver van de Heilige Drieëenheid, hebben wij het paradijs verloren, alles. Maar buiten de Kerk is er geen redding, geen leven. Daarom liet het medelijdende hart van God de Vader ons niet buiten Zijn liefde.

Hij opende voor ons weer de poorten van het paradijs aan het einde der tijden en verscheen in het vlees.

Met de goddelijke vleeswording van de eniggeboren Zoon van God, werd Gods eeuwige plan voor de redding van de mensheid weer aan de mensen geopenbaard. In zijn brief aan Timotheos zegt de apostel Paulus: "Onbetwistbaar groot is het geheim van ons geloof: God is geopenbaard in het vlees, gerechtvaardigd door de Geest, verschenen aan de Engelen, verkondigd onder de heidenen, geloofd in de wereld, opgenomen in heerlijkheid." (1 Tim. 3, 16). De woorden van de apostel Paulus zijn rijk aan betekenis: goddelijke, hemelse woorden!

In Zijn oneindige liefde heeft God ons weer met Zijn Kerk verenigd in de persoon van Christus. Bij het ingaan van de ongeschapen Kerk, komen wij tot Christus, wij gaan het rijk van het ongeschapene binnen. Wij gelovigen zijn geroepen ongeschapen te worden door genade, deelnemers te worden aan de goddelijke energieën van God, het mysterie van de godheid in te gaan, onze wereldse instelling te overtreffen, onze oude mens te laten sterven (vgl. Kol. 3, 9; Rom. 6, 6; Ef. 4, 22) en ondergedompeld te worden in God. Als wij in de Kerk leven, leven wij in Christus. Dit is een heel subtiel iets, wij kunnen het niet begrijpen. Alleen de Heilige Geest kan het ons leren.

Christus het hoofd

Christus is het hoofd van de Kerk, en wij mensen, wij christenen, zijn het lichaam. De apostel Paulus zegt: "Hij is het hoofd van het lichaam, van de Kerk" (Kol.1,18). De Kerk en Christus zijn één. Het lichaam kan niet bestaan zonder het hoofd. Het lichaam van de Kerk wordt gevoed, geheiligd en leeft door Christus. Hij is de Heer, almachtig, alwetend, overal aanwezig en alles vullend, onze staf, onze vriend, onze broeder: de pilaar en vaste fundering van de Kerk. Hij is alfa en omega, het begin en het einde, de basis – alles. Zonder Christus bestaat de Kerk niet. Christus is de bruidegom; elke individuele ziel de bruid.

Christus heeft het lichaam van de Kerk verenigd met de hemel en met de aarde: met engelen, mensen en al het geschapene, met heel Gods schepping – met de dieren en de vogels, met elk kleine bloemetje en elk microscopisch klein insect. De Kerk werd dus de volheid van Hem Die alles vult in allen (Ef. 1, 23), dat is van Christus. Alles is in Christus en met Christus. Dit is het mysterie van de Kerk.

Christus wordt geopenbaard in die eenheid tussen Zijn liefde en onszelf: de Kerk. Alleen ben ik niet de Kerk, maar samen met u. Allen tezamen zijn wij de Kerk. Allen zijn opgenomen in de Kerk. Wij zijn allen één en Christus is het hoofd. Eén lichaam, het lichaam van Christus: "Gij zijt het lichaam van Christus, en elk afzonderlijk leden ervan" (1 Kor. 12, 27). Wij zijn allen één want God is onze Vader en is overal. Als wij dit ervaren zijn wij in de Kerk. Dit is de wens van onze Heer voor alle leden van de Kerk zoals uitgedrukt in Zijn hogepriesterlijk gebed: "dat zij één mogen zijn" (Joh. 17, 11-22). Maar dat is iets dat u slechts kunt begrijpen door de genade. Wij ervaren de vreugde van eenheid, van liefde, en wij worden één met iedereen. Er is niets mooiers!

Het belangrijkste voor ons is de Kerk in te gaan – ons te verenigen met onze medemensen, met de vreugde en de droefheid van iedereen, te voelen dat zij van ons zijn, voor iedereen te bidden, zorg te hebben voor hun redding, onszelf te vergeten, alles voor hen te doen zoals Christus het voor ons heeft gedaan. In de Kerk worden wij één met elke ongelukkige, lijdende en zondige ziel.

Niemand moet wensen alleen gered te worden zonder dat alle anderen gered worden. Het is een fout voor zichzelf te bidden dat men gered wordt. Wij moeten de anderen beminnen en bidden dat geen enkele ziel verloren gaat, dat allen de Kerk mogen binnengaan. Dat is wat telt. En het is met dit verlangen dat men de wereld moet verlaten om zich terug te trekken in een klooster of in de woestijn.

Als wij onszelf afscheiden van anderen, zijn wij geen Christenen. Wij zijn ware Christenen als wij ons er diep van bewust zijn dat wij leden zijn van het mystieke lichaam van Christus, van de Kerk, in een ongebroken verhouding van liefde – als wij leven verenigd in Christus, in andere woorden, als wij de eenheid in Zijn Kerk ervaren met een gevoel van één-zijn. Daarom bidt Christus tot Zijn Vader: dat zij één mogen zijn. Hij herhaalt het gebed telkens weer en de Apostelen benadrukken het overal. Dit is het diepste aspect, de meest verheven betekenis van de Kerk. Dit is waar het geheim gevonden kan worden: dat allen als één persoon verenigd worden in God. Er is geen andere godsdienst zoals deze; geen andere godsdienst zegt zoiets. Zij zeggen iets, maar niet dit mysterie, dit uitgelezen punt van het mysterie dat Christus vraagt en waarvan Hij ons zegt dat wij zo moeten worden, dat Hij wil dat wij Hem toebehoren.

Wij zijn zelfs één met hen die niet dicht bij de Kerk zijn. Zij zijn uit onwetendheid op een afstand. Wij moeten bidden dat God hen verlicht en verandert zodat ook zij tot Christus komen. Wij zien de dingen in een menselijk licht, wij leven op een ander niveau en verbeelden ons Christus te beminnen. Maar Christus "Die het laat regenen op rechtvaardigen en onrechtvaardigen" (Mt. 5, 45) zegt ons: "Hebt uw vijanden lief" (Mt. 5, 44). Wij moeten bidden dat wij allen één mogen zijn, één in God. Als wij dit gebed leven, zullen we resultaten bereiken die ermee overeenstemmen; wij zullen allen verenigd zijn in liefde.

Voor het volk Gods bestaat er geen afstand, zelfs als men duizenden kilometers van elkaar verwijderd is. Hoe ver weg onze medemensen ook zijn, wij moeten hen bijstaan. Er zijn mensen die mij regelmatig opbellen vanuit een stad aan de rand van de Indische Oceaan, Durban. Hij ligt in Zuid-Afrika, op twee uur rijden van Johannesburg. Een paar dagen geleden kwamen zij zelfs hier. Zij brachten een zieke naar Engeland en zij zijn eerst hier gekomen om mij te vragen een gebed te lezen. Ik was heel ontroerd.

Als Christus ons verenigt, bestaan er geen afstanden. Als ik dit leven verlaat zal het beter zijn. Ik zal dichter bij u zijn.

Voorwaarts naar de onsterflijkheid

De Kerk is het nieuwe leven in Christus. In de Kerk is er geen dood en geen hel. De heilige Johannes de Evangelist zegt: "Wie Mijn woord onderhoudt zal de dood niet kennen" (Joh. 8, 52). Christus schaft de dood af. Wie de Kerk ingaat, is gered; hij wordt onsterflijk. Het leven is één, een ononderbroken voortduren: er is geen einde, geen dood. Wie Christus' geboden onderhoudt, sterft nooit. Hij sterft naar het vlees, volgens de hartstochten, en beginnend vanuit dit huidige leven, wordt hem toegestaan in het paradijs te leven, in onze Kerk, en daarna in de eeuwigheid. Met Christus wordt de dood de brug waarover wij allen in een oogwenk oversteken om verder te leven in het nooit ondergaande licht.

Vanaf het ogenblik dat ik monnik werd, geloofde ik dat de dood niet bestaat. Zo voelde ik het toen en zo voel ik het nog altijd: dat ik eeuwig en onsterflijk ben. Wat is dat toch prachtig!

In de Kerk die de reddende sacramenten bezit, is er geen wanhoop. Wij kunnen zwaar gezondigd hebben. Maar wij biechten, de priester leest het absolutiegebed, wij worden vergeven en wij gaan verder naar de onsterflijkheid, zonder angst en zonder vrees.

Als wij Christus liefhebben, leven wij het leven van Christus. Als wij, door Gods genade, hierin slagen, bevinden wij ons in een andere toestand, wij leven in een andere, begerenswaardige toestand. Voor ons is er geen vrees: noch voor de dood, noch voor de duivel, noch voor de hel. Al deze dingen bestaan voor mensen die ver van Christus zijn, voor niet-christenen. Voor ons christenen die Zijn wil doen, zoals het evangelie zegt, bestaan deze dingen niet. Dat wil zeggen, ze bestaan, maar als iemand de oude mens doodt samen met de hartstochten en de verlangens (Gal. 5, 24), hecht men geen belang aan de duivel of aan het kwade. Het gaat ons niet aan. Wat ons aangaat is liefde, het dienen van Christus en onze medemens. Als wij het punt bereiken dat wij vreugde voelen, liefde en verering van God zonder vrees, hebben wij het punt bereikt dat wij zeggen: "Het is niet langer ik die leef, maar Christus Die leeft in mij" (Gal. 2, 20). Niemand kan ons verhinderen dit mysterie in te gaan.

De Kerk is het paradijs op aarde

Door het vereren van God leeft u in het paradijs. Als u Christus kent en bemint, leeft u in het paradijs. Christus is het paradijs. Het paradijs begint hier. De Kerk is het paradijs op aarde, precies hetzelfde als het paradijs in de hemel. Hetzelfde paradijs als in de hemel is hier op aarde. Daar zijn alle zielen één, precies zoals de Heilige Drieëenheid drie personen is, maar verenigd en één Godheid vormend.

Onze voornaamste bezigheid is ons toe te wijden aan Christus, ons te verenigen met de Kerk. Als wij Gods liefde binnengaan, gaan wij de Kerk binnen. Als wij de Kerk niet ingaan, als wij niet hier en nu één worden met de aardse Kerk, lopen wij het gevaar de hemelse Kerk ook te verliezen. En als wij zeggen 'hemelse', verbeeldt u dan niet dat wij in het andere leven tuinen met bloemen zullen vinden, bergen, stromen en vogels. Daar bestaat de aardse schoonheid niet; daar is iets anders, iets heel verhevens. Maar om in te gaan in dit andere, moeten wij door deze aardse beelden en schoonheden gaan.

Wie Christus ervaart, wordt één met Hem, met Zijn Kerk. Hij ervaart een dwaze vreugde. Dit leven is anders dan het leven van andere mensen. Het is een vreugde, het is licht, het is verrukking, het is verhevenheid. Dit is het leven van de Kerk, het leven van het evangelie, Gods Koninkrijk. "Het Koninkrijk Gods is in ons" (Lk. 17, 21). Christus komt in ons en wij zijn in Hem. Dit gebeurt op de manier dat een stuk ijzer in het vuur geplaatst wordt en vuur en licht wordt; als het uit het vuur gehaald wordt, wordt het weer ijzer, zwart en donker.

In de Kerk vindt een goddelijke omgang plaats, wij worden doordrongen van God. Als wij met Christus zijn, zijn wij in het licht; en als wij in het licht leven, is er geen duisternis. Het licht echter is niet constant; het hangt van ons af. Het is zoals het ijzer dat donker wordt als het uit het vuur gehaald wordt. Duisternis en licht zijn onverenigbaar. Wij kunnen nooit duisternis en licht tegelijk hebben. Er is ofwel licht, ofwel duisternis. Als u het licht aansteekt, verdwijnt de duisternis.

Laten wij de Kerk vurig beminnen

Om onze eenheid te kunnen bewaren, moeten wij gehoorzaam zijn aan de Kerk, aan haar bisschoppen. Als wij gehoorzaam zijn aan de Kerk, zijn wij gehoorzaam aan Christus Zelf. Christus wil dat wij één kudde worden met één herder.

Laten wij gevoel hebben voor de Kerk. Laten wij haar vurig beminnen. Wij zouden het niet moeten goedvinden haar vertegenwoordigers te horen bekritiseren en beschuldigen. Op de Heilige Berg was de geest waarin ik werd opgevoed orthodox, diep, heilig en stil – zonder conflicten, zonder ruzies en zonder berispingen. Wij moeten geen geloof hechten aan hen die de clerus beschuldigen. Zelfs als wij met onze eigen ogen een priester iets negatiefs zien doen, moeten wij het niet geloven, er niet over denken, noch er met anderen over spreken. Dit geldt ook voor de leken in de Kerk, voor iedereen. Wij zijn allen de Kerk. Zij die de Kerk bekritiseren wegens de fouten van haar vertegenwoordigers onder het voorwendsel haar te helpen verbeteren, maken een grote fout. Zij houden niet van de Kerk. Ik hoef er niet aan toe te voegen dat zij ook niet van Christus houden. Wij beminnen de Kerk als wij met ons gebed ieder van haar leden omarmen en doen wat Christus deed: als wij onszelf offeren, steeds oplettend blijven en alles doen op dezelfde manier als Hij Die toen Hij beschimpt werd niet beschimpte en als Hij leed niet bedreigde (1 Petr. 2, 23).

Wij moeten er ook op letten de officiële vormen na te leven: deel te nemen aan de sacramenten, vooral het sacrament van de heilige communie. Het is hierin dat de orthodoxie ligt. Christus biedt Zichzelf aan de Kerk aan in de sacramenten en vooral in de heilige communie. Laat mij u vertellen over een goddelijk bezoek dat ik, onwaardige, zelf ervaren heb, dan zult u de genade van de sacramenten zien.

Een tijd geleden verscheen er op mijn rug een klein puistje dat mij veel pijn bezorgde. Het was heel klein, de grootte van een speldenknop, maar de pijn verspreidde zich over een groot stuk links op mijn rug. Het was vreselijk. Wij hadden de dienst van ziekenzalving gedaan in mijn kamer in Milesi. En daar ik zoveel pijn had, namen zij de heilige olie en maakten er een kruisteken mee op die plek en de pijn verdween onmiddellijk. Ik was zo dankbaar voor dit bezoek van God dat ik aan ieder die mij kwam bezoeken zei: "Neem wat van de heilige olie daar, en gebruik het voor om het even welke pijn u hebt."

"... allen werden vervuld van de Heilige Geest." Met Pinksteren werd de genade Gods niet alleen uitgestort over de apostelen, maar over alle mensen die bij hen waren. Hij trof gelovigen en ongelovigen. Luister naar wat de Handelingen der Apostelen zeggen: "En toen de dag van Pinksteren aangebroken was, waren zij allen op een plaats bijeen. En plotseling kwam er uit de hemel een geluid als van een geweldige windvlaag en vulde het gehele huis waar zij bijeenzaten. En er vertoonden zich aan hen tongen als van vuur, die zich verdeelden en zich op een ieder van hen nederzetten. En allen werden zij vervuld met de Heilige Geest en begonnen in andere talen te spreken, zoals de Geest hen deed spreken." (Hand. 2, 1-6).

Terwijl de Apostel Petros sprak in zijn eigen taal, werden de woorden ogenblikkelijk veranderd in de geest van de luisteraars. Op een onzegbare manier liet de Heilige Geest hen Zijn woorden begrijpen in hun taal, op mystieke, onmerkbare wijze. Die wonderbare dingen vinden plaats door het handelen van de Heilige Geest. Bijvoorbeeld, het woord "huis" zou door iemand die Franstalig is, gehoord worden als "maison". Het was een soort gave van helderziendheid; zij hoorden hun eigen taal. Het geluid trof hun oren, maar door goddelijke verlichting hoorden zij de woorden in hun geest in hun eigen taal. De kerkvaders verklaren deze interpretatie van Pinksteren niet heel duidelijk, zij zijn bang het mysterie te verdraaien. Dit is ook het geval met de Openbaring van de heilige Johannes. De niet-ingewijden kunnen de betekenis van Gods mysterie niet begrijpen.

Wat lezen wij verder: "en er kwam vrees over allen" (Hand. 2, 43). Deze "vrees" was niet helemaal vrees. Het was iets anders, iets vreemds, iets onbegrijpelijks, iets... wij kunnen niet precies zeggen wat. Het was ontzag, het was een gevoel gevuld te worden, het was genade. Het was gevuld worden met goddelijke genade. Met Pinksteren vonden de mensen zich plotseling in zulk een vergoddelijkte staat dat zij helemaal verward raakten. Dus toen de goddelijke genade hen overschaduwde, maakte het hen allen gek – in een goede betekenis – het maakte hen geestdriftig, vulde hen met God. Dit heeft een grote indruk op mij gemaakt. Het was wat ik soms noem een "toestand". Het was enthousiasme. Een toestand van geestelijke waanzin.

"En zij braken het brood aan huis en genoten hun voedsel in blijdschap en eenvoud des harten. Zij loofden God en stonden in de gunst bij het gehele volk. En de Heer voegde dagelijks hen die behouden werden aan de gemeenschap toe" (Hand. 2, 46-47).

Het breken van het brood was de heilige communie. En het aantal van hen die behouden werden nam voortdurend toe, daar de mensen alle christenen zagen in een toestand van "blijdschap en eenvoud des harten" en "zij loofden God." De "blijdschap en eenvoud des harten" is zoals de "vrees over allen". Het is een enthousiasme en ook weer een waanzin. Als ik dit ervaar, voel ik het en ik ween. Ik ga naar de gebeurtenis, ik ervaar haar, ik voel haar en ben vervuld van enthousiasme en ik moet wenen. Dit is goddelijke genade. Dit is ook liefde voor Christus.

Wat de Apostelen onder elkaar ervaren hebben toen zij deze grote vreugde voelden, overkwam vervolgens allen die onder de bovenzaal waren. Dat wil zeggen, zij hielden van elkaar, zij vonden vreugde in elkaar: de één was verenigd met de ander. Deze ervaring straalt naar buiten en anderen ervaren haar.

"De kring der gelovigen nu was één van hart en één van ziel, en niemand noemde iets van hetgeen hij bezat, zijn eigendom, maar zij hadden alles gemeenschappelijk" (Hand. 4, 32). De Handelingen der Apostelen spreken over een cenobitisch leven. Hier is het mysterie van Christus. Dit is de Kerk. De beste woorden over de jonge Kerk zijn hier.

Het christelijke geloof verandert en geneest

Onze godsdienst is de godsdienst der godsdiensten. Hij komt voort uit de openbaring en is de authentieke en ware godsdienst. De andere godsdiensten zijn menselijk en hol. Zij kennen niet de grootheid van de Drieëne God. Zij weten niet dat ons doel, onze bestemming is, goden te worden volgens de genade, gelijkheid met de Drieëne God te bereiken, één te worden met Hem en onder elkaar. Dit zijn dingen die andere godsdiensten niet kennen. Het uiteindelijke doel van onze godsdienst is "dat zij één mogen zijn" (Joh. 17, 11). Hier vindt het werk van Christus zijn voleinding. Onze godsdienst is liefde, hij is eros, enthousiasme, waanzin, verlangen naar het goddelijke. Al deze dingen zijn binnen in ons. Onze ziel vraagt dat wij ze bereiken.

Voor veel mensen echter is godsdienst een strijd, een bron van pijn en angst. Daarom worden veel van de "godsdienstig geneigden" beschouwd als ongelukkigen, omdat anderen de wanhopige toestand zien waarin zij verkeren. En zo is het. Want voor de persoon die de diepere betekenis van godsdienst niet begrijpt, en deze niet ervaart, eindigt godsdienst inderdaad in een ziekte, een vreselijke ziekte. Zo vreselijk dat die persoon de controle verliest over zijn daden en willoos wordt en zonder ruggengraat, hij is vervuld van pijn en angst en wordt heen en weer gedreven door de boze geest. Hij maakt metanieën, hij weent, hij roept, hij denkt dat hij zichzelf vernedert, en al deze nederigheid is het werk van Satan. Zulke mensen ervaren geloof als een soort hel. Zij maken metanieën en kruistekens in de kerk en zeggen "wij zijn onwaardige zondaars", maar zodra zij uit de kerk zijn, lasteren zij alles wat heilig is als iemand hen een beetje van streek maakt. Het is heel duidelijk dat hierin iets demonisch is.

In feite verandert het christelijke geloof de mens en geneest hem. De belangrijkste vereiste echter om de waarheid te herkennen en te onderscheiden is nederigheid. Egoïsme verduistert de geest, het brengt iemand in verwarring, doet hem afdwalen naar ketterij. Het is belangrijk dat men de waarheid begrijpt.

Lang geleden, toen de mensen in een primitieve toestand waren, hadden zij geen huizen. Zij gingen grotten zonder ramen binnen en sloten de ingang af met stenen en takken zodat de wind niet naar binnen zou waaien. Zij realiseerden zich niet dat buiten leven is, zuurstof. Als iemand opgesloten zit in een grot, vergaat hij, hij wordt ziek, vernietigd, terwijl als hij buiten is, hij herleeft. Kunt u de waarheid begrijpen? Dan bent u buiten in de zon, in het licht; u ziet heel de pracht van de schepping; anders bent u in een donkere grot. Licht en duisternis. Wat is beter? Zachtmoedig, nederig, vreedzaam zijn, en vervuld met liefde, of geïrriteerd zijn, depressief en dat men met iedereen ruzie maakt? De hogere staat is ongetwijfeld liefde. Ons geloof heeft al deze goede dingen en is de waarheid. Maar veel mensen dwalen af in een andere richting.

Allen die deze waarheid ontkennen zijn ziek in hun ziel. Zij zijn zoals die kinderen die delinquent worden of asociaal omdat zij hun ouders verloren hebben, of omdat hun ouders gescheiden zijn of ruzie maken. En al deze verwarde mensen vinden de weg naar verschillende ketterijen. De verwarde kinderen van verwarde ouders. Maar al deze verwarde en asociale mensen hebben kracht en volharding en bereiken vele dingen. Zij slagen erin normale en vreedzame mensen te onderwerpen. Zij beïnvloeden anderen van gelijke geestesgesteldheid en zij overheersen in de wereld omdat zij in de meerderheid zijn en volgelingen vinden. Dan zijn er anderen die, al ontkennen zij de waarheid niet, toch verward en ziek van ziel zijn.

De zonde maakt de mens heel verward in zijn ziel. En niets verjaagt de verwarring – niets behalve het licht van Christus. Christus zet de eerste stap: "Kom tot Mij, gij allen die vermoeid en belast zijt..." (Mt. 11, 28). Dan aanvaarden wij dit licht met onze goede wil, dat wij uitdrukken door onze liefde voor Hem, door gebed, door onze deelname aan het leven van de Kerk, en door de sacramenten.

Dikwijls trekken noch arbeid, noch metanieën, noch onze kruistekens Gods genade aan. Er zijn geheimen. Het belangrijkste is om voorbij de vormelijke aspecten te gaan, naar het hart van de zaak. Wat gedaan wordt, moet met liefde gedaan worden.

Liefde houdt altijd in dat men offers moet brengen. Als iets onder dwang gedaan wordt, komt er een negatieve reactie van de ziel. Liefde trekt Gods genade aan. Als de genade komt, dan komen ook de gaven van de Heilige Geest. "De vrucht van de Geest is liefde, blijdschap, vrede, lankmoedigheid, vriendelijkheid, goedheid, trouw, zachtmoedigheid, ingetogenheid" (Gal. 5, 22). Dit zijn de dingen die een gezonde ziel in Christus zou moeten hebben.

Met Christus wordt een mens gevuld met genade en leeft zo boven het kwade. Het kwade bestaat voor hem niet. Er is alleen goed: God. Het kwade kan niet bestaan. Terwijl er licht is, kan er geen duisternis zijn. De duisternis kan hem ook niet omvatten want hij heeft het licht.

OVER DE GODDELIJKE EROS

Hij die weinig bemint, geeft weinig.
Hij die meer bemint, geeft meer.
En hij die bovenmate bemint, wat kan hij geven?
Hij geeft zichzelf!

Christus is onze liefde, ons verlangen.

Christus is blijdschap, het ware licht, geluk. Christus is onze hoop. Onze verhouding tot Christus is liefde, eros, hartstocht, enthousiasme, verlangen naar het goddelijke. Christus is alles. Hij is onze liefde. Hij is het voorwerp van ons verlangen. Dit hartstochtelijke verlangen naar Christus is een liefde die ons niet ontnomen kan worden. Daar stroomt blijdschap uit.

Christus zelf is blijdschap. Hij is een blijdschap die u tot een ander mens maakt. Het is een geestelijke waanzin, maar in Christus. Die geestelijke wijn maakt u dronken als zuivere onvermengde wijn. Zoals David zegt: "Met olie zalft Gij mijn hoofd, hoe heerlijk is Uw heilige kelk" (Ps. 22, 5). Geestelijke wijn is onvermengd, uiterst sterk en als u ervan drinkt, wordt u dronken. Deze goddelijke dronkenschap is een gift van God die gegeven wordt aan de reinen van hart (vgl. Mt. 5, 8).

Vast zoveel u kunt, maak zoveel metanieën als u kunt, woon zoveel vigilies bij als u wilt, maar wees vreugdevol. Heb de blijdschap van Christus. Het is de blijdschap die altijd duurt, die eeuwig geluk brengt. Het is de blijdschap van onze Heer die een zekere sereniteit geeft, kalm genot en vol geluk. Vreugdevolle blijdschap die elke blijdschap overtreft. Christus verlangt en verheugt Zich in het verspreiden van blijdschap, in het verrijken van zijn gelovigen met blijdschap. Ik bid dat uw blijdschap volmaakt zijt (Joh. 16, 24).

Dit is onze godsdienst. Dit is de richting die wij moeten uitgaan. Christus is het paradijs, mijn kinderen. Wat is het paradijs? Het is Christus. Het paradijs begint hier en nu. Het is precies hetzelfde: zij die Christus hier op aarde ervaren, ervaren het paradijs. Het is zoals ik het zeg. Het is juist, het is waar, geloof mij. Het is onze taak te trachten een weg te vinden om het licht van Christus binnen te treden. Waar het om gaat is niet alleen uiterlijke vormen te onderhouden. Het wezen van de zaak is dat wij met Christus zijn; dat onze ziel ontwaakt en Christus bemint en heilig wordt. Dat zij zich overgeeft aan de goddelijke eros. Dan zal Hij ons ook beminnen. Dan zal de blijdschap ons niet ontnomen kunnen worden. Dat is wat Christus boven alles wil, ons met blijdschap vervullen, want Hij is de bron van blijdschap. Deze blijdschap is een gift van Christus. In deze blijdschap leren wij Christus kennen. Wij kunnen Hem niet leren kennen als Hij ons niet eerst leert kennen. Hoe zegt David het? "Als de Heer het huis niet bouwt, dan zwoegen de bouwlieden vergeefs; als de Heer de stad niet bewaakt, dan is doelloos het hoeden der wachters" (Ps. 126,1).

Dit zijn de dingen die onze ziel moet verkrijgen. Als wij onszelf goed voorbereiden, zal de genade ze ons schenken. Het is niet moeilijk. Als wij de genade verkrijgen, is alles gemakkelijk, vreugdevol en een zegen van God. De goddelijke genade klopt voortdurend aan de deur van onze ziel en wacht tot wij opendoen, zodat zij in ons dorstige hart kan binnentreden en het kan vullen. De volheid is Christus, de heilige Moeder Gods, de Heilige Drieëenheid. Wat is het toch prachtig!

Als u verliefd bent, kunt u temidden van de drukte van het stadscentrum leven en u niet bewust zijn dat u in het stadscentrum bent. U ziet noch auto's, noch mensen, noch iets anders. Binnenin bent u met de persoon die u bemint. U ervaart hem, u schept vreugde in hem, hij inspireert u. Is het niet zo? Denk u eens in dat de persoon die u bemint Christus is. Christus is in uw geest, uw hart, uw hele wezen. Christus is overal.

Christus is het leven, de bron van het leven, van blijdschap, van het ware licht, alles. Wie Christus en de andere mensen bemint, leeft het leven werkelijk. Leven zonder Christus is dood; het is een hel, geen leven. Dat is wat de hel is: de afwezigheid van liefde. Leven is Christus. Liefde is het leven van Christus. U bent ofwel in leven of dood. Het is aan u om te beslissen.

Eén ding is ons doel: liefde voor Christus, voor de Kerk, voor onze naaste. Liefde voor, aanbidding van en verlangen naar God, de eenheid met Christus en met de Kerk is het paradijs op aarde. Liefde voor Christus en voor onze naaste, voor iedereen, vijanden inbegrepen. Een christen leeft mee met iedereen, wil dat allen gered worden, dat allen het Koninkrijk Gods proeven. Dat is het christendom: door liefde voor onze broeder te komen tot liefde voor God. In de mate waarin wij het verlangen en wensen, in de mate waarin wij waardig zijn, komt de goddelijke genade door onze broeder. Als wij onze broeder beminnen, beminnen wij de Kerk en dus ook Christus. En wij zijn ook in de Kerk. Dus als wij de Kerk beminnen, beminnen wij onszelf.

Er is één ding, Christus, dat ik wil, één ding dat ik verlang, één ding dat ik vraag, en dat is met U te zijn.

Laten wij Christus beminnen en laat Hij onze enige hoop en zorg zijn. Laten wij Christus beminnen om Hemzelf alleen. Nooit voor onszelf. Hij mag ons plaatsen waar Hij wil. Hij mag ons geven wat Hij wil. Laten wij Hem niet beminnen wegens Zijn giften. Het is egoïstisch van ons te zeggen: "Christus zal mij in een mooi huis plaatsen dat Hij voor mij heeft bereid, zoals het evangelie zegt: In het huis van Mijn Vader zijn vele woningen... opdat gij ook moogt zijn waar Ik ben (Joh. 14, 2-3)." Wat wij zouden moeten zeggen is: "Mijn Christus, wat Uw liefde ook beveelt; het is voldoende voor mij om in Uw liefde te wonen."

Wat mijzelf, de beklagenswaardige, betreft, wat kan ik zeggen... Ik ben heel zwak. Ik ben niet zover gekomen dat ik Christus zo heel vurig bemin en dat mijn ziel naar Hem verlangt. Ik voel dat ik nog een heel lange weg heb af te leggen. Ik heb niet bereikt wat ik wil; ik ervaar deze liefde niet. Maar ik ben niet ontmoedigd. Ik vertrouw op Gods liefde. Ik zeg tegen Christus: "Ik weet dat ik niet waardig ben. Stuur mij waar Uw liefde maar wil. Dat is mijn verlangen, dat is wat ik wil. Tijdens mijn leven heb ik U altijd aanbeden."

Toen ik ernstig ziek was en op het punt was dit leven te verlaten, wilde ik niet aan mijn zonden denken. Ik wilde denken aan de liefde van mijn Heer, mijn Christus, en aan het eeuwige leven. Ik wilde geen angst voelen. Ik wilde naar de Heer gaan en denken aan Zijn goedheid, Zijn liefde. En nu mijn leven zijn einde nadert, voel ik geen angst of bezorgdheid, maar ik denk dat als ik moet verschijnen bij de Tweede Komst en Christus zegt tegen mij: "Vriend, hoe zijt gij hier binnengekomen zonder bruiloftskleed? (Mt. 22, 12)" ik mijn hoofd zal buigen en tegen Hem zal zeggen: "Wat Gij ook wilt, mijn Heer, wat Uw liefde ook verlangt. Ik weet dat ik niet waardig ben. Stuur mij waar Uw liefde maar wil. Ik verdien de hel. Plaats mij dan maar in de hel, zolang ik maar bij U ben. Er is één ding dat ik wil, één ding dat ik verlang, één ding dat ik vraag, en dat is met U te zijn, waar en hoe U het wilt."

Ik probeer mijzelf helemaal over te geven aan de liefde en aanbidding van God. Ik ben mij mijn zondige staat bewust, maar ik leef in hoop. Het is slecht om wanhopig te zijn, want iemand die wanhopig is, wordt bitter en verliest zijn bereidwilligheid en zijn kracht. Terwijl iemand die hoop heeft vooruit gaat. Omdat hij voelt dat hij arm is, probeert hij zichzelf te verrijken. Wat doet een arme man? Als hij slim is, probeert hij een manier te vinden om rijk te worden.

En dus wanhoop ik niet, ondanks het feit dat ik mij zwak voel en dat ik niet bereikt heb wat ik verlang. Het is voor mij een troost, dat ik niet ophoud voortdurend te proberen. Toch doe ik niet wat ik wil doen. Bidt voor mij. Het feit is dat ik Christus niet absoluut kan beminnen zonder Zijn genade. Christus staat niet toe dat Zijn liefde zichtbaar wordt als mijn ziel niet iets gedaan heeft om Hem tot mij te trekken.

En misschien is dat waar ik tekortschiet. En dus smeek ik God en zeg "Ik ben heel zwak, Christus. Slechts Gij met Uw genade zult mij kunnen laten zeggen zoals de heilige apostel Paulus: Het is niet langer ik die leef; maar Christus leeft in mij (Gal. 2, 20)."

Dat is wat mij bezighoudt. Ik probeer manieren te vinden om Christus te beminnen. Deze liefde is nooit verzadigd. Hoeveel u Christus ook bemint, u denkt altijd dat u Hem niet bemint en u verlangt er nog meer naar Hem te beminnen. En zonder het u bewust te zijn, stijgt u hoger en hoger!

Christus in uw hart

Als u Christus vindt, bent u tevreden, u verlangt niets anders, u vindt vrede. U wordt een ander mens. U leeft overal waar Christus is. U leeft in de sterren, in de oneindigheid, in de hemel met de engelen, met de heiligen, op aarde met de mensen, de planten, de dieren, met alles en iedereen. Als er liefde voor Christus is, verdwijnt de eenzaamheid. U bent vredig, blij, vol. Geen melancholie, geen ziekte, geen druk, geen angst, geen depressie, geen hel.

Christus is in al uw gedachten, in al uw daden. U hebt genade en u kunt alles verdragen omwille van Christus. U kunt zelfs onrechtvaardig lijden doorstaan. U kunt onrechtvaardigheden verdragen omwille van Christus, en met vreugde zelfs. Zoals Hij geleden heeft, zo kunt ook u onrechtvaardig lijden. Hebt u Christus gekozen om niet te hoeven lijden? Wat zegt de heilige Paulus? "Ik verheug mij in mijn lijden" (Kol. 1, 24). Dit is onze godsdienst: onze ziel moet ontwaken en Christus liefhebben en heilig worden, zich overgeven aan de goddelijke eros. En dan zal ook Hij haar beminnen.

Als Christus in uw hart binnentreedt, verandert uw leven. Christus is alles. Wie Christus in zich ervaart, ervaart onzegbare dingen – heilige en gewijde dingen. Hij leeft in verrukking. Deze dingen zijn waar. Mensen hebben ze ervaren – kluizenaars op de Heilige Berg. Zonder ophouden en met verlangen fluisteren zij het gebed "Heer Jezus Christus..."

Als Christus in uw hart binnentreedt, verdwijnen uw hartstochten. Het is onmogelijk te vloeken, te haten, wraak te nemen, noem maar op. Hoe zou er haat kunnen zijn, afkeer, vermaning, egoïsme, angst, depressie? Christus is het Die heerst – en het verlangen naar het nooit ondergaande licht. Dit verlangen geeft u het gevoel dat de dood een brug is die u in een ogenblik zult oversteken om verder te gaan met het leven van Christus. Hier op aarde hebt u een gebrek en daarom hebt u geloof nodig. Dit gebrek is het lichaam. Na de dood echter, is het geloof afgeschaft en u ziet Christus zoals u de zon ziet. In de eeuwigheid zult u natuurlijk alles veel intenser ervaren.

Maar als u niet met Christus leeft, leeft u in zwaarmoedigheid, droefheid, angst en ergernis. U leeft niet juist. Dan verschijnen er ook allerlei ongerechtigheden in uw lichaam, de klieren, de lever, de gal, de alvleesklier, de maag. Ze zeggen u: Om gezond te zijn moet u een gezond ontbijt eten met melk, eieren, boter, en geroosterd brood. Maar als u juist leeft, als u Christus bemint, hebt u genoeg aan een sinaasappel en een appel. Het grote medicijn is u toe te wijden aan de aanbidding van Christus. Alles wordt dan genezen. Alles functioneert dan normaal. De liefde van God verandert alles: zij heiligt, verbetert en verandert de aard van alles.

Onze ziel ontvangt veel troost als wij verlangen naar de Heer. Dan zullen wij ons niet bezighouden met alledaagse en laag-bij-de-grondse dingen, maar met geestelijke en hogere dingen. Wij zullen leven in de geestelijke wereld. Als u in de geestelijke wereld leeft, leeft u in de wereld waarin uw ziel zich verheugt en waarnaar zij verlangt. Dat wil niet zeggen dat de mensen u onverschillig laten. U wilt dat iedereen redding, licht en heiliging vindt en dat iedereen de Kerk binnengaat.

Onverzadigbare liefde

Christus is het toppunt van het verlangen: er is niets hoger. Al het zintuiglijke kent verzadiging, maar bij God is er geen verzadiging. Hij is alles. God is het toppunt van het verlangen. Geen andere vreugde, geen andere schoonheid, niets anders kan met Hem wedijveren. Wat is hoger dan het hoogste?

Liefde voor Christus is iets anders. Zij is zonder einde, zonder verzadiging. Zij geeft leven, kracht en gezondheid; zij geeft, geeft en geeft. En hoe meer zij geeft, hoe meer men wil liefhebben. Menselijke liefde daarentegen kan vernietigend zijn en kan zelfs iemand waanzinnig maken. Als wij Christus beminnen, vermindert alle andere liefde. Andere soorten liefde hebben een punt van verzadiging. De liefde voor Christus heeft geen punt van verzadiging. Vleselijke liefde wel. Daarna kunnen jaloezie en ontevredenheid optreden en zelfs tot moord leiden. Liefde in Christus kent geen verandering. Wereldse liefde duurt tijdelijk, en wordt stilaan minder, goddelijke liefde, echter, groeit steeds en wordt dieper. Elke andere soort liefde kan iemand tot wanhoop brengen. De goddelijke eros echter doet ons opstijgen tot de sfeer van God; hij schenkt ons sereniteit, blijdschap en volheid. Andere soorten genot enerveren ons, maar van dit genot krijgen wij nooit genoeg. Het is een onverzadigbaar genot, dat u nooit beu wordt. Het is het hoogste goed.

Slechts op één punt houdt de verzadiging op: als een persoon verenigd is met Christus. Hij heeft lief, en hoe meer hij liefheeft, hoe meer hij ziet dat hij nog intenser wil liefhebben. Hij ziet dat hij geen eenheid heeft bereikt, dat hij zich niet heeft overgegeven aan de liefde van God. Hij heeft voortdurend de neiging en het vreugdevolle verlangen om Christus, het toppunt van het verlangen, te bereiken. Hij vast, maakt metanieën en bidt nog intenser, en toch is hij nooit tevreden. Hij realiseert zich niet dat hij deze liefde reeds bezit. Hij voelt niet dat hetgeen hij verlangt hem vervuld heeft, dat hij het gekregen heeft, het ervaart, het leeft. Alle asceten verlangen dit goddelijk eros, deze goddelijke liefde. Zij zijn dronken met een goddelijke dronkenschap. Het lichaam kan met deze goddelijke dronkenschap oud worden en sterven, maar de geest wordt jeugdig en bloeit.

De hymnen van onze Kerk zijn vol goddelijk eros. Luister naar de canon van de heilige apostel Timotheos:

"Brandend van verlangen naar het hoogste en daarmee door liefde vermengd, hebt gij een leven geleid overeenkomstig dit verlangen, door God geïnspireerde man, uw ogen voor eeuwig gericht op uw liefde, en door Zijn aanblik verzadigd."[20]

Hoe wonderbaar zijn de woorden van deze hymne! "Vermengd" betekent één zijn, verenigd met uw beminde, en "verzadigd" betekent volledig gevuld, overvoerd. U zou een verzameling moeten maken van zulke woorden die slaan op goddelijke liefde en goddelijke waanzin. U kunt er niet genoeg hebben. Ja, van liefde voor Christus heeft men nooit genoeg. Hoe meer u Hem liefhebt, hoe meer u denkt dat u Hem niet bemint en hoe meer u verlangt Hem meer te beminnen. Tegelijkertijd echter wordt uw ziel overstroomd door Zijn aanwezigheid, en uw blijdschap in de Heer kan niemand u ontnemen. Dan blijft er niets voor u over om te verlangen. Abba Isaäc de Syriër schrijft hetzelfde:

....

[20] 22 januari, 3e tropaar van de 4e ode.

"De blijdschap in God is sterker dan dit huidige leven. En hij die deze blijdschap vindt, zal niet alleen geen aandacht schenken aan de hartstochten, maar hij zal zelfs geen gedachte schenken aan zijn eigen leven, hij zal zich ook van niets anders bewust zijn, als zijn ervaring van deze blijdschap echt is en geen dwaling. Liefde van God is zoeter dan het huidige leven, zoeter dan honing en honingraat. Voor de liefde is het niet erg een bittere dood te moeten lijden voor haar beminde... En voor het hart dat deze vreugde heeft ontvangen lijkt elke zoetheid van deze wereld overbodig. Want er is niets dat vergeleken kan worden met de zoetheid van de kennis van God."[21]

En van de heilige Augustinus lezen wij:

"Ik bemin U, Heer mijn God, en ik verlang U steeds intenser te beminnen. Want Gij zijt werkelijk zoeter dan elke honing, voedzamer dan elke melk en schitterender dan elk licht; voor mij zijt Gij oneindig kostbaarder dan goud of zilver of kostbare edelstenen... O liefde die steeds opborrelt en nooit verkoelt! Verteer mij met uw hitte! Ik zal U beminnen, Heer, omdat Gij mij eerst hebt bemind. En waar zal ik voldoende woorden vinden om alle tekens te beschrijven van Uw grote liefde voor mij? Gij hebt mij overstroomd met het licht van Uw aanschijn en Uw heerlijkheid als teken gesteld boven de deur van mijn hart..."[22]

Goddelijke liefde

De canon ter ere van de heilige Pachomios, geschreven door Theofanes, spreekt op prachtige wijze over goddelijke liefde:

"Door hartstochtelijke liefde hartstochtloos geworden, hebt gij de materiële wortel van de hartstochten doen wegsmelten, en op vleugels van liefde hebt gij, gezegende vader Pachomios, al de schoonheid van de godheid bereikt. In de liefde van God hebt gij gesproken met het onderricht van de Geest, en hierdoor verlicht hebt gij de hoogste deugd bereikt nadat gij uw ziel had bevrijd van hartstochten. Gestoken door verlangen naar de Meester hebt gij door onthouding de aantrekking van het vlees

....

[21] Isaäc de Syriër, Ascetische werken, 38ᵉ verhandeling.
[22] Pseudo-Augustinus, Soliloquia, hoofdstuk 19, Patrologia Latina.

voor de hartstochten uitgedoofd, en uw gehele leven, Pachomios, aangeboden als een welriekend offer."[23]

Dat is een ware schat. Deze woorden zijn heel kostbaar. Theofanes is een groot dichter. De "hoogste deugd" is de liefde voor God. "Gestoken", als onze ziel gestoken is, als zij gewond is door goddelijk verlangen, dooft de aantrekking van het vlees voor de hartstochten. Goddelijk verlangen overwint elke pijn, en zo is elke pijn veranderd en wordt liefde voor Christus. Bemin Christus en Hij zal u beminnen. Alle pijn zal voorbijgaan, zal overwonnen en veranderd worden. Dan wordt alles Christus, het paradijs. Maar om in het paradijs te leven, moeten wij eerst sterven – sterven aan alles en als dood zijn. Dan zullen wij werkelijk leven; wij zullen leven in het paradijs. Als wij niet eerst naar onze oude mens sterven, gebeurt er niets.

Ik houd erg veel van het gedicht van Veritis dat heet "In het gezelschap van Christus":

"Ik verlangde te leven in het gezelschap van Christus,
Zijn verwarmende liefde omsloten in mijn borst,
Om de geslotenheid van mijn hart te openen,
Dat door meer te beminnen, nooit genoeg bemint."[24]

Dat het hart nooit genoeg bemint! Hoe meer wijn u drinkt, hoe meer u wilt drinken. Hoe meer u uzelf overgeeft aan de liefde voor Christus, hoe meer u uzelf wilt overgeven. Wij moeten Hem beminnen met heel onze ziel, heel ons hart, heel onze geest, al onze kracht en al onze macht. Wij moeten ons hart aansteken aan Zijn liefde en met Hem verenigd zijn. Dat is wat de Heer vraagt, niet uit egoïsme, maar voor ons, zodat Hij ons alles kan geven: blijdschap, geluk.

De dichter heeft dit bereikt. Hij beminde Christus en werd door Hem bemind. Hij had het geheim van de goddelijke liefde ontdekt. Het is niet moeilijk. Integendeel, het is heel gemakkelijk te ontdekken. Het hangt af van onze voorbereiding en de wijze waarop wij Hem benaderen. Het vereist een orthodoxe geest.

....

[23] 15 mei, troparia van de 1e, 5e en 4e ode, van Theofanes de Getekende, de Hymnendichter en Belijder, 775-845.

[24] G. Veritis, Ode aan de beminde, Athene 1947.

Deze liefde, deze hartstocht en dit enthousiasme leiden zelfs tot het martelaarschap. Ze brengen u ertoe uzelf te offeren en al het andere als niets te beschouwen. U vreest niets en kunt u ver van de wereld terugtrekken in grotten en holen in de aarde. De Heilige die mij inspireerde, de heilige Johannes de Hutbewoner, had deze goddelijke waanzin. Alle heiligen en martelaren die vervuld waren van deze goddelijke waanzin, aarzelden niet, zij haastten zich met blijdschap en enthousiasme naar het martelaarschap. Hij die weinig bemint, geeft weinig. Hij die meer bemint, geeft meer. En hij die bovenmate bemint, wat kan hij geven? Hij geeft zichzelf!

Wegens hun liefde voor Christus voelden de heiligen niet de pijnen van het martelaarschap, hoe intens ze ook waren. Herinner u de Drie Jongelingen in de vuuroven: terwijl ze hymnen zongen en God loofden, werden zij verkoeld temidden van het vuur (Dan. 3, 50). Herinner u de heilige Demetrios, de heilige Georgios, de heilige Katherina, de heilige Barbara, de heilige Paraskeva, en de Veertig Martelaren in het bevroren meer. Een wolk van getuigen, zoals de heilige Paulus zegt (Hebr. 12, 1).

Zoals al deze heiligen en martelaren hier op aarde deden, zo zingen zij nu, maar nog meer, hymnen en lofzangen voor de Heer in de hemel. Zij zijn in het paradijs en aanschouwen God van aangezicht tot aangezicht. En dat is alles. Hoe zeggen de dankgebeden na de heilige communie het? Zeggen ze niet "zij die de onzegbare schoonheid van Uw gelaat aanschouwen"? Dat is het paradijs, dat men voor eeuwig Gods aangezicht aanschouwt. Het is een hogere ervaring dan het zien van bloemen en exotische vogels, van helder opborrelend water en rozen en al de schoonheid die op aarde bestaat, en hoger dan alle kleine liefdes.

Als u Christus bemint, kunt u ondanks al uw zwakheden en uw bewustzijn ervan, er zeker van zijn dat u de dood hebt overwonnen, omdat u in communie bent met de liefde van Christus. Dat zijn de dingen waarvoor ik strijd – moge God Zich over mij erbarmen! Dat zijn de dingen waar ik mij dag en nacht aan wijd. Dat is wat er gebeurt als u Christus bemint: u wilt lijden voor Christus.

Laten wij bidden dat God ons zal schenken het gelaat van de Heer te mogen aanschouwen, zelfs terwijl wij nog hier op aarde zijn.

Christus is onze vriend

We moeten Christus als onze vriend beschouwen. Hij is onze vriend. Hij bevestigt dit Zelf als Hij zegt: "Gij zijt Mijn vrienden..." Laten we Hem zien en benaderen als een vriend. Vallen wij? Zondigen wij? Laten wij dan naar Hem toesnellen met vertrouwelijkheid, liefde en geloof – niet met de angst dat Hij ons zal straffen, maar met het vertrouwen dat wij putten uit de wetenschap dat Hij een vriend is. Wij kunnen tegen Hem zeggen: "Ik ben gevallen, vergeef mij." Laten wij ons er echter tegelijk van bewust zijn dat Hij ons bemint en ons met tederheid en liefde ontvangt en ons vergeeft. Laat de zonde ons niet scheiden van Christus. Als wij geloven dat Hij ons bemint en dat wij Hem beminnen, voelen wij ons niet als vreemden op een afstand van Hem, zelfs wanneer wij zondigen. Wij zijn zeker van Zijn liefde, en hoe wij ons ook gedragen, wij weten dat Hij ons bemint.

Als wij Christus werkelijk beminnen, dan hoeven wij niet bang te zijn dat wij onze eerbied voor Hem zullen verliezen. Hier geldt wat de apostel Paulus zegt: "Wie zal ons scheiden van de liefde van Christus? Verdrukking of benauwdheid... Want ik ben verzekerd dat dood noch leven... noch hoogte noch diepte... ons zal scheiden van de liefde Gods in Jezus Christus onze Heer" (Rom. 8, 35-38). De verhouding van de ziel tot God is een hogere, unieke verhouding die door niets verbroken of bedreigd kan worden en niets kan haar doen wankelen.

Zeker, het evangelie vertelt ons in symbolische taal dat de onrechtvaardige zich in een plaats zal bevinden waar "geween is en tandengeknars" (Mt. 8, 12) – want zo is het als men ver van God is. En onder de kerkvaders die ons leren over waakzaamheid en gebed, zijn er velen die spreken over de vrees voor de dood en de hel. Zij zeggen: "Houdt u voortdurend de dood voor ogen." Als wij deze woorden goed bestuderen, doen ze in ons de angst ontstaan voor de hel. In onze poging de zonde te vermijden, roepen wij deze gedachten op, zodat onze ziel vervuld wordt van de vrees voor de dood, de hel en de duivel.

Alles heeft zijn betekenis, zijn tijd en zijn plaats. Het begrip angst is goed in de beginstadia. Het is voor beginnelingen, voor hen in wie onze oude, gevallen natuur nog leeft. De beginneling wiens gevoeligheid nog niet verfijnd is, wordt door angst weerhouden te zondigen. En angst is noodzakelijk, want wij zijn mensen van vlees en bloed en aan de aarde gebonden. Maar dat is een etappe, een lagere trede in de verhouding met het goddelijke. Wij denken in termen van zakelijke overeenkomsten om het paradijs te winnen of te ontsnappen aan de hel. Maar als wij de zaak beter bekijken, zien wij dat het ingegeven wordt door eigenbelang. Dat is niet iets dat mij aantrekt. Als iemand vorderingen maakt en intreedt in de liefde van God, wat moet hij dan nog vrezen? Wat hij ook doet, hij doet het uit liefde en dat is van onmetelijk grotere waarde. Als iemand goed wordt uit vrees voor God en niet uit liefde, heeft het niet zulk een waarde.

In onze vooruitgang brengt het evangelie ons ertoe te begrijpen dat Christus blijdschap en waarheid is, dat Christus het paradijs is. De heilige Johannes de Evangelist zegt: "Er is in de liefde geen vrees, maar de volmaakte liefde drijft de vrees uit. Want de vrees veronderstelt straf, en wie vreest, is niet volmaakt in de liefde" (1 Joh. 4, 18). Als wij moeite doen uit vrees, treden wij geleidelijk aan in Gods liefde. Dan verdwijnt de kwelling van hel, angst en dood helemaal. Wij interesseren ons alleen voor de liefde voor God. Wij doen alles voor deze liefde, zoals de bruidegom voor zijn bruid.

Als wij Hem willen volgen, dan is ook dit leven, met Christus, blijdschap, zelfs temidden van moeilijkheden. Zoals de heilige Paulus zegt: "Ik verblijd mij in mijn lijden" (Kol. 1, 24). Dit is onze godsdienst, en dat is de richting die wij moeten volgen. Het zijn niet de uiterlijke vormen die tellen; het is leven met Christus dat belang heeft. Als u dit bereikt, wat wilt u dan nog meer? U hebt alles gewonnen. U leeft in Christus en Christus leeft in u. Daarna is alles gemakkelijk: gehoorzaamheid, nederigheid en vrede.

Bruidegom van de ziel

Het Hooglied van Salomo de Wijze ontstond uit deze aanbidding van Christus. Dit boek bevat goddelijk verlangen, goddelijke liefde, aanbidding en waakzaamheid in verband met de hemelse bruidegom. Wat zijn dat wonderbare woorden: vol liefde en hartstocht, goddelijk eros! Zij lijken op menselijke woorden, maar zij zijn goddelijk. "Want ik ben gewond door uw liefde"[25] zegt een van de hymnen. Dat betekent: "ik lijd, ik ben gegriefd, mijn ziel verlangt naar U, zij smacht naar U Die mijn Licht zijt, mijn leven, mijn God, mijn Heer en mijn God."

Meer dan waar ook zien wij in het Hooglied Christus als de Bruidegom. Christus is de Bruidegom van onze ziel. Onze ziel is Zijn bruid, en zij volgt Hem in alles – zelfs naar het martelaarschap, naar Golgotha en de kruisiging, maar ook naar de opstanding. Als wij deze liefde bereiken, zal Christus Zich over ons buigen en onze ziel vervullen.

Houd uw blik standvastig naar omhoog op Christus gericht. Word vertrouwd met Christus. Werk met Christus. Leef met Christus. Adem met Christus. Lijd met Christus. Verblijd u met Christus. Laat Christus alles voor u zijn. Laat uw ziel verlangen naar haar Bruidegom en naar Hem roepen "Ik verlang naar u, o mijn Bruidegom..."[26] Christus is de Bruidegom, Hij is de Vader, Hij is alles. Er is niets hoger in het leven dan Christus lief te hebben. Wat wij ook verlangen vinden wij in Christus. Christus is alles: alle vreugde, alle blijdschap, leven in het paradijs. Als wij Christus binnenin ons hebben, bezitten wij alle pracht. De ziel die verliefd is op Christus is altijd vreugdevol en gelukkig, wat het hem ook kost aan moeite en offers.

Niemand kan ontkennen dat Christus de volheid van het leven is. Zij die deze waarheid ontkennen zijn ziek in hun ziel en bezeten door een boze geest. Zij ontkennen hetgeen in hen ontbreekt. Dan vindt de duivel hun ziel leeg en gaat er binnen. En precies zoals een kind een groot trauma ondergaat als zijn vader en moeder hem ontnomen worden in zijn leven, zo is het ook, en nog veel erger, als iemand Christus en Zijn Heilige Moeder moet ontberen.

....

[25] Deze woorden zijn uit een hymne (doxastikon van de Lofpsalmen) die dikwijls gezongen wordt bij de gedachtenis van martelaressen, b.v. de heilige Eufemia, 16 september en 11 juli, de heilige Kyriake, 7 juli, en de heilige Marina, 17 juli.

[26] Woorden uit een hymne (Apolytikion) gezongen aan het einde van een gedachtenis van martelaressen.

In het Hooglied zegt de Bruid over Christus de Bruidegom: "Ik slaap, maar mijn hart waakt. De stem van mijn geliefde klopt aan de deur" (5, 2).

De bruid blijft wakker en droomt van Hem. Zelfs als zij slaapt, keert haar ziel zich naar Hem. Zo drukt zij haar liefde en volledige toewijding uit. Zij heeft Hem voortdurend in haar geest en in haar hart, zelfs als zij slaapt. Zij aanbidt en vereert Hem. Begrijpt u? Men moet vereren uit geheel zijn ziel en geheel zijn hart. Wat betekent dat? God moet uw enige gedachte zijn. Maar niet zoals andere gedachten. Deze gedachte moet anders zijn, een soort verering van Christus. Dit is de gedachte die bekoort en verheugt, niet iets dat onder dwang gedaan wordt. U ondervindt een geestelijke blijdschap en vreugde. Het is niet zoals het huiswerk dat een kind doet voor school. Het is als de hartstochtelijke liefde tussen twee mensen, maar hoger, geestelijk.

"En zoals een vrouw in barensnood uitroept in pijn, zo waren wij in vreze voor Uw aangezicht, o Heer. Wij waren zwanger, wij krompen ineen en wij brachten voort", zegt de profeet Jesaja (26, 17-18).

Zo roept ook onze ziel tot God wegens de pijn die zij voelt als zij naar Hem verlangt. En zij doet moeite, zij spant zich in. Wat betekenen de moeite en de tranen van de "vrouw in barensnood"? Is het niet de pijn en nood die wij ondervinden totdat Christus in ons binnentreedt? Deze pijn is de grootste van alle. Zij die het hebben ondervonden, weten wat het is. Het is een ondraaglijke kwelling...

Wie christen wil worden, moet dichter worden

De ziel van een christen moet verfijnd en gevoelig zijn, zij moet gevoeligheid en vleugels hebben, voortdurend vliegen en leven in dromen, vliegen door de oneindigheid, tussen de sterren, temidden van Gods grootheid, temidden van de stilte.

Wie een christen wil worden, moet eerst dichter worden. Zo is het! U moet lijden. U moet liefhebben en lijden – lijden voor degene van wie u houdt. Liefde doet moeite voor de beminde. Ze loopt de hele nacht door; ze waakt; ze bevlekt haar voeten met bloed om haar beminde te kunnen ontmoeten. Ze brengt offers en acht als niets alle hindernissen, bedreigingen en moeilijkheden omwille van de beminde. De liefde voor Christus is nog hoger, onmetelijk hoger.

En als wij zeggen "liefde", dan bedoelen wij niet de deugden die wij verwerven, maar het hart dat doordrongen is van liefde voor Christus en de anderen. Wij moeten alles hierop richten. Zien wij een moeder met haar kind in haar armen die zich bukt om haar kind een kus te geven, terwijl haar hart overvloeit van emotie? Zien wij hoe haar gezicht oplicht als zij haar engeltje vasthoudt? Als een mens vervuld is van liefde voor God, ontgaan deze dingen hem niet. Hij ziet ze en ze maken indruk op hem en vol verlangen zegt hij: "Had ik maar zulke gevoelens voor mijn God, voor de heilige Moeder Gods en onze Heiligen!" Kijk, zo moeten wij Christus onze God beminnen! U verlangt het, u wilt het, en u verwerft het met Gods genade.

Zijn wij wel ontvlamd in liefde voor Christus? Haasten wij ons naar de Beminde als wij uitgeput zijn, om rust te vinden in gebed, of beschouwen wij het als een corvee en zeggen we: "Nu moet ik mijn gebeden en metanieën doen…?" Wat ontbreekt er dat we er zo over denken? Goddelijke eros, dat is het wat ontbreekt. Dit soort gebed kan men net zo goed laten. Inderdaad, het zou zelfs schadelijk kunnen zijn.

Als de ziel misvormd is en Christus' liefde onwaardig wordt, verbreekt Christus de verhouding, want Christus wil geen "grove" zielen in Zijn nabijheid. De ziel moet haar evenwicht terugvinden om Christus waardig te worden. Ze moet berouw tonen, zelfs tot zeventig maal zeven keer toe (Mt. 18, 22). Oprecht berouw brengt heiliging met zich mee. U moet niet zeggen "al mijn jaren zijn verspild; ik ben niet waardig," enzovoorts. In plaats daarvan kunt u zeggen: "Ik herinner mij alle lege dagen toen ik niet dicht bij God leefde…" Ook in mijn eigen leven zullen er zulke lege dagen geweest zijn. Ik was twaalf jaar oud toen ik naar de Heilige Berg vertrok. Tellen deze niet als jaren? Al was ik een kleine jongen, ik leefde toch twaalf jaar lang ver van God. Zovele jaren!

Luister naar wat Ignatios Briantchaninov zegt in zijn boek *Over het Jezusgebed*: "Geen enkele fysieke of geestelijke taak die geen pijn of moeite vergt, brengt ooit vrucht voort voor de persoon die eraan begint, want het Koninkrijk der Hemelen wordt gewonnen met geweld en de geweldenaren veroveren het (Mt. 11, 12) – geweld betekent hier de lichamelijke moeite die het lichaam in alles doet."

Als u Christus liefhebt, doet u moeite, maar het is gezegende moeite. U lijdt, maar met vreugde. U maakt metanieën en u bidt omdat dat een verlangen is, een goddelijk verlangen. Pijn, verlangen, hartstocht, smachten, vreugde, blijdschap, liefde. Metanieën en vigilies en vasten zijn inspanningen die gedaan worden voor de Beminde, inspanningen om Christus te ervaren. Maar deze inspanning wordt niet onder dwang gedaan, u protesteert niet. Wat onder dwang gedaan wordt is schadelijk voor u en voor het werk dat u doet. Druk en dwang roepen verzet op. De inspanning voor Christus, oprecht verlangen naar Christus, is liefde, opoffering en losmaken van zichzelf. Zo voelde David het ook: "Mijn ziel smacht naar de voorhoven des Heren" (Ps. 83, 3). Mijn ziel smacht van verlangen en smelt uit liefde voor God.

Het vergt zorg en moeite om de woorden die men leest te begrijpen en ter harte te nemen. Dit is de moeite die u moet doen. Dan zult u berouw, ijver en tranen hebben, zonder verdere moeite. Ze volgen als een geschenk van God. Vergt hartstochtelijke liefde moeite? Als u de woorden van de hymnen, de canons en de Schrift begrijpt, wordt u naar God toe getrokken met een gevoel van vreugde, u gaat vol blijdschap de waarheid in. "Gij schenkt vreugde in mijn hart", zoals David zegt (Ps. 4, 8). U raakt spontaan in een berouwvolle toestand, zonder bloedvergieten. Begrijpt u?

Ik, arme, verlang ernaar de woorden van de vaders en de asceten te horen, en de woorden van het Oude en het Nieuwe Testament. Dat is waarvan ik wil genieten. Dat is wat goddelijke eros aankweekt. Ik verlang er vurig naar en span mij in, maar het lukt mij niet. Ik ben ziek geworden, en "de geest is gewillig maar het vlees is zwak" (Mt. 26, 41). Ik kan geen metanieën maken. Geen enkele. Ik verlang er vurig naar op de Heilige Berg te zijn, metanieën te maken, te bidden, de goddelijke liturgie te vieren en met een andere kluizenaar te zijn. Het is beter als twee tezamen zijn. Christus Zelf heeft het gezegd: "Waar twee of drie tezamen komen in Mijn Naam, daar ben Ik in hun midden" (Mt. 18, 20).

Nederigheid en onbaatzuchtigheid

Christus staat buiten de deur van onze ziel en klopt opdat wij voor Hem opendoen, maar Hij gaat niet binnen. Hij wil de vrijheid die Hij ons Zelf gegeven heeft, geen geweld aandoen. Het boek der Openbaring zegt dit letterlijk: "Zie, Ik sta aan de deur en klop. Zo iemand naar Mijn stem hoort en de deur opent, zal Ik bij hem binnengaan en met hem maaltijd houden en hij met Mij" (Openb. 3, 20). Christus is beleefd. Hij staat buiten de deur van onze ziel en klopt zachtjes. Als wij voor Hem opendoen, zal Hij binnentreden en ons alles geven – Hemzelf – in het geheim en in stilte.

Wij kunnen Christus niet kennen tenzij Hij ons kent. Ik kan dit niet heel duidelijk uitleggen; het is iets geheimzinnigs. Luister naar wat de heilige Paulus zegt: "Nu gij God kent, beter nog, nu Gij door God gekend zijt..." (Gal. 4, 9). Wij kunnen Christus ook niet beminnen tenzij Hij ons bemint. Christus zal ons niet beminnen als wij Zijn liefde niet waard zijn. Opdat Hij ons zou beminnen, moet Hij iets bijzonders in ons ontdekken. U kunt verlangen, eisen, strijden en smeken, maar u krijgt niets. U bereid uzelf voor om die dingen te verwerven die Christus verlangt opdat de goddelijke genade in u zou komen, maar de genade kan niet binnenkomen zolang dat speciale ingrediënt dat u nodig hebt ontbreekt. Wat is het? Het is nederigheid. Zonder nederigheid kunnen wij Christus niet beminnen. Nederigheid en onbaatzuchtigheid in de aanbidding van God. "Laat uw linkerhand niet weten wat uw rechterhand doet" (Mt. 6, 3).

Laat niemand u zien; laat niemand de redenen van uw aanbidding van de godheid begrijpen. Al deze dingen moeten verborgen zijn en geheim, zoals bij kluizenaars. Herinnert u zich wat ik u heb verteld over de nachtegaal? Hij zingt midden in het bos, temidden van de stilte. Kan men zeggen dat iemand hem hoort en applaudisseert? Nee, niemand. Zulk adembenemend mooi gezang temidden van de wildernis! Hebt u gezien hoe zijn keel opzwelt? Dat is ook wat er met de mens gebeurt die verliefd wordt op Christus. Als hij begint te beminnen, zwelt zijn keel op, hij is bevangen, zijn tong beweegt onophoudelijk. Hij vindt een grot, een verborgen dal en leeft daar met God in het geheim, "in woordloze verzuchtingen" (Rom. 8, 26). Dat is een teken dat hij met God leeft "in wie alles leeft en beweegt"[27], want "in Hem leven wij en bewegen wij ons en zijn wij" (Hand. 17, 28).

Als u zulk een graad van nederigheid hebt bereikt en u dwingt Gods genade in u te wonen, dan hebt u alles gewonnen. Als u nederigheid hebt verworven, als u een gevangene bent geworden van God – een gevangene in de goede betekenis, dat is, een vat van goddelijke genade – dan kunt u samen met de heilige Paulus zeggen: "Het is niet langer ik die leef, maar Christus Die in mij leeft" (Gal. 2, 20). Het is heel gemakkelijk voor ons te doen wat God wil. Niet gewoon gemakkelijk, maar buitengewoon gemakkelijk. Het is voldoende dat wij een openingsgebaar maken om het goddelijke te ontvangen, en wij worden God waardig, opdat Christus Zich verwaardigt in ons te treden. En als Christus Zich tot in ons neerbuigt, schenkt Hij ons vrijheid. Waar kunt u woorden vinden om deze mysteries te beschrijven? Het hele geheim is liefde, hartstochtelijke liefde voor Christus, eros, overgave aan de geestelijke wereld. Men voelt geen eenzaamheid, of iets anders. Men leeft in een andere wereld, in een plaats waar de ziel zich verheugt, waar zij blij is en nooit verzadigd.

De goddelijke eros koesteren

Alles komt voort uit de Heilige Schrift. U moet hem voortdurend lezen om de geheimen van de geestelijke strijd te leren. In het negende hoofdstuk van mijn geliefde Wijsheid van Salomo staat: "O God mijner vaderen, en Heer aller goedertierenheid, Gij Die alle dingen door Uw woord gemaakt en de mens door Uw wijsheid bereid hebt, opdat hij heersen zou over alle schepselen die door U gemaakt zijn; opdat hij de wereld regeren zou met heiligheid en gerechtigheid, en met een oprecht hart oordelen: geef mij de wijsheid die altijd bij Uw troon is, en verwerp mij niet van Uw kinderen. Want ik ben Uw knecht en de zoon Uwer

---

[27] Uit de 1e antifoon van de anabathmi, metten van de zondag, t.3.

dienstmaagd, een zwak mens en van een kort leven, en te gering in het verstaan van het recht en de wet" (Wijsh. 9, 1-5).

Wij zien hier hoe de wijze Salomo aan God op nederige manier Zijn wijsheid vraagt. En God gaf hem deze in overvloed. Al deze wijze dingen die hij schrijft zijn niet van hem. Ze zijn geïnspireerd door dezelfde Geest Die de woorden inspireerde van de canons geschreven door de hymnendichters van de Kerk. Daarom houd ik zoveel van ze. Lees ze, bestudeer ze en verblijd u erin. Dan zult u de goddelijke eros verwerven. Luister naar de woorden van een van de Drieëenheidscanons:

"Prijzen wij de goddelijke Alheerser, God in Drie Personen, in een enkelvoudig Wezen en Die geen enkele verandering ondergaat. Hij is goed en menslievend en reinigt ons van onze overtredingen."[28]

Zeg mij, hoe weet ik dit alles? Ik heb een obsessie, een dronkenschap, een goddelijke roes. Ik kan er niet genoeg van krijgen. Het eerste gebed van dankzegging na de heilige communie zegt: "En wanneer ik van dit leven scheiden ga vol hoop op het eeuwige leven, de eeuwigdurende rust moge verwerven daar waar de nimmer zwijgende stemmen van de feestvierenden en de vreugde weerklinken van hen die de onuitsprekelijke schoonheid van Uw gelaat aanschouwen; want Gij zijt waarlijk het verlangen en de onuitsprekelijke vreugde van diegenen die U liefhebben, Christus onze God, en U zingt de gehele schepping lof toe in de eeuwigheid."

Het is één groot feest, en het middelpunt van al deze vreugde is de persoon van Christus. Wat het precies is, kunnen wij niet begrijpen, want God is oneindig; God is een mysterie; God is stilte. God is volledig verborgen, maar overal aanwezig. Wij leven in God, wij ademen God, maar wij kunnen Zijn grootheid, Zijn voorzienigheid niet voelen. Hij verbergt dikwijls de daden van Zijn goddelijke voorzienigheid. Maar als wij de heilige nederigheid verwerven, zien en ervaren wij alles. Wij ervaren God openlijk en duidelijk en wij voelen Zijn mysteries. Dan pas kunnen wij beginnen Hem te beminnen. En dat is iets dat Hij vraagt. Het is het eerste dat Hij vraagt voor ons eigen geluk, als Hij zegt: "Gij

....

[28] Mesonyktikon van de zondag, toon 6, 1e troparion van de 1e ode.

zult de Heer uw God beminnen, met geheel uw hart en geheel uw ziel en geheel uw verstand; dit is het eerste en grootste gebod" (Mt. 22, 37-8).

Zo was de liefde van de Heiligen. Zo was de liefde van de Heilige wiens naam ik draag, de heilige Porfyrios van Gaza. Een van de hymnen gezongen op zijn feestdag zegt:

"De pijl van uw ware verlangen heeft zijn doel bereikt, Want door onthouding hebt gij de hartstochten vernederd en gij zijt voorwaarts gegaan naar God met vreugde, En nu staat gij, Porfyrios, bij het toppunt van uw verlangens, volmaakt model en maatstaf voor bisschoppen en herders."[29]

De pijl van uw ware verlangen heeft zijn doel bereikt... en gij zijt voorwaarts gegaan naar God met vreugde...: van het onderwerp van het verlangen tot het allerhoogste; gij beminde het toppunt van verlangen. Het toppunt van verlangen is God, Vader, Zoon en Heilige Geest. Alle drie personen zijn één onder elkaar en ook één met de Kerk.

O Christus, Gij zijt mijn liefde!

Ik denk niet aan de dood. Wat de Heer ook wil. Ik wil aan Christus denken. En u moet ook uw armen openen en uzelf werpen in Christus' omhelzing. Dan leeft Hij binnenin u. En u denkt voortdurend dat u Hem niet veel bemint en u wilt nog dichter bij Hem komen en bij Hem zijn. Minacht de hartstochten en houdt u niet bezig met de duivel. Keer u tot Christus. Maar voordat dit allemaal gebeurt, moet de genade komen: "De goddelijke genade die goed maakt wat zwak is en schenkt wat ontbreekt."[30]

---

[29] 26 februari, 1e troparion van de 6e ode.
[30] Uit een gebed van de Wijdingsdienst.

OVER HET GEBED

Bidt tot God met vurig verlangen en liefde, in alle rust, nederig en zachtmoedig, zonder uzelf te dwingen

De Heer Zelf zal ons leren bidden.

De mens zoekt blijdschap en geluk in de hemel. Hij zoekt wat eeuwig is, ver van iedereen en alles. Hij zoekt blijdschap bij God. God is een mysterie. Hij is stilte, oneindig, alles. Iedereen bezit deze neiging van de ziel naar de hemel. Alle mensen zoeken iets hemels. Alle wezens keren zich tot Hem, al is het onbewust.

Richt uw gedachten steeds op Hem. Leer het gebed liefhebben, vertrouwelijk spreken met de Heer. Wat vooral telt is liefde, hartstochtelijke liefde voor de Heer, voor Christus de Bruidegom. Wordt Christus' liefde waardig. Om niet in de duisternis te leven moet u drukken op de schakelaar van het gebed zodat het goddelijk licht in uw ziel kan stromen. Christus zal verschijnen in het diepste van uw wezen. Daar, in het diepste en meest innerlijke deel, is het Koninkrijk Gods. "Het Koninkrijk Gods is binnenin u" (Lk. 17, 21).

Men bidt slechts met de Heilige Geest. Hij leert de ziel hoe zij moet bidden. "Wij weten niet wat wij naar behoren zullen bidden, maar dan treedt de Geest Zelf voor ons op, biddend in woordeloze verzuchtingen" (Rom. 8, 26). We hoeven geen moeite te doen. Wij moeten ons tot God richten op de wijze van een nederige dienaar met een stem van smeking en verzoek. Dan zal ons gebed God welbehaaglijk zijn. Laten wij vroom voor het Kruis van Christus gaan staan en zeggen: "Heer Jezus Christus, ontferm U over mij." Dat zegt alles. Als de geest van de mens gaat bidden, komt de genade in een seconde. De mens wordt dan vol van genade en ziet alles met andere ogen. Het belangrijke is Christus te beminnen, te bidden en te mediteren op Zijn woorden.

In het gebed vertegenwoordigt de menselijke inspanning slechts een miljoenste deel.

Voordat wij gaan bidden moet de ziel zich voorbereiden met gebed. Gebed vóór gebed. Luister naar het gebed dat de priester in stilte bidt gedurende de goddelijke liturgie terwijl de apostel gelezen wordt: "Laat stralen in onze harten, menslievende Meester, het onvergankelijke licht van Uw goddelijke kennis. Plant in ons de vreze Uwer zaligmakende geboden, zodat wij de begeerten van het vlees overwinnen, en een geestelijke levenswijze leiden, met gedachten en daden volgens Uw welbehagen. Want Gij zijt de verlichter van onze zielen en lichamen, Christus God, en tot U zenden wij onze lof, evenals tot Uw beginloze Vader en Uw alheilige, goede en levendmakende Geest, nu en altijd en in de eeuwen der eeuwen."

Wij geraken in het gebed zonder het ons bewust te zijn. Wij moeten in een geschikte omgeving zijn. De omgang met Christus, het spreken, het lezen van de Schrift, psalmgezang, het licht van een olielamp en de geur van wierook, scheppen alle de juiste atmosfeer zodat alles op natuurlijke wijze gebeurt, met eenvoud van hart (Wijsh. 1, 13). Als wij de psalmen, de goddelijke officies met liefde lezen, worden wij geheiligd zonder ons ervan bewust te zijn. De goddelijke woorden vullen onze harten met blijdschap. Deze blijdschap van hart, deze vreugde, is onze eigen moeite waardoor wij gemakkelijk binnentreden in de atmosfeer van gebed – het warmt ons op, zou u kunnen zeggen. Wij kunnen ons ook mooie beelden voor de geest roepen van landschappen die wij hebben gezien. Deze moeite is zachtmoedig, zonder bloedvergieten. Maar laten wij niet vergeten wat de Heer gezegd heeft: "Zonder Mij kunt u niets" (Joh. 15, 5).

De Heer Zelf zal ons leren bidden. Wij kunnen niet uit onszelf leren bidden, noch kan iemand anders het ons leren. Laten wij daarom niet tegen onszelf zeggen: "Ik heb dit of dit aantal metanieën gemaakt, dus heb ik nu de goddelijke genade verworven", maar laten wij eerder smeken dat het zuivere licht van de goddelijke kennis binnenin ons schijnt en onze geestelijke ogen opent zodat wij Zijn goddelijke woorden kunnen begrijpen.

Zonder ons ervan bewust te zijn, beminnen wij op deze wijze God zonder onszelf te dwingen en zonder moeite en strijd. Wat moeilijk is voor de mens, is gemakkelijk voor God. Wij zullen God plotseling beminnen als de genade ons overschaduwt. Als wij Christus heel erg liefhebben, zal het gebed zichzelf bidden. Christus zal voortdurend in onze geest en in ons hart zijn.

Maar als wij in deze staat willen blijven en hem niet willen verliezen, hebben wij goddelijke eros nodig, goddelijke, brandende liefde voor Christus. Eros richt zich tot een hoger wezen. De Minnaar, God, verlangt de beminde en de beminde tracht de Minnaar te bereiken. De Minnaar bemint Zijn geliefde met een goddelijke en volmaakte liefde. God, Die de mensheid bemint, is onbaatzuchtig.

Liefde voor God is een hogere liefde als zij uitgedrukt wordt als dankzegging. Liefhebben is onontbeerlijk voor ons, niet uit plicht, maar op precies dezelfde wijze als het voor ons nodig is te eten. Dikwijls komen wij uit noodzaak tot God, om op Hem te steunen omdat wij geen rust vinden in ons leven en wij ons verlaten voelen.

Een zuiver hart

De goddelijke genade leert ons wat wij zelf moeten doen. Om deze genade aan te trekken hebben wij liefde en verlangen nodig. De genade Gods vereist goddelijke eros. Liefde is voldoende om ons in een geschikte geestesgesteldheid voor het gebed te brengen. Christus zal alleen komen en Zich over onze ziel buigen zolang Hij bepaalde kleine dingen vindt die Hem bevallen: een goede intentie, nederigheid en liefde. Zonder dat kunnen wij de woorden "Heer Jezus Christus, ontferm U over mij" niet bidden.

Laten wij bijvoorbeeld aannemen dat wij een radio hebben. Als wij de antenne in positie één zetten, in de richting van het grootste aantal zenders, horen wij het programma luid en duidelijk. In positie twee zijn er niet zoveel zenders, en het signaal is dus wat minder duidelijk. In positie drie is het programma zo goed als onverstaanbaar. Hetzelfde geldt voor onze communicatie met God. Als onze ziel gekeerd is in richting één, is de communicatie uitstekend. En dat komt door twee basisvereisten: liefde en nederigheid. Met deze vereisten communiceert de ziel met God, hoort zij Zijn stem en aanvaardt zij Zijn woord. Ze ontvangt kracht en goddelijke genade en wordt getransfigureerd. Ze keert zich tot God op een natuurlijke wijze en voelt berouw. Als er minder liefde en nederigheid is – onze positie twee – hebben wij een daarmee overeenstemmende mindere communicatie met God. Als onze ziel in positie drie staat, wordt de communicatie bijna volledig verbroken, omdat wij vervuld zijn van hartstochten, haat en vijandschap en onze ziel kan niet stijgen.

Ons hart moet zuiver zijn en vrij van alle storingen als wij Hem aanroepen met de woorden "Heer Jezus Christus", dan pas komt Christus bij ons binnen. Het moet vrij zijn van haat, egoïsme en kwaadaardigheid. Wij moeten Hem beminnen en Hij moet ons beminnen. Als in ons hart echter gedachten van veroordeling of kwaadwillendheid schuilen, kunnen wij er nog iets aan doen. Het geheim is vergeving te vragen of te biechten. Maar, zoals wij al zeiden, dat vergt natuurlijk nederigheid. Als u Gods woorden in praktijk brengt en niet gestoord wordt door gewetensprikken, rustig bent en goede werken doet, dan komt u op natuurlijke wijze in gebed zonder het u bewust te zijn. Dan wacht u gewoon geduldig tot de genade komt.

Bij elke gelegenheid dat u iets overkomt, moet u de schuld bij uzelf zoeken. Bid met nederigheid en probeer niet uzelf te rechtvaardigen. Als u bijvoorbeeld het onderwerp van vijandschap bent, bid dan met liefde zodat u liefde giet op de vijandschap. Als u kwaadsprekerij over uzelf hoort, bid dan en wees voorzichtig, want "het spotten der lasteraars zal niet verborgen blijven" (Wijsh. 1, 10). Het minste gefluister tegen uw naaste treft uw ziel en dan kunt u niet bidden. Als de Heilige Geest de ziel in deze toestand vindt, durft Hij niet te naderen.

Zijn wil geschiedde

Onze gebeden worden niet verhoord omdat wij niet waardig zijn. U moet waardig worden om te kunnen bidden. Wij zijn niet waardig omdat wij onze naaste niet liefhebben als onszelf. Christus Zelf zegt het: "Als gij dan uw gift brengt naar het altaar en u daar herinnert dat uw broeder iets tegen u heeft, laat dan uw gift daar voor het altaar en ga heen, verzoen u eerst met uw broeder en kom dan en offer uw gift" (Mt. 5, 23-24). Verzoen u eerst met uw broeder en ontvang vergeving om waardig te worden. Als dat niet geschiedt, zult u niet kunnen bidden. Als u niet waardig bent, kunt u niets doen. Als u orde hebt gebracht in uw verwarde zaken en u hebt voorbereid, ga dan pas uw gift offeren.

Zij die aan Christus willen toebehoren en zich overgeven aan de wil van God worden waardig. Het is een groot, een heel belangrijk iets voor ons om geen wil te hebben. De slaaf heeft geen eigen wil. En het is voor ons heel eenvoudig mogelijk geen eigen wil te hebben: door onze liefde voor Christus en het onderhouden van Zijn geboden. "Wie Mijn geboden heeft en ze onderhoudt, die is het die Mij liefheeft; en wie Mij liefheeft, hem zal Mijn Vader liefhebben, en Ik zal hem liefhebben en Mijzelf aan hem openbaren" (Joh. 14, 21). Want wij moeten strijden tegen de wereldheersers van deze duisternis (Ef. 6, 12). Wij moeten strijden tegen de brullende leeuw (1 Petr. 5, 8). Wij kunnen niet toelaten dat de valse vijand de strijd wint.

Dit vooronderstelt tranen, berouw, gebed, aalmoezen en smeekbeden, met vertrouwen in Christus en zonder kleingelovigheid (Mt. 8, 26). Alleen Christus kan ons bevrijden uit de ketens van de eenzaamheid. Gebed, berouw en aalmoezen: geef tenminste een glas water als u geen geld hebt. En weet wel dat hoe meer u uzelf heiligt, hoe meer uw gebeden verhoord worden.

Wij moeten met onze gebeden God niet dwingen. Wij moeten niet aan God vragen ons van iets te bevrijden, een ziekte bijvoorbeeld, of onze problemen op te lossen, maar wij moeten Hem om kracht en ondersteuning vragen om te kunnen dragen wat wij moeten dragen. Precies zoals Hij discreet klopt aan de deur van onze ziel, zo moeten ook wij discreet vragen wat wij verlangen en als de Heer niet antwoordt, moeten wij ophouden met vragen. Als God ons iets waar wij nadrukkelijk om gevraagd hebben, niet geeft, dan heeft Hij daarvoor Zijn redenen. Ook God heeft Zijn "geheimen". Wij geloven in Zijn goede voorzienigheid, wij geloven dat Hij alles weet over ons leven en dat Hij altijd verlangt wat goed is, dus waarom zouden wij Hem dan niet vertrouwen? Laten we eenvoudig en met zachtmoedigheid bidden, zonder onszelf te dwingen en zonder hartstocht. Wij weten dat het verleden, het heden en de toekomst bekend zijn, "naakt en open" voor God. Zoals de heilige Paulus zegt: "Niets van het geschapene is verborgen voor Zijn aangezicht maar alle dingen liggen naakt en open voor de ogen van Hem" (Hebr. 4, 13). Wij moeten niet aandringen; zo volhouden doet eerder kwaad dan goed. Wij moeten niet per se iets willen krijgen; wij moeten het aan God overlaten. Want hoe meer wij achter iets aanlopen, hoe meer het van ons wegloopt. Dus wat we nodig hebben, is geduld, geloof en kalmte. En zelfs als wij het vergeten: de Heer vergeet nooit, en als het voor ons welzijn is, zal Hij geven wat nodig is en op het moment dat het nodig is.

In ons gebed moeten wij alleen de redding van onze ziel vragen. Heeft de Heer niet gezegd: "Zoek eerst het Koninkrijk Gods, en de rest zal u gegeven worden" (Mt. 6, 33 en Lk. 12, 31)? Christus kan ons gemakkelijk, heel gemakkelijk, geven wat wij willen. Weet u wat het geheim is? Het geheim is er helemaal niet aan te denken om iets speciaals te vragen. Het geheim is te vragen om uw eenwording met Christus, volkomen onbaatzuchtig, zonder te zeggen: "Geef mij dit" of "Geef mij dat". Het is voldoende te zeggen: "Heer Jezus Christus, ontferm U over mij." Het is niet nodig God in te lichten over onze verschillende behoeften. Hij kent ze allemaal onvergelijkelijk beter dan wij en Hij geeft ons Zijn liefde. Wat belangrijk is voor ons, is deze liefde te beantwoorden met gebed en met het onderhouden van Zijn geboden. Wij moeten vragen dat Gods wil geschiede. Dat is het beste en het veiligste voor ons en voor degenen voor wie wij bidden. Christus zal ons alles in overvloed geven. Maar als er zelfs maar een spoor van egoïsme is, gebeurt er niets.

Eenvoud en ongekunsteldheid van hart

Als wij een verhouding van volledig vertrouwen hebben met Christus, zijn wij blij en gelukkig. Wij hebben de vreugde van het paradijs. Dit is het geheim. Dan kunnen wij met de heilige Paulus uitroepen: "Want het leven is voor mij Christus en het sterven winst" (Fil. 1, 21) en "Toch leef ik, maar niet meer mijn ik maar Christus leeft in mij" (Gal. 2, 20). Wat een wonderbare woorden! Alles moet met eenvoud en zachtmoedigheid gedaan worden.

Wij moeten enkel in eenvoud en ongekunsteldheid van hart naar God gaan. Wat zegt de wijze Salomo? Hij zegt dat wij eenvoud nodig hebben. "Denkt na over de Heer met goedheid en zoekt Hem in eenvoud des harten; want Hij laat Zich vinden door degenen die Hem niet verzoeken, en verschijnt aan degenen die Hem niet wantrouwen" (Wijsh. 1, 1-2). Eenvoud is heilige nederigheid, dat wil zeggen absoluut vertrouwen in Christus, als wij ons hele leven geven aan Christus. In de goddelijke liturgie zeggen wij: "bevelen wij aan Christus onze God onszelf, elkaar en geheel ons leven aan"[31], en op een andere plaats: "Menslievende Meester, aan U vertrouwen wij heel ons leven toe en onze hoop, wij roepen U aan, wij bidden en smeken U".[32]

Een tijdje geleden kwam een bisschop mij bezoeken. Wij spraken over het gebed en ik vroeg hem:

"Wat betekent bidden in eenvoud en ongekunsteldheid van hart?"

"Bidden met eenvoud", antwoordde hij.

"En begrijpt u wat dat betekent, Uwe Eminentie?" vroeg ik.

"Ja", antwoordde hij.

"Wel, ik niet", zei ik, "het is een mysterie. Het is iets dat alleen gebeurt door goddelijke genade."

"U hebt helemaal gelijk", zei hij. "Ik begrijp het ook niet. En ik ben u dankbaar dat u mij eraan herinnert dat eenvoud en ongekunsteldheid slechts begrepen en bereikt kunnen worden door goddelijke genade."

Zo moet u beginnen met uw geestelijke strijd: eenvoudig, zachtmoedig en zonder geweld. Eenvoud en zachtmoedigheid zijn een heel heilige vorm van geestelijk leven, maar u kunt dit niet op een uiterlijke manier leren. Het moet zich op mystieke wijze in u verspreiden, zodat uw ziel deze levenswijze aanneemt door de genade Gods. Maar heel dikwijls, niettegenstaande ons verlangen ons deze eenvoud eigen te maken, merkt onze vijand het op en belet hij het ons. Breng de raad "Laat uw linkerhand

....

[31] Woorden die vaak voorkomen aan het eind van Litanieën.
[32] Gebed van de priester voor het Onze Vader.

niet weten wat uw rechterhand doet" (Mt. 6, 3) in praktijk. Als u iets verlangt en probeert God te dwingen, komt het niet. Het zal komen "op een dag waarop u het niet verwacht en op een uur dat u niet kent" (cf. Mt. 24, 50 & Lk. 12, 46). Hier ligt het mysterie. Ik kan het u niet verklaren. Precies zoals mij overkwam op Patmos.

Als u de goddelijke genade verliest, doe dan niets. Ga eenvoudig en gewoon door met uw leven en uw strijd tot u, zonder angst, weer vervuld bent van liefde en verlangen voor Christus. Dan zal alles goed zijn. En dan zal de genade u vervullen en u vreugde geven. De goddelijke officies zijn een geheim. Geef uzelf hieraan over en de genade Gods zal mystiek over u komen.

Het Jezusgebed: sleutel tot het geestelijk leven

Bid tot God met uitgespreide armen. Dit is het geheim van de heiligen. Zodra zij hun armen uitspreidden, werden zij bezocht door goddelijke genade.

De kerkvaders gebruikten als meest effectief gebed, de korte zin "Heer Jezus Christus, ontferm U over mij". Dit gebed is de sleutel tot het geestelijk leven. Het is een gebed dat niet kan worden onderwezen door boeken, noch door geestelijke vaders, noch door iemand anders. Zijn enige onderrichter is de goddelijke genade.

Als ik u zeg dat honing zoet en vloeibaar is, zult u het niet begrijpen zonder het te proeven. Dit is ook het geval met het gebed. Als ik zeg "zo is het" of "zo zult u zich voelen" zult u het niet begrijpen, noch zult u bidden, "behalve in de Heilige Geest" (1 Kor. 12, 3).

Alleen de Heilige Geest, alleen de genade Gods, kan het Jezusgebed inspireren. Het is niet moeilijk de woorden te herhalen, maar u kunt het niet juist bidden omdat uw oude gevallen mens het verwerpt. Als u niet ingaat in de atmosfeer van genade, zult u het gebed niet kunnen zeggen. Bent u bedroefd zodra u een beledigend woord hoort? En bent u tevreden zodra u een compliment hoort? Dit toont aan dat u niet klaar bent, dat u het vereiste nog niet bezit. Voordat de goddelijke genade komt, moet u de eerste vereisten vervullen: liefde en nederigheid. Anders roept het afwijzing en verzet op. Om in deze "geestesgesteldheid" te komen, moet u beginnen met gehoorzaamheid. U moet u eerst onderwerpen in gehoorzaamheid om nederig te worden. Als Hij nederigheid ziet, schenkt de Heer goddelijke genade en dan volgt gebed vanzelf, zonder moeite. Als u noch gehoorzaam noch nederig zijt, komt het gebed niet en bestaat het gevaar dat u op de weg van fouten en zelfbedrog geleid wordt. Bereid uzelf langzaam en rustig voor en herhaal het gebed in uw geest. Want wat in onze geest is, is ook in ons hart.

Als de genade komt

Het is slechts door goddelijke genade dat u kunt bidden. Geen enkel gebed komt zonder goddelijke genade. Onthoud de Wijsheid van Jezus Sirach: "Want tot de rechte lof behoort de wijsheid; ook geeft God genade daartoe" (Jez. Sir. 15, 10). Dat wil zeggen, alleen de mens die goddelijke wijsheid bezit kan God werkelijk loven. En de Heer alleen geeft hiertoe de genade. Als de genade komt, als de liefde komt, zeg dan de naam Christus en uw geest en uw hart worden overstroomd. Deze liefde, dit verlangen heeft ook gradaties. Als u deze liefde ervaart, verlangt u ernaar geestelijke dingen te verwerven, niet alleen als u wakker bent, maar ook in uw dromen ziet u dezelfde dingen. U verlangt ernaar alles te doen in de omhelzing van deze liefde, te bewegen in deze liefde. U wilt moeite doen, elke moeite, uit liefde voor God. U voelt liefde en dankbaarheid voor God, zonder eraan te denken iets specifieks te volbrengen. Wat waardevol is, is het Jezusgebed herhalen met tederheid van ziel, met liefde, met verlangen, en dan lijkt het helemaal niet vermoeiend. Het is zoals wanneer u zegt "mijn moeder... mijn vader", en u voelt een volmaakt genot.

Daarom is geweld niet de manier om te leren bidden. U moet niet zeggen: "Ik zal hard strijden om het bidden te leren en de toegang tot het paradijs te verkrijgen". Denk er niet aan dat het u honderdvoudig in de hemel terugbetaald zal worden. Bid zonder berekening, zonder andere redenen, niet om iets te verkrijgen. Zelfs als u duizend metanieën maakt om de toegang tot het paradijs te verkrijgen, zijn ze waardeloos. Maak metanieën uit liefde, en als God u in de hel wil plaatsen, laat Hij het dan doen zoals Hij wil. Dat is wat onbaatzuchtigheid betekent. Het heeft geen zin honderd metanieën te maken als u er onbewogen onder blijft. Doe er maar twintig of vijftien, maar met ijver en liefde voor de Heer en overeenkomstig Zijn goddelijke geboden. Op deze wijze verminderen geleidelijk aan onze hartstochten, onze zonden nemen af, en zachtjes aan, zonder onszelf te dwingen, komen wij in het gebed. Als u leeg bent –wat betekent dat het u aan liefde ontbreekt – bereikt u niets, of u nu metanieën maakt of bidt. En als u, om wat voor reden ook, in een toestand van berouw geraakt, maak dan van de gelegenheid gebruik om het Jezusgebed te zeggen, dan wordt het geleidelijk aan een tweede natuur. Als u vorderingen maakt, is het niet de gedachte aan het gebed dat u in uw geest hoort, maar iets anders. Het is iets dat u binnen in u voelt, maar zonder er moeite voor te doen. Dit "iets" is de goddelijke genade die Christus u schenkt.

Berouw is een heilig lijden; u lijdt zonder moeite te doen. Ik verklaar alles door de Heilige Schrift: "Maar een van de krijgsknechten doorstak Zijn zijde met een speer, en terstond kwam er bloed en water uit" (Joh. 19, 34). De soldaat doorstak (ἔνυξε) Zijn zijde met de punt van de speer en maakte een wonde. Dit is de wortel van het Griekse woord κατάνυξη (berouw), van het Griekse werkwoord νύττω, κατανύττω, dat als men het gebruikt met het woord 'mes', steken of herhaaldelijk verwonden betekent. En als het woord gebruikt wordt met betrekking tot de ziel, betekent het "berouw voelen", herhaaldelijk gewond worden door liefde voor God. Een ander Grieks werkwoord dat "verwonden" betekent is κατατιτρώσκω, zoals in de hymne die zegt: "Ik ben gewond (τέτρωμαι) door uw liefde." En in het Hooglied lezen wij "Ik bezweer u, dochters van Jeruzalem, indien gij mijn geliefde vindt, wat zult gij hem melden? Dat ik bezwijm (τετρωμένη) van liefde" (Hoogl. 5, 8). Dat is, de bruid die zoekt om Christus de Bruidegom te vinden, zegt: "Ik ben diep gewond door mijn liefde voor Hem. Hoe kan ik Hem vergeten? Hoe kan ik zonder Hem leven? Ik lijd ten zeerste als Hij ver van mij is." Berouw is daarom een grote pijn, een heilig lijden.

Laten wij een beeld nemen uit de menselijke liefde. De mens die verliefd is, kan niet gescheiden leven van zijn geliefde. Hart en geest zijn één: zodra hij het meisje ziet dat hij bemint, springt zijn hart op, maar als zij gescheiden zijn en hij aan haar denkt, springt zijn hart weer op. Daar hoeft hij geen moeite voor te doen. Hetzelfde gebeurt met Christus, al is alles hier natuurlijk goddelijk – goddelijke eros, goddelijke liefde, geen vleselijke liefde. Het is sereen, maar intenser, dieper. En precies zoals u bij menselijke liefde lijdt als u uw beminde niet ziet, zo lijdt u ook hier. Maar zoals u lijdt en tranen plengt wanneer u bij uw beminde bent, zo lijdt u ook hier uit liefde en zonder het u bewust te zijn, stort u tranen van liefde, van berouw en van blijdschap. Dat is de betekenis van berouw. Tranen zijn echter niet altijd een teken van berouw. Ze zijn dikwijls een teken van vrouwelijke zwakte.

Christus zonder dwang in onze geest brengen

Het gebed van het hart is alleen mogelijk voor iemand die Gods genade heeft aangetrokken. Men mag het niet doen met de gedachte: "Ik zal het leren, ik zal het doen, ik zal het bereiken", want op die manier kunnen wij geleid worden naar egoïsme en trots. Niet alleen ervaring en oprecht verlangen, maar ook wijsheid, zorg en voorzichtigheid zijn vereist om ons gebed zuiver en God welgevallig te doen zijn. Een enkele ijdele gedachte, "ik heb werkelijk vooruitgang gemaakt" bijvoorbeeld, maakt alles tot niets. Waarom zouden wij trots zijn? Wij hebben niets dat van ons is. Dit is een heel subtiel iets.

Bid zonder beelden te vormen in uw geest. Probeer niet om u Christus voor te stellen. De vaders benadrukken het feit dat het gebed vrij van beelden moet zijn. Met een beeld gaat het brandpunt van het gebed gemakkelijk verloren, want een beeld kan gemakkelijk vervangen worden door een ander. En de boze kan zich erin mengen, zodat wij de genade verliezen.

Gebed moet innerlijk zijn, gebeden met de geest en niet met de lippen, om niet afgeleid te worden omdat de geest hier en daar ronddwaalt. Laten wij Christus op een ongedwongen manier in onze geest brengen door zachtjes te herhalen: "Heer Jezus Christus, ontferm U over mij". Denk niets anders, alleen de woorden: "Heer Jezus Christus, ontferm U over mij". Niets anders. Rustig, met open ogen, zodat u niet het gevaar loopt toe te geven aan fantasieën en dwaalbeelden, en keer u tot Christus met zorg en toewijding. Herhaal het gebed op een ongedwongen manier en niet voortdurend, maar als u geneigd bent en in een sfeer van berouw, wat een geschenk is van de goddelijke genade. Zonder genade vervalt u in een staat van zelfhypnose en u kunt ertoe komen lichten te zien en waanbeelden, en geestelijk gestoord worden.

Het gebed moet niet gezegd worden als een corvee. Dwang kan een reactie teweegbrengen binnen in ons en kan schadelijk zijn. Vele mensen zijn ziek geworden als gevolg van het gebed omdat zij zichzelf ertoe gedwongen hadden. Natuurlijk gebeurt er iets, zelfs als u het als een corvee doet, maar het is niet gezond. U moet ook niet verschillende technieken gebruiken. U hoeft niet op een lage stoel te zitten, noch uw hoofd te buigen, noch uw ogen te sluiten. Velen zeggen: "Ga op een lage stoel zitten, ineengedoken, span u en concentreer u." Maar waarop? Probeer het en zie. Het is niet nodig u speciaal te concentreren om het gebed te zeggen. En het kost u geen moeite als u vervult bent van goddelijke liefde. U kunt het gebed "Heer Jezus Christus, ontferm U over mij" zachtjes zeggen, zonder moeite en zonder dwang, waar u ook bent – op een kruk, op een stoel, in een auto, lopend op de weg, op school, op kantoor of op het werk. Bind u niet aan een bepaalde plek. Het allerbelangrijkste is liefde voor Christus. Als uw ziel met verering en aanbidding de zeven woorden herhaalt: "Heer Jezus Christus, ontferm U over mij", kan zij er nooit genoeg van krijgen. Het zijn onverzadigbare woorden! Herhaal ze uw leven lang. Er is zulk een levenschenkend sap in verborgen!

Houd uw geest op God gericht

Ik zal u iets vertellen dat mij een paar dagen geleden is overkomen. Een monnik die het Jezusgebed doet kwam hier van de Heilige Berg en vroeg mij: "Hoe zegt u het Jezusgebed? Zit u op een lage stoel? Buigt u het hoofd en concentreert u zich?"

"Nee", antwoordde ik, "ik zeg het gebed duidelijk in mijn geest met aandacht voor de woorden. Heer Jezus Christus, ontferm U over mij... Heer Jezus Christus... Zo doe ik het in mijn geest en ik schenk aandacht aan de woorden."

"Dat is helemaal niet juist, oudvader", zei hij. "De manier die u beschrijft is helemaal fout, om niet te zeggen een dwaling. De geest moet in het hart zijn. Daarom heet het het gebed van het hart."

"Ik zal u iets anders vertellen", zei ik hem. "Soms, als ik voor een verleiding sta, breng ik mij het beeld van Christus aan het kruis voor de geest met Zijn doorboorde handen en voeten waar bloed uit druppelt en met de doornenkroon die in Zijn voorhoofd steekt, en geknield voor Hem, zeg ik Heer Jezus Christus, ontferm u over mij."

"En u brengt uw geest niet in uw hart?"

"Nee", antwoordde ik.

"U bent misleid", zei hij tegen me. "De geest moet in het hart zijn. Het is een dwaling!"

Hij stond op om weg te gaan.

"Oudvader", zei ik hem, "luister, ik zal u iets vertellen. Als ik het gebed in mijn geest herhaal, wordt mijn vreugde soms steeds intenser. En als mijn vreugde steeds groter wordt bij de woorden 'Heer Jezus Christus…', voel ik mijn geest samen met mijn hart in mij opspringen. Dat wil zeggen, ik voel mijn geest in mijn hart vallen en daar ervaar ik al deze vreugde terwijl ik het gebed zeg. Ik begin met de geest en mijn geest beweegt uit zichzelf als de vreugde komt."

"Dat is inderdaad de manier!" zei hij. "Vergeef mij dat ik sprak van een dwaling."

Het is de geest die denkt. Het hart denkt niet. Houdt uw geest op God gericht en uw hart zal spontaan van vreugde opspringen. Het zal berouw voelen. Voordat Christus uw hart binnenkomt, moet u Hem liefhebben. Om Hem lief te hebben, moet Hij u eerst liefhebben. God moet u eerst kennen en dan u Hem. Hij zal tot u afdalen als u Hem eerst zoekt. Voordat Hij u bemint, moet u waardig zijn. Om waardig te zijn, moet u zich eerst voorbereiden.

Allereerst, moet u uw eigenbelang ontvluchten. Gebed moet volkomen onbaatzuchtig zijn. Alles moet in het geheim plaatshebben en zonder eigenbelang. Dat wil zeggen, dat u niet moet denken dat als u zich met uw geest concentreert, de genade in uw hart zal komen en u die sprong van vreugde zult ervaren. Bid niet met dat doel, maar met eenvoud en nederigheid. Richt u altijd op de glorie van God. Weet u nog wat ik u verteld heb over de nachtegaal? Hij zingt zonder dat iemand het ziet. Wees ook zo: onbaatzuchtig. Wijdt uzelf in het geheim aan de aanbidding van God.

Maar wees voorzichtig! Zoals gezegd, laat uw linkerhand niet weten wat uw rechterhand doet (Mt. 6, 3). Laat uw slechte ik niet weten wat er gebeurt. Leef in het paradijs en laat uw slechte ik het niet weten, dan kan hij u niet benijden. Vergeet niet dat de boze jaloers is.

De voorbereiding bestaat ook uit het onderhouden van Gods geboden. U moet de hartstochten – veroordelen, kwaadheid, enzovoorts – op subtiele wijze verdrijven. Dat wil zeggen: val het kwade niet rechtstreeks aan, maar keer u vol liefde tot God met minachting voor de hartstocht. Houd u bezig met psalmgezang, de troparen van de heiligen en martelaren en de psalmen van David. Bestudeer de Heilige Schrift en de kerkvaders. Op deze wijze zal uw ziel verzacht, geheiligd en vergoddelijkt worden, en gereed zijn om de openbaringen van God te horen.

Langzaamaan zal de genade u bezoeken. U zult de vreugde ingaan. U zult beginnen in vrede te leven en daarna zult u sterker worden door de goddelijke genade. U zult niet kwaad worden, of geïrriteerd, u zult niet beledigd zijn, u zult anderen niet oordelen, maar integendeel iedereen met liefde ontvangen. U zult datgene bezitten dat de heilige Paulus beschrijft: "de liefde praalt niet... ze handelt niet onbetamelijk... ze verblijdt zich niet over de ongerechtigheid, maar verheugt zich met de waarheid. Alles bedekt ze, alles gelooft ze, alles hoopt ze, alles verdraagt ze. De liefde vergaat nimmer" (1 Kor. 13, 4-8). Het gebed zuivert de ziel en houdt de geest in bedwang. Het meest volmaakte werk heeft plaats in het diepste van de menselijke ziel, dat hermetisch gesloten is en alleen door God gekend. Dan zijn wij getuige van iets buitengewoons: mensen die veranderd worden in kinderen Gods, al hadden zij het diepste bereikt van hun zelfvernietiging.

En ook ik, ongelukkige en wrak dat ik ben, doe deze moeite. Ik geef mijzelf niet openlijk over aan het gebed, maar ik bid in het geheim. Begrijpt u? De genade Gods komt en overschaduwt u ook. Hij brengt ook u frisheid en blijdschap, daar wij samen leven, samen eten, spreken en bidden en gewoon in elkaars gezelschap zijn. Begrijpt u? Alleen iemand die gedachteloos is, iemand die een dikke huid heeft en onbewogen blijft door gebed, blijft een vreemde voor de genade. Bid, opdat God u "onzichtbare" dingen openbaart. Er is veel dat wij niet weten. Zeg tot Christus: "Wat U ook wilt, wat Uw liefde ook verlangt". Hij zal u leiden. Richt op Hem uw blik.

Een geestelijke leider

Als u zich uitsluitend gaat bezighouden met het gebed van het hart moet u de leiding hebben van een geestelijke vader. Het gebed van het hart is onmogelijk zonder een geestelijke leider, omdat de ziel gevaar loopt misleid te worden. Er moet op gelet worden. Uw geestelijke leider zal u leren wat de juiste gesteldheid is voor het gebed, want als u niet de juiste gesteldheid hebt, bestaat het gevaar dat u het licht van Lucifer ziet: u gaat dan leven in dwaling en wordt gedompeld in de duisternis, u wordt agressief en verandert van karakter, enzovoorts. Dit is de splitsing van de persoonlijkheid. Ziet u hoe de dwaling ontstaat? Als u echter met de raad van een geestelijke vader vooruitgang maakt in het gebed, zult u het ware licht zien.

De geestelijke leider moet ervaren zijn in het gebed van het hart. Als hij automatisch bidt en het gebed met Gods genade niet ervaren heeft, kan hij onmogelijk iemand anders zeggen hoe hij moet bidden. Hij zal natuurlijk kunnen zeggen wat hij in boeken heeft gelezen en wat de vaders zeggen. Hele boeken zijn geschreven over het gebed. En zoveel mensen lezen ze en geen van hen weet hoe men moet bidden. "Maar", zult u zeggen, "wij lezen deze boeken, wij leren de methode van het gebed, wij bereiden ons voor en God geeft Zijn zegen en zendt ons Zijn genade en wij begrijpen ze." Dat is allemaal goed en wel, maar het is een mysterie. Gebed is een mysterie, en dit geldt vooral voor het gebed van het hart.

De vreselijkste dwaling kan ontstaan door geestelijk gebed. Andere gebeden worden in grote mate gebeden door ons verstand. Wij zeggen ze op en onze oren horen ze. Ze worden op een andere manier gezegd. Maar geestelijk gebed is iets anders. En als in deze geestelijke dimensie het verlangen wordt ontvlamd, niet door uw goede zelf, maar door de andere zelf, de egoïstische zelf, dan zult u ongetwijfeld lichten gaan zien, maar niet het licht van Christus, en ongetwijfeld zult u een pseudo-vreugde beginnen te ervaren. Maar in uw openbare leven, in uw betrekkingen met andere mensen, zult u steeds agressiever en kwader zijn, driftig en prikkelbaar. Dit zijn de tekenen dat iemand misleid is. De persoon die misleid is wil niet toegeven dat hij lijdt aan dwaling. Hij is fanatiek en doet kwaad. Dit is wat gebeurt met zeloten, zij die handelen met een ijver die niet gematigd wordt door goddelijke kennis. Luister maar naar een voorbeeld hiervan.

De heilige Makarios, de beroemde woestijnvader, had besloten naar een kerkfeest te gaan samen met de monnik die hem diende. De jonge monnik was vooruitgelopen. Hij was een beginneling en had de ijver van een beginneling. Onderweg kwam hij een heiden tegen, een priester van een heidense tempel. Hij sprak ruw tegen hem en zei: "Waar ga je naartoe, misleide ziel?" De priester was woedend, viel de novice aan en liet hem nagenoeg bewusteloos achter. Even later ontmoette de priester de oudvader. Toen abba Makarios, gezegend als hij was door goddelijke genade, de man in een toestand van kwaadheid aantrof, zei hij tegen hem: "Goede man Gods, waar gaat u naartoe?" Zodra de priester deze woorden hoorde, werd zijn hart verzacht, bleef hij staan en zei: "Uw woorden hebben mij gekalmeerd." "Ja", zei abba Makarios, "ik zie dat u haast hebt, maar u weet niet waar u zich heen haast." Maar hij zei het op een nederige en broederlijke wijze. "Als u spreekt", zei de afgodendienaar, "openen uw woorden mijn hart, maar een ogenblik geleden sprak een monnik op een heel andere wijze tegen mij en ik heb hem een goed pak slaag gegeven."

Abba Makarios sprak hem op zulk een geïnspireerde wijze toe dat de afgodendienaar stilaan zijn geloof veranderde, zelfs monnik werd en gered werd. Met zijn goede woorden en manieren gaf hij de goede geest door. Hij gaf de ongeschapen energie en kwam binnen in de ziel van de heiden. De novice daarentegen gaf een geest van kwaadheid en agressie door uit de geest die hij in zich had.

Ziet u wat misleiding betekent? Als u een geestelijke leider hebt, loopt u dit gevaar niet. Als u een goede, door God geïnspireerde oudvader hebt, leert u de geheimen van het gebed. U bidt met uw oudvader en stilaan treedt u binnen in het geestelijk leven en leert u hoe de oudvader bidt. Hij kan u niet zeggen: "Doe dit of doe dat". Maar u doet wat u hem ziet doen. Als u naar uw oudvader gaat, vertelt hij u over het gebed van het hart. U moet echter weten dat als hij het gebed van het hart niet zelf ervaart, hij niets zal kunnen doorgeven. Maar als de oudvader het gebed van het hart heeft ervaren en nog steeds ervaart, gebeurt er iets geheimzinnigs: de novice hoort zijn woorden en ziet de manier waarop zijn hart zich opent en hoe hij in zijn hart met God spreekt. Zijn ziel kijkt naar hem. En niet alleen dat, maar de ene ziel communiceert met de andere ziel en de ene ziel is zich bewust van de andere. De novice voelt hoe de "geestesgesteldheid" geschapen wordt, hoe deze geschapen wordt door goddelijke genade.

Dit is geen eenvoudige zaak. Dit is een onderricht. Want wij zeggen wel dat gebed niet kan worden aangeleerd, maar in feite kan het aangeleerd worden als u leeft met iemand die werkelijk bidt. Als u een boek over het gebed neemt en het leest, begrijpt u er misschien niets van. Maar als er naast u een oudvader is die bidt, begrijpt u alles wat hij u zegt over het gebed, en neemt u het ter harte. U gaat binnen in zijn gebed, en u bidt ook, zonder het u te realiseren, u communiceert. Het is niet het boek of de kennis, het is het gevoel, het is de manier, het is het openen van het hart, het is het omhelzen van gebed.

En is wat wij nu aan het doen zijn terwijl ik tot u spreek, niet ook gebed? Want ik spreek uit mijn hart en wij voelen dat opspringen van vreugde en dat verlangen. Als dit niet gebed is, hoe kan deze sensatie van hevig verlangen dan verklaard worden?

Stroom van goddelijke liefde

Laten wij Christus liefhebben. Dan zal de naam van Christus uit ons opstijgen met hevig verlangen, met warmte, met goddelijke eros. Wij moeten Zijn naam in het geheim uitroepen, zonder gesproken woorden. Laten wij voor God staan in aanbidding, nederig, en in de voetstappen van Christus. Dat Christus ons mag bevrijden van elk spoor van onze gevallen natuur. Laten wij vragen om tranen voor wij beginnen te bidden. Maar wees voorzichtig! Laat uw rechterhand niet weten wat uw linkerhand doet (Mt. 6, 3). Bid met berouw: "Ben ik het waardig dat Gij zulke genade geeft, o Christus?" En dan worden deze tranen tranen van dankbaarheid. Ik ben diep ontroerd; ik heb Gods wil niet volbracht, maar ik vraag Zijn barmhartigheid.

Bid tot God met liefde en verlangen, rustig, met deemoed, met zachtheid en zonder uzelf te dwingen. En als u het gebed "Heer Jezus Christus, ontferm U over mij" herhaalt, zeg het dan langzaam, nederig, zachtjes en met goddelijke liefde. Spreek de naam van Christus uit met tederheid. Zeg de woorden één voor één: "Heer... Jezus... Christus... ontferm U over mij" vloeiend, teder, liefdevol, stil, geheim, mystiek, maar met exaltatie, met verlangen, met hartstocht, zonder spanning, geweld of ongepaste nadruk, zonder dwang of druk. Zoals een moeder spreekt tot een kind dat zij bemint: "mijn kleine jongen... mijn lieve meisje... mijn kleine Jantje... mijn Marietje!" Met verlangen. Ja, verlangen. Dat is heel het geheim. Hier spreekt het hart: "Mijn kindje, mijn vreugde!" Mijn Heer, mijn Jezus, mijn Jezus, mijn Jezus! Wat u hebt in uw hart en in uw geest, dat is wat u uitdrukt met heel uw hart en met heel uw ziel en met heel uw kracht en met heel uw verstand (cf. Lk. 10, 27).

Soms is het goed het gebed "Heer Jezus Christus, ontferm U over mij" hardop te zeggen, zodat u het hoort met uw oren. Wij zijn lichaam en ziel en beide beïnvloeden elkaar.

Maar als u verliefd bent geworden op Christus, verkiest u stilte en geestelijk gebed. Dan houden de woorden op. Het is innerlijke stilte die aan het goddelijk bezoek, de goddelijke vereniging en de vermenging van de ziel met het goddelijke voorafgaat, het begeleidt en erop volgt. Als u in deze staat verkeert, zijn woorden niet nodig. Het is iets dat u ervaart, iets dat niet uitgelegd kan worden. Alleen de persoon die deze staat ervaart, kan het begrijpen. Dit gevoel van liefde stroomt door u heen en verenigt u met Christus. U bent vervuld van vreugde en verrukking, wat toont dat u de goddelijke, volmaakte liefde in u hebt. Goddelijke liefde is onbaatzuchtig, eenvoudig en waarachtig.

De meest volmaakte vorm van gebed is stil gebed. Stilte. "Dat alle sterflijk vlees nu zwijge".[33] Temidden van het mysterie van

....

[33] Gezongen tijdens de liturgie op de vooravond van Pasen, tijdens de

stilte vindt de assimilatie met God plaats. Het is ook hier dat de meest ware aanbidding plaatsheeft. Maar om dit te ervaren, moet u een bepaald peil bereikt hebben. Dan houden woorden op. Onthoud: "Dat alle sterflijk vlees nu zwijge". Deze manier van stilte is de meest volmaakte. Zo wordt u geassimileerd met God. U gaat de mysteries van God binnen. Wij moeten niet veel spreken, maar de genade laten spreken.

Ik herhaalde het gebed "Heer Jezus Christus, ontferm U over mij" en nieuwe horizonnen gingen voor mij open. Tranen van vreugde en blijdschap stroomden uit mijn ogen wegens Christus' liefde en Zijn offer aan het kruis. Onoverkomelijk verlangen! Hierin is de hele grootheid verborgen, het paradijs zelf. Omdat u Christus bemint, herhaalt u het gebed, deze zeven woorden, met verlangen en met uw hart. En stilaan verliest men de woorden. Het hart is zo vol dat twee woorden voldoende zijn: "Mijn Jezus", en uiteindelijk zijn er helemaal geen woorden meer. Liefde wordt beter uitgedrukt zonder woorden. Maar als een ziel werkelijk verliefd is op de Heer, verkiest zij stilte en geestelijk gebed. De stroom van goddelijke liefde vervult de ziel met vreugde en blijdschap.

Daarvoor, echter, heeft deze ziel vooruitgang gemaakt en zich dag in, dag uit geoefend met het Psalterion en de kerkboeken. Nu is er een einde gekomen aan woorden. De ziel voelt heel diep goddelijke nederigheid. Christus is in haar nedergedaald en zij is de goddelijke stem gewaar. Zij is tegelijk in de wereld en buiten de wereld. Zij is in het paradijs, dat wil zeggen, in de Kerk, in het ongeschapen paradijs. Ignatios Briantchaninov zegt: "Het gebed van het hart is heel begerenswaardig. Het is heel begerenswaardig te leven in de meest afgelegen woestijn, omdat de omstandigheden daar bijzonder geschikt zijn voor het gebed van het hart en de stilte van het hart."

"De stilte van het hart" betekent dat niets u kan afleiden. U leeft voor God alleen.

God is overal tegenwoordig en vervult alles. Ik probeer vleugels te hebben om in de oneindigheid te vliegen, temidden van de sterren. Mijn geest is verloren in de pracht van Gods

---
Grote Intocht.

almacht terwijl ik de afstanden aanschouw van miljoenen lichtjaren. Ik voel deze Almachtige God vóór mij en ik open mijn armen en ik open mijn ziel om met Hem verenigd te zijn, deel te hebben aan de Godheid…

De intensiteit

Wat van belang is in het gebed is niet de duur, maar de intensiteit. Bid, al is het maar vijf minuten, maar geef uzelf over aan God met liefde en verlangen. De ene mens kan de hele nacht bidden en een andere slechts vijf minuten en toch kan het gebed van vijf minuten beter zijn. Dit klinkt vreemd, natuurlijk, maar toch is het zo. Ik zal u een voorbeeld geven.

Een monnik liep eens in de woestijn en ontmoette een andere monnik. Ze groetten elkaar en de ene monnik vroeg aan de ander: "Waar komt u vandaan?"

"Van dat dorp daarginds."

"En hoe staan de zaken daar?"

"Er heerst een vreselijke droogte en we weten niet meer wat te doen."

"Wat hebt u eraan gedaan? Hebt u gebeden?"

"Ja."

"En heeft het geregend?"

"Nee."

"Kennelijk hebt u niet intens genoeg gebeden. Laten wij nu hier een kort gebed tot God richten en Zijn hulp vragen."

En zo begonnen zij te bidden. En onmiddellijk verscheen er een wolkje, dat groter en groter en donkerder en donkerder werd, totdat het plotseling hevig begon te regenen.

Wat was hier gebeurd? Er was intens gebeden. Eén klein gebed bracht regen. Maar het belangrijke was de intensiteit ervan.

Abba Makarios zei: "Met inspanning en met intensiteit". De heilige Makarios bad intensief met heel zijn ziel en met heel zijn hart en met heel zijn verstand. Hij gaf zich met heel zijn ziel en lichaam over aan de verering. In deze staat hief hij zijn armen op en bleef stijf en roerloos staan wegens de grote intensiteit van zijn gebed. Op dezelfde wijze kan iemand die zijn armen opheft om een vloek over iemand uit te spreken, het kwade doorgeven.

Iemand zei tegen mij: "Wij willen dat u een gebed voor ons doet."

Ik antwoordde: "Ik zal voor u bidden tot de Heer met mijn hart en in nederigheid. Ik zal bidden met verstand."

"Wat bedoelt u met verstand?" vroeg hij.

"Ik bedoel gebed dat bewust gedaan wordt en met concentratie. Luister, en u zult zien wat ik bedoel. Mensen waren eens bij elkaar gekomen op een openbaar plein en vroegen de profeet David tot hen te spreken, want er had een grote gebeurtenis plaatsgevonden en iedereen was aan het schreeuwen. De profeet verscheen en zei tegen hen: "Zingt een psalm voor onze God, zingt Hem; zingt voor onze Koning, zingt een psalm. Want de Koning over heel de aarde is God, zingt de psalm met verstand."

"Waar is dat te vinden in de Schrift?" vroeg hij "Welke psalm is dat? Ik wil het opzoeken."

"Ik denk", zei ik, "dat het de psalm is die begint met 'Alle volkeren klapt in de handen, juicht voor God met vreugdekreten'" (Ps. 46).

Maak alles tot gebed

Wij zouden al onze problemen, zij het materiële, lichamelijke of andere, aan God moeten toevertrouwen, zoals wij in de goddelijke liturgie zeggen dat wij ons gehele leven aan Christus onze God aanbevelen. Wij laten alles aan U over, o Heer. Wat U ook wilt. "Uw wil geschiede gelijk in de hemel alzo ook op de aarde" (Mt. 6, 10).

De mens die Christus toebehoort, maakt alles tot gebed. Hij maakt zowel moeilijkheden als rampspoed tot gebed. Wat hem ook overkomt, hij begint onmiddellijk te bidden: "Heer Jezus Christus..." Gebed is goed voor alles, zelfs voor de eenvoudigste dingen. Bijvoorbeeld, als u lijdt aan slapeloosheid, denk dan niet aan slaap. Sta op, verlaat uw kamer, kom dan terug en ga weer op bed liggen, zonder u af te vragen of u zult slapen of niet. Concentreer u dan en zeg de Doxologie, herhaal dan het gebed "Heer Jezus Christus..." drie keer en dan zult u in slaap vallen.

Alles wordt geregeld met gebed. Maar uw gebed moet gedaan worden met liefde en vuur. U moet niet angstig zijn, maar vertrouwen op Gods liefde en voorzienigheid. Alles wordt opgenomen in het geestelijk leven. Alles wordt geheiligd, het goede, het moeilijke, het materiële, het geestelijke, en wat u ook doet, doe het ter ere van God. De heilige Paulus zegt: "Hetzij gij eet, hetzij gij drinkt, hetzij gij iets anders doet, doe alles ter ere Gods" (1 Kor. 10, 31). Als u in gebed bent, gebeurt alles zoals het moet. U doet dan bijvoorbeeld de afwas zonder iets te breken. De genade Gods komt in u. Als u de genade Gods hebt, wordt alles met vreugde gedaan en zonder moeite.

Als wij onophoudelijk bidden, zal God ons verlichten over wat wij in iedere situatie moeten doen, zelfs in de moeilijkste. God zal spreken in ons hart. Hij zal wegen vinden. Natuurlijk kunnen wij gebed combineren met vasten. Dat wil zeggen dat als wij voor een moeilijk probleem of dilemma staan, wij het met veel gebed en vasten moeten benaderen. Dat heb ik ook dikwijls gedaan.

Als wij iets willen vragen voor andere mensen, moeten wij het in het geheim vragen, met een stil gebed, dat niet uiterlijk zichtbaar is (Mt. 6, 6). Afleidingen helpen niet bij het gebed. Vergeet de telefoon, bezoek en lange gesprekken met mensen. Als de Heer niet helpt, wat zal onze eigen moeite dan bereiken? Wat nodig is, is gebed, gebed met liefde. We kunnen mensen beter op een afstand helpen, met gebed. Zo helpen wij ze op de beste en meest volmaakte manier.

Bidden voor anderen

Bid voor de Kerk, voor de wereld, voor iedereen. De hele christenheid wordt omvat in het gebed. Als wij alleen voor onszelf bidden, is dat verborgen zelfbelang. Maar als u bidt voor de Kerk, wordt u ook omvat in de Kerk. Christus is in de Kerk, verenigd met de Kerk en met de Vader en met de Heilige Geest. De Heilige Drieëenheid en de Kerk zijn één. Dit moet uw verlangen zijn: dat de wereld geheiligd wordt en dat alles aan Christus toebehoort. Dan treedt u binnen in de Kerk, en u leeft in de vreugde van het paradijs. U leeft met God, omdat de hele volheid van het goddelijke in de Kerk woont (vgl. Kol. 2, 9).

Wij zijn allen één lichaam met Christus als hoofd. Wij vormen allen samen de Kerk. Onze godsdienst heeft deze prachtige eigenschap dat hij de wereld geestelijk verenigt. De kracht van het gebed is groot, heel groot, vooral als velen samen bidden. Allen zijn verenigd in gemeenschappelijk gebed. Wij voelen dat onze naaste is als onszelf. Dit is ons leven, onze vreugde en onze schat. Alles is gemakkelijk in Christus. Christus is het middelpunt; allen bewegen zich naar het middelpunt en zijn verenigd: één van geest en één van hart. Zoiets dergelijks gebeurde er met Pinksteren. Als wij allen op hetzelfde ogenblik en op dezelfde plaats het Psalterion en de lezingen horen, zijn wij één van gehoor, door de genade Gods, want wat de lezer zegt, wordt door iedereen gehoord en wij hebben er allen deel aan. De kracht van de vele individuen is vermenigvuldigd – zoals wanneer zij iets moois zien en het allen tezamen met veel verlangen bewonderen. Hun zien, dat samen op dat mooie voorwerp is gericht, maakt hen één. De bevrijding uit de gevangenis van de heilige apostel Petrus is hier een voorbeeld van: "door de Kerk werd zonder ophouden tot God voor hem gebeden" (Hand. 12, 5). Dit gebed bevrijdde Petrus uit de boeien van zijn gevangenschap.

Liefde, aanbidding van God, verlangen, eenheid met God en eenheid met de Kerk, vormen het paradijs op aarde. Als wij de goddelijke genade verwerven, is alles gemakkelijk, vreugdevol en een zegen van God. Kom en toon mij een godsdienst die de mens volmaakt en gelukkig maakt! Wat jammer als wij deze buitengewone kwaliteit van onze godsdienst niet begrijpen!

Als wij voor een probleem staan, of iemand anders, laten wij dan ook aan anderen om gebed vragen en laten wij allen God met geloof en liefde smeken. Wees er zeker van dat God blij is met deze gebeden en deze met wonderen beantwoordt. Dat is iets dat wij niet duidelijk hebben begrepen. Wij zeggen: "Zeg een gebed voor mij", maar we zijn ons niet bewust van de kracht van gemeenschappelijk gebed.

Bid meer voor anderen dan voor uzelf. Zeg: "Heer Jezus Christus, ontferm U over mij" en u zult ook altijd anderen in uw geest hebben. Wij zijn allen kinderen van dezelfde Vader; wij zijn allen één. Daarom zeggen wij, als wij voor anderen bidden: "Heer Jezus Christus, ontferm U over mij", en niet "ontferm U over hen." Op deze wijze maken wij hen één met ons.

Gebed voor anderen dat met zachtheid en grote liefde gedaan wordt, is onbaatzuchtig en heeft groot geestelijk voordeel. Het geeft genade aan degene die bidt en ook aan degene voor wie hij bidt. Als u veel liefde hebt en deze liefde brengt u tot gebed, dan worden de golven van liefde doorgegeven en treffen de persoon voor wie u bidt, en u vormt een beschermend schild om hem heen en u beïnvloedt hem, u leidt hem naar wat goed is. Als Hij uw moeite ziet, geeft God Zijn genade overvloedig aan u en ook aan degene voor wie u bidt. Maar wij moeten aan onszelf sterven. Begrijpt u?

U raakt van streek als anderen niet goed zijn, terwijl u uzelf op het gebed zou moeten toeleggen zodat wat u verlangt, door de genade Gods gebeurt. Met uw eigen wijsheid vertelt u anderen wat er gedaan zou moeten worden, terwijl dat niet noodzakelijk het beste is. Het geheim is elders, en niet in wat wij zeggen of aan anderen voorstellen. Het geheim is in onze devotie, ons gebed tot God, opdat wat het beste is voor onze broeders gebeurt door de genade Gods. Dat is het. Wat wij niet kunnen doen, zal gebeuren door Zijn genade.

In mijn leven neemt het gebed de eerste plaats in. Ik vrees de hel niet en ik denk niet aan het paradijs. Ik vraag alleen aan God Zich te ontfermen over de hele wereld en over mij. Als ik "Heer Jezus Christus, ontferm U over mij" met intensiteit herhaal, word ik niet afgeleid van het gebed, zelfs als er mensen om mij heen zijn. Het is hetzelfde als wanneer ik alleen ben. Ik bid, ik ontvang iedereen in de Geest van Christus en ik verlang te bidden voor alle mensen. Ik tracht Christus lief te hebben. Daar streef ik naar. Wegens mijn vele ziektes kan ik niet veel spreken. Maar gebed helpt meer dan woorden.

Ik bid voor de zaken die u bezighouden, maar dat is niet genoeg. Mijn gebed moet bij u een reactie opwekken. God die Zijn genade op ons neerzendt, moet ons met open armen vinden om die te ontvangen. En hetgeen Hij toelaat, zal in het voordeel zijn van onze ziel. Niets wordt echter bereikt als wij bidden en u slaapt!

Mensen beschuldigen mij dikwijls, maar "ik ben als een dove die niet hoort, en als een stomme die zijn mond niet opendoet" (Ps. 37, 14). Bid voor hen die u beschuldigen. Zeg: "Heer Jezus

Christus, ontferm U over mij", niet "ontferm U over hem", en uw beschuldiger zal in het gebed opgenomen worden. Zegt iemand u iets dat u van streek maakt? God weet het. Wat u moet doen is uw armen uitspreiden en zeggen: "Heer Jezus Christus, ontferm U over mij". Maak uw beschuldiger één met uzelf. En God weet waarmee uw beschuldiger u diep van binnen kwelt, en Hij ziet uw liefde en haast Zich te helpen. Hij zoekt het verlangen in de harten. Wat zegt de heilige Paulus in zijn Brief aan de Romeinen? "Hij Die de harten doorgrondt, weet wat de bedoeling van de Geest is, dat Hij namelijk naar Gods wil voor heiligen pleit" (Rom. 8, 27).

Bid voor de zuivering van elke mens, zodat u in uw leven het gebed van de Engelen kunt nadoen. Ja, de Engelen bidden niet voor zichzelf. Zo bid ik voor mensen, voor de Kerk, voor het lichaam van de Kerk. Op het moment dat u bidt voor de Kerk wordt u bevrijd van uw hartstochten. Op het moment dat u God verheerlijkt, komt uw ziel tot rust en wordt zij geheiligd door goddelijke genade. Ik wil dat u die kunst leert.

God wil dat wij als engelen worden. De engelen verheerlijken God alleen. Dit is hun gebed, verheerlijking van God en niets anders. De verheerlijking van God is een subtiele zaak; het valt buiten menselijke criteria. Wij zijn heel materialistisch en aan de aarde gebonden, en om die reden bidden wij tot God met eigenbelang. Wij vragen Hem onze zaken in orde te brengen, onze zaken goed te laten gaan, onze gezondheid en onze kinderen te beschermen. Maar wij bidden op een menselijke manier en met eigenbelang. Doxologie is een gebed zonder eigenbelang. De engelen bidden niet om iets te krijgen, zij zijn onbaatzuchtig. God heeft ook ons de mogelijkheid gegeven te bidden in een niet eindigende doxologie, een engelengebed. Hier ligt het grote geheim. Als wij dit gebed ingaan, verheerlijken wij God voortdurend, wij laten alles aan Hem over, zoals onze Kerk bidt: "Bevelen wij aan Christus onze God onszelf, elkaar en geheel ons leven aan". Dit is de hogere wiskunde van onze godsdienst!

OVER DE GEESTELIJKE STRIJD

Wat iemand heilig maakt is liefde,
de aanbidding van Christus

Als Christus onze ziel binnentreedt, zal alles binnenin ons veranderd worden.

De mens is een mysterie. Wij dragen in ons een eeuwenoude erfenis: al het goede in de levens van de profeten, de heiligen, de martelaren, de apostelen en boven alles van onze Heer Jezus Christus; maar wij dragen in ons ook de erfenis van al het kwade dat bestaat in de wereld vanaf Adam tot heden. Dit alles is in ons, instincten en alles, en alle vragen zij om bevredigd te worden. Als wij ze niet bevredigen, zullen zij zich ooit wreken, behalve als wij ze op iets anders richten, op iets hogers, op God.

Daarom moeten wij sterven aan onze oude mens en ons bekleden met de nieuwe mens. Dat is wat wij belijden bij het sacrament van de doop. Met de doop gaan wij de vreugde van Christus binnen. "Gij allen die gedoopt zijt in Christus, gij hebt Christus aangedaan" (Gal. 2, 27). De biecht is een tweede doop, de zuivering, de verstering van onze hartstochten. Zo komt de goddelijke genade door de sacramenten.

De Heer zei tot Zijn leerlingen: "De Heilige Geest Die de Vader zal zenden, zal U alles leren" (Joh. 14, 26). De Heilige Geest leert ons alles. Hij heiligt ons. Hij assimileert ons aan God. Als wij Gods Geest hebben, wordt het ons onmogelijk te zondigen. Als wij de Heilige Geest hebben, kunnen wij het kwade niet doen. Wij kunnen niet boos zijn, haten, kwaadspreken of dergelijke.

Wij moeten vervuld worden, verzadigd worden met de Heilige Geest. Hier ligt de essentie van het geestelijke leven. Dit is een kunst – de kunst der kunsten. Laten wij onze armen openen en ons werpen in Christus' omhelzing. Als Christus komt, zullen wij alles gewonnen hebben. Christus zal alles in ons veranderen. Hij zal vrede, vreugde, nederigheid, liefde, gebed en de opheffing van onze ziel brengen. De genade van Christus zal ons hernieuwen. Als wij ons tot Hem keren met intens verlangen, met toewijding en liefde, zal Christus ons alles geven.

Zonder Christus is het ons onmogelijk onszelf te veranderen. Wij zullen ons niet kunnen losmaken van onze hartstochten. Alleen kunnen wij niet goed worden. "Zonder Mij kunt gij niets" (Joh. 15, 5). Hoe wij het ook proberen, wij zullen niets bereiken. Er is één ding dat wij moeten doen, en dat is ons tot Hem keren met heel onze ziel. Liefde voor Christus: dat is het beste en enige geneesmiddel voor de hartstochten.

God heeft een kracht geplaatst in de ziel van de mens. Het hangt van de mens af hoe hij hem gebruikt – voor het goede of voor het kwade. Als wij ons het goede inbeelden als een tuin vol bloemen, bomen en planten, en het kwaad als onkruid en doornen, en de kracht als water, wat er dan kan gebeuren is het volgende: als het water gericht wordt op de bloementuin, groeien alle planten, ze bloeien en dragen vrucht; en tegelijkertijd verschrompelen en sterven het onkruid en de doornen, want ze krijgen geen water. En het omgekeerde kan natuurlijk ook gebeuren.

Het is daarom niet noodzakelijk uzelf bezig te houden met het onkruid. Houd u niet bezig met het uitrukken van het kwaad. Christus verlangt niet dat wij ons bezighouden met de hartstochten, maar met het tegengestelde. Richt het water, dat wil zeggen al de kracht van uw ziel, op de bloemen en u zult genieten van hun schoonheid, hun geur en hun frisheid.

U zult geen heilige worden door te jagen op het kwaad. Negeer het kwaad. Richt uw blik op Christus en Hij zal u redden. In plaats van buiten de deur te staan om de boze weg te jagen, moet u hem minachten. Als het kwade uit de ene richting komt, keer u dan rustig naar de andere richting. Als het kwaad u komt aanvallen, keer dan al uw innerlijke kracht naar het goede, naar Christus. Bid "Heer Jezus Christus, ontferm U over mij". En Hij weet hoe en op welke wijze Hij Zich over u moet ontfermen. En als u uzelf met het goede gevuld hebt, keer u dan niet meer tot het kwade. Op deze manier wordt u vanzelf goed, met de genade Gods. Waar kan het kwade dan nog een basis vinden? Het verdwijnt!

Met Christus is alles mogelijk. Waar zijn de pijn en de moeite om goed te worden? De zaak is eenvoudig. U roept God aan en Hij zal de dingen veranderen in het goede. Als u Hem uw hart geeft, zal er geen plaats zijn voor andere dingen. Als u Christus "hebt aangedaan", hoeft u geen moeite te doen om deugdzaam te worden. Hij zal het u geven. Bent u in de greep van angst en teleurstelling? Keer u tot Christus. Bemin hem eenvoudig en nederig, zonder een verzoek te doen, en Hijzelf zal u bevrijden. Keer u tot Christus en zeg met nederigheid en hoop zoals de heilige Paulus: "Wie zal mij verlossen uit dit ten dode gedoemde lichaam?" (Rom. 7, 24). Keer u daarom tot Christus en Hij zal onmiddellijk komen. Zijn genade zal onmiddellijk werken.

Eenvoudig, rustig en zonder geweld

Onze godsdienst is volmaakt en diep overwogen. Wat eenvoudig is, is ook het meest kostbaar. Dus moet u in het geestelijk leven eenvoudig, rustig en zonder geweld strijd leveren. De ziel wordt geheiligd en gezuiverd door de studie van de woorden van de Vaders, door het uit het hoofd leren van psalmen en delen van de Schrift, door het zingen van hymnen en door het herhalen van het Jezusgebed.

Besteed uw moeite dus aan deze geestelijke zaken en negeer al het andere. Wij kunnen gemakkelijk en zonder bloedvergieten de aanbidding van God bereiken. Er zijn twee wegen die leiden tot God: de harde en vermoeiende weg met felle aanvallen tegen het kwade, en de gemakkelijke weg met liefde. Er zijn er velen die de harde weg kiezen en "bloed vergieten om de Geest te krijgen"[34], tot zij een grote deugdzaamheid bereiken. Ik vind dat de kortere en veiliger weg die van de liefde is. Dit is de weg die ook u moet volgen.

Dat wil zeggen, u kunt een ander soort moeite doen: studeren en bidden, met als doel vooruitgang te maken in de liefde voor God en voor de Kerk. Strijd niet om de duisternis te verdrijven uit de kamer van uw ziel. Open een klein kiertje om het licht binnen te laten, en de duisternis zal verdwijnen. Hetzelfde geldt

---

[34] Spreuken van de Woestijnvaders, abba Longinos.

voor onze hartstochten en onze zwakheden. Bestrijd ze niet, maar verander ze in kracht door minachting te tonen voor het kwade. Houd u bezig met troparen, met canons, met de verering van God en met goddelijke eros. Al de heilige boeken van onze Kerk – de Oktoïch, het Horologion, het Psalterion, de Menea – bevatten heilige, liefdevolle woorden, gericht tot Christus. Lees ze met vreugde en liefde en blijdschap. Als u uzelf hierop met intens verlangen toelegt, zal uw ziel geheiligd worden op een zachte en mystieke wijze, zonder dat u zich er zelfs van bewust bent.

De levens van de heiligen, en vooral het leven van de heilige Johannes de Hutbewoner, hebben een grote indruk op mij gemaakt. De heiligen zijn vrienden van God. Men kan de hele dag mediteren en vreugde hebben over hun prestaties en hun levenswijze navolgen. De heiligen hebben zich helemaal aan Christus overgegeven.

Door het lezen van deze boeken zult u geleidelijk aan zachtmoedigheid, nederigheid en liefde verwerven, en uw ziel zal goed worden. Kies geen negatieve methodes om uzelf te verbeteren. Het is niet nodig de duivel, de hel of wat dan ook te vrezen. Die dingen lokken verzet uit. Ikzelf heb hier ook enige ervaring mee. Het doel is niet te gaan zitten en uzelf te pijnigen en te straffen. Het doel is te leven, te studeren, te bidden en vooruitgang te maken in liefde – in liefde voor Christus en voor de Kerk.

Dat is wat heilig en mooi is, wat het hart verblijdt en de ziel bevrijdt van alle kwaad: de inspanning om u met Christus te verenigen, Christus te beminnen, te verlangen naar Christus en te leven in Christus, zoals de heilige Paulus gezegd heeft: "Het is niet langer ik die leef, Christus leeft in mij" (Gal. 2, 20). Dit zou uw doel moeten zijn. Laat alle andere inspanningen geheim en verborgen zijn. De liefde voor Christus moet overheersen. Houd dit in uw hoofd, uw gedachten, uw verbeelding, uw hart en uw wil. Uw grootste inspanning moet gericht zijn op het ontmoeten van Christus, hoe u met Hem verenigd kunt zijn en hoe u Hem in uw hart kunt bewaren.

Vergeet al uw zwakheden opdat de vijand zich niet realiseert wat er aan het gebeuren is en grijpt en u bindt en u bedroefd maakt. Doe geen moeite om u van deze zwakheden te bevrijden.

Strijd met kalmte en eenvoud, zonder dwang of angst. Zeg niet: "Nu zal ik mijzelf dwingen en ik zal bidden dat ik de liefde mag winnen en een goed mens mag worden." Het brengt u geen voordeel uzelf te kwellen om goed te worden. Op deze manier zal uw negatieve reactie erger zijn. Alles moet gebeuren op natuurlijke wijze, rustig en vrij. U moet ook niet bidden: "O God, bevrijd mij van mijn boosheid, mijn verdriet", enzovoorts. Het is niet goed te bidden of zelfs te denken over een bepaalde hartstocht; dan gebeurt er iets in onze ziel en wij raken nog erger verstrikt in die hartstocht. Val uw hartstocht frontaal aan, en u zult zien hoe krachtig hij u zal omstrengelen en u vastgrijpen en u zult niets kunnen doen.

Strijd niet rechtstreeks met een beproeving, bid niet dat zij mag weggaan, zeg niet: "Neem dit van mij weg, o Heer!" Want dan erkent u de kracht van de beproeving en grijpt zij u vast. Want al zegt u: "Neem het van mij weg, o Heer", eigenlijk roept u haar op en doet u haar in kracht toenemen. Uw verlangen om bevrijd te zijn van de hartstocht moet er natuurlijk wel zijn, maar op een verborgen en discrete wijze, zonder uiterlijk zichtbaar te zijn. Herinner u wat de Schrift zegt: "Laat uw linkerhand niet weten wat uw rechterhand doet" (Mt. 6, 3). Laat al uw kracht gericht zijn op het liefhebben van God, het aanbidden van God en het gehecht zijn aan God. Op deze manier zal uw bevrijding van het kwade en van uw zwakheden op mystieke wijze plaatsvinden, zonder dat u het merkt en zonder inspanning.

Dit is het soort moeite die ik doe. Ik heb ontdekt dat de geweldloze wijze de beste wijze van heiliging is. Het is beter ons toe te wijden aan liefde door de studie van canons, troparen en psalmen. Deze bezigheid richt mijn geest op Christus en verfrist mijn hart zonder dat ik het mij realiseer. Tegelijkertijd bid ik, met uitgespreide armen in verlangen, liefde en vreugde, en de Heer neemt mij op in Zijn liefde. Dat is ons doel – die liefde te bereiken. Wat zegt u ervan? Is deze wijze niet geweldloos?

Er zijn veel andere manieren, bijvoorbeeld door de herinnering aan de dood, aan de hel of de duivel. Zo vermijdt u het kwaad door angst en uit berekening. Ik heb deze methodes nooit gebruikt; ze zijn uitputtend, veroorzaken een negatieve reactie en bereiken dikwijls het tegengestelde effect. Vooral als zij gevoelig is, is de ziel vervuld van blijdschap en enthousiasme door liefde; zij wordt versterkt en omgevormd, verandert en verheerlijkt al het negatieve en lelijke.

Om deze reden verkies ik de "gemakkelijke weg", dat wil zeggen, de weg die leidt via het bestuderen van de canons van de Heiligen. In deze canons ontdekken wij de methodes die de Heiligen, de asceten en de martelaren gebruikt hebben. Het is goed hun wijsheid te "stelen", dat wil zeggen, dat wij doen wat zij gedaan hebben. Zij wierpen zich op de liefde voor Christus. Zij gaven hun hart. Wij moeten hun methode stelen.

Het geestelijk werk

Het geestelijk werk dat u in het diepste van uw ziel verricht, moet in het geheim gedaan worden en mag nooit gezien worden door anderen, zelfs niet door uzelf. Wat gedaan wordt door ons goede zelf moet niet gezien worden door ons kwade zelf: "Laat uw linkerhand niet weten wat uw rechterhand doet." De linkerhand is ons tegengestelde zelf die, als hij merkt wat er gebeurt, alles te niet zal doen. Ik gebruik "tegengestelde zelf" als een eufemisme voor onze kwade zelf. Onze nieuwe zelf is onze zelf in Christus, terwijl de andere zelf de oude zelf is. Het is een kunst de oude zelf niet te laten merken wat er aan de hand is. Kunde en vooral Gods genade zijn noodzakelijk.

Hier zijn enkele geheimen. Het evangelie en Christus Zelf vermanen ons hoe wij sommige dingen kunnen vermijden die ons hinderen in onze strijd. Daarom zegt Hij 'Laat uw linkerhand niet weten wat uw rechterhand doet'. Wilt u bijvoorbeeld vreugde van God smaken? Wat is het geheim hier? Zelfs als u gelooft en vraagt om deze vreugde en u zegt: "God kan niet anders dan mij deze vreugde schenken", dan geeft Hij die niet. Uzelf bent hiervan de oorzaak. Het is niet dat God u deze vreugde niet wil geven, het hele geheim ligt in onze eenvoud en deemoed. Als de eenvoud ontbreekt en u zegt: "Ik zal dit doen, en dat en dat andere, en God zal mij geven wat ik vraag", dan gebeurt er niets. Ja, inderdaad, ik zou dit en dat en het andere moeten doen, maar in het geheim en met zo'n eenvoud en zo'n deemoed, dat zelfs ik die erom vraag, me er niet van bewust ben.

Doe alles eenvoudig en deemoedig. Doe niets met een ander doel. Zeg niet: "Ik zal dit doen om dat resultaat te bereiken", maar doe het gewoon, zonder erbij te denken. Dat wil zeggen, bid eenvoudig en denk niet aan wat God aan uw ziel zal schenken. Maak er geen rekensom van. U weet natuurlijk wat God zal schenken als u met Hem in communie treedt, maar het is alsof u het niet wist. Bespreek de zaak zelfs niet met uzelf. Dus als u het gebed "Heer Jezus Christus, ontferm U over mij" herhaalt, zeg het dan eenvoudig en ongekunsteld en denk aan niets anders dan het gebed. Dit zijn heel delicate zaken en de tussenkomst van Gods genade is noodzakelijk.

Uw hart moet eenvoudig zijn en niet verdeeld en oneerlijk, oprecht en niet kronkelend en uit op eigenbelang. Iedereen wil wel een goede en eenvoudige ziel vinden; zij voelen zich op hun gemak met zo iemand en zij benaderen hem zonder angst en zonder achterdocht. En zo iemand leeft in innerlijke vrede en onderhoudt goede betrekkingen met iedereen en met de hele schepping.

Een goed mens, die geen onoprechte gedachten heeft, trekt Gods genade aan. Vooral een goed hart en eenvoud trekken Gods genade aan; het zijn de voorwaarden opdat God Zijn woning in ons komt nemen (Joh. 14, 23). Maar iemand met een goed hart moet zich ook bewust zijn van het kwade in de duivel en de mensen, want hij zal het zwaar te verduren krijgen. Anders moet hij in een gemeenschap van engelen gaan leven.

In de Heilige Schrift spreekt het woord Gods ons duidelijk over eenvoud en zachtmoedigheid van hart: "Hebt gerechtigheid lief, gij rechters der aarde! Denkt na over de Heer met vrome zin en zoekt Hem in eenvoud des harten; want Hij laat Zich vinden door degenen die Hem niet verzoeken, en verschijnt degenen, die Hem niet wantrouwen. Maar een roekeloze laatdunkendheid is ver van God; als de straf komt, bewijst zij welke dwazen deze geweest zijn. Want de wijsheid komt niet in een boosaardige ziel noch woont in een lichaam aan de zonde onderworpen" (Wijsh. 1, 1-4).

Eenvoud en goedheid: dat is alles om de goddelijke genade te verwerven. Hoeveel geheimen staan er niet in de Heilige Schrift! Een "boosaardige ziel" is een armetierig gebouwde en slecht gemaakte ziel, die het kwade doet. De Goddelijke Wijsheid komt niet in zulk een ziel en neemt nog minder zijn verblijf in haar. Waar corruptie en listigheid zijn, daar gaat Gods genade niet binnen.

Het volk in de duisternis

Ik heb u dit al vele malen gezegd: wijd u aan de studie van de Heilige Schrift, de psalmen en de geschriften van de vaders, en bestudeer ze met goddelijke eros. Zoek elk woord op in het woordenboek en lees duidelijk en juist en met aandacht voor de betekenis en elk detail. Onderzoek hoe dikwijls bijvoorbeeld het woord eenvoud voorkomt in de Heilige Schrift. Het licht van Christus zal in uw ziel stromen. Op deze wijze zal de profetie vervuld worden die door de heilige Matteüs wordt aangehaald: "Het volk dat in de duisternis gezeten was heeft een groot licht aanschouwd, en voor hen die gezeten waren in het land en de schaduw des doods is een licht opgestraald" (Mt. 4, 16).

Dit licht is het ongeschapen licht van Christus. Als wij dit licht verkrijgen, zullen wij de waarheid kennen. En God is waarheid. God weet alles. Voor Hem zijn alle dingen gekend en lichtend. De wereld is het werk van God. God verlicht deze wereld met Zijn ongeschapen licht. God Zelf is licht. Hij is licht omdat Hij Zichzelf kent. Wij kennen onszelf niet, en daarom zijn wij in de duisternis. Als wij het licht over ons laten stromen, hebben wij communie met God. Als dit niet gebeurt, hebben wij andere lichten, duizenden lichten, maar wij hebben niet 'het' licht. Als wij met Hem verenigd zijn, maakt Christus ons lichtend. Hij schenkt aan ieder van ons het 'grote licht'. Namen wij het maar aan! Dan zouden wij een groter geloof verkrijgen en gebeurt er wat in de Wijsheid van Salomo staat: "Hij verschijnt aan degenen die Hem niet wantrouwen" (Wijsh. 1, 3).

God toont Zich niet aan hen die wantrouwig zijn, die twijfelen en redetwisten en alleen de rede gebruiken en niet openstaan voor God. God treedt niet binnen in zielen die op slot zijn; Hij breekt niet in. Integendeel, God toont Zich aan hen die een eenvoudig en standvastig geloof hebben en schenkt hun Zijn ongeschapen licht. Hij geeft het hun in overvloed in dit leven en nog veel meer in het volgende.

Verbeeldt u echter niet dat iedereen hier het licht der waarheid even helder ziet. Ieder mens ziet het naargelang de staat van zijn ziel, zijn geest en zijn opvoeding. Iedereen bijvoorbeeld kan hetzelfde beeld zien, maar niet iedereen die het ziet heeft dezelfde gevoelens. Zo is het ook wat betreft het goddelijk licht. Het ware licht schijnt niet op dezelfde wijze in alle menselijke harten. Het natuurlijke zonlicht schijnt overal hetzelfde, maar de lichtstralen schijnen niet ver binnen in een huis met vuile ramen. Begrijpt u? Dat bedoel ik wanneer ik zeg dat hetzelfde gebeurt met het ongeschapen licht. Als onze ramen vuil zijn en ons hart is niet zuiver, dan laat het donker de stralen niet naar binnen schijnen.

Hetzelfde gebeurde zelfs met onze heiligen en de profeten. Zelfs zij ervoeren het goddelijk licht in verhouding tot hun zuiverheid. Stemt dit niet overeen met wat de theologie zegt?

Hartstochtelijke liefde voor God

Wees altijd God indachtig. Dan zal onze geest flexibel worden. Flexibel zijn van geest komt voort uit waakzaamheid. Waakzaamheid is hartstochtelijke liefde voor God. Het betekent zijn hart en zijn geest voortdurend op Christus richten, zelfs als u met andere taken bezig bent. Waakzaamheid vergt liefde en verlangen naar Christus. U zult God indachtig zijn door het gebed "Heer Jezus Christus…", door de gebeden van de Kerk, door de hymnen, door u de daden van God te herinneren en door u delen van de Heilige Schrift en andere geestelijke boeken voor de geest te halen. Natuurlijk vergt dit alles een goede intentie. Het kan niet gedaan worden door dwang en het gebeurt vooral door goddelijke genade. Maar goddelijke genade vereist voorwaarden: liefde en nederigheid.

Als u leeft in de sfeer van goddelijke genade kan het kwade u niet raken. Als u niet leeft met goddelijkheid zal het kwade u omringen, en u zult overmand worden door luiheid en u zult schade lijden. Als u iemand ziet die lui is, dan is die persoon ziek in zijn ziel. Dikwijls als wij een rustig, discreet en behoedzaam iemand zien, zeggen wij: "Een heel fijn en heilig mens." En misschien is hij wel lui. Trage en luie mensen zijn niet aanvaardbaar in het oog van God. Luiheid is iets heel slechts. Luiheid is een ziekte; het is een zonde. God wil niet dat wij lui zijn. Kunt u leven in ledigheid en zonder discipline? U zegt bijvoorbeeld: "Ik heb vergeten de deur te sluiten bij het verlaten van de kamer." Wat betekent "ik heb vergeten"? U moet nadenken en opletten! Voortdurende inspanning daarentegen, en beweging, werk en activiteit zijn een deugd. Fysieke moeite is een strijd, een geestelijke strijd. Hoe meer gedachteloos u bent, hoe meer u gekweld wordt. Daarentegen, hoe meer scrupuleus en voorzichtig u bent, hoe gelukkiger u bent.

In mijn cel op de Heilige Berg is een oud slot op de deur. Om de deur te openen moet men erop drukken en dan maakt het een hard geluid. Elke keer als iemand het naar beneden drukte, deed het slot kra-aa-a-k. Het geluid was honderd meter verder te horen. Niemand kon het openen zonder lawaai te maken, al was het gemakkelijk en heb ik hen gewezen hoe het moest. Maar toen ze het weer probeerden, maakten zij weer lawaai.

Deze dingen lijken heel simpel, maar zij zijn verbonden aan onze hele levenswijze. Hoe meer u tot God nadert, hoe voorzichtiger u wordt – zonder het te proberen – in alles, ook op geestelijk gebied. Als u let op uw ziel, wordt u, met Gods genade, meer oplettend. Hebt u ooit in uw leven gewerkt zonder afgeleid te worden door gedachten? U maakt geen fouten. Gods genade beschermt u.

Een Christen mag niet lui zijn; hij moet niet slapen. Waar hij ook is, en waar hij ook naartoe gaat, hij moet vleugels hebben met zijn gebed en met zijn verbeelding. Een Christen die God bemint kan inderdaad vliegen met zijn verbeelding; om op te stijgen tussen de sterren, in de oneindigheid, in het mysterie en de eeuwigheid, in God; om een hoogvlieger te zijn, om te bidden en te voelen dat hij ook God wordt door genade; om één en al vleugels te worden en te vliegen met zijn gedachten. En zijn gedachte is niet zuiver verbeelding. Als wij "vliegen" zeggen, spreken wij niet over iets ingebeelds, maar over iets reëels. Een Christen leeft niet "in de wolken" zoals de uitdrukking luidt. Hij begrijpt de werkelijkheid en ervaart deze. Wat hij leest in het evangelie en bij de vaders neemt hij ter harte en ervaart hij; hij gaat in op de details, graaft diep in de betekenis en maakt het tot zijn leven. Hij wordt een gevoelige ontvanger van signalen van God.

Houd de zonde op

Binnen in ons zijn er twee werelden: de wereld van het goede en de wereld van het kwade. En allebei ontlenen ze hun kracht uit één bron. Deze kracht is als een batterij. Als het kwade zijn stekker in de batterij steekt, leidt het ons naar de vernietiging. Maar als het goede zich verbindt met de batterij, dan is alles in ons leven mooi, sereen en goddelijk. Maar dezelfde bron schenkt kracht aan ons goede en ons "tegengestelde" zelf. We zijn altijd de gevangene van één van de twee, van het goede of van het kwade. Wij moeten proberen de gevangene van het goede te zijn.

Ik zal u een ander voorbeeld geven. Overal ter wereld zijn radiogolven, maar wij zijn ons er niet van bewust. Zodra wij ons radiotoestel aanzetten, pas dan worden wij ons ervan bewust, wij horen het en merken het.

Hetzelfde gebeurt als wij de geestelijke wereld binnengaan. Wij ervaren Christus en weg zijn wij! Wij voelen een grote vreugde en hebben wonderbare geestelijke ervaringen. Dan worden wij langzaamaan gevangenen van het goede, gevangenen van Christus. En als men de gevangene wordt van het goede, kan men geen kwaad spreken, haten of liegen. Men kan het niet, zelfs al zou men het willen. Hoe kan de boze de ziel naderen om er wanhoop, ontgoocheling, luiheid en dergelijke in te brengen? De goddelijke genade vervult u en dan hebben deze dingen niet de kracht binnen te komen. Zij kunnen niet binnen komen als uw kamer vol is van uw geestelijke vrienden in de lucht, in het oneindige – ik bedoel de engelen, de heiligen, de martelaren, en boven alles Christus. Het omgekeerde gebeurt als u de gevangene wordt van de oude mens. Dan wordt u overheerst door de boze geest en kunt u geen goed doen; u bent vervuld van gevoelens van boosaardigheid, veroordeling of kwaadheid.

Als het kwade u aanvalt, moet u flexibel zijn en u tot het goede keren. Keer het kwaad om, verander het en transfigureer het in iets goeds. Zulk een verandering kan slechts door genade plaatsvinden. Water bijvoorbeeld wordt wijn op de bruiloft van Cana. Dat is een transformatie. Hij die boven de natuur is, heeft er Zijn welbehagen in... Het is iets bovennatuurlijks. Natuurlijk kan het ook veranderd worden in wijn of in boter door chemische elementen en precies hetzelfde worden als het echte artikel. Maar dan is het toch niet echt. Een echte verandering wordt veroorzaakt door goddelijke genade. Maar daarvoor moet iemand zich met heel zijn ziel en heel zijn hart aan Christus gegeven hebben.

Denk aan Stefanos, de eerste martelaar. Hij was bezeten door God en zelfs terwijl hij vervolgd en gestenigd werd, bad hij voor zijn vervolgers, zeggend: "Heer, reken hen deze zonde niet aan" (Hand. 7, 60). Waarom handelde de heilige Stefanos op deze wijze? Heel eenvoudig, omdat hij niet anders kon. Hij was een gevangene van het goede. Denkt u dat het gemakkelijk is een hagelbui van stenen over u te krijgen? Probeer het maar eens met één steen die naar u gegooid wordt! Alles goed en wel, maar als de steen u raakt, begint u te schelden en te vloeken. Dit toont dat wij bezeten zijn door de boze geest. En hoe kan Christus, in deze toestand, komen, en waar kan Hij een plaats vinden om in ons te verblijven? Alle ruimte binnen is bezet. Maar zodra wij binnengaan in het geestelijk leven, zodra wij binnengaan in Christus, verandert alles. Als u een dief bent, houdt u op met stelen; als u een moordenaar bent, houdt u op met moorden; als u haatdragend bent, houdt u op met boosaardig denken... Alles houdt op. De zonde houdt op en Christus woont in u. Het is zoals de heilige Paulus gezegd heeft: "Het is niet langer ik die leef, maar Christus leeft in mij" (Gal. 2, 20).

Wij kunnen niet vrij worden als wij ons innerlijk zelf niet bevrijden van verwarring en hartstochten. En dit kan natuurlijk slechts gedaan worden met Christus. Vreugde vindt men in Christus. Christus verandert de hartstochten in vreugde.

Dit is onze kerk, dit is onze vreugde, dit is alles voor ons. En dit is wat mensen tegenwoordig zoeken. Zij nemen vergif en verdovende middelen om vervoerd te worden naar werelden van valse vreugde. Een ogenblik lang voelen zij iets, maar de volgende dag zijn zij gebroken en uitgeput. Het ene slijt de mensen, verbruikt ze, put ze uit en tergt ze, terwijl het andere – de overgave aan Christus – ze leven en vreugde geeft, ze verblijdt in het leven en ze een gevoel van sterkte en pracht geeft.

Dit is onze godsdienst: subliem, prachtig, genade, vreugde en verrukking! Wat heeft de profeet David dit alles intens beleefd!

Hij zei: "Mijn ziel dorst en smacht naar de voorhoven des Heren" (Ps. 83, 3). Wat is dat toch mooi!

Men kan overal heilig worden

Het is een grote kunst erin te slagen uw ziel te heiligen. Men kan overal heilig worden. Men kan heilig worden op het Omoniaplein[35], als men het wil. Op uw werk, wat het ook moge zijn, kunt u heilig worden – door zachtmoedigheid, geduld en liefde. Begin elke dag opnieuw, met nieuwe vastberadenheid, met enthousiasme en liefde, gebed en stilte – niet met angst zodat u pijn in uw borst krijgt.

Als u bijvoorbeeld een taak krijgt die buiten uw gewone verplichtingen ligt, is het niet juist te protesteren, geïrriteerd te worden en te klagen. Zulke ergernissen berokkenen u kwaad. Beschouw alles als een mogelijkheid om heilig te worden. En er is nog een winst. Als u vele taken opgelegd krijgt, leert u alles te doen op het gebied van uw werk en u wordt meer verantwoordelijk. U leert dingen die misschien later nodig zullen zijn. Als de taken die u worden opgelegd uw capaciteiten te boven gaan, kunt u altijd beleefd zeggen: "Het spijt me, maar ik kan dit werk niet doen." Maar u kunt ook niets zeggen en de moeite die u zult doen zal u ten goede komen.

Zo deed ik, zoals ik het u vertelde, toen ik klein was. Mijn vader ging naar Amerika om aan het Panamakanaal te werken. Ik was klein en mijn ouders waren arm. Mijn moeder stuurde mij naar een winkel in Chalcis. Er waren twee andere jongens daar. Zij waren voortdurend de baas over mij aan het spelen. Ik deed wat zij mij zeiden te doen, zonder te denken dat het oneerlijk was. En dat kwam mij ten goede. Eens toen ik de winkel aan het vegen was, lagen er ongemalen koffiebonen op de vloer. Ik bukte mij en nam ze in mijn hand om ze weer in de zak te stoppen. De baas zat in zijn kantoor en toen hij mij zag en zich realiseerde wat ik ging doen, riep mij bij zich. Hij riep ook de andere jongens en las ze de les. Er werd veel verkwist in die winkel en ik had een

....

[35] Het handelscentrum van Athene, ook synoniem met ondeugd en corruptie.

goede indruk op hem gemaakt. Vanaf die dag verdeelden wij het werk en kwam er wat orde terug in de winkel. Ik werkte altijd consciëntieus en zonder tegen te spreken. Heeft het mij soms kwaad gedaan?

Werk met oplettendheid, eenvoudig en natuurlijk, zonder angst, met vreugde en blijdschap, met een goede instelling. En dan zal de goddelijke genade komen.

Treed alles tegemoet met liefde

Sommige mensen zijn buitensporig bezorgd over de toestand van de wereld. Zij lijden als zij zien dat Gods wil heden niet gedaan wordt door henzelf en anderen en zij ondergaan de fysieke en psychologische pijn van anderen. Deze gevoeligheid is een geschenk van God. Het komt meer voor bij vrouwen. Zielen met deze gevoeligheid zijn speciaal ontvankelijk voor Gods wil. Deze gevoelige zielen hebben de gave grote vooruitgang te maken in het leven in Christus, omdat zij God beminnen en Hem niet kwaad willen maken. Zij verkeren echter ook in gevaar. Als zij hun leven namelijk niet volledig aan Christus toevertrouwen, heeft de boze geest de mogelijkheid hun gevoeligheid uit te buiten en hen te leiden tot depressie en wanhoop.

Gevoeligheid kan men niet verbeteren. Zij kan slechts veranderd worden, om omgevormd en getransformeerd te worden tot liefde, vreugde en aanbidding. Hoe? Door u omhoog te richten. Elk verdriet moet men veranderen in kennis van Christus, liefde voor Christus en aanbidding van Christus. En Christus, Die voortdurend klaarstaat om ons te helpen, zal u Zijn genade en Zijn kracht geven om verdriet te veranderen in vreugde, in liefde voor onze naasten en aanbidding van Hem. Dan zal de duisternis vluchten. Denk aan wat de heilige Paulus heeft gezegd: "Nu verblijd ik mij in mijn lijden" (Kol. 1, 24).

Laat uw ziel zich toeleggen op het gebed "Heer Jezus Christus, ontferm U over mij" bij al uw zorgen, voor alles en voor iedereen. Kijk niet naar wat er met u aan het gebeuren is, kijk naar het licht, naar Christus, zoals een kind kijkt naar zijn moeder als er iets met hem gebeurt. Bekijk alles zonder angst, zonder depressie, zonder spanning en zonder stress. Het is niet nodig zoveel kracht en inspanning te gebruiken. Laat al uw moeite gericht zijn naar het licht, en naar het verkrijgen van het licht, zodat u uzelf toewijdt aan Gods lof in plaats van u over te geven aan wanhopige gedachten, die niet van de Geest Gods komen.

Al de onaangename dingen die in uw ziel zijn en u angstig maken, kunnen kansen worden om God te verheerlijken en ophouden u te tergen. Heb vertrouwen in God. Dan zult u uw zorgen vergeten en Zijn instrument worden. Als wij ons zorgen maken, toont dat dat wij ons leven niet aan Christus toevertrouwen. Zegt de heilige Paulus niet: "Zo worden wij wel in alles verdrukt maar niet verpletterd" (2 Kor. 4, 8)?

Handel bij alles met liefde, vriendelijkheid, zachtmoedigheid, geduld en nederigheid. Wees als rotsen. Laat alle golven van het leven over u slaan en zich weer terugtrekken om u ongestoord achterlaten. U zult zeggen: "Dat klinkt goed, maar is het mogelijk?" Het antwoord is: "Ja, altijd – met de genade Gods." Menselijk gesproken is het natuurlijk onmogelijk. Maar in plaats van nadelig, kunnen al deze dingen in uw voordeel zijn, en uw geduld en geloof versterken. Want al de moeilijkheden die ons omringen zijn eigenlijk een soort turnoefening voor ons. Wij oefenen ons in geduld en volharding. Ik zal een voorbeeld geven.

Een man kwam eens bij mij en begon mij te overspoelen met klachten over zijn vrouwn. Toen hij was uitgeraasd vroeg ik hem:

"Bent u echt zo dom?"

"Wat is er zo dom in wat ik u heb verteld?" vroeg hij.

"Alles", zei ik. "Uw vrouw houdt erg veel van u."

"Ik weet het", zei hij, "maar kijk naar al wat zij mij aandoet..."

"Zij doet al deze dingen om u te heiligen, maar u bent een sufferd en u realiseert het u niet. In plaats van geheiligd te worden, bent u woedend en u maakt uw leven tot een hel."

Had hij maar geduld en nederigheid gehad, dan had hij deze kansen tot heiliging niet gemist.

Geduld is een groot goed, een grote deugd. Christus heeft gezegd: Als u geen geduld hebt, zult u uw ziel verliezen, en om uw ziel te winnen moet u geduld hebben (vgl. Lk. 21, 19). Geduld is liefde, en zonder liefde kunt u geen geduld hebben. Maar het is een kwestie van geloof. In werkelijkheid hebben wij geen geloof, want wij weten niet hoe God te werk gaat en ons verlost uit moeilijkheden en ergernissen. Smeek tot de Moeder Gods:

"Verander nu mijn treurzang in vreugde en in blijdschap voor mijn rouw; verander mijn treuren en pijn in vreugde en blijdschap, Alheilige Maagd die God gebaard hebt."[36]

In onze aanleg om God te beminnen ligt ook een zekere pijn. Als wij geestelijk willen leven, lijden wij pijn omdat wij elke band moeten losmaken die ons bindt aan het materiële. Maar als wij onszelf of anderen tevreden willen stellen, geven wij liefde, energie, en kracht van onze ziel. Wij moeten erop letten hoe en aan wie wij deze energie besteden.

Het verdriet om God bevat vreugde, en wegens deze vreugde houden wij vol en geven wij niet toe aan een depressie, die de ziel vernietigt. Waar nederigheid is, is geen depressie. Een egoïst maakt zich bij het minste bezorgd; een nederig iemand is vrij en onafhankelijk van alles en iedereen. Dit kan slechts door de eenwording met Christus. Al onze zinnen functioneren overeenkomstig de wet van de Heer. Wees bereid u te ledigen voor om het even wie. Dit is vrijheid. Waar liefde is, is vrijheid. Als u leeft in de liefde van God, leeft u in vrijheid.

Een vurig verlangen naar Christus

Veel mensen, ook Christenen, weigeren het bestaan van de duivel te erkennen. Het demonische is echter iets dat niet ontkend kan worden. Ik geloof dat de duivel bestaat en dat als wij het bestaan van de duivel uit het evangelie verwijderen, het hele evangelie wegvalt. "Hiertoe is de Zoon Gods verschenen, opdat Hij de werken van de duivel zou tenietdoen" (1 Joh. 3, 8). En elders zegt de Schrift: "Dat geloven de boze geesten ook en zij beven" (Jak. 2, 19), en dat Christus vleesgeworden is "om door Zijn dood de gebieder over de dood, dat is de duivel, te vernietigen" (Hebr. 2, 14). Wat tonen deze passages? Spreken ze niet over de vernietiging van de duivel door Christus Zelf? Wij kunnen

....

[36] Theotokarion van de heilige Nicodemos de Hagioriet, toon 5, Vespers van de dinsdag.

het bestaan van de duivel niet negeren, want Christus Zelf is gekomen om zijn werken te niet doen.

Maar ik zeg u, dat u zich moet keren tot de liefde van Christus, in plaats van u bezig te houden met de duivel en zijn streken, en in plaats van aandacht te schenken aan uw hartstochten. Kijk hoe de dichter het uitdrukt in de canon voor de heilige Onesimos:

"Door de sterkte van uw geest, Onesimos, hebt gij de werken van bedrog neergeworpen, en met instrumenten van vroomheid, gegoten in goddelijke wijsheid, hebt gij ze tenietgedaan."[37]

Kijk naar ieder woord in dit gestructureerde gedicht: "werken van bedrog". De boze legt strikken en vallen en de heilige Onesimos doet hem vluchten "door de sterkte van zijn geest". Met zijn sterke geest heeft hij ze alle verslagen. Hij aanbad Christus en verlangde naar Hem. Zo moet het.

Satan bedenkt werken van bedrog. Zonder dat wij ons ervan bewust zijn, plaatst de boze strikken. Met een vurig verlangen naar Christus ontkomt de kracht van de ziel aan de strikken en snelt naar Christus. Dit is iets anders, eleganter. U in het gevecht werpen met uw vijand betekent deelhebben aan het geweld van de strijd. In de liefde van Christus echter, is geen geweld. Hier wordt de kracht van de ziel zonder inspanning getransfigureerd. U moet niet met dezelfde middelen antwoorden. Toon u onverschillig! Deze onverschilligheid voor zijn vijand is een grote kunst – de kunst der kunsten. Men kan het slechts bereiken door goddelijke genade. De strijd met het kwaad door de genade Gods vindt plaats zonder bloedvergieten en zonder moeite, zonder geweld en zonder dwang.

Wat hebben wij gezegd? Hebben wij niet gezegd dat de duivel vele listen heeft? De werken van de duivel zijn boosaardig. Vreselijk! Daarom moeten wij op onze beurt vrome verdedigingswerken bedenken, zonder boosaardigheid, om de macht van zijn strikken te vernietigen. Heeft de heilige Paulus niet zoiets gezegd in zijn Brief aan de Efesiërs? "Want onze strijd gaat niet tegen vlees en bloed maar tegen de machten en heerschappijen, tegen de wereldheersers van deze duisternis, tegen de boze geesten in de lucht. Grijpt daarom naar de wapenrusting Gods, opdat gij

---

[37] Gevierd op 15 februari, 2e troparion van de 7e ode.

weerstand kunt bieden in de kwade dag en weltoegerust kunt standhouden" (Ef. 6, 12-13). Als wij de hele wapenrusting van God aantrekken, krijgen wij alles voor elkaar, en zelfs heel gemakkelijk. Alles is gemakkelijk zodra wij Gods genade binnentreden. Want dan zijn wij vrijer en sterker. De goddelijke genade beschermt ons. Als wij de goede strijd strijden en op Christus verliefd worden, dan verkrijgen wij goddelijke genade. En wanneer wij gewapend zijn met goddelijke genade, zijn wij niet in gevaar: de duivel ziet ons en slaat op de vlucht.

Zo heb ook ik, onwaardige, de zaak benaderd sinds ik een kind was en ik heb hierin wat ervaring opgedaan. Ik wilde niet denken aan de strikken; ik was er onverschillig voor. Om te beginnen ging ik weliswaar op een andere weg. Ik ging liggen en zei dat ik dood was. Ik dwong mezelf met het geweld van de dood. De demonen kwamen en, ondanks mijn angst, zei ik nog steeds: "Bewaar de voortdurende gedachte aan de dood en de hel". Maar deze weg heb ik opgegeven. Ik had het meegemaakt, en het is goed voor beginnelingen. Maar hij "die vreest is niet volmaakt in de liefde" (1 Joh. 4, 18).

De heilige Augustinus schrijft: "Meditaties houden mij bezig en ik ben verstrikt in disputen".[38] Ziet u? Hier is de oude mens in gesprek met de nieuwe mens in Christus. Hij is in discussie geraakt. Ik spreek niet graag met de oude mens. Hij grijpt mij van achteren, bij de riassa, maar onmiddellijk strek ik mijn armen uit naar Christus en zo behandel ik hem, met goddelijke genade, met verachting en denk niet meer aan hem. Ik handel zoals het kleine kind dat zijn handen uitstrekt en in de armen van zijn moeder valt. Het is een mysterie en ik weet niet of u begrijpt hoe mooi het is. Als u probeert te ontsnappen aan de oude mens zonder de genade, gaat het niet. Maar met de genade stoort hij u niet langer. Hij blijft ergens in de diepte. Alles blijft in ons, het lelijke inbegrepen; niets verdwijnt. Maar met de genade veranderen ze van gedaante, worden ze getransfigureerd. Is dat niet wat staat in het gebed van de heilige Basilius in het negende uur: "... opdat wij, de oude mens afleggend, de nieuwe mens mogen aandoen om te leven voor U, onze Meester"?

....

[38] Pseudo-Augustinus, Soliloquia, hoofdstuk 1.

Christus wil dat wij één worden met Hem en Hij wacht buiten de deur van onze ziel. Het is aan ons om de goddelijke genade te aanvaarden. Slechts de goddelijke genade kan ons veranderen. In ons eentje kunnen wij niets. De genade zal ons alles geven. Wat ons betreft, wij moeten trachten ons egoïsme en ons egocentrisme te beperken en nederig te zijn. Als wij ons aan Christus geven, verdwijnt alle verzet van lichaam en ziel.

Herinner u de heilige Paulus die gezegd heeft: "Ik ellendig mens! Wie zal mij verlossen uit dit ten dode gedoemde lichaam?" (Rom. 7, 24). Hij zei dit omdat hij, toen hij nog aan het begin was, voelde dat zijn ziel onmogelijk het goede kon doen. Hij deed het kwade dat hij niet wilde, en zo beleed hij: "Immers wat ik wil dat doe ik niet maar wat ik verfoei, dat doe ik" (Rom. 7, 15). De geest van het kwaad kwam om hem weg te houden van zijn strijd. Hij kwam en maakt hem bang door te zeggen: "U zult sterven". Maar toen de genade Gods zijn ziel binnentrad, verdwenen alle moeilijkheden en hij riep enthousiast uit: "Het is niet langer ik die leef; Christus leeft in mij...voor mij te leven is Christus, en te sterven is winst" (vgl. Gal. 2, 20 & Fil. 1, 21). Ziet u: hier is noch dood, noch hel, noch duivel! Terwijl hij daarvoor onmogelijk goed kon doen, werd het hem later onmogelijk kwaad te doen. Hij kon het niet en wenste het niet. Zijn ziel was doordrongen van God, vervuld van Christus, en het was hem onmogelijk aan iets anders te denken of iets anders in zich te hebben.

Met de goddelijke genade is alles mogelijk. Met de goddelijke genade voelden Christus' martelaren de pijn van hun marteling niet. Met de goddelijke genade wordt alles pijnloos. Gebruik deze zachte methode. Strijd niet om de duisternis en het kwaad uit te drijven. U bereikt niets door de duisternis te slaan. Bevindt u zich in de duisternis en wilt u eraan ontsnappen? Wat doet u dan? U valt de duisternis aan met al uw kracht, maar deze gaat niet weg. Wilt u licht? Maak dan een klein gaatje en een zonnestraal zal binnenkomen. In plaats van de duisternis uit te drijven en in plaats van de vijand te bestrijden zodat hij niet in u binnentreedt, moet u uw armen openen om door Christus omhelsd te worden. Dit is de meest volmaakte manier. Dat wil zeggen, voer geen rechtstreekse oorlog tegen het kwade, maar heb Christus en Zijn licht lief, dan zal het kwade zich terugtrekken.

Minacht iedere aanval van de boze

Het belangrijkste wapen tegen de duivel is het Heilig Kruis waar hij doodsbang voor is. Maar maak het kruisteken correct: raak uw voorhoofd, uw borst, uw rechterschouder en ten slotte uw linkerschouder aan met de drie vingers van de rechterhand bij elkaar. Men kan het kruisteken samen met metanieën maken.

Als communicatie met Christus eenvoudig, natuurlijk en zonder dwang plaatsvindt, gaat de duivel erdoor op de vlucht. Satan gaat niet weg door geweld en dwang. Hij wordt weggezonden door deemoed en gebed. Hij trekt zich terug als hij ziet dat de ziel hem veracht en zich met liefde tot Christus keert. Verachting is iets dat hij niet kan verdragen omdat hij arrogant is. Maar als u geweld gebruikt, wordt de boze het gewaar en begint hij u te bestrijden. Houd u niet bezig met de duivel en bid ook niet dat hij vertrekt. Hoe meer u bidt dat hij vertrekt, hoe steviger hij u omhelst. Toon verachting voor de duivel. Ga hem niet rechtstreeks te lijf. Als u koppig tegen de duivel strijdt, vliegt hij u aan als een tijger of een wilde kat. Als u een kogel op hem afschiet, gooit hij een granaat naar u. En als u een bom op hem werpt, stuurt hij een raket op u af. Kijk niet naar het kwade. Keer uw ogen naar Gods omhelzing, en val in Zijn armen en ga verder op uw weg. Geef uzelf aan Hem over; heb Christus lief; leef in oplettendheid. Oplettendheid is noodzakelijk voor iemand die God bemint.

Alles is gemakkelijk en eenvoudig in het geestelijk leven, in het leven in Christus, zolang u onderscheidingsvermogen hebt. Als iets u dwarszit – een verleidelijke gedachte, een verleiding, een aanval – negeer het dan, keer uw aandacht, uw ogen, naar Christus. Hij zal dan de taak overnemen, u doen opstaan. Hij zal u bij de hand nemen en Hij zal u Zijn goddelijke genade in overvloed geven. Alles wat u moet doen is een klein beetje moeite. Het menselijk aandeel in dit alles vertegenwoordigt slechts een miljoenste van een miljoenste deel – alleen een neiging. Maak een stap in Gods richting en in een seconde komt de genade. Zodra u eraan denkt, zal de Heilige Geest komen. U doet niets. U gaat alleen in die richting, en de goddelijke genade komt onmiddellijk. Zodra u zucht, komt hij en handelt. Wat zegt de heilige Paulus? "Maar dan treedt de Geest Zelf voor ons op, biddend in woordloze verzuchtingen" (Rom. 8, 6). Dit is grote wijsheid! Dit zijn niet zomaar woorden, maar het levende Woord van God.

Als u de tegengestelde geest ziet naderen om u vast te grijpen, wees dan niet bang; kijk niet naar hem en probeer hem niet uit u te drijven. Wat u moet doen? Het beste is minachting. Strek uw armen uit naar Christus zoals een klein kind dat een wild beest ziet naderen en niet bang is omdat zijn vader naast hem staat en die zich in zijn vaders armen werpt. Zo moet men handelen bij elke aanval van de boze en bij elke slechte gedachte: met minachting.

Op het ogenblik dat uw ziel in gevaar is en u aan het strijden bent, moet u uitroepen: "Heer Jezus Christus, ontferm U over mij." U moet alles voorkomen met gebed. Dat is het grote geheim. Op het ogenblik van verleiding, juist als u van plan bent hem te verachten, grijpt de boze u, houdt hij u vast doet hij wat hij wil, niet wat u wil. U moet u op tijd tot God keren. Maar hiertoe moet de goddelijke genade u verlichten. Als dit niet onmiddellijk gebeurt, dan zal de boze u grijpen en u in zijn macht hebben, ondanks uw inspanning om hem af te werpen. Ik zal u een voorbeeld geven.

Ik vroeg eens aan iemand iets voor mij te doen, maar hij weigerde en zei dat het niet in overeenstemming was met zijn wetenschappelijke principes. Ik drong aan, maar hij hield stand. Ik begon mij te ergeren, maar realiseerde mij toen wat er aan het gebeuren was, en onmiddellijk keerde ik mij tot Christus en zo kreeg de boze geen grip.

Zo moeten wij handelen. Wij moeten onze armen tot Christus opheffen en hij zal ons Zijn genade geven.

Hier is nog een ander voorbeeld.

Ik was eens op een weg in de Tourkovounia-buurt van Athene, waar ik woonde. De weg was heel steil over ongeveer 200 meter. Bovenaan de weg, waar de grond vlak was, stond de moeder van Nikos te praten met twee andere vrouwen uit de buurt. Onderaan de weg was haar kind Nikos met andere kinderen aan het spelen. Plotseling zag ik Nikos de helling op lopen en zodra hij boven was, liep hij naar zijn moeder, verborg zijn gezicht in haar schoot en barstte in tranen uit. "Wat is er aan de hand?" vroeg zij. "De jongen van Manolya heeft mij een vuistslag gegeven", zei hij. Zijn tranen waren gestopt zodra hij zijn toevlucht tot zijn moeder genomen had.

Wat wil ik hiermee zeggen? Op het ogenblik van de verzoeking, is het het gemakkelijkste om u te keren tot uw beminde, tot God, en vol verwachting naar Hem te kijken en u zult ogenblikkelijk kracht ontvangen. Zodra u het kwade op u af ziet komen, moet u het negeren en u haasten naar Gods armen. Het is voldoende u op tijd naar Hem te keren. Als u naar het goede gaat, houdt u op u het kwade te herinneren. Dit is het geheim: veracht het kwade. Maar dit kunt u niet doen als u u niet tot Christus keert. Wij zeggen: "Veracht het kwade!" Het is gemakkelijk gezegd, maar het is niet gemakkelijk gedaan. Deze verachting is een grote kunst.

Verachting voor de boze geest is alleen mogelijk met Gods genade. Keer u tot Christus, haast u naar Christus, strek uw armen uit naar Christus, probeer Christus te leren kennen, lief te hebben en te voelen. En als uw bedoelingen zuiver en waarachtig zijn, zal uw ziel wegens deze inspanning uw ziel geopend worden en zal de genade tot u spreken: "Ontwaak, gij die slaapt, en sta op uit de doden, en Christus zal over u lichten" (Ef. 5, 14). Daar, in het goddelijk licht, zullen wij eeuwig leven, op voorwaarde dat onze ziel God liefheeft en naar Hem verlangt. Met de genade van Christus is alles gemakkelijk en de woorden van Christus zijn waar als Hij zegt: "Mijn juk is zacht en Mijn last is licht" (Mt. 11, 30).

Sommige mensen zien de duivel verschijnen in verschillende vormen – hij maakt geluiden en valt ze aan. In de meeste gevallen overkomen deze dingen mensen die erg verward zijn. De grote kerkvaders, zoals de heilige Johannes Chrysostomos, de heilige Basilius de Grote en anderen, spreken ons niet over de duivel en over hoe hij verschijnt. Zij volgden het pad dat wij beschreven hebben, namelijk de liefde voor Christus. Satan verschijnt naargelang de soort persoon die men is. Als iemand niet op een normale manier aan het geestelijke leven begonnen is, of als hij erfelijk belast is, ziet hij Satan voor zich verschijnen. Soms kan iemand zelfs schizofreen worden. Een schizofreen is belast met de ervaringen van het gevallen leven van zijn voorvaderen.

En nog iets: geef geen toegangsrecht aan de duivel. Ik sta zelfs niet toe dat één gedachte van wrok in mij blijft, geen enkele steek van egoïsme, opdat de duivel geen open venster vindt. Een open venster is een toegangsrecht. Als u afstand neemt van God, komt u in gevaar, want Satan vindt u alleen en neemt heerschappij over u. Let op wat ik zeg, want ik heb enige ervaring met deze dingen.

Volledig vertrouwen op God

Volledig vertrouwen op God – dat is wat de heilige nederigheid is. Volledige gehoorzaamheid aan God, zonder tegenspreken, zonder verzet, zelfs als sommige dingen moeilijk en onredelijk lijken. Overgave in Gods handen. De woorden die wij herhalen tijdens de goddelijke liturgie zeggen het duidelijk: "Bevelen wij aan Christus onze God onszelf, elkaar en geheel ons leven aan." Het stille gebed van de priester zegt hetzelfde: "Wij bevelen ons hele leven en onze hoop aan U aan, o menslievende Meester, en wij vragen en smeken U,..."[39]. Aan U, o Heer, laten wij alles over. Dat is vertrouwen in God. Dat is heilige nederigheid. Dat is wat een mens transfigureert en hem tot een God-mens maakt.

Een nederig mens is zich bewust van zijn innerlijke toestand en, hoe lelijk deze ook is, hij verliest zijn persoonlijkheid niet. Hij weet dat hij zondig is en het bedroeft hem, maar hij wanhoopt niet en vernietigt zichzelf niet. De persoon die de heilige nederigheid bezit spreekt helemaal niet, dat wil zeggen, hij spreekt niet tegen. Hij aanvaardt dat anderen hem bekritiseren en vermanen, zonder kwaad te worden en zonder zich te verdedigen. Hij blijft kalm. Het omgekeerde overkomt de egoïst, de persoon die een minderwaardigheidsgevoel heeft. Eerst lijkt het alsof hij nederig is, maar als hij een beetje geprikkeld wordt, verliest hij onmiddellijk zijn kalmte en raakt geïrriteerd en van streek.

Een nederig iemand gelooft dat alles van Christus afhangt en dat Christus hem Zijn genade geeft en dat hij daardoor vooruitgang maakt. Hij die de heilige nederigheid bezit, leeft reeds nu in de aardse ongeschapen Kerk. Hij verheugt zich altijd in Christus, zelfs in de meest onaangename omstandigheden.

....

[39] Uit het gebed van de priester voor het Onze Vader.

Wij zien dit in de levens van de Heiligen. Wie was de heilige Paulus? Hij was een mens zoals wij. Maar wat gebeurde er? Hij werd een instrument van God, een uitverkoren vat. Zijn woorden getuigen hiervan: "Het is niet langer ik die leef; Christus leeft in mij... want het leven is voor mij Christus en het sterven winst" (Gal. 2, 20 & Fil. 1, 21). Hij werd verteerd door een brandende liefde voor Christus. Zijn nederigheid hief hem op tot die hoogte. Brandend zijn voor God – daar gaat het om!

Als u liefde voelt voor uw naaste en voor God, zal God u nederigheid geven en Hij zal u heiliging schenken. Als u geen liefde voelt voor God en voor uw naaste, en als u lui bent, zal Satan u tiranniseren, uw oude mens zal zich op u wreken, en u zult in iedereen en alles fouten zien en voortdurend klagen. U zult denken dat uw werk en uw verantwoordelijkheid of uw uitputting hiervan de schuld zijn. U zult zeggen: "Hoe ben ik ooit hiertoe gekomen, waarom gedraag ik mij zo?" zonder u ervan bewust te zijn wat deze toestand veroorzaakt heeft. Deze toestand echter is de wraak van uw instincten.

Als iemand zonder God leeft, zonder sereniteit, zonder vertrouwen en met angst, bezorgdheid, depressie en wanhoop, ontwikkelt hij lichamelijke en geestelijke ziektes. Een geestelijke ziekte, neurose en gespleten persoonlijkheid zijn demonische toestanden. Geveinsde nederigheid is ook demonisch. Men noemt het ook een minderwaardigheidscomplex. Ware nederigheid spreekt niet en maakt geen vertoning van nederigheid. Men zegt dan niet: "Ik ben een zondaar en onwaardig en de laatste onder de mensen..." Een nederige zou bang zijn dat zulke woorden hem in ijdelheid doen vallen. De genade Gods blijft hier ver vandaan. Deze is te vinden waar echte nederigheid is, goddelijke nederigheid, volmaakt vertrouwen op God, volledige afhankelijkheid van Hem.

Het is een waardevol iets, geleid te worden door God en geen eigen wil te hebben. Een slaaf heeft geen eigen wil. Hij doet de wil van zijn meester. Een trouwe dienaar van God doet hetzelfde. Word Zijn slaaf en u zult in God vrijheid vinden. Dit is ware vrijheid: brandend te zijn voor God. Dit zeggen wij telkens opnieuw. Als u gewonnen wordt door God, wordt u Zijn slaaf en u leeft in de vrijheid van de kinderen Gods. "Door wie iemand overwonnen is, diens slaaf is hij" (2 Petr. 2, 19). Dit geldt ook voor een monnik die leeft in volledige gehoorzaamheid aan zijn oudvader, ook aan hem schenkt God Zijn genade. Herinner u de profeet Elisa. Hij nam de mantel en sloeg op de wateren en ze scheidden zich niet zoals ze gedaan hadden voor de profeet Elia, omdat hij dit met egoïsme deed en niet met nederigheid. Zodra hij vernederd was en merkte dat hij het niet alleen gedaan kreeg, zocht hij nederig de hulp van zijn oudvader, de profeet Elia en hij ontving de genade. Het water scheidde en er ontstond een pad zodat hij kon oversteken (4 Kon. 2, 8-15).

Er is natuurlijk wel wat inspanning voor nodig, maar echte nederigheid wordt niet alleen door strijd en moeite verworven. Het is een geschenk van de genade. Ik zeg dit uit eigen ervaring: wat ik heb, heb ik door genade. "Als de Heer het huis niet bouwt, dan zwoegen de bouwlieden vergeefs" (Ps. 126, 1). Christus geeft alles.

Wij moeten allen nederig zijn: in gedachte, in woord en in daad. Wij moeten nooit voor God verschijnen en zeggen: "Ik heb deugden." God wil onze deugden niet. Verschijn steeds voor God als een zondaar, niet in wanhoop, maar "vertrouwend op de genade van Zijn barmhartigheid".[40] Het volstaat dat wij het geheim ontdekken.

Het geheim is liefde voor Christus en nederigheid. Christus zal ons de nederigheid geven. Wij met onze zwakheden kunnen Hem niet liefhebben. Laat Hij ons liefhebben. Laten wij Hem ernstig smeken ons lief te hebben en ons de ijver te geven om Hem ook lief te hebben.

Als u wilt filosoferen, werp dan alle schuld op uw slechte ik, dan zult u zich voortdurend vernederen. Het is nederigheid te geloven dat alle mensen goed zijn, en als u iets negatief over iemand hoort, het niet te geloven; iedereen te beminnen en van niemand slecht te denken en voor iedereen te bidden. Een andere filosofie is niet nodig. Het hart van een ijdel mens kan zich niet vernederen. Als hij verbeterd of vermaand wordt, reageert hij met kwaadheid, en als hij geprezen en gevleid wordt, gedraagt

---

[40] Uit een van de troparen na Psalm 50, metten van zondag in de Grote Vasten.

hij zich ongepast. Wat u ook tegen hem zegt, hij neemt het zo op, dat hij nog meer opzwelt van trots. Zijn hele wereld is op hemzelf gericht. De zondaar daarentegen die zich berouwt en biecht, komt los uit zichzelf. Als hij gebiecht heeft, keert hij niet terug.

Een ijdel mens snijdt zijn ziel af van het eeuwige leven. Uiteindelijk is verwaandheid gewone domheid! IJdelheid maakt ons leeg. Als wij iets voor de show doen, eindigen wij leeg van ziel. Wat wij doen, moeten wij doen als dankzegging aan God: onbaatzuchtig, zonder ijdelheid, trots, egoïsme... Wees zoals een zanger in een kerk of een klooster, die zingt voor God met een engelachtige stem, maar zonder zich bewust te zijn van al de mensen die naar hem luisteren, dat wil zeggen, zonder er een gedachte aan te schenken. Kan dat? Het is niet gemakkelijk. En daarom zijn vele zangers afgedwaald. In de regel zijn goede zangers ijdel. Niet allemaal, zeker, maar de meeste. Maar als u nederig bent, wordt u zelfs als u goed leest en zingt, niet beïnvloed door degenen die naar u luisteren. U zult mij vragen: "Maar als u goed leest en zingt en uw oudvader hoort het?" Dat heeft geen belang als u nederig bent.

Wij moeten koste wat het kost goed worden. Dat is wat ik, armzalige, ook probeer te doen. Maar aan de ene kant wordt ik uitgeput, en aan de andere kant weegt mijn ziekte zwaar, en ik kan niets doen. Toch probeer ik het. Ik wil goed worden, ik wil God aanbidden met liefde en verlangen, en ik droom ervan en doe mijn best, maar er gebeurt niets. Maar wat mij vreugde en tevredenheid schenkt, is dat ik probeer Christus te beminnen. Ik ben er niet in geslaagd, maar het is iets waarnaar ik verlang.

God verzoeken is twijfelen

Salomo de Wijze heeft gezegd dat Christus "Zich laat vinden door degenen die Hem niet verzoeken" (Wijsh. 1, 2). Zij die God "verzoeken" zijn zij die twijfelen, aarzelen, of, nog erger, zich tegen Zijn almacht verzetten. Onze ziel moet zich niet verzetten en zeggen: "Waarom heeft God dit niet zus of zo gemaakt, had Hij het niet anders kunnen doen?" Dit alles geeft blijk van een innerlijke kleinzieligheid en van verzet. Het laat zien wat een hoge dunk wij van onszelf hebben, dat we trots zijn en verwaand. De mensen worden veel getergd door deze 'waarom'-vragen. Zij veroorzaken wat mensen gewoonlijk "complexen" noemen. "Waarom ben ik zo lang?" Of het omgekeerde: "Waarom ben ik zo klein?" Deze vragen gaan niet weg. Die persoon kan bidden en vigilies houden, maar het resultaat is het omgekeerde van wat hij verlangt. En die persoon lijdt en protesteert zonder resultaat. Met Christus, echter, en met de genade, verdwijnen al deze ergernissen. Er blijft "iets" in de diepte, het "waarom" is er nog steeds, maar de genade Gods overschaduwt die persoon, en terwijl de wortel het "complex" is, groeit er boven de grond een rozenstruik met prachtige rozen. En hoe meer water deze krijgt van geloof, liefde, geduld en nederigheid, hoe meer het kwade ophoudt te bestaan. Dat wil zeggen, het wordt niet gedwongen te verdwijnen, het verschrompelt. Aan de andere kant, hoe minder de rozenstruik water krijgt, hoe meer deze verschrompelt, opdroogt en verdwijnt, en dan komen er onmiddellijk distels en doornen op.

Toch is het niet alleen ons verzet en onze 'waarom'-vragen die laten zien dat wij God verzoeken. Wij verzoeken Hem als wij Hem iets vragen terwijl ons leven ver van Hem verwijderd is. Wij verzoeken Hem als wij iets vragen terwijl ons leven niet in overeenstemming is met Zijn wil. Aan de ene kant zijn wij gevuld van dingen die tegen God zijn – angst en bezorgdheid – en aan de andere kant vragen wij Hem iets.

Een dikke buik maakt geen verfijnde geest

Men wordt niet heilig door het kwade te bestrijden. Laat het kwade met rust. Kijk naar Christus en dat zal u redden. Wat iemand heilig maakt is de liefde, de aanbidding van Christus die alle uitdrukkingsmogelijkheden te boven gaat, die alles te boven gaat. Daarom probeert de mens ascetische oefeningen te doen en dingen die hem doen lijden uit liefde voor God.

Geen monnik werd ooit heilig zonder ascetische oefeningen. Niemand kan omhoog komen in het geestelijke zonder ascese. Deze dingen moeten gedaan worden. Ascetische oefeningen zijn bijvoorbeeld metanieën en nachtwaken, maar alles zonder dwang. Alles moet met vreugde worden gedaan. Het belangrijke zijn niet de metanieën die wij zullen doen of de gebeden, maar de daad van het zichzelf geven, de vurige liefde voor Christus en voor het geestelijke. Er zijn veel mensen die deze dingen niet voor God doen, maar als lichaamsoefening, om er fysiek voordeel uit te halen. Maar geestelijke mensen doen ze voor geestelijk voordeel; zij doen ze voor God. Tegelijkertijd echter heeft het lichaam er groot voordeel van en wordt niet ziek. Er komt veel goeds uit voort.

Bij de verschillende ascetische oefeningen, metanieën, vigilies en andere onthoudingen, hoort vasten. De vaders hielden ervan te zeggen dat "een dikke buik geen verfijnde geest maakt".[41] Alle boeken van de vaders spreken over vasten. Zij benadrukken dat wij niet moeten eten wat moeilijk verteerbaar is, of rijk en vet, omdat dat slecht is voor het lichaam en voor de ziel. Zij zeggen dat een lam slechts gras eet en daarom zo rustig is. Daarom zeggen wij dat iemand "als een lam is". Daarom spreken de vaders over vasten en veroordelen ze teveel eten en het plezier dat men heeft bij het eten van rijk voedsel. Laat ons voedsel eenvoudig zijn, en laten wij er ons niet zoveel mee bezighouden.

Het is niet het goede eten of de goede levenscondities die een goede gezondheid geven. Het is een heilig leven, het leven van Christus. Ik ken kluizenaars die met de grootste strengheid vastten en nooit ziek waren. U loopt geen gevaar door te vasten. Er is nog nooit iemand ziek geworden door te vasten. Mensen die er een rijkelijk dieet op nahouden lopen meer gevaar ziek te worden dan zij die een mager dieet volgen. Dit is een vaststaand feit en bevestigd door de medische wetenschap. Dit is zelfs wat artsen aanbevelen. Niet alleen worden zij die vasten niet ziek, maar zij genezen van hun ziektes.

Maar daarvoor moet u geloof hebben. Anders zult u zich leeg voelen en misselijk en naar eten verlangen. Vasten is ook een kwestie van geloof. Het doet u geen kwaad als u uw eten goed verteert. De kluizenaars veranderen lucht in eiwitten en vasten

....

[41] Bijvoorbeeld de heilige Gregorios de Theoloog en de heilige Johannes Chrysostomos.

doet ze geen kwaad. Als u liefde hebt voor het goddelijke, kunt u met plezier vasten en is alles gemakkelijk; anders zou alles onoverkomelijk lijken. Al degenen die hun hart aan Christus hebben gegeven en met vurige liefde bidden, zijn erin geslaagd hun verlangen naar voedsel en gebrek aan onthouding te overwinnen en onder controle te houden.

Er zijn tegenwoordig veel mensen die niet één enkele dag konden vasten en nu vegetarisch leven, niet uit religieuze overwegingen maar gewoon omdat zij geloofden dat het goed voor hun gezondheid zou zijn. Geloof me, het zal u geen kwaad doen geen vlees te eten. Maar als iemand ziek is, is het geen zonde vlees, eieren en melkproducten te eten om zijn gezondheid te herstellen.

Het menselijk lichaam heeft zout nodig. Men hoort dikwijls dat zout slecht is, maar dit is niet waar. Het is een noodzakelijk element. Er zijn zelfs mensen die er een grote behoefte aan hebben. Voor anderen is het niet zo noodzakelijk en voor sommigen is het slecht. Het is een kwestie van sporenelementen in het lichaam. Hiervoor is onderzoek nodig. Ik heb een grote droom! – voor de Heilige Berg. Ik heb tarwe besteld om te malen voor bruin brood. En nu denk ik eraan om verschillende peulvruchten te malen en ze te vermengen: tarwe met rijst, met soja, sojabloem met linzen, enzovoorts. En dan hebben wij nog pompoenen en tomaten en aardappelen en alle andere groenten. Vader Hesychios en ik droomden samen. Wij zeiden dat wij samen ergens kluizenaar zouden worden, tarwe zouden zaaien en het dan in water weken en eten. Is dat niet wat de heilige Basilius in de woestijn zou hebben gedaan? Maar nu lijkt het ons heel streng.

OVER HET MONASTIEKE LEVEN

In het klooster is alles geheiligd: zoveel zielen in gebed, in ascetische oefeningen, het leven van God aan het leiden

Het monastieke leven is een buitengewoon leven.

Het monastieke leven is iets groots! Het is een groot en verheven leven, een goddelijk en poëtisch leven. Het is een buitengewoon leven. De monnik leeft misschien op aarde, maar hij reist in de hemelen tussen de sterren en in de oneindigheid. Hij ervaart God en de hemel in zijn verbeelding. Hij leeft een buitengewoon leven. Men noemt het niet voor niets het engelgelijke leven, en dat is het werkelijk.

Om dit leven behoorlijk te kunnen leiden, echter, moet de monnik een monastiek bewustzijn hebben. Hij verkrijgt dit bewustzijn door zich met heel zijn wezen te keren tot God en naar het doel dat hij heeft gekozen. Hij leeft in stilte, met het gebed van het hart, in ascese en gehoorzaamheid. Hij moet aan alles sterven om in Christus te leven. Hij ontwaakt vol ijver, doet zijn persoonlijke gebedsregel en haast zich naar de kerkdiensten en naar zijn taken. Hij heeft slechts één doel in de geest – hoe hij God kan behagen en dienen en hoe Gods naam kan verheerlijken. Hij herinnert zich voortdurend de geloften die hij heeft afgelegd voor de Drieëne God toen hij monnik werd. Daarom leest hij dikwijls zorgvuldig de dienst van de monnikswijding. Hij verstoort de orde en regelmaat van leven in het klooster niet. Hij vervult alle voorschriften.

Als een monnik vooruitgang wil maken in het klooster, moet hij vrijwillig de geestelijke strijd aangaan zonder dwang van een ander. Hij moet alles doen met vreugde en ijver en niet als een karwei. Een monnik is niet iemand die gedwongen wordt iets mechanisch en met tegenzin te doen. Wat hij ook doet, hij doet het uitsluitend uit liefde voor de hemelse Bruidegom, uit goddelijke liefde. Hij haalt zich geen gedachten over de hel of de dood voor de geest. Het kloosterleven moet geen negatieve vlucht zijn uit de wereld, maar een vlucht uit goddelijke liefde en goddelijke verering.

Het geheim is gebed, jezelf geven en liefde hebben voor Christus. Het monastieke leven is vreugdevol. Een monnik moet de zoetheid van het gebed smaken en aangetrokken worden door goddelijke liefde. Hij zal het monastieke leven niet kunnen verdragen als hij de zoetheid van het gebed niet kent. Zonder dat zal hij niet in het klooster kunnen blijven.

Maar wat hem in het klooster houdt, samen met het gebed, is zijn werk en zijn ambacht. Het is niet zo dat werk en gebed gescheiden zijn. Werk weerhoudt het gebed niet, integendeel, het versterkt het en maakt het beter. Het is een kwestie van liefde. Werken is inderdaad zoals bidden, zoals metanieën maken. Werk is een zegen. Daarom zien wij dat Christus zijn leerlingen riep, en ook zijn profeten, terwijl zij aan het werk waren, bijvoorbeeld terwijl de ene aan het vissen was en de ander zijn schapen hoedde.

De vreugde van een monnik is om in te gaan in Gods liefde, in de kerk, in de Heilige Drieëenheid, in Christus. Hij is verenigd met Christus en zijn hart springt op van vreugde en is vervuld van genade. Christus is zijn vreugde, zijn enthousiasme, zijn hoop en zijn liefde. Wat kan ik zeggen over het leven dat ik leidde toen ik, door Gods genade, naar de Heilige Berg vertrok – wat een liefde, wat een toewijding, wat een verlangen, wat een gehoorzaamheid, wat een gebed. We leefden met elkaar met een glimlach en met daden van vriendelijkheid. Waarlijk, het is een hemelse levenswijze!

De kluizenaar die naar de woestijn gaat, offert alles op, zelfs zijn rust, zolang hij een manier kan vinden om Gods genade te voelen en de warmte en omhelzing van Christus te voelen, zolang hij verenigd kan zijn met God en Gods gezelschap kan voelen, zijn eenheid met God; als hij maar één kan zijn met anderen, zoals de Drie Personen van de Heilige Drieëenheid één zijn. Zo verlaat hij deze wereld niet met een gevoel van wanhoop maar met een groot gevoel van troost en met een groot gezelschap. Zijn gezelschap is de hele natuur, de vogels en de dieren, maar ook alle Heiligen, de martelaren en de engelen. Bovenal is hij in gezelschap van de Alheilige Moeder Gods en haar Zoon.

Het monastieke leven en de Schrift

Alles is gegrondvest in het eeuwige boek, in de Heilige Schrift. Het monastieke leven vloeit voort uit de Heilige Schrift, uit het evangelie. Wat zegt het Oude Testament? "Ga uit uw land en uit uw maagschap en uit uw vaders huis naar het land dat ik u wijzen zal" (Gen. 12, 1). En wat zegt Christus? "Wie vader of moeder meer liefheeft dan Mij, is Mij niet waard, en wie zoon of dochter meer liefheeft dan Mij, is Mij niet waard. En wie zijn kruis niet opneemt en Mij niet volgt, is Mij niet waard" (Mt. 10, 37-38).

Ook alles wat de heilige vaders zeggen over het kloosterwezen is geïnspireerd door de Heilige Schrift. Het is onmogelijk ook maar een van de vaders te verwerpen. Als u de heilige Symeon de Nieuwe Theoloog verwerpt, moet u ook de heilige Paulus te verwerpen, want wat de heilige Symeon heeft gezegd en ervaren, heeft ook de heilige Paulus gezegd.

Je roeping herkennen

Iemand die in het klooster wil intreden, moet alle mogelijkheden zien die er voor hem zijn en een vrije keuze maken, met goddelijke liefde als zijn enige drijfveer en zonder egoïstische motieven. Het is niet goed om somber te mijmeren en uzelf te kwellen om monnik te worden. Doe een ander soort moeite: lees en bid, en heb als enig doel vooruitgang te maken in de liefde voor God en voor de Kerk. Dan zult u, levend in Gods liefde, leven in vrijheid, want waar liefde is, is vrijheid. Beweeg u alleen in de ruimte van de goddelijke liefde.

In Gods ogen zijn de gehuwde en de ongehuwde hetzelfde, zolang zij leven volgens Gods geboden en zolang zij het leven van God leiden. Kuisheid, gebrek aan bezittingen en armoede, die de deugden van de monnik zijn, bevinden zich in het hart van de mens. Iemand kan maagd zijn wat betreft het lichaam, maar een onverbeterlijke ontuchtige zijn wat zijn ziel betreft, wegens zijn boosaardigheid en hartstochten. Iemand kan een dozijn huizen bezitten en in zijn ziel vrij zijn van materiële zaken en leven als iemand die niets bezit. Aan de andere kant kan iemand arm zijn aan de buitenkant, maar innerlijk niet vrij zijn van bezittingen. Het is niet de hoeveelheid bezittingen die iemand maakt tot bezitter of niet-bezitter, maar de gehechtheid van zijn hart.

Het is bijzonder belangrijk dat iemand zijn of haar roeping herkent. Sommige mensen willen het monastieke leven volgen als reactie op iets. Ik zal u in verband daarmee iets vertellen.

Een meisje ging in een klooster wonen. Haar ouders protesteerden luid en betreurden het feit, maar in antwoord daarop werd het meisje nog onvermurwbaarder. Haar ouders kwamen bij mij en ik raadde hen aan niet zo te handelen, maar haar vrij te laten. Ik stelde voor dat zij naar de diensten van het klooster zouden gaan, zouden bidden en hun beste wensen over iedereen zouden uitstrooien en vriendelijk spreken tegen de Hegoemena, enzovoorts. Op deze manier hield het verzet op. Na korte tijd vroeg het meisje aan de Hegoemena toestemming om theologie te studeren aan de universiteit, en dit kreeg zij. Zij leefde in het klooster en ging naar de universiteit voor de examens aan het einde van ieder semester tot zij haar diploma haalde. Zodra zij haar diploma had, verliet zij het klooster.

Leven in een vreemd land

Het leven van de monnik is een leven in een vreemd land. Dit is geborduurd op het monastieke 'schema' dat door de monnik op de borst gedragen wordt. Een grote letter Ξ is verbonden met de letter Z, als symbool voor Ξένη Ζωή, wat betekent vreemd leven. Ik heb dit leven in een vreemd land, ver van iedereen en alles, ervaren. Je werkt en je bidt en alleen God ziet je. Ik hield veel van de woestijn. Zelfs nu houd ik nog steeds veel van de woestijn. Het beste zou zijn als ik naar Kavsokalyvia op de Heilige Berg kon gaan. Ik ben altijd vervuld van vreugde als ik naar Kavsokalyvia ga.

Het is werkelijk wonderbaar voor een kluizenaar om te leven samen met twee of drie gelijkgestemde mensen, zodat wat de ene wil, de anderen ook willen. Als de ene geestelijke vooruitgang maakt, dan maken de anderen ook vooruitgang. Zij zijn allen samen bezig met ascetische oefeningen en ervaren de geestelijke vreugde die Christus schenkt. Zij zijn gestorven aan de hele wereld. Op deze wijze wordt een kluizenaar niet geschaad. Hij wordt integendeel versterkt.

Wat de kluizenaar gekozen heeft is de prachtigste, de heiligste en de meest gewijde levenswijze – als hij er tenminste voor zorgt Christus lief te hebben. Als hij Hem liefheeft, dan zal hij zich bewust aan Christus geven, hij zal voortgang maken om zich aan Hem te offeren met heel zijn ziel. Als hij dit echter niet kan doen, is het niet slecht als hij op een andere manier in de kerk werkt.

Gehoorzaamheid

Het is mogelijk dat alles in een klooster goed georganiseerd is, maar dat er geen monastiek leven is. Het klooster moet gehoorzaamheid en het epitrachilion van de biechtvader boven alles plaatsen. Elke keer dat ik biechtte was ik vervuld van een grote vreugde en ik wijdde mij aan het gebed. Niet alleen toen, maar zelfs nu, als ik biecht voel ik onmiddellijk vreugde en opluchting. Ik heb groot geloof in het sacrament van de biecht. Ik geloof dat alle leiding moet gegeven worden door het sacrament van de biecht. Alle dingen moeten gedaan worden in gehoorzaamheid en in heiliging.

Gehoorzaamheid is een groot en wijs iets. Het is het geheim van het geestelijk leven. Wij kunnen het niet begrijpen. Maar met de genade van de Heer heb ik het ervaren. Ik weet hoe heerlijk het is en hoe volmaakt en zorgeloos het is om God te gehoorzamen, zich te wijden aan Gods aanbidding en zijn oudvader te gehoorzamen. Gehoorzaamheid is heel belangrijk. Het is een grote deugd en het is hetzelfde als nederigheid. Gehoorzaamheid met vreugde en bereidwilligheid – zelfs wanneer hetgeen uw oudvader vraagt vreemd lijkt. Gehoorzaamheid op zich heeft grote waarde. Zulke gehoorzaamheid ontroert God: "Ik heb lief wie Mij liefhebben, wie Mij ijverig zoeken zullen Mij vinden" (Spr. 8, 17).

Met gehoorzaamheid verander je op alle gebied. Je wordt vlug, verstandig, sterker en verjongd in alles. Christus beminde mij en gaf mij de genade gehoorzaam te zijn. En ik voelde deze genade een beetje, en wat ik heb, heb ik als gevolg van de gehoorzaamheid. Mijn gehoorzaamheid aan mijn oudvaders was voor mij als het paradijs. En inderdaad, ik wilde dat zij nog strenger met mij zouden zijn. Ik was niet tevreden. Nu, echter, op mijn oude dag, zie ik dat zij eigenlijk heel streng waren. In die tijd was ik mij er niet van bewust.

Gehoorzaamheid, vooral aan een geestelijke vader, is een groot kapitaal. Als u met een heilige leeft, wordt u ook geheiligd. U neemt iets over van zijn heilige gewoontes, van zijn woorden en zijn stiltes. Zijn gebed heeft invloed op u. Zelfs als u niet spreekt, vindt er iets plaats, iets heiligs en goddelijks wordt aan u doorgegeven zonder dat u zich ervan bewust bent. De heilige Prochoros en de heilige Proclos en anderen leefden met heilige vaders en werden door hen geïnspireerd en werden zelf heilig. Hetzelfde geldt ook voor de heilige Symeon de Nieuwe Theoloog en de heilige Gregorius Palamas en vele anderen.

Onze oudvader speelt een heel belangrijke rol in ons leven. De oudvader leidt onze voetstappen. Het is niet gewoon een ontwikkelde man die oudvader geworden is omdat hij theologie heeft gestudeerd. Wij moeten herkennen wat een oudvader is. Een oudvader kan helemaal onopgeleid zijn en weinig wereldse kennis hebben; hij kan zonder welsprekendheid zijn en weinig gelezen hebben, maar ondanks dat kan hij een ontwikkeld iemand te boven gaan als hij in gehoorzaamheid geleefd heeft en Gods genade heeft ontvangen. Zulk een oudvader kan veel voordeel brengen aan hen die onder hem zijn, als zij hem gehoorzamen.

Het is natuurlijk waar dat hetgeen uw oudvader zegt ook in boeken staat. Maar het is niet hetzelfde. De oudvader die deze geestelijke dingen ook ervaart en die niet tegen u zegt: "Deze vader zegt dit, en dit boek zegt dat", maar die zelf het leven van Christus ervaart en die tot u spreekt uit eigen ervaring, zal u deze geestelijke ervaringen doorgeven en zal ze in uw ziel prenten en u zult van hem leren hoe u Gods genade tot u kunt aantrekken.

Als je een oudvader hebt en dicht bij hem woont, zul je van hem houden. En als de oudvader op zijn beurt ook van jou houdt en jullie zijn gelijk van geest, dan worden jullie één. "Waar twee of drie in Mijn Naam tezamen zijn, ben ik in hun midden" (Mt.

18, 20). Christus is daar. In deze toestand verdwijnen afstanden. Waar wij ook zijn, wij zijn verenigd in Christus en bidden; en dan bezoekt Gods genade ons en versterkt ons voortdurend. Op deze wijze ervaren wij eenheid in de Kerk. Wij hebben het gevoel van "één-zijn", dat is, dat wij allen één zijn. Zo leefden in vroeger tijden de oudvaders en de monniken die onder hen stonden.

Dit zijn geen sprookjes. Ik heb dit dikwijls gezien. Toen ik naar de Heilige Berg ging, werd alles achtergelaten – "de wereld en alle heersers van de wereld"[42], mijn familie en verwanten – zij allen werden gehoorzaamheid aan mijn oudvader, zij werden gebed, zij werden vreugde. Als ik rondliep in Kavsokalyvia werden zij de hemel. Maar als ik het soms allemaal een beetje moe begon te worden, dan drukte onmiddellijk mijn gevoel voor mijn ouders en voor de wereld weer op mij neer.

Gehoorzaamheid aan een oudvader is een grote deugd, een groot voordeel. Het is alles. Je moet door gehoorzaamheid gaan om een volledig mens te worden, om de moeilijkheden van het menselijk leven aan te kunnen. Als je geen nederigheid hebt, heb je Gods genade niet. Als je geen nederigheid en dus ook geen gehoorzaamheid doormaakt, heb je het heel moeilijk. Gebrek aan gehoorzaamheid komt door egoïsme en eigenliefde. Nederigheid is een groot iets! Egoïsme en trots hebben leven gegeven aan de ongehoorzaamheid die ons uit het paradijs stootte. Iemand die trots is, kan nooit gehoorzaam zijn. Hij wil altijd onderzoeken en vragen stellen over wat hem gezegd wordt om te zien of het goed of slecht is en al naargelang zijn bevinding handelen. Of anders doet hij het, maar onder protest en tegenspreken, denkend dat hij op deze wijze zijn vrijheid toont. Maar in gehoorzaamheid ontdekt men de ware vrijheid, terwijl het uit slavernij is dat hij niet gehoorzaamt. Als hij gehoorzaamt, gaat hij binnen in de vrijheid van Gods kinderen.

Zelfs zij die in een grot leven, ervaren deze dingen. Het is het proces van vergoddelijking – theosis – dat alles omhelst. Zij zijn verenigd met God. Zij oefenen de geest en deze oefening is eindeloos en onverzadigbaar. God is het hoogtepunt van volmaaktheid, het hoogste goed. Eenheid met God heeft alles.

....

[42] Doxastikon van de Vespers van de heilige Basilios, 1 januari.

Volledige tevredenheid wordt bereikt door deze eenheid. Geen enkele andere vreugde is hoger dan de vreugde die men ontvangt door eenheid met God. Het is de vreugde die alle verstand te boven gaat. Het is de vreugde van hen die zich aan God hebben gegeven. Dit alles gebeurt met goddelijke hulp. Waar de genade werkt, is alles bovennatuurlijk.

Bid dat God ons waardig maakt deze prachtige dingen te voelen en te ervaren, al is het maar in geringe mate.

Gods woorden te bestuderen

Wijd uzelf aan de Schrift. Houd ervan hem te lezen en te bestuderen. Hoe meer ik het Psalterion en de canons hoor, hoe meer ik ze wil horen. Ze staan zo dicht bij het leven en zijn zo aantrekkelijk dat ik er nooit genoeg van krijg. Lees helder en duidelijk, woord voor woord. Lees de woorden hardop en luister ernaar, dat is een grote hulp. En als u bij een moeilijke passage komt, lees het dan opnieuw om het beter te begrijpen. Ik luister steeds opnieuw naar de woorden met een onlesbare dorst. Ze maken de ziel zoet. Dat is het belangrijke.

U zult dorsten naar de woorden van de canons, van het Psalterion en van al de boeken met kerkdiensten, en daar u ze zult willen lezen, horen en ter harte nemen, zult u zodra het simandron klinkt, onmiddellijk met liefde en ijver aan komen lopen om de eerste woorden van de dagelijkse cyclus te horen: "Uit de slaap ontwakend, vallen wij voor U neer, goede Heer". Dan zult u het doel van uw verlangen bereiken. Dan keert de ziel terug naar haar oorspronkelijke luister, naar haar oorspronkelijke staat, naar haar oude schoonheid. Wat zegt God? "Op zulken sla ik acht: op de arme, de verslagene van geest en wie voor Mijn woord beeft" (Jes. 66, 2). Christus geeft genade aan hem die Zijn woorden bemint en al het goede is gemakkelijk voor hem.

Zoals u ziet, heiligen wij ons zonder oorlog en zonder bloedige strijd. Onze ziel is verblijd en ons gehoor wordt verzoet als wij de hymnen horen en er gebeurt iets binnen in ons. Deze vreugde brengt goddelijk enthousiasme en onze ziel wordt waardig Gods genade te ontvangen en God Zelf heiligt de ziel. Wij kunnen niet geheiligd worden zonder goddelijke genade, hoe wij het ook proberen. Terwijl wij door te mediteren over de woorden van de Schrift heilig kunnen worden, gewoon en zonder grote moeite.

Ik hield ook, en dat doe ik nog steeds, van de boeken geschreven door de heilige kerkvaders: Johannes Chrysostomos, Basilius de Grote, Gregorius de Theoloog, Gregorius van Nyssa, Gregorius Palamas, enzovoorts. Maar ik moet eerlijk zeggen dat ik ze niet nauwkeurig heb bestudeerd. Maar toch ken ik al deze gezegende vaders...

Op de Heilige Berg stond men u niet toe de Philokalia en de andere ascetische vaders te lezen – alleen de Heilige Schrift en de levens van de heiligen. Begrijp mij niet verkeerd. Om deze boeken te lezen moet men een geestelijke vader hebben die hierin ervaring heeft, anders is er veel kans dat u verward zult raken. En dit is omdat ze vergezeld moeten zijn van gehoorzaamheid. Zonder gehoorzaamheid kan u kwaad overkomen. Deze boeken vertellen over heel verheven zaken, goddelijke verlichting, waar de boze geest misbruik van kan maken als er geen gehoorzaamheid aan een geestelijke vader is. En wat gevraagd wordt, is zuivere gehoorzaamheid – niet egoïstische gehoorzaamheid of gehoorzaamheid alleen maar om de geestelijke vader te behagen – maar gewone, onbaatzuchtige gehoorzaamheid.

Daarom wil ik dat u zich meer toelegt op de studie van het Oude en Nieuwe Testament en de hymnen en de canons. Lees de kerkvaders met dezelfde ijver als waarmee u de hymnen en de canons leest, maar lees allereerst de Heilige Schrift. Lees het evangelie en het Oude Testament. Dit is een schatkamer, want al de vaders baseren zich hierop. Het is de bron en de grondvesting. U zult het nooit beu worden. U zult ongetwijfeld ook voelen wat de psalmist zei: "Uw woorden zijn zoeter dan honing voor mijn mond" (Ps. 118, 103). Hij zei niet "zoet als honing", maar "zoeter dan honing voor mijn mond", om de uitzonderlijke zoetheid van Gods woorden aan te geven.

De erediensten met liefde vieren

De erediensten van de Kerk zijn woorden waarmee wij spreken en converseren met God met onze verering en onze liefde. De uren die het dichtst bij het paradijs doorgebracht worden, zijn de uren die in de kerk worden doorgebracht samen met al onze broeders als wij de goddelijke liturgie vieren, als wij zingen en als wij de heilige communie ontvangen. Samen volgen wij de erediensten – de woorden van de Heer. Met het evangelie, de apostel, de hymnen van de oktoïch, van het vastentriodion, en de diensten van de heiligen, bereiken wij onze eenheid met Christus.

Maar de strikken van Satan zijn talrijk voor hen die God aanbidden. De verleiding slaagt er heel goed in te zorgen dat wij geen aandacht geven aan de dienst. Wij gaan dikwijls naar de kerk, alleen maar om verder te slapen. Zodra wij de lezingen en de hymnen horen, sluiten wij onze ogen. Wij raken in een toestand van loomheid en het is ons onmogelijk de woorden te volgen van de hymnen. Het is iets satanisch, deze slapende staat, en dat is heel duidelijk ook.

Bedenk wat wij missen als wij in deze gedachteloze toestand in de kerk zijn! Zelfs al zeg je tegen jezelf voordat je naar de kerk gaat: "Ik zal aandachtig zijn, ik zal niet weer indommelen, ik zal opletten", toch slaag je er niet in. Al deze aanmoedigingen, "Ik zal aandachtig zijn", zijn pogingen onszelf te dwingen en deze roepen een negatieve reactie in ons op. En met dwang bereiken wij niets. Integendeel, de geest van luiheid haalt ons in en bespot ons: "Concentreer je nu echt, dwing jezelf, doe wat je wilt, maar ik, je oude zelf, heb je in mijn hand en ik zal je stevig vasthouden, en zie nu maar eens of je geestelijke vooruitgang kunt maken!"

Wat je ook doet onder dwang en wat je ziel instinctief doet schoppen en protesteren, doet je kwaad. Dit is iets dat ik al vele malen gezegd heb. Ik heb monniken en leken van allerlei leeftijden de Kerk en zelfs God helemaal zien verlaten omdat zij de innerlijke druk en de druk van andere mensen niet kunnen verdragen. Druk brengt iemand er niet alleen toe negatief te reageren tegen de Kerk, maar de Kerk helemaal niet te willen. Dit heeft geen positief effect. Dit draagt geen vrucht. Iemand doet het, wat het ook is, maar met tegenzin, omdat zijn oudvader of zijn geestelijke vader het hem gezegd heeft. Hij zegt bijvoorbeeld tegen zichzelf: "Nu moet ik naar de Completen gaan". Ja, hij doet het, maar wat gedaan wordt op een mechanische wijze is schadelijk en brengt geen voordeel.

Men wordt dikwijls gedwongen te doen wat goed is. Maar het moet niet onder dwang gedaan worden; het brengt geen voordeel, het is niet opbouwend. Neem bijvoorbeeld het Jezusgebed. Als je jezelf dwingt het te zeggen, zul je het na een tijd beu worden en het weggooien; en wat gebeurt er dan? Als je het doet als een corvee, groeit de druk binnenin je tot het er uitbarst in iets kwaads. Dit soort druk kan je er zelfs toe brengen helemaal niet naar de kerk te willen gaan. Ga naar de kerk in een andere geestestoestand, niet onder dwang, maar met vreugde en blijdschap. Daartoe moet je aandachtig zijn en plezier en vreugde hebben in de diensten, in de hymnen, de lezingen en de gebeden. Luister naar elk woord en volg de betekenis. Begrijp je? Daar komt de vreugde van.

Er is echter een ander groot gevaar. Als wij niet aandachtig zijn, luisteren en zingen wij misschien alles mechanisch. Wij lezen de woorden en horen ze omdat het moet. Bijvoorbeeld de monnik gaat naar de Vespers en hoort de woorden: "Hoe lieflijk zijn Uw tenten, Heer der heerscharen; mijn ziel dorst en smacht naar de voorhoven des Heren..." (Ps. 83, Negende uur). Wij horen het vandaag, wij horen het morgen, wij horen het de dag daarna en het hele jaar lang. Hetzelfde, steeds opnieuw. Als iemand het hoort zonder eraan deel te nemen, wordt hij het beu, hij dommelt in, hij gaat niet dieper op de woorden in, het verveelt hem en dan treedt er een reactie op. Daarna heeft hij geen voordeel en geen vreugde meer. Hij wordt wanhopig en de duivel laat de kans niet voorbij gaan om kwaad te doen.

De erediensten zijn iets heel groots. Ze zijn alles. Dit heb ik ervaren. Alles moet gebeuren met liefde, met belangstelling en met een eerlijke instelling om Christus te aanbidden – niet als een corvee en niet automatisch, maar met liefde en goddelijk enthousiasme. Als wij dit niet voelen, hebben de diensten geen waarde. Niet alleen zijn ze waardeloos, maar ze zijn schadelijk. U zult zeggen: "Laten wij ze dan niet doen." Nee, zo is het niet. Maar vermijd zoveel u kunt, naar de vorm te kijken. Kijk naar de essentie van de zaak. Dat wil zeggen, heb plezier in het gebed, in het spreken met God. Verzadiging is een ramp voor een monnik.

Zelf ben ik nooit verzadigd. Ik heb altijd van de diensten genoten. Ik heb mijzelf er niet toe hoeven zetten en ik heb nooit iets gedaan als een gedwongen plicht. Integendeel, als het mogelijk is, wil ik vandaag en elke dag hetzelfde horen. Steeds opnieuw. Dat is wat waarde heeft. Ik krijg er niet genoeg van, zelfs al herhaal ik de woorden de hele dag. En ik geloof dat deze dingen ons veel goed doen. Er is zoveel energie uit te krijgen waarmee onze ziel verfrist en gevoed wordt. U moet u ook op deze wijze met heel uw hart aan Christus geven.

Eens toen ik in de polikliniek het gebed van het negende uur las voor de Gekruisigde op Goede Vrijdag, las ik het niet alleen, maar werd het een levende werkelijkheid voor mij: "Meester Heer Jezus Christus onze God, Die altijd onze zonden vergeeft..."[43] De volgende dag zei de professor tegen mij, in aanwezigheid van de student-artsen: "Vader, wat was het gebed gisteren mooi! U moet wel een heilige zijn."

"Ik ben geen heilige", antwoordde ik, "maar omdat ik een heilige wil worden, vroeg ik Gods barmhartigheid om mij te heiligen en mijn ziel werd geraakt. Ik ben heel zondig en dat was een teken van Christus."

Dat gebed is een meesterwerk, nietwaar? Daarom zeg ik: lees het steeds opnieuw.

De liturgische gebeden die automatisch lijken, worden ons eigen als ze zorgvuldig en met begrip gezegd worden. Zelfs als de meest zondige mens de gebeden van voorbereiding voor de communie leest, wordt hij geheiligd.

Op deze wijze wordt de ziel bewerkt zonder dat wij ons ervan bewust zijn. Zonder bloedvergieten. Dat wil zeggen, de oude mens wordt uitgeschakeld. Hij wordt uitgeschakeld zonder strijd. Hij wordt niet uitgedaagd, maar wordt uitgeschakeld omdat de nieuwe mens groeit en zich ontwikkelt.

Het nachtelijk gebed is het beste

Verkies fysieke uitputting. Maak dit tot een doel opdat lichaam en ziel zich oefenen. Ons leven hangt af van onze wil. Wij kunnen wat wij willen en hoe wij het willen. De mens die meer

---

[43] Gebed van de heilige Basilios de Grote aan het einde van het Negende uur.

moeite doet voor Christus – iets dat natuurlijk het resultaat is van goddelijke liefde – trekt meer genade aan. En als wij moeite zeggen, bedoelen wij, behalve al het andere, nachtgebed. Het brengt veel voordeel 's nachts op te staan om te bidden. Nachtelijk gebed is het beste. Wij horen de profeet Jesaja zeggen: "Van ganser harte verlang ik naar U in de nacht" (Jes. 26, 9), en David zegt: "Ik kan niet slapen, ik ben eenzaam als een mus op het dak" (Ps. 101, 8); "In de ochtend hoort Gij mijn stem" (Ps. 5, 4); "Voor U sta ik in het ochtendlicht" (Ps. 62, 2). Wat drukt David het wonderbaarlijk uit! Hij zegt het niet, hij leeft het en verheugt zich erin. Hij heeft de genade Gods. De Heilige Geest.

Velen op de Heilige Berg bidden dag en nacht. Het gebeurt wel dat iemand van de avond tot de ochtend bidt en zich er niet van bewust is dat de tijd voorbij is gegaan. In de liefde van God gaat de tijd met een andere snelheid voorbij. Je kunt je niet voorstellen wat er 's nachts op de Heilige Berg allemaal gebeurt! Parfum, wierook, engelen, gebeden... De engelen nemen de gebeden van de heiligen en brengen ze voor God. Een mysterie!

Op de Heilige Berg werden wij wakker zonder wekker. Zodra het tijd was, stonden wij onmiddellijk op. Zelfs als je moe was van de vorige dag en pas laat naar bed was gegaan, sprong je toch op als het tijd was. Het is een kwestie van gewoonte. Natuurlijk kun je je ook omdraaien en verder slapen tot de middag; een heel slechte gewoonte! Daarom moet je, zodra je wakker wordt, onmiddellijk opstaan. Kies de nachtelijke uren. Je komt veel gemakkelijker tot gebed. Zelfs als je 's nachts toevallig wakker wordt, moet je niet onmiddellijk weer gaan slapen. God geeft je de kans zoveel je kunt te bidden in rust en stilte.

Naast de stilte is er nog iets dat 's nachts gebeurt. Ik heb iets vreemds opgemerkt. Tijdens de cyclus van 24 uren is er verschil tussen de uren en in de wijze waarop ze het menselijk organisme beïnvloeden. Een wonde bijvoorbeeld blijft in dezelfde staat, maar de temperatuur van het lichaam verandert. 's Morgens daalt de temperatuur en 's middags en 's avonds stijgt hij en om middernacht verandert hij weer. Dit hangt samen met de beweging van de aarde. Juist zoals het lichaam beïnvloed wordt door de tijd, zo wordt ook de ziel erdoor beïnvloed.

De mens die 's nachts op blijft om te bidden kan de volgende dag beter werken, want God geeft hem genade en zijn geest is hernieuwd. De mens die geen offers wil brengen voor de liefde van Christus, daarentegen, sluit zich buiten de genade.

Lichaam en ziel nemen deel

Lichamelijke inspanning doet het lichaam protesteren en klagen, maar ze kan de ziel niet verslappen in het gebed. Je draait gewoon de radio wat harder, je luistert naar de muziek, je geniet ervan en je hoort de klachten niet meer. Ik bedoel dat door intensiever te bidden, het gebed de moeheid uitschakelt. Voordat je klaagt over je lichamelijke uitputting, moet je beginnen te bidden, want als je klaagt, vertrekt de genade en blijf je achter met enkel je eigen kracht. Als je drie keer "Heer Jezus Christus, ontferm U over mij" zegt, ga je vol vreugde verder. God ziet je en strekt Zijn hand uit om je te helpen. Vanaf dat moment, begint je ware communicatie met Hem.

Als lichamelijke inspanning – metanieën, nachtwaken en offers – met liefde gedaan wordt, met hartstochtelijke liefde, wordt het lichaam niet geschaad. Als deze inspanning vrij gedaan wordt en met liefde voor de beminde Christus, toont het hoeveel je van Hem houdt. Niemand houdt rekening met inspanning of vermoeidheid voor degene die hij bemint. Iemand beklimt bijvoorbeeld een berg, hij strijdt en zweet en put zich uit. "Waarom heb je dat gedaan?" vragen de mensen hem. "Voor degene die ik bemin", antwoordt hij. "Omdat ik wist dat het hem blij zou maken." Hij die gelooft, toont duidelijk zijn liefde, zijn toewijding en zijn aanbidding voor Christus. Vandaar de lichamelijke inspanning, vandaar de metanieën. Niet om iets te winnen, maar omdat de liefde voor Christus je niet toestaat het anders te doen.

Misschien zal iemand zeggen: "Ik heb liefde in mijn hart". Dat kan wel, maar metanieën en alle andere inspanningen zijn toch vereist, want al zijn het maar uiterlijke vormen, wij kunnen door deze handelingen ingaan tot de essentie. Als wij niet doordringen tot het hart van de zaak, is het tijdverspilling. Zal ik een tuimeling maken opdat God het ziet en Zich verheugt? God verheugt Zich daar niet over. Wij voegen ook niets toe aan Christus met de verering die wij Hem aanbieden. Wij zijn het die de vruchten winnen van onze moeite, wij hebben het nodig. Er bestaat een duizendtal ketterijen en u ziet aan wat voor plagen ze het lichaam onderwerpen. Er zijn turnoefeningen waarbij men zijn voeten in de lucht heeft en zijn hoofd op de grond. Zij maken de meest ongelooflijke lichamelijke kronkels en trachten op deze manier de ziel te beïnvloeden. Bij ons is dat anders. Als metanieën gemaakt worden voor Christus, werkt de genade onmiddellijk in op de ziel en brengt berouw, sereniteit, vrede en vreugde. Maar deze dingen komen met goddelijke genade en het lichaam heeft er daarna ook voordeel van.

Vroeger waren er meesters en slaven. Om hun onderwerping en eerbied aan hun meesters te tonen, knielden de slaven neer voor hun meesters. Dus met onze metanieën tonen wij dat wij nederige dienaars van God zijn. Wij erkennen onze kleinheid en tonen onze eerbied op zichtbare wijze. De Christen wordt nederig door metanieën, en dit helpt de genade Gods in hem te komen. Als de genade komt, begint zijn hart te branden. Het vuur van de liefde brengt offers. Metanieën zijn offers – een offer van liefde en aanbidding. En de hele persoon neemt deel aan de aanbidding, lichaam en ziel.

Heb geen medelijden met uw lichaam. Straf het. U kunt niet begrijpen wat het vuur van de liefde is. U moet offers brengen, oefening – geestelijke en lichamelijke oefening. Zonder oefening wordt niets bereikt. Onderwerp uzelf aan een geestelijk programma, bijvoorbeeld een gebedsregel, een cyclus van kerkdiensten, enzovoorts, en wijk er niet van af. Stel het niet uit tot de volgende dag. Laat het niet vallen, zelfs niet wegens ziekte. Toen ik jong was, maakte ik drieduizend metanieën per dag en ik werd niet moe, ik was erdoor gehard. Ik strafte mezelf en negeerde de inspanning. Ik kwam terug van de berg, uitgeput van het hout inzamelen en mijn oudvaders lieten mij de tuin spitten. Ik strafte en verachtte mijn lichaam, en toch was ik heel sterk. Maar ik had zulk een vuur in mij! Zulk een vuur!

Ik zal u uitleggen hoe ik de metanieën maakte. Ik maakte ze ritmisch en vlug, zonder dat mijn knieën op de grond steunden. Eerst maakte ik het kruisteken, raakte met mijn vingers mijn voorhoofd, dan mijn knieën, dan elke schouder. Dan steunde ik met mijn handen op de grond en stond vlug op. Mijn knieën raakten dan elke keer kort de grond. Ziet u hoe lichaam en ziel deel hebben aan Gods aanbidding? De geest en het hart zijn met Christus en het lichaam is ook met Christus. Maak metanieën met vroomheid en liefde en tel ze niet. Het is beter tien goede metanieën te maken dan een grote hoeveelheid, zonder ijver, zonder aanbidding en zonder goddelijke liefde. Maak er zoveel u kunt, afhankelijk van uw instelling, maar geen pseudo-metanieën en pseudo-gebeden. Bied God geen uiterlijke vormen aan. God vraagt ons dat wat wij voor Hem doen, te doen "uit geheel de ziel en geheel het hart."

Het gebed moet de hele dag met liefde gebeden worden – gebeden, hymnen en metanieën, om de beurt. En de metanieën die wij voor de Moeder Gods maken, zijn tot Christus gericht, omdat de Moeder Gods Christus in zich draagt. Christus is de Redder van onze ziel en de Moeder Gods is onze moeder, onze grote bemiddelaarster.

Metanieën maken is ook turnen. En – al zouden wij hier helemaal niet aan moeten denken – er is geen betere turnoefening voor de buik, de ingewanden, de borst, het hart en de ruggengraat. Het is heel gunstig dus waarom zouden wij het niet doen? Als deze oefening gedaan wordt ter ere van God en de ziel slaagt in deze eredienst, wordt ze vervuld van vreugde en wordt kalm en vreedzaam. Dat is alles. Tegelijkertijd is het natuurlijk ook gunstig voor het lichaam. Het lichaam volgt en ontvangt op zijn beurt voordeel. Begrijpt u? Vrede en kalmte komen in de ziel en een goede werking wordt verzekerd voor onze lichamelijke systemen – bloedsomloop, spijsvertering, ademhaling en klieren – die alle rechtstreeks met onze ziel te maken hebben.

Het effect van gebed is wonderdoend

Als u in een klooster intreedt, laat uw ziel zich dan openen voor Gods liefde. Daar is alles geheiligd: zoveel zielen zijn er in gebed, bezig met ascetische oefeningen en Gods leven leidend. Geheiligde zielen zijn de glans van het klooster. De ziel heeft veel krachten die weerspiegeld worden in de omgeving. Plaatsen die geheiligd zijn, roeren ons en verheffen ons. Als ik mij op zulk een plaats bevind, verheft de geheiligde plaats mij, zelfs voor ik begin te bidden, tot een hemelse staat, zoals bijvoorbeeld op Patmos en op de Heilige Berg.

Voor veel mensen lijkt de monnik afstandelijk en niet sociabel. Het lijkt of hij alleen bezig is met zijn eigen ziel en dat hij niets biedt aan de Kerk of aan de wereld. Dit is niet het geval. Dat de Kerk zovele jaren bewaard is gebleven, is door het monachisme. Degene die in een klooster treedt en alles aan Christus offert, treedt de Kerk binnen. Misschien zal iemand vragen: "Helpen degenen die alleen in een grot wonen, de Kerk?" Het antwoord is "ja". De grotbewoners helpen de Kerk op mystieke wijze. Een monnik die in een grot woont zal misschien geen bomen kweken of een moestuin verzorgen, hij zal misschien geen boeken schrijven of andere dingen doen die bijdragen aan het geestelijk leven en de vooruitgang, maar daar schept hij en ontwikkelt zich en wordt hij vergoddelijkt. Kluizenaars verblijven in grotten zodat niemand ze afleidt van het geestelijk leven. Met hun vurig en zuiver leven en boven alles met hun gebed, helpen zij de Kerk. Ik zal iets zeggen dat u overdreven zal lijken. Maar ik wil dat u het gelooft, mijn kinderen. Het gaat over de hulp van het gebed van de monnik.

Zeg dat er zeven ontwikkelde predikers zijn die een heilig leven leiden. Hun retorisch vermogen is ongeëvenaard. Elk heeft een parochie van tienduizend parochianen. Iedere dag worden hun woorden gehoord door zeventigduizend mensen. Duizenden die hen horen worden tot berouw beroerd en keren terug tot Christus. Hele families worden gered. Toch heeft één monnik die door niemand gezien wordt en die ergens in een grot zit, een veel groter effect met zijn nederig gebed. Eén heeft meer effect dan zeven. Zo zie ik het. Ik ben er zeker van. Zo belangrijk is het gebed van de monnik. Hij is alleen in zijn cel, maar de echo van zijn gebed bereikt iedereen, zelfs hen die ver weg zijn. Met zijn gebed heeft de monnik deel aan al de problemen van de mensen en doet wonderen. Hij biedt dus meer dan de meest begaafde en waardige prediker.

God beminnen met geheel uw hart

Bid voor uw familie zonder u zorgen te maken over hun redding, want op die manier verliest u de communie met Christus en toont u weinig geloof. Laat alles vol vertrouwen over aan de liefde en de voorzienigheid van God. Het beste voor u is u over te geven aan de liefde van God, en uzelf af te snijden van de wereld en van uw familie en van uw ouders en van uw broeders en zusters. Alles wat ervaren wordt door asceten staat in de dienst van de monnikswijding. Er staat:

"Als gij, zoals geschreven staat, Mij wilt volgen, geef dan alle wereldse banden op, de ouders die u het leven schonken, kinderen en echtgenoten, broeders, zusters en vrienden, geld en huis, familie en bedienden, en ontvang de rang van apostel."[44]

Luister naar wat er gebeurde met een asceet in de *Spreuken van de woestijnvaders*. Een enige zoon van rijke ouders ging naar de woestijn van Nitria en boekte daar veel vooruitgang. De jaren gingen voorbij en zijn ouders stierven. Er was geen erfgenaam en enkele van zijn buren kwamen hem opzoeken. De erfenis was heel groot. Zij zeiden tegen hem "Wij zijn u komen zeggen te komen, als u wilt, om de erfenis van uw ouders die gestorven zijn in bezit te nemen." Hij boog het hoofd en na een korte tijd zei hij: "Ik stierf aan de wereld voordat zij het deden, hoe kunnen doden erven van doden?"

Als wij niet sterven aan de wereld, gebeurt er niets. Wij moeten Christus beminnen en dan zal Hij ons ook beminnen. Alle pijn zal overgaan, zal overwonnen worden en getransformeerd. De heilige Symeon de Nieuwe Theoloog schrijft in een van zijn hymnen:

"...kinderen Gods, zoals geschreven is, en goden volgens de genade... kinderen van het licht... zovelen die de ijdele en misleidende wereld opgeven

zovelen die zonder haat ouders en broeders zullen haten..."[45]

Wat is dit een wonderbaar iets! Het grote geheim ligt in de "besteding". De monnik bezit ook genegenheid voor zijn moeder en voor zijn vader, en als hij niet oplet wordt de "besteding" in die richting gedaan. Als u vijf eenheden liefde in u hebt en u geeft er twee aan uw ouders en twee aan uw broeders en zusters, wat

---

[44] Uit de Wijdingsdienst voor het Grote Schima, kathismazang in de Canon.

[45] Hymne 8, 12-15.

blijft er dan over voor God? Terwijl in God alle liefde ter wereld te vinden is. Als u God bemint, bemint u alles want alle dingen zijn in God, en zo wil God dat u Hem bemint. Hij zegt tegen zichzelf: "Gij zult de Heer uw God beminnen met geheel uw hart en met geheel uw ziel en met geheel uw geest en met geheel uw kracht" (Mk. 12, 30).

Dit is de hogere wiskunde van het Christelijke geloof. Geen ander geloof heeft deze gedachten voortgebracht, want het zijn geen menselijke verzinsels. God heeft ze aan ons geopenbaard.

OVER HET MYSTERIE VAN HET BEROUW

Oprecht berouw brengt heiliging.

Er is niets hogers dan wat men berouw en biecht noemt. Dit sacrament is het aanbieden van Gods liefde aan de mensheid. Op deze volmaakte wijze wordt een mens bevrijd van het kwaad. Wij gaan biechten en voelen onze verzoening met God: de vreugde komt bij ons binnen en de schuld vertrekt. In de Orthodoxe Kerk is er geen impasse. Er is geen impasse wegens het bestaan van de biechtvader die de genadegave heeft te vergeven. Een biechtvader is iets groots!

Ik had al sinds mijn jeugd de gewoonte om te biechten wanneer ik zondigde en dan was alles weg. Ik sprong dan op van vreugde. Ik ben zondig en zwak. Ik keer mij tot Gods barmhartigheid en ik ben gered, ik word rustig en ik vergeet alles. Elke dag denk ik dat ik zondig, maar ik verlang ernaar dat wat mij ook overkomt, ik het in gebed verander en het niet in mij opgesloten houd.

Zonde maakt iemand geestelijk verward. De verwarring gaat niet weg, wat u ook doet. Alleen met het licht van Christus verdwijnt zij. Christus zet de eerste stap: "Komt allen tot Mij die vermoeid en belast zijt..." (Mt. 11, 28). Daarna ontvangen wij dit licht met onze goede gezindheid, die wij tot uitdrukking brengen met onze liefde voor Hem, met onze gebeden en met de sacramenten.

Om berouw te voelen, moet de ziel eerst ontwaken. Het is in dit ontwaken dat het wonder van het berouw plaatsvindt. Dit is waar de menselijke wil een rol speelt. Het ontwaken echter is niet iets dat alleen afhangt van de individuele persoon. De persoon is er in zijn eentje niet toe in staat. God komt erbij te pas. Dan komt de goddelijke genade. Zonder genade kan iemand geen berouw hebben. Gods liefde doet alles. Hij kan iets gebruiken – een ziekte, of iets anders, het hangt ervan af – om iemand tot berouw te brengen. Berouw heeft dus plaats door goddelijke genade. Wij zetten gewoon een stap naar God toe en vanaf dan handelt de genade.

U kunt tegen mij zeggen: "Als dat zo is, dan wordt alles gedaan door genade." Dit is een delicaat punt. Ook hier geldt precies wat ik zeg, namelijk, dat wij God niet kunnen beminnen als God ons niet bemint. De heilige Paulus zegt het heel mooi: "Maar nu gij God kent, beter nog, nu gij door God gekend zijt..." (Gal. 4, 9). Hetzelfde gebeurt met berouw. Wij kunnen geen berouw hebben, tenzij de Heer het ons geeft. En dit geldt voor alles. Het is volgens de Schrift: "Zonder Mij kunt gij niets" (Joh. 15, 5). Als de voorwaarden er niet zijn dat Christus in ons kan komen, dan komt er geen berouw. De voorwaarden zijn nederigheid, liefde, gebed, metanieën en werken voor Christus. Als het gevoel niet zuiver is, als er geen eenvoud is en als de ziel bewogen wordt door eigenbelang, dan komt de goddelijke genade niet. In zo'n geval gaan wij wel biechten, maar voelen wij geen opluchting.

Berouw is een heel gevoelige zaak. Oprecht berouw brengt heiliging. Het berouw zal ons heiligen.

De genade bevrijdt

De mens is niet alleen verantwoordelijk voor zijn overtredingen. De fouten, zonden en hartstochten zijn niet slechts persoonlijke ervaringen van degene die komt biechten. Elke mens heeft in zich de ervaringen van zijn ouders en vooral van zijn moeder; dat wil zeggen, hoe zijn moeder leefde terwijl zij hem droeg in haar binnenste – of zij bang was of haar zenuwgestel uitgeput was, of zij gelukkig was, of zij bedroefd was, of zij terneergeslagen was. Met andere woorden, haar hele zenuwgestel heeft het zenuwgestel van haar embryo beïnvloed. Wanneer het kind geboren is en opgroeit, neemt het ook de ervaringen van zijn moeder op, dus van een andere persoon. Er wordt, wegens zijn ouders, een toestand in iemands ziel geschapen die hij heel zijn leven meedraagt en die sporen in hem achterlaat, en veel van wat hem overkomt tijdens zijn leven is een gevolg van deze toestand. De manier waarop hij zich gedraagt, heeft direct te maken met de toestand van zijn ouders. Hij groeit op, wordt opgevoed, maar niet hersteld. Hier bevindt zich een groot deel van de verantwoordelijkheid voor de geestelijke staat van een mens.

Er is echter een geheim. Er is een manier waarop iemand zich kan bevrijden van dit kwaad. De manier is een algemene biecht die plaatsheeft door Gods genade. Uw geestelijke vader kan tegen u zeggen: "Wat zou ik graag willen dat wij in een rustige plaats konden zijn en dat ik vrij was van andere werken; dan zou je me over je leven kunnen vertellen vanaf het begin, vanaf de tijd dat je eerst bewust was van jezelf, over al de gebeurtenissen die je je herinnert en hoe je op ze reageerde, niet alleen de onaangename gebeurtenissen, maar ook de aangename; niet alleen je zonden, maar ook de goede dingen; je succes en je falen. Alles wat bij je leven hoort."

Ik heb deze algemene biecht dikwijls gebruikt en ik heb er wonderen door zien gebeuren. Op het ogenblik dat je deze dingen aan je biechtvader vertelt, komt de goddelijke genade en bevrijdt je van alle onaangename ervaringen en wonden, de psychologische trauma's en schuldgevoelens, omdat, terwijl je spreekt, je geestelijke vader vurig tot de Heer aan het bidden is om je van dit alles te bevrijden.

Een tijdje geleden kwam een vrouw naar mij toe en deed zulk een biecht en zij had er veel baat bij. Haar psychologische toestand verbeterde, want iets kwelde haar. Nu stuurde deze vrouw een vriendin van haar naar mij toe en wij gingen naar buiten en zaten op een rots buiten het klooster van Kallisia en zij begon te vertellen. Ik zei tegen haar: "Vertel mij wat u denkt dat nodig is. Als ik u iets vraag, zeg het mij dan. Als ik het niet vraag, vertel dan verder zoals u het nodig vindt."

Ik luisterde naar al wat zij vertelde, niet alleen met aandacht, maar ik "zag" het effect van gebed op haar psychologische wereld. Ik keek in haar ziel en ik zag dat er genade in haar binnentrad, precies zoals ik haar voor mij zag. Want er is genade in de biechtvader en er is genade in de priester. Begrijpt u wat ik zeg? Als iemand biecht, bidt de priester voor hem. Tegelijkertijd komt de genade en bevrijdt hem van alle trauma's van zijn ziel, die hem al jarenlang kwelden zonder dat hij zich bewust was van hun oorzaak. Jazeker, ik geloof heel sterk in dit alles!

Je kunt met je biechtvader spreken zoals je wilt, maar dat is niet even belangrijk als het feit dat, terwijl hij bidt, de priester in je ziel kijkt en ziet hoe je bent en je de genade Gods doorgeeft. Het is bewezen dat in de ziel kijken een geestelijke straling is, die je opluchting geeft en je geneest. Denk niet dat dit natuurlijke stralen zijn. Deze dingen zijn waar. En wat gebeurde er met Christus? Hij nam de bloedvloeiende vrouw bij de hand en zei "Ik voel dat er kracht van Mij is uitgegaan" (Lk. 8, 46). U zult zeggen: "Ja, maar Hij was God." Natuurlijk was Christus God, maar deden de apostelen niet hetzelfde?

Alle geestelijke vaders en biechtvaders hebben deze genade en als zij bidden geven zij het door als een elektriciteitskabel. Als wij bijvoorbeeld een elektrische radiator willen aansteken in deze kamer, moeten wij de stekker nemen en in het stopcontact steken, anders werkt hij niet. Zodra de stekker in het stopcontact zit, gaat de stroom erdoor. Dit zijn de geestelijke zaken van onze godsdienst. Wij kunnen spreken over kabels, maar in werkelijkheid is het goddelijke psychoanalyse.

God vergeeft alles door de biecht

Wij moeten niet terugkomen op zonden die wij gebiecht hebben. De herinnering aan zonden is schadelijk. Hebben wij vergeving gevraagd? Dan is de zaak afgehandeld. God vergeeft alles door de biecht. Wij moeten niet terugkijken en verstrikt raken in wanhoop. Wij moeten nederige dienaars van God zijn en een gevoel van dankbaarheid hebben voor het vergeven van onze zonden.

Het is niet gezond erg terneergeslagen te zijn wegens onze zonden en ons met zulke walging tegen onze zondige ik te keren dat wij wanhopig worden. Moedeloosheid is het ergste. Het is een strik van Satan om de mens alle lust voor geestelijke zaken te doen verliezen en hem tot een staat van wanhoop, passiviteit en onachtzaamheid te brengen. In deze toestand kan men niets doen en men is nutteloos. Die persoon zegt dan: "Ik ben zondig en ellendig, ik ben dit, ik ben dat, ik heb dit niet gedaan, ik heb dat niet gedaan… ik had dat toen moeten doen, nu is het te laat, er kan niets meer aan gedaan worden… ik heb mijn leven verkwist, ik ben onwaardig..." Hij wordt tot een gevoel van minderwaardigheid gebracht en verteerd door nutteloze zelfbeschuldiging. Weet u wel wat een vernietigend iets dat is? Het is pseudo-nederigheid.

Dit alles zijn symptomen van een wanhopig iemand die in de macht van Satan is. Zo iemand bereikt uiteindelijk een punt waarop hij zelfs geen communie meer wil ontvangen omdat hij zichzelf beschouwt als onwaardig voor alles. Hij probeert alles in zichzelf negatief te zien en wordt nutteloos. Dit is een strik van Satan om die persoon zijn hoop op Gods liefde te doen verliezen. Dit is vreselijk en gaat recht in tegen Gods Geest.

Ik denk ook dat ik zondig ben en dat ik niet leef zoals ik zou moeten doen. Toch verander ik al wat mij ongelukkig maakt in gebed. Ik sluit het niet in mij op. Ik ga naar mijn geestelijke vader en biecht, en het is afgelopen. Laten wij niet teruggaan en weer zeggen wat wij niet gedaan hebben. Het belangrijke is wat wij nu gaan doen, vanaf dit moment – zoals de heilige Paulus zegt: "vergetende hetgeen achter mij is, strek ik mijn handen uit naar wat voor mij is" (Fil. 3, 14).

De geest van lafheid trachtte Paulus' ijver voor Christus weg te snijden, maar hij vatte moed en zei: "toch leef ik, maar niet meer mijn ik, maar Christus leeft in mij" (Gal. 2, 20). En ook: "Wie zal ons scheiden van de liefde van Christus? Verdrukking, benauwdheid, vervolging, honger, naaktheid, gevaar of zwaard? Zoals geschreven staat: om Uwentwil worden wij gedood de gehele dag; wij zijn geacht als schapen ter slachting bestemd" (Rom. 8, 35-6). En David de profeet en koning zei: "Ik zal niet sterven maar leven en de werken des Heren verkondigen" (Ps. 117, 17). Lees de Schrift. Herinner u de mooie woorden: "Ik heb lief wie mij liefhebben, wie mij ijverig zoeken zullen mij vinden" (Spr. 8, 17).

Alles wat mooi en gezond is

Als wij Christus beminnen is alles gemakkelijk. Ik ben er nog niet in geslaagd, maar nu probeer ik Hem te beminnen. In Christus is alles: alles wat mooi is en alles wat gezond is. De gezonde ziel ervaart de gaven van de Heilige Geest: "liefde, blijdschap, vrede, lankmoedigheid, vriendelijkheid, goedheid, trouw, zachtmoedigheid, ingetogenheid" (Gal. 5, 22-23). De man Gods ervaart ook de dingen die de heilige Paulus noemt in zijn hymne aan de liefde: "de liefde is lankmoedig, de liefde is goedertieren... zij rekent het kwaad niet aan... alles bedekt zij, alles gelooft zij... de liefde vergaat nimmer" (1 Kor. 13, 4-8).

Bezit u deze dingen? Dan bezit u geluk, Christus, het paradijs. En zelfs het lichaam functioneert goed, zonder onregelmatigheden. De genade Gods verandert een mens; het transfigureert hem naar ziel en lichaam. Alle ziektes verdwijnen – geen colitis, geen schildklier- of maagproblemen. Alles functioneert zoals het hoort. Het is goed te lopen, te werken en te bewegen in goede gezondheid. Maar allereerst moet u een gezonde ziel hebben. De fundering is een gezonde ziel; een gezond lichaam volgt. Bijna alle ziektes komen voort uit een gebrek aan geloof in God en dit schept angst. De afschaffing van het religieuze gevoel schept angst. Als u geen liefde voor Christus hebt en u niet bezig houdt met heilige zaken, zult u zeker vervuld raken van melancholie en slechtheid. Wat gebeurt er echter in de wereld? Luister, ik zal u een voorbeeld geven.

Een meisje ging naar de dokter en hij schreef haar hormonen voor. Ik zei tegen haar:

"Neem ze niet, mijn kind! Ik ben geen arts, en ik wil niet dat u handelt op mijn woord, maar ik weet dat u ze niet zou moeten nemen. Het probleem is eerder iets voor een endocrinoloog. Het komt door uw zorgen."

"Het is waar", zei zij, "ik heb veel zorgen gehad."

"Wel, daar komt het dan van. Wees maar rustig, wees in vrede, ga biechten en te communie, en alles zal in orde komen."

Zij ging dus naar een endocrinoloog en vertelde haar probleem. De arts zei tegen haar:

"Neem dit medicijn beslist niet. Gooi het weg. Het zou u veel kwaad hebben gedaan."

Zij telefoneerde mij later en zei:

"De dokter heeft mij precies hetzelfde gezegd als u."

Ziet u wat er gebeurt in de wereld? Terwijl veel mensen genezen zijn door biecht en heilige communie.

Als iemand leeg is van Christus, dan komen er duizend en één andere dingen om zijn ziel te vullen: jaloezie, haat, verveling, melancholie, negativiteit, een wereldse geest en wereldse pleziertjes. Probeer uw ziel met Christus te vullen zodat zij niet leeg blijft. Uw ziel is als een reservoir vol water. Als u het water leidt naar de bloemen, dus naar de deugden, zult u ware vreugde ervaren en alle doornen van het kwaad zullen verschrompelen. Maar als u het water naar het onkruid leidt, zal het groeien en u verstikken en alle bloemen zullen verschrompelen.

Hef alles op tot Christus. Dan zult u met Gods genade vreugde ervaren. "Ik vermag alles in Hem, Die mij kracht geeft..." (Fil. 4, 13). Zeg niet dat u iets zult bereiken. Verbeeld u nooit zoiets. De Heer heeft gezegd: "Zonder Mij kunt gij niets doen" (Joh. 15, 5). Er is geen andere weg. Men moet nooit op zijn eigen kracht vertrouwen, maar veeleer op Gods barmhartigheid en medelijden. De mens doet een kleine moeite maar Christus zal die moeite bekronen. Het is zelfbedrog te geloven dat u iets uit uzelf hebt bereikt. Hoe meer vooruitgang iemand maakt en Christus nadert, hoe meer hij voelt dat hij onvolmaakt is. De Farizeeër integendeel, die zegt: "Kijk naar mij! Ik ben goed. Ik doe dit en ik doe dat...", is misleid.

Gebed en verering

Tegenwoordig zijn mensen dikwijls bedroefd, wanhopig, lethargisch, lui, apathisch, alles van de duivel. Zij zijn terneergeslagen, ontevreden en melancholiek. Zij veronachtzamen hun familie, geven grote sommen uit voor psychoanalyse en nemen antidepressiva. Als verklaring hiervoor noemen mensen "onveiligheid". Onze godsdienst gelooft dat deze toestanden verzoekingen zijn.

Pijn is een psychologische macht die God in ons geplant heeft met als doel ons goed te doen en ons te leiden tot liefde, vreugde en gebed. In plaats daarvan slaagt de duivel erin deze macht uit de batterij van onze ziel te nemen en deze te gebruiken voor iets slechts. Hij verandert het in depressie en leidt de ziel tot een staat van lethargie en apathie. Hij tergt ons, neemt ons gevangen en maakt ons psychologisch ziek.

Er is een geheim: verander de satanische energie in goede energie. Dit is moeilijk en vergt enige voorbereiding, namelijk nederigheid. Met nederigheid trekt men Gods genade aan. Men geeft zich over aan Gods liefde, aan aanbidding en aan gebed. Maar zelfs als men alles ter wereld doet, bereikt men niets zonder nederigheid. Alle boze gevoelens, onzekerheid, wanhoop en teleurstelling die bezit komen nemen van de ziel, verdwijnen met nederigheid. De mens die geen nederigheid heeft, de egoïst, wil niet dat je in de weg staat van zijn wensen, dat je hem bekritiseert of hem zegt wat hij moet doen. Hij raakt van streek, geïrriteerd en reageert gewelddadig en wordt depressief.

Deze toestand wordt genezen door genade. De ziel moet zich keren tot Gods liefde. De genezing komt als wij beginnen God hartstochtelijk lief te hebben. Veel van onze heiligen veranderden een depressie in vreugde door hun liefde voor Christus. Dat wil zeggen, zij namen deze kracht van de ziel die de duivel wilde verpletteren en gaven hem aan God en veranderden hem in vreugde en verrukking. Gebed en verering veranderen geleidelijk de depressie in vreugde, door de werking van Gods genade. Hier moet je de kracht hebben om Gods genade aan te trekken die je zal helpen met Hem verenigd te zijn. Er is kundigheid voor nodig. Als je jezelf aan God geeft en één wordt met Hem, zul je de boze geest vergeten die van achter aan je trekt, en als hij veracht wordt, zal deze geest vertrekken. En hoe meer je je wijdt aan Gods Geest, hoe minder je achterom zult kijken om de geest te zien die aan je trekt. Als de genade je aantrekt, zul je met God verenigd zijn. En als je met God verenigd bent en je aan Hem geeft, verdwijnt al de rest en wordt vergeten en je bent gered. De grote kunst, het grote geheim, om je te ontdoen van depressie en alles wat negatief is, is jezelf over te geven aan Gods liefde.

Wat iemand die gedeprimeerd is kan helpen, is werk, belangstelling in het leven. De tuin, planten, bloemen, bomen, de natuur, een wandeling in de open lucht – al deze dingen rukken iemand weg uit een staat van passiviteit en doen andere interesses ontwaken. Ze werken als medicijn. Zich bezighouden met kunst, met muziek, is heel gunstig. Maar wat ik bovenaan de lijst plaats, is belangstelling in de Kerk, het lezen van de Heilige Schrift en kerkdiensten bijwonen. Terwijl je Gods woorden bestudeert, word je ongemerkt genezen.

Ik zal jullie vertellen over een meisje dat bij mij kwam. Zij leed aan een vreselijke depressie. Medicijnen hadden haar niet geholpen en zij had alles opgegeven: haar werk, haar thuis, haar interesses. Ik vertelde haar wat ik wist; over de liefde van Christus die de ziel gevangen neemt, want Gods genade vult de ziel en verandert haar. Ik legde haar uit dat de kracht die de ziel inneemt en deze verandert in depressie, van de duivel komt. Hij gooit de ziel op de grond, tergt haar en maakt haar nutteloos. Ik raadde haar aan zich te wijden aan zaken als muziek, waar zij vroeger van genoten had. Ik benadrukte echter vooral de noodzaak zich met liefde tot Christus te keren en zei haar dat in onze Kerk genezing gevonden kan worden door liefde voor God en gebed, zolang men dit uit heel zijn hart doet.

Dat is het geheim van de genezing. Dat is wat onze Kerk gelooft.

OVER DE LIEFDE VOOR DE NAASTE

*Liefde voor God en voor de naaste gaan samen
en kunnen niet gescheiden worden*

Liefde voor onze broeder kweekt liefde voor God.

Eén ding is noodzakelijk in ons leven: liefde, aanbidding van Christus en liefde voor onze medemensen. Wat gevraagd wordt is dat wij allen één zijn, met Christus als hoofd. Dit is de enige manier waarop wij genade, de hemel en het eeuwige leven kunnen verwerven.

Liefde voor onze broeder kweekt liefde voor God. Wij zijn gelukkig als wij op mystieke wijze alle mensen beminnen. Dan zullen wij voelen dat iedereen ons bemint. Niemand kan God bereiken als hij niet eerst door zijn medemensen gaat. "Want wie zijn broeder die hij gezien heeft niet liefheeft, die kan God, Die hij niet heeft gezien, zeker niet liefhebben" (1 Joh. 4, 20). Wij moeten iedereen liefhebben en ons onbaatzuchtig opofferen zonder daarvoor een beloning te zoeken. Liefde die iets terugwil is egoïstisch; niet echt, zuiver en gemeend.

We moeten iedereen beminnen en met iedereen medelijden hebben. "En indien één lid lijdt, lijden alle ledematen mede… gij zijt het lichaam van Christus en ieder voor zich is een lid daarvan" (1 Kor. 12, 26-27). Dit is de Kerk: ik, u en de anderen, we voelen allen dat wij leden zijn van Christus, dat wij één zijn. Eigenliefde is egoïsme. Wij moeten niet aan God vragen dat "ik" standvastig mag blijven en dat "ik" naar de hemel mag gaan, maar veeleer deze liefde voor iedereen voelen. Begrijpt u? Dat is nederigheid. Als wij zo in eenheid leven, zullen wij gelukkig zijn en zullen wij in het paradijs leven. Ieder van onze naasten is "vlees van ons vlees". Kan hij mij onverschillig zijn? Kan ik hem verdriet doen? Kan ik hem haten? Dit is het grootste mysterie van onze

Kerk: dat wij allen één worden in God. Als wij dit doen, worden wij de Zijnen. Er is niets beter dan deze eenheid. Dit is de Kerk; het orthodoxe geloof; het paradijs. Laten wij het hogepriesterlijk gebed lezen in het evangelie van de heilige Johannes: "...opdat zij één zijn gelijk Wij... opdat zij allen één zijn gelijk Gij Vader, in mij, en ik in U... opdat zij één mogen zijn, zoals Wij één zijn... opdat zij volkomen één zijn... dat waar Ik ben zij bij Mij zullen zijn..." (Joh. 17, 11 & 21-24).

Ziet u? Hij zegt het steeds opnieuw. Hij benadrukt de eenheid. Wij moeten allen één zijn, één met Christus als ons Hoofd. Zoals Christus één is met de Vader. Daar is de grootste diepte van het mysterie van de Kerk verborgen. Geen andere godsdienst zegt zoiets. Niemand anders vraagt deze verfijnde gevoeligheid die Christus vraagt: dat wij allen één worden door de genade van Christus. Hier is de volheid te vinden – in deze eenheid, in deze liefde in Christus. Hier is geen plaats voor scheiding of angst. Geen dood, geen duivel, geen hel. Alleen liefde, vreugde, vrede en aanbidding van God. Je kunt het punt bereiken waar je samen met de heilige Paulus zegt: "Ik ben het niet langer die leeft, Christus leeft in mij" (Gal. 2, 20).

Wij kunnen heel gemakkelijk dit punt bereiken. Er is goede wil nodig, en God staat klaar om bij ons binnen te komen. Hij "staat aan de deur en klopt" (Openb. 3, 20) en "maakt alle dingen nieuw" zoals in de Openbaring van de heilige Johannes staat. Onze denkwijze verandert; hij is ontdaan van het kwaad en wordt beter, heiliger, scherper. Maar als wij niet opendoen voor Hem Die klopt, als wij niet datgene hebben wat Hij zoekt, als wij Hem niet waardig zijn, dan komt Hij niet binnen in ons hart. Maar om Hem waardig te worden moeten wij sterven aan onze oude mens, om niet meer te sterven. Dan zullen wij leven, opgenomen in Christus, samen met het hele lichaam van de Kerk. Op deze manier zal de genade komen. En als de genade komt, zal ze ons alles geven.

Op de Heilige Berg zag ik eens iets dat ik heel aangenaam vond. In een kleine boot op zee droegen monniken verschillende heilige voorwerpen. Elk van de monniken kwam van een andere plaats, maar toch zeiden zij allen "dit is van ons" en niet "dit is van mij."

Onze liefde onbaatzuchtig uitstrooien

Liefde gaat alles te boven. Wat u bezig moet houden, mijn kinderen, is liefde voor de ander, voor zijn ziel. Wat wij ook doen, of het gebed is of raad geven of op een fout wijzen, laten wij het met liefde doen. Zonder liefde heeft gebed geen nut, is raad geven kwetsend en op fouten wijzen schadelijk voor de ander, die voelt of wij wel of niet van hem houden en zal dienovereenkomstig reageren. Liefde, liefde, liefde! Liefde voor onze broeder is de voorbereiding om Christus meer lief te hebben. Is dat niet mooi?

Laten wij onze liefde onbaatzuchtig over allen uitstrooien, zonder rekening te houden met hun houding tegenover ons. Als Gods genade in ons komt, zullen wij ons er niets van aantrekken of zij van ons houden of niet, of zij beleefd tegen ons zijn of niet. Wij zullen de behoefte voelen alle mensen te beminnen. Het is egoïstisch van ons te wensen dat anderen beleefd tegen ons zijn. Als zij het niet doen, moeten wij niet van streek zijn. Laten zij tegen ons spreken zoals zij willen. Wij moeten geen bedelaars om liefde worden. Ons doel zou moeten zijn hen te beminnen en uit heel onze ziel voor hen te bidden. Dan zullen wij ons ervan bewust worden dat alle mensen van ons houden zonder dat wij dat zoeken en zonder dat wij om hun liefde bedelen. Zij zullen ons vrijwillig en oprecht liefhebben uit het diepste van hun hart, zonder dat wij chantage plegen. Als wij liefhebben zonder te willen dat men ons liefheeft, zullen de mensen zich om ons heen verzamelen als bijen. Dit geldt voor iedereen.

Als je broeder je ergert en vermoeit, moet je denken: "Nu heb ik pijn in mijn arm of mijn been en ik zal hem met al mijn liefde moeten verzorgen" (1 Kor. 12, 21). Maar laten wij niet denken dat wij beloond zullen worden voor het goede dat wij doen, of dat wij gestraft zullen worden voor het kwade. Je leert de waarheid kennen als je bemint met de liefde van Christus. Dan vraag je niet meer om bemind te worden. Dat is slecht. Je bemint, je geeft liefde. Dat is goed. Gered worden hangt van ons af. God wil dat wij gered worden. De Schrift zegt: "God wenst dat alle mensen gered worden en tot de kennis van de waarheid komen" (1 Tim. 2, 4).

Wij zijn elkaar alleen liefde verschuldigd

Als iemand ons op de een of andere wijze pijn doet, met kwaadsprekerij of met beledigingen, moeten wij aan hem denken als onze broeder die in de greep is van de vijand. Hij is slachtoffer geworden van de vijand. Wij moeten dus medelijden met hem hebben en God smeken ons en hem barmhartig te zijn en dan zal God ons allebei helpen. Als wij echter vervuld zijn van kwaadheid tegen hem, dan zal de vijand van hem naar ons springen en ons allebei bespottelijk maken. Iemand die anderen veroordeelt, bemint Christus niet. Ons egoïsme is de schuld. Hier komt de veroordeling van anderen vandaan. Ik zal u een klein voorbeeld geven.

Stel dat iemand helemaal alleen in de woestijn is. Plotseling hoort hij in de verte een stem roepen van iemand in moeilijkheden. Hij volgt de stem en ziet een afschuwelijk tafereel: een tijger heeft een man vastgegrepen en is hem aan het verscheuren met zijn klauwen. De man roept wanhopig om hulp. In een paar minuten zal hij in stukken verscheurd zijn. Wat kan die persoon doen om te helpen? Kan hij naar hem toe lopen? Hoe? Het is onmogelijk. Kan hij om hulp roepen? Wie zal hem horen? Er is niemand binnen gehoorafstand. Moet hij een steen oprapen en naar de man gooien om hem af te maken? "Zeker niet", zouden wij zeggen. Maar dat is precies wat er kan gebeuren als wij ons niet realiseren dat de persoon die slecht handelt tegenover ons, gegrepen is door een tijger, de duivel. Wij realiseren ons niet dat wanneer wij zonder liefde op zo iemand reageren, het is alsof wij stenen naar zijn wonden gooien: wij doen hem veel kwaad, de "tijger" springt op ons en wij doen hetzelfde als hij en nog erger. Wat voor soort liefde hebben wij dan voor onze naaste, en nog belangrijker, voor God?

Wij moeten de slechtheid van de ander voelen als een ziekte die hem kwelt en die hij niet van zich af kan schudden. Daarom moeten wij onze broeders met sympathie aanzien en vriendelijk tegen hen zijn, en in ons hart met eenvoud het Jezusgebed herhalen, opdat Gods genade onze ziel versterkt en wij niemand zullen veroordelen. Wij moeten alle mensen als heiligen beschouwen. Wij dragen allen in ons dezelfde "oude mens". Onze naaste, wie hij ook is, is "vlees van ons vlees"; hij is onze broeder, en volgens de heilige Paulus "zijn wij niemand iets schuldig, alleen liefde voor elkaar" (Rom. 13, 8). Wij kunnen nooit anderen veroordelen, want "niemand heeft toch ooit zijn eigen vlees gehaat" (Ef. 5, 29).

Als iemand een ondeugd heeft moeten wij trachten hem te bombarderen met stralen van liefde en medelijden, zodat hij genezen en bevrijd kan worden. Zoiets bereikt men alleen door Gods genade. Bedenk dat die persoon meer lijdt dan jij. Als in een cenobitisch klooster iemand iets verkeerds doet, moeten wij hem niet zeggen dat hij schuld heeft. Wij moeten een houding aannemen van zorgzaamheid, eerbied en gebed. Wij moeten proberen niets schadelijks te doen. Als wij beledigingen van onze broeder verdragen, telt het als martelaarschap. En het is iets dat wij met vreugde zouden moeten verdragen.

Een Christen is vriendelijk. Wij moeten er de voorkeur aan geven onrecht te lijden. Als de liefde in ons komt, vergeten wij het kwaad dat ons is aangedaan. Hier ligt het geheim. Als het kwade van ver komt, kunt u er niet aan ontsnappen. De grote kunst echter, is het te minachten. Met Gods genade zal het u niet raken, zelfs als u het ziet, omdat u vol genade zult zijn.

In het rijk van de Geest van God zijn alle dingen anders. Hier rechtvaardigt men alles in het gedrag van anderen. Alles! Wat hebben wij gezegd? "Hij laat het regenen over rechtvaardigen en onrechtvaardigen" (Mt. 5, 45). Ik zeg dat u schuldig bent, zelfs als u mij zegt dat hij of zij schuldig is. In het uiteindelijke onderzoek bent u gedeeltelijk fout en u zult ontdekken waarin u fout bent als ik u zeg dat u schuldig bent. U moet dit onderscheidingsvermogen in uw leven verkrijgen. Onderzoek alles dieper en kijk niet oppervlakkig naar de zaken. Als wij niet naar Christus gaan, als wij niet geduldig verdragen wanneer wij onrechtvaardig lijden, zullen wij voortdurend gekweld worden. Het geheim is om op geestelijke wijze te reageren. De heilige Symeon de Nieuwe Theoloog schrijft iets dergelijks:

"Wij moeten alle gelovigen als één beschouwen en denken dat ieder van hen Christus is. Wij moeten zoveel liefde hebben voor ieder individu dat wij bereid zijn ons leven voor hem te offeren.

Want wij moeten nooit zeggen of denken dat enig mens slecht is, maar allen als goed beschouwen. En als u een broeder ziet die last heeft van hartstochten, haat hem dan niet. Haat eerder de hartstocht die hem aanvalt. En als u ziet dat hij gekweld wordt door verlangens en gewoontes van vroegere zonden, heb dan nog meer medelijden met hem, anders zou u in verzoeking komen, daar u gemaakt bent van stof dat zich gemakkelijk van goed naar slecht keert. Liefde voor uw broeder bereidt u voor om God nog meer te beminnen. Dus, het geheim van de liefde voor God is uw broeder te beminnen. Want als u uw broeder niet liefhebt die u ziet, hoe kunt u God liefhebben die u niet ziet? 'Hij die zijn broeder niet bemint die hij ziet, kan God niet beminnen, Die hij niet ziet' (1 Joh. 4, 20)."

Onze goede wil uitstralen

We moeten liefde, nederigheid en vrede hebben. Op deze wijze helpen wij onze broeder als hij bezeten is door het kwaad. Ons voorbeeld straalt op mystieke wijze, niet alleen als die persoon aanwezig is, maar ook als hij er niet is. We moeten proberen onze goede wil uit te stralen. Zelfs als wij iets zeggen over iemand wiens leven wij niet goedkeuren, is die persoon zich ervan bewust en wij stoten hem af. Terwijl, als wij medelijdend zijn en hem vergeven, wij hem beïnvloeden – zoals het kwaad hem beïnvloedt – zelfs als hij ons niet ziet.

Wij moeten ons niet ergeren aan mensen die godslasterlijk zijn of die spreken en handelen tegen God en de Kerk. Dat is schadelijk. Wij kunnen de woorden en de slechtheid erachter haten, maar wij moeten niet de persoon haten die ze heeft uitgesproken, noch ons aan hem ergeren. Wij moeten eerder voor hem bidden. Een Christen heeft liefde en welwillendheid en handelt ernaar.

Evenals een kluizenaar die door niemand gezien wordt, gunstig is voor de wereld omdat de mystieke golven van zijn gebed de mensen beïnvloeden en de Heilige Geest aan de wereld doorgeven, evenzo moet ook u uw liefde verspreiden, zonder er iets voor terug te verwachten – met liefde, geduld en een glimlach...

Liefde moet oprecht zijn. En slechts Gods liefde is oprechte liefde. Aan iemand die wij vermoeiend en lastig vinden, moet liefde op subtiele wijze aangeboden worden zonder dat die persoon er zich van bewust is dat wij hem proberen lief te hebben. Wij moeten er niet veel uiterlijk vertoon van maken, want dan zal die persoon averechts reageren. Zwijgen redt ons van veel kwaad. De tong in toom houden is een groot iets. Zwijgen straalt op mystieke wijze uit naar onze naaste. Ik zal u een verhaal vertellen.

Een non die wilde dat het leven in haar klooster op perfecte wijze geregeld was, zei geërgerd tegen haar geestelijke vader:

"Zuster die-en-die is het hele klooster aan het verstoren met haar problemen en haar karakter. Wij kunnen haar gewoon niet verdragen."

De oudvader antwoordde: "U bent erger dan zij."

Eerst was de non verbaasd en protesteerde, maar nadat de oudvader het had uitgelegd, begreep zij wat hij bedoelde en was heel tevreden. Wat hij gezegd had was dit:

"De boze geest die de non vastgrijpt en haar slecht doet handelen grijpt u ook, al bent u in een betere toestand, en hij spot met u allebei. De andere non raakt in die staat zonder het te willen, maar u, met uw overdreven reactie en gebrek aan liefde, doet precies hetzelfde. Op die wijze doet u uw zuster geen goed en zelf wordt u geschaad."

Zwijgen, verdraagzaamheid en gebed

Als wij zien dat de mensen om ons heen geen liefde voor God hebben, zijn wij ongelukkig. Maar hiermee bereiken wij niets. Wij bereiken ook niets door te trachten ze te overtuigen hun gewoontes te veranderen. Dat is ook niet juist. Er is echter een geheim, en als wij het begrijpen, kunnen wij hen helpen. Het geheim is ons gebed en onze toewijding aan God zodat Zijn genade kan handelen. Met onze liefde, met ons vurig verlangen naar Gods liefde, kunnen wij de genade aantrekken zodat deze hen die ons omringen overspoelt en hen doet ontwaken tot de goddelijke liefde. Of liever: God zal Zijn liefde zenden en zal hen allen doen ontwaken. Wat wij niet kunnen doen, zal Zijn genade bereiken. Door onze gebeden zullen zij allen Gods liefde waardig worden.

Zielen die pijn en lijden hebben gekend en die gekweld worden door hun hartstochten, winnen heel speciaal Gods liefde en genade. Het zijn zulke zielen die heilig worden, en heel dikwijls veroordelen wij hen. Herinner u wat de heilige Paulus zegt: "Maar waar de zonde overvloedig werd, daar werd de genade nog overvloediger" (Rom. 5, 20). Als u hieraan denkt, zult u zich realiseren dat deze mensen waardiger zijn dan u of ik. Wij zien ze als zwak, maar als zij zich openstellen voor God, worden zij een en al liefde en goddelijke eros. Daarvóór hadden zij andere gewoontes verworven, maar nu geven zij al de kracht van hun ziel aan Christus en zij worden ontvlamd door liefde voor Hem. Zo bewerkstelligt God wonderen in zielen die wij als "verloren" beschouwen.

Wij moeten niet ontmoedigd worden, en evenmin overhaaste conclusies trekken, noch oordelen op basis van oppervlakkige en uiterlijke zaken. Als u bijvoorbeeld een vrouw ziet die ongepast gekleed is, moet u niet alleen naar haar uiterlijke verschijning kijken, maar dieper, in haar ziel. Misschien heeft zij een heel goede ziel maar die onrustig is, een onrust die zij uitdrukt in een schokkende verschijning. Zij heeft een kracht in zich, de kracht van zelfprojectie; zij wil de blikken van anderen vangen. Maar door onwetendheid heeft zij de zaken vervormd. Denk u eens even in wat er zou gebeuren als zij Christus leerde kennen. Zij zou geloven en zij zou al haar hartstocht naar Christus keren. Zij zou alles doen om Gods genade aan te trekken. Zij zou een heilige worden.

Het is een soort zelfprojectie van onszelf als wij erop aandringen dat andere mensen goed worden. In werkelijkheid willen wíj goed worden, maar omdat wij het niet kunnen, eisen wij het van anderen en dringen wij erop aan. En terwijl alles verbeterd kan worden door gebed, zijn wij dikwijls ongelukkig of geschokt en veroordelen wij anderen.

We doen dikwijls, door onze angsten en onze slechte psychologische toestand, een ander, zonder opzet en zonder ons ervan bewust te zijn, kwaad, zelfs als wij veel van hem houden, zoals bijvoorbeeld een moeder van haar kind houdt. De moeder geeft aan haar kind al haar angsten voor zijn leven, voor zijn gezondheid en zijn vooruitgang, zelfs als zij niet tegen het kind spreekt en zelfs als zij niet zegt wat in haar leeft. Deze liefde, deze natuurlijke liefde, kan soms schadelijk zijn. Dit is echter niet het geval met Christus' liefde die gecombineerd wordt met gebed en een heilig leven. Deze liefde maakt de mens heilig; zij brengt hem vrede, want God is liefde.

Laat onze liefde slechts in Christus zijn. Om anderen goed te doen, moet je leven in Gods liefde, anders kunt je je medemens geen goed doen. Je moet geen druk uitoefenen op de ander. Zijn tijd komt wel, zolang je maar voor hem bidt. Met zwijgen, verdraagzaamheid, en boven alles met gebed, helpen wij de ander op mystieke wijze. Gods genade verheldert de horizon van zijn geest en verzekert hem van Zijn liefde. Hier gaat het om. Zodra hij aanvaart dat God liefde is, dan zal er overvloedig licht, zoals hij nog nooit gezien heeft, over hem stralen. Op die manier zal hij redding vinden.

Het beste soort missiewerk

Wij moeten ijveraars zijn. Een ijveraar is iemand die Christus bemint met heel zijn ziel en die zijn medemensen dient in de naam van Christus. Liefde voor God en voor onze naaste; die gaan samen en kunnen niet gescheiden worden. Hartstocht, verlangen en tranen samen met berouw, niet voor een doel, maar uit het hart.

Fanatisme heeft niets te maken met Christus. Wees een ware Christen. Dan trekt u niet overhaast conclusies over iemand, maar uw liefde zal "alles bedekken" (1 Kor. 13, 7). Zelfs met iemand van een andere godsdienst moet u altijd handelen als een Christen. Dat wil zeggen, u moet eerbiedig tegen hem zijn op een beleefde manier, wat zijn geloof ook is. U moet zorgen voor een moslim als hij in nood is, tegen hem spreken en hem gezelschap houden. Er moet eerbied zijn voor de vrijheid van de ander. Zoals Christus "aan de deur staat en klopt" (Openb. 3, 20) en niet inbreekt, maar wacht tot de ziel hem vrijwillig aanvaardt, zo moeten wij staan voor elke ziel.

In ons missiewerk moeten wij fijngevoelig te werk gaan opdat men aanvaardt wat wij aanbieden, of het nu woorden zijn of boeken of wat dan ook, zonder negatief te reageren. Gebruik weinig woorden. Woorden irriteren dikwijls. Gebed en een levend voorbeeld vinden weerklank. Een levend geloof ontroert de mensen, hernieuwt ze en verandert ze, terwijl woorden alleen vruchteloos blijven. Het beste soort missiewerk is ons goede voorbeeld, onze liefde en onze nederigheid. Ik zal u een voorbeeld geven.

Een priester woonde eens een conferentie bij die gegeven werd aan een publiek van intellectuelen. Een neef had hem meegenomen. De spreker sprak lang en welbespraakt over een marxistisch onderwerp. Het publiek ontving het met enthousiasme en gaf aan het eind een staande ovatie. Maar terwijl de spreker nog op het podium stond, zag hij de priester zitten en zei:

"Vanavond hebben wij een priester in het publiek. Misschien kan hij ons iets zeggen over dit onderwerp vanuit een godsdienstig en filosofisch gezichtspunt."

Hij zei dit ironisch, want hij wilde de priester vernederen en de Kerk belachelijk maken. De priester stond op en zei:

"Wat zou ik u over het onderwerp kunnen zeggen, mijn beste vriend? Ik weet het niet. Ik heb echter gehoord dat deze wijze denker dit zegt, op die en die pagina, en die filosoof dat zegt, op die en die pagina, en Mozes zegt dit in dit hoofdstuk en dat vers, en Jesaja dat, en David zegt dit, en Christus verwijst ernaar op die en die manier."

Hij ging toen verder, en haalde de passage aan uit de heilige Paulus:

"Waar is nu de wijze? Waar de schriftgeleerde? Waar de onderzoeker dezer wereld? Heeft God niet de wijsheid der wereld tot dwaasheid gemaakt?... Wat dwaas is voor de wereld heeft God uitverkoren om de wijzen te beschamen... opdat geen mens zou roemen tegenover God" (1 Kor. 1, 20, 27, 29).

De "wijze" spreker was sprakeloos. Wat opvalt is dat de priester op milde wijze sprak en zonder een grein egoïsme. De priester in kwestie was in feite een bisschop van het Oecumenisch Patriarchaat. Hij eindigde met te zeggen:

"Ik geef toe dat ik niets weet. Het is aan u te oordelen wat juist is."

Beschaamd zei de spreker:

"De priester heeft heel goed gesproken! Hij heeft alles wat ik gezegd heb weerlegd."

Kennis van een onderwerp is een groot iets als zij gepaard gaat met nederigheid, welwillendheid en liefde. Dit geldt op alle gebieden. Als u de nodige kennis hebt over een onderwerp, spreek dan. Anders moet u spreken door uw voorbeeld.

Als u tijdens debatten een paar woorden spreekt over godsdienst, zult u de overhand hebben. Laat degene die een andere mening heeft vrij om zijn gedachten uit te spreken en zoveel te spreken als hij wil... Laat hem voelen dat hij spreekt tegen iemand die kalm is en niet strijdlustig. Beïnvloed hem door uw goedheid en gebed en spreek dan kort tegen hem. U bereikt niets als u verhit spreekt en hem bijvoorbeeld zegt "Wat u zegt is niet waar, het is gewoon een leugen!" Wat zou u daarmee bereiken? Wees "als schapen tussen de wolven" (Mt. 10, 16). Wat u moet doen? Wees uiterlijk onbewogen, maar innerlijk in gebed. Wees bereid, weet waar u over spreekt en spreek ronduit en duidelijk, maar met heiligheid, nederigheid en gebed. Maar om dit te kunnen doen moet u heilig worden.

Liefde gaat alles te boven

Liefde voor Christus is grenzeloos, en dit geldt ook voor de liefde voor onze naaste. Zij moet naar alle kanten uitstralen, naar de einden van de aarde, naar elke mens. Ik wilde bij de hippies in Matala[46] gaan wonen om hen te laten zien hoe groot de liefde van Christus is en hoe zij hen kan veranderen en transfigureren. Liefde gaat alles te boven. Ik zal u een voorbeeld geven.

Er was een kluizenaar die twee monniken als leerling had. Hij deed zijn uiterste best hen van nut te zijn en hen tot goede mensen te maken. Hij was echter niet zeker of zij enige vordering hadden gemaakt in het geestelijk leven en of zij klaar waren voor Gods Koninkrijk. Hij vroeg God om een teken, maar kreeg geen antwoord. Op een dag zou er een vigilie zijn in de kerk van een andere kluis die op vele uren afstand lag. Zij zouden de

....

[46] Matala is een badplaats in het oosten van Kreta.

woestijn moeten doorkruisen. De oudvader stuurde zijn twee monniken 's ochtends vroeg op weg zodat zij de kerk konden helpen voorbereiden en hij zou later in de namiddag gaan. Zijn leerlingen hadden al een heel eind van de weg afgelegd toen zij plotseling gekreun hoorden. Een man lag daar zwaar gewond en riep om hulp.

"Neem mij alstublieft met u mee", smeekte hij. "Hier in de woestijn komt er niemand anders langs en wie zal mij helpen? U bent met z'n tweeën. Neem mij op en breng mij naar het dichtstbijzijnde dorp."

"Dat kunnen wij onmogelijk doen", antwoordden zij. "Wij hebben haast om naar de vigilie te gaan en wij hebben instructies om alles voor te bereiden."

"Alstublieft, neem mij mee! Als u mij achterlaat, zal ik sterven. Ik zal opgegeten worden door wilde dieren."

"Wij kunnen het niet doen. Wij moeten doen wat ons gezegd is."

En zij liepen door. 's Middags ging de oudvader langs dezelfde weg naar de vigilie. Hij kwam bij de plaats waar de gewonde man lag en ging naar hem toe en zei:

"Wat is er met u gebeurd, goede man Gods? Hoe lang ligt u hier al? Heeft niemand u gezien?"

"Twee monniken zijn vanochtend langsgeweest en ik heb hen gevraagd mij te helpen, maar zij hadden haast om naar een vigilie te gaan."

"Maak u maar geen zorgen. Ik zal u dragen", zei de oudvader.

"Dat zult u niet kunnen", zei de gewonde, "u bent een oude man en u kunt mij onmogelijk optillen."

"Helemaal niet, u zult zien dat ik het kan. Ik kan u niet hier achterlaten."

"Maar u kunt me niet optillen."

"Ik zal me bukken en u grijpt mij vast, dan zal ik u dragen tot aan het volgende dorp. Een beetje vandaag en een beetje morgen; ik zal u daar wel krijgen."

Met veel moeite tilde hij de man op zijn rug en ging op weg. Lopen in het zand met zo'n groot gewicht was bijna onmogelijk. Het zweet stroomde van zijn lichaam als een rivier en hij dacht bij zichzelf: "Zelfs al zal het drie dagen duren, ik kom er wel." Maar terwijl hij verder liep, voelde hij dat zijn last lichter en lichter werd, tot hij het idee had dat hij niets meer droeg. Hij keerde zich om om te zien wat er gebeurde en was verbaasd een Engel op zijn rug te zien. De Engel zei tegen hem: "God heeft mij gezonden om u te zeggen dat uw twee monniken het koninkrijk Gods niet waardig zijn omdat zij geen liefde hebben."

OVER DE GODDELIJKE VOORZIENIGHEID

God is liefde; Hij is niet gewoon een toeschouwer van ons leven,
Hij zorgt voor ons en bekommert zich om ons als onze Vader, maar
Hij respecteert tegelijk onze vrijheid

God heeft voorkennis, maar Hij bestemt niet voor

Gods kennis is onbegrijpelijk voor onze geest. Zij is oneindig en omvat alle wezens, de zichtbare en de onzichtbare, de eerste en de laatste. God kent alle dingen precies, in al hun diepte en breedte. De Heer kent ons voor wij onszelf kennen. Hij kent onze aanleg en onze minste gedachte, onze slechte verlangens en onze beslissingen, voor wij ze zelfs genomen hebben. Maar zelfs vóór onze ontvangenis en vóór de schepping van de wereld kende Hij ons al goed. Daarom roept David in verwondering uit: "Heer, Gij hebt mij onderzocht en Gij kent mij... Gij weet mijn gedachten van verre... Al mijn wegen ziet Gij vooruit... Zie, Heer, Gij weet alles, de eerste en de laatste dingen. Gij hebt mij gemaakt en Gij hebt Uw hand op mij gelegd" (Ps. 138, 1-5).

De Heilige Geest doordringt alles. En daarom bezit de persoon die gedragen wordt en doordrongen is van de Heilige Geest ook de kennis van God. Hij kent het verleden, het heden en de toekomst. De Heilige Geest openbaart hem deze dingen. Geen enkele van onze daden is aan God onbekend; alle staan zij opgetekend. Ze zijn opgetekend en toch niet opgetekend. Zij worden geboren, komen tot het zijn, en bestaan, en toch zijn ze niet geboren. Wat u nu weet, weet God van voor de schepping van de wereld. Laat mij u herinneren aan wat de heilige Symeon de Nieuwe Theoloog zegt in het voorbereidingsgebed op de heilige communie: "Uw ogen kenden mijn nog niet voltooide werk; en in Uw boek staat hetgeen ik nog niet heb gedaan, opgeschreven."

Sommige mensen begrijpen deze woorden verkeerd en verwarren ze. Zij zeggen: "God heeft alles opgeschreven, dus worden wij bestuurd door lot en bestemming. Het was bijvoorbeeld voorbestemd dat u een moord zou plegen; God heeft u hiertoe voorbestemd." En zij vragen: "Als ik voorbestemd ben u te vermoorden, ben ik dan verantwoordelijk of niet? En als 'hetgeen ik nog niet gedaan heb staat opgeschreven', waarom zouden wij dan verantwoordelijk zijn voor onze daden? En kunt u, die beweert dat God goed is, mij zeggen waarom Hij dit heeft voorbestemd en mij niet heeft tegengehouden het te doen?"

Hier is het geheim: in Zijn almacht en alwetendheid weet God alles, ook hetgeen in de toekomst zal gebeuren; maar Hij is niet de oorzaak van het kwade. God heeft voorkennis, maar Hij bestemt niet voor. Voor God is er geen verleden, heden en toekomst. Alle dingen zijn open en bloot voor Hem. Daarom zegt de heilige Paulus: "Alle dingen liggen naakt en open voor de ogen van Hem" (Hebr. 4, 13). In Zijn alwetendheid weet Hij het goede en het kwade. Hij werkt samen met het goede daar Hij, als God, van nature goed is en het kwade Hem vreemd is. Maar gezien het kwade Hem vreemd is, kan Hij ons toch niet voorbestemmen voor het kwade? God heeft alles "heel goed" (Gen. 1, 31) geschapen en aan alles een goede en heilige bestemming gegeven.

Het kwade is iets dat ons geloof verklaart op een zeer goede wijze, die niet verbeterd kan worden. De verklaring die ons geloof geeft is de volgende: het kwade bestaat en komt van de duivel. Binnenin ons hebben wij de boze geest en de goede geest en zij vechten met elkaar. "Hij zal de één haten en de ander liefhebben, of hij zal de één aanhangen en de ander minachten. Gij kunt niet God dienen en de mammon" (Mt. 6, 24). Dus binnenin ons heeft een strijd plaats tussen goed en kwaad. Maar in deze strijd is men vrij te besluiten en te kiezen. Als gevolg is het dus niet God Die voorbeschikt en besluit, maar de vrije wil van de mens.

In Zijn alwetendheid weet God niet alleen van tevoren precies dat deze persoon bijvoorbeeld een moord zal plegen op dertigjarige leeftijd, maar zelfs vóór de schepping van de wereld. Maar die persoon handelt naar eigen keuze met zijn vrije wil (een geschenk dat God hem gegeven heeft en dat hij verdorven heeft). God is er niet de oorzaak van en Hij beschikt hem daar ook niet voor. Zijn alwetendheid verplicht ons niet. Hij respecteert onze vrijheid; Hij schaft haar niet af. Hij bemint ons; Hij maakt ons niet tot slaaf; Hij geeft ons waardigheid. God mengt Zich niet in onze vrijheid; Hij respecteert haar volledig. Dus wij zijn verantwoordelijk, omdat wij doen wat wij willen. God dwingt ons niet. God weet van tevoren dat u deze man zult doden, maar God heeft niet gezorgd dat u het zou doen. Hoe zou het kunnen dat God, Hij Die ons uit Zijn oneindige liefde heeft geschapen en Die Zelf volledige liefde is en slechts liefde verlangt – u wil leiden tot het kwaad en tot moord? Geeft Hij u alleen vrijheid om haar van u af te nemen? U handelt vrij en u besluit dát te doen wat God op voorhand weet zonder u te dwingen, en daarom bent u verantwoordelijk.

Dit zijn heel subtiele zaken en het vraagt goddelijke verlichting ze te begrijpen. Het zijn mysteries. Wat goed is in de natuur is een mysterie. Is een klein bloempje dat u aantrekt door zijn gevarieerde kleuren en maakt dat u het liefhebt niet prachtig? U gaat dichterbij en het heeft zulk een fijne geur dat het uw liefde nog meer opwekt. Dat is "het goede". Natuurlijk is het dat, maar is het niet ook een mysterie? Vanwaar komen deze kleuren? Vanwaar komt deze geur? Hetzelfde kan gezegd worden over de vogels, de dieren en de vissen. Alle drukken zij Gods goedheid uit.

Sommige mensen zeggen: "Waarom doet God mij lijden? Waarom laat Hij mij zo gemakkelijk in zonde vervallen? Waarom heeft Hij mij dit karakter gegeven?" En ik herhaal het weer. God heeft ons goed geschapen. God heeft aan de mens het mooiste en het beste gegeven. Het was Zijn bedoeling dat hij volmaakt zou worden. Maar Hij heeft hem vrijheid gegeven en het is dus aan de mens het kwade of het goede te volgen. Aan de ene kant is er Gods liefde en aan de andere kant is er de vrijheid van de mens. Liefde en vrijheid zijn met elkaar verweven. Geest is verenigd met Geest. Dit is het mystieke leven. Als onze geest verenigd is met Gods Geest, dan doen wij het goede – dan worden wij heilig.

Voor onze hartstochten is een ander verantwoordelijk: onze wil. God wil onze wil niet beperken. Hij wil geen druk op ons uitoefenen en ons dwingen. Het hangt van ons af wat wij doen en hoe wij leven. Ofwel wij leven met Christus en zullen het goddelijk leven hebben en zaligheid, ofwel wij leven in melancholie en verdriet. Er is geen tussenstadium – ofwel het één, ofwel het ander. De natuur wreekt zich – ze haat leegte. Alles kan goed zijn, maar het kan het ook níet zijn. Een kus, bijvoorbeeld, kan heilig maar ook ontuchtig zijn. Maar wat waardevol is, is dat een mens vrij handelt. Als God ons daarentegen willoos had gemaakt, en wij slechts deden wat God wil, zou er geen vrijheid zijn. God heeft gemaakt dat de mens zelf moet proberen goed te worden, het zelf te verlangen opdat het in zekere zin zijn eigen verdienste zou zijn, terwijl het in feite komt van Gods genade. Eens komt hij op het punt dat hij het goede wil, het bemint en ernaar verlangt en dan komt de goddelijke genade en volbrengt het.

God respecteert onze vrijheid

God is liefde. Hij is geen gewone toeschouwer van ons leven. Hij zorgt voor ons en interesseert Zich voor ons als een Vader maar Hij respecteert tegelijk onze vrijheid. Hij oefent geen druk op ons uit. Wij moeten onze hoop stellen op Gods voorzienigheid en, daar wij geloven dat God over ons waakt, moeten wij moedig zijn en ons in Zijn liefde werpen en dan zullen wij Hem voortdurend naast ons zien. Wij zullen niet bang zijn een verkeerde stap te zetten.

Wat is het menselijk lichaam toch volmaakt! Het is net een grote fabriek! Het drinkt water en het water gaat naar de maag en naar de nieren en zuivert het bloed. Of neem het hart, de longen, de lever, de galblaas, de pancreas, de hersens, het zenuwstelsel, de zintuigen, het gezicht, het gehoor... En wat kunnen wij zeggen over de geestesvermogens en hoe al deze systemen in perfecte harmonie samenwerken onder Gods bescherming en voorzienigheid!

Alle dingen staan onder Gods voorzienigheid. Hoeveel dennennaalden heeft een den? Kunt u ze tellen? God echter kent ze en zonder Zijn wil valt er niet één op de grond. Precies zoals met de haren van ons hoofd, ze zijn alle geteld. Hij bekommert Zich zelfs over de kleinste details van ons leven; Hij bemint ons en beschermt ons.

Wij leven alsof wij totaal ongevoelig zijn voor de pracht van Gods voorzienigheid. God is een heel groot mysterie. Wij kunnen

Zijn handelen niet begrijpen. Verbeeld u niet dat God iets op de ene manier geschapen heeft en het dan verbeterd heeft. God is onfeilbaar. Hij verbetert niets. Wij weten niet wie God is in Zijn wezen. Wij kunnen Gods gedachten niet doorgronden. "Want Mijn gedachten zijn niet uw gedachten en uw wegen zijn niet Mijn wegen, luidt het woord des Heren. Want zoals de hemelen hoger zijn dan de aarde, zo zijn Mijn wegen hoger dan uw wegen en Mijn gedachten dan uw gedachten" (Jes. 55, 8-9).

Als God ons de gave van nederigheid schenkt, dan zien wij alle dingen, wij voelen alle dingen en wij ervaren God heel duidelijk. Als wij geen nederigheid hebben, zien wij niets. Maar in het tegendeel, als wij de heilige nederigheid waardig zijn, zien wij alle dingen en verheugen ons in alles. Wij ervaren God en wij ervaren het paradijs binnenin ons, want het paradijs is Christus Zelf.

Ik zal u een verhaal vertellen – mogelijk heeft u het zelf gelezen in de verhalen van de woestijnvaders – dat Gods voorzienigheid laat zien en de kracht van het gebed van een oudvader.[47]

Een oudvader stuurde eens een monnik die onder zijn gehoorzaamheid was – hij heette Païssios – op een boodschap ver weg van hun kluizenarij. De monnik liep uren achter elkaar. Het was middag en de zon brandde. Hij zag een grote rots die een schaduw wierp en hij ging liggen in de schaduw van de rots om te rusten en daar viel hij in slaap. Terwijl hij sliep – hij was of aan het slapen of aan het doezelen – zag hij zijn oudvader voor zich die tegen hem zei: "Païssios, Païssios, sta op en ga daar weg!"

En toen hij zijn oudvader zo luid hoorde roepen, sprong hij onmiddellijk op en liep weg. Hij was amper een half dozijn stappen verder toen hij de rots zag omvallen. Hij zou als een vogel in een val zijn geweest en elke botje van zijn lichaam zou verpletterd zijn geweest. De oudvader was kilometers verwijderd en toch zag hij Païssios.

Dit is Gods voorzienigheid. De woorden van de Heer worden waarheid: "En deze tekenen zullen degenen vergezellen die geloven. In Mijn Naam zullen zij boze geesten uitdrijven; zij

---

[47] De heilige Johannes Klimakos: De ladder, het leven van de heilige Johannes Klimakos.

zullen met nieuwe tongen spreken, slangen zullen zij opnemen, en zelfs al drinken zij iets dodelijks, zal dat hen niet schaden; zieken zullen zij de handen opleggen en die zullen genezen worden" (Mk. 16, 17-18).

Wij kunnen bij onszelf denken: "Mijn God, Gij zijt overal aanwezig en Gij ziet alles, waar ik ook ben. Gij volgt elk van mijn passen met Uw liefdevolle zorg."

Wij zouden de woorden van David moeten herhalen:

"Want waar zou ik aan Uw Geest kunnen ontgaan, waarheen wegvluchten voor Uw aangezicht? Als ik zou opstijgen tot de hemel, dan zijt Gij daar; als ik zou afdalen in de hades, Gij zijt er aanwezig. Al zou ik mijn vleugels uitslaan omhoog om neer te strijken aan het einde der zee, ook daar zou Uw hand mij geleiden, Uw rechterhand zou mij vasthouden" (Ps. 138, 7-10).

Natuurlijk is het niet genoeg dit gewoon te weten, maar het is een grote steun en troost als wij het geloven, als wij het ervaren en als wij het ter harte nemen.

OVER DE OPVOEDING VAN KINDEREN

Een groot deel van de verantwoordelijkheid voor
iemands geestelijke toestand ligt bij het gezin

De opvoeding van een kind begint op het ogenblik van de ontvangenis.

Het embryo hoort en voelt in de buik van zijn moeder. Ja, het hoort en het ziet met de ogen van zijn moeder. Het is zich bewust van haar bewegingen en haar emoties, zelfs al is zijn geest niet ontwikkeld. Als het gezicht van de moeder donker wordt, wordt het ook donker. Als de moeder geïrriteerd is, dan wordt het ook geïrriteerd. Wat de moeder ook ervaart – verdriet, pijn, angst, schrik – wordt ook ervaren door het embryo. Als de moeder het kind niet wil, als zij het niet liefheeft, voelt het embryo dit en er worden trauma's in zijn zieltje geschapen die het heel zijn leven zal behouden. Het omgekeerde gebeurt door de heilige emoties van de moeder. Als zij vervuld is van vreugde, vrede en liefde voor het embryo, geeft zij het mystiek deze dingen, precies zoals gebeurt met kinderen die geboren zijn.

Om deze reden moet een moeder veel bidden tijdens haar zwangerschap en het kind dat in haar groeit liefhebben, haar buik strelen, psalmen lezen, hymnen zingen en een heilig leven leiden. Dit is ook in haar eigen voordeel. Maar zij brengt offers voor het welzijn van het embryo zodat het kind heiliger zal worden en vanaf het begin heilige grondvesten zal hebben. Ziet u wat een gevoelig iets het is voor een vrouw zwanger te zijn? Zo'n grote verantwoordelijkheid en zo'n grote eer!

Ik zal u iets vertellen over andere levende en niet-rationele wezens en u zult begrijpen wat ik bedoel. In Amerika werd het volgende experiment uitgevoerd: in twee identieke kamers waar precies dezelfde temperatuur heerste, werden bloemen geplant in identieke aarde en op identieke wijze water gegeven. Er was echter een verschil: in de ene kamer werd zachte, rustgevende muziek gespeeld. En het resultaat? De bloemen in die kamer verschilden enorm met de bloemen in de andere kamer. Zij hadden een heel andere vitaliteit, hun kleuren waren aantrekkelijker en ze groeiden onvergelijkbaar beter.

Het leven van de ouders

Wat kinderen redt en hen goed maakt, is het leven van de ouders thuis. Ouders moeten zich toeleggen op de liefde voor God. Zij moeten heiligen worden in hun relatie met hun kinderen door hun zachtmoedigheid, geduld en liefde. Zij moeten elke dag opnieuw beginnen, met een vers uitgangspunt, hernieuwd enthousiasme en liefde voor hun kinderen. En de vreugde die de hunne zal worden, de heiligheid die hen zal bezoeken, zal genade over hun kinderen uitstorten. In het algemeen hebben ouders schuld aan het slechte gedrag van hun kinderen. En hun gedrag wordt niet verbeterd door vermaningen, discipline of strengheid. Als de ouders geen heilig leven leiden en als zij niet deelnemen aan de geestelijke strijd, maken zij grote fouten en geven zij het kwaad door dat zij in zich hebben. Als de ouders geen heilig leven leiden en geen liefde tonen voor elkaar, zal de duivel de ouders tergen door de reacties van de kinderen. Liefde, harmonie en begrip tussen de ouders zijn nodig voor kinderen. Dit geeft een groot gevoel van veiligheid en zekerheid.

Het gedrag van de kinderen staat in rechtstreeks verband met de toestand van de ouders. Als de kinderen gekwetst worden door het slechte gedrag van de ouders tegenover elkaar, verliezen zij de kracht en het verlangen om vooruit te komen in hun leven. Hun levens zijn slordig gebouwd en het bouwwerk van hun ziel loopt constant gevaar in te storten. Ik zal u twee voorbeelden geven.

Twee zusters kwamen bij mij. Een van hen had droevige ervaringen gehad en zij hadden mij er de oorzaak van gevraagd. Ik antwoordde:

"Het is wegens uw thuis; het komt van uw ouders."

En terwijl ik het meisje 'zag', zei ik:

"Dit zijn dingen die u van uw moeder geërfd hebt."

"Maar", zei zij, "mijn ouders zijn zulke volmaakte mensen. Het zijn christenen, zij biechten, zij ontvangen de communie en wij zijn vroom opgevoed. Of is het de schuld van de godsdienst..."

Ik zei tegen hen:

"Ik geloof geen woord van wat u mij vertelt. Ik zie slechts één ding, en dat is dat uw ouders niet leven in de vreugde van Christus."

Daarop zei het andere meisje:

"Luister, Maria, de vader heeft gelijk. Onze ouders gaan biechten en ontvangen de communie, maar hebben wij thuis ooit vrede gehad? Onze vader was voortdurend aan het klagen over onze moeder. En elke dag weigerde ofwel de een om aan tafel te zitten, ofwel de ander weigerde om samen ergens naartoe te gaan. Wat de vader zegt klopt."

"Hoe heet uw vader?" vroeg ik haar.

Zij zei het.

"Hoe heet uw moeder?"

Zij zei het.

"Wel", zei ik, "de gevoelens die u binnenin u voor uw moeder hebt, zijn niet goed."

Ziet u, op het moment dat zij mij de naam van haar vader zei, zag ik zijn ziel, en op het moment dat zij de naam van haar moeder zei, zag ik haar moeder en ik zag de manier waarop de dochter naar haar keek.

Een andere dag kwam een moeder mij bezoeken met een van haar dochters. Zij was heel ongelukkig en begon te huilen.

"Wat is er aan de hand?" vroeg ik.

"Ik ben helemaal wanhopig wegens mijn oudste dochter. Zij heeft haar man eruit gegooid en ons allen bedrogen met een pak leugens."

"Wat voor leugens?" vroeg ik.

"Zij heeft haar man er al lang uitgegooid en heeft ons niets verteld. Wij vroegen aan de telefoon: 'Hoe gaat het met Stelios?' en zij antwoordde: 'O, goed, hij is net weg om een krant te kopen.' Elke keer vond zij een ander foefje zodat wij niets zouden vermoeden. En dit duurde twee volle jaren. Een paar dagen geleden hoorden wij de waarheid van Stelios zelf toen wij hem toevallig tegenkwamen."

Ik zei toen tegen haar:

"Het is uw schuld. U bent schuldig, u en uw man, maar vooral u."

"Wat bedoelt u?" vroeg zij verontwaardigd. "Ik hield zoveel van mijn kinderen dat ik nooit uit de keuken was. Ik had helemaal geen eigen leven. Ik nam hen naar de kerk en ik vertelde ze altijd wat juist was te doen. Hoe kunt u zeggen dat het mijn schuld is?"

Ik keerde mij naar haar andere dochter die meegekomen was en vroeg:

"Wat denk jij ervan?"

"Vader heeft gelijk, mama", zei zij "Wij hebben nooit een enkele dag meegemaakt waarop u geen ruzie zocht met papa."

"Ziet u dat ik gelijk heb? U bent hier de schuld van. U hebt de kinderen trauma's bezorgd. Het is niet hun schuld, maar zij lijden onder de gevolgen."

Er wordt door de ouders een psychologische toestand in een kind geschapen die het zijn leven lang vergezelt. Zijn later gedrag en zijn verhouding tot anderen zijn in rechtstreeks verband met de ervaringen die het meedraagt sinds zijn kinderjaren. Het kind groeit op en ontwikkelt zich, maar in de grond blijft het dezelfde. Dit ziet men zelfs in de kleinste dingen van het leven. U hebt bijvoorbeeld een verlangen naar voedsel en u wilt eten. U neemt iets en eet het, dan ziet u iets anders en dat wilt u dan ook. U hebt honger en u denkt dat als u niet eet u u flauw zult voelen en zult gaan beven. U bent bang dat u zult vermageren. Dit is een psychologische toestand die een verklaring heeft. Misschien hebt u nooit uw vader of uw moeder gekend, u voelt een tekort, honger, u voelt u arm en zwak. En deze psychologische realiteit drukt zich als een reflex uit in een zwakheid van het lichaam.

Een groot deel van de verantwoordelijkheid voor iemands geestelijke toestand ligt bij het gezin. Om kinderen te bevrijden van hun verschillende innerlijke problemen is het niet genoeg hen goede raad te geven, of te dwingen, en logische argumenten of bedreigingen helpen ook niet. Deze dingen maken de zaak eerder erger. De oplossing is te vinden in de heiliging van de ouders. Wordt heiligen en u zult geen problemen hebben met uw kinderen. De heiligheid van de ouders bevrijdt de kinderen van hun problemen. Kinderen willen heilige mensen aan hun zijde hebben, mensen met veel liefde die hen niet zullen intimideren noch tegen hen preken, maar die een heilig voorbeeld zullen zijn en die voor hen zullen bidden. Ouders, u zou in stilte tot Christus moeten bidden met opgeheven armen en uw kinderen mystiek omhelzen. Als zij zich slecht gedragen, moet u enkele disciplinaire maatregelen nemen, maar u moet ze niet dwingen. En u moet vooral bidden.

Ouders, vooral de moeder, kwetsen dikwijls een kind door het voor slecht gedrag overdreven te vermanen. Het kind is dan gewond. Zelfs als u het kind niet hardop vermaant maar inwendig, of u ergert zich, of u kijkt boos naar het kind, het kind begrijpt het. Het kind gelooft dat zijn moeder niet van hem houdt en vraagt: "Houd je van me, mama?" De moeder antwoordt: "Ja, liefje", maar het kind is niet overtuigd. Het is gekwetst. De moeder bemint het, ze zal het later liefkozen, maar het kind zal zijn hoofd wegtrekken. Het weigert geliefkoosd te worden, het beschouwt het als onoprecht omdat het gekwetst is.

Overbescherming maakt kinderen onvolwassen

Iets anders dat kinderen schaadt is overbescherming, dat wil zeggen overdreven zorg of overdreven bezorgdheid en angst van de ouders.

Een moeder klaagde regelmatig tegen mij dat haar vijfjarig kind ongehoorzaam was. "Het is uw schuld", zei ik tegen haar, maar zij begreep het niet. Eens ging ik met deze moeder en haar kind wandelen langs de kust. Het jongetje liet de hand van zijn moeder los en liep naar de zee. Er was daar een duin en de zee kwam er net achter. De moeder reageerde onmiddellijk angstig en wilde roepen en naar de jongen lopen die boven op de duin stond met uitgestrekte armen om in evenwicht te blijven. Ik kalmeerde haar en zei dat zij de jongen haar rug moest toekeren terwijl ik van opzij op hem zou letten. Toen de jongen de hoop had opgegeven de aandacht van zijn moeder te trekken en haar zoals altijd in paniek te doen schreeuwen, klom hij rustig naar beneden en kwam naar ons toe. En dat was dat. Toen begreep de moeder wat ik bedoelde.

Een andere moeder klaagde dat haar jongetje niet al zijn eten wilde opeten, vooral zijn yoghurt. Het kleintje was ongeveer drie jaar oud en tergde zijn moeder iedere dag. Ik zei tegen haar:

"Wat u moet doen is dit. Maak de ijskast helemaal leeg en vul hem dan met wat yoghurt. U als ouders zult ook een paar dagen moeten lijden. Als het tijd voor het eten is, geeft u Peter zijn yoghurt. Hij zal weigeren het te eten. 's Avonds geeft u het hem weer en ook de volgende dag. Uiteindelijk zal hij honger krijgen en het proeven. Hij zal huilen, schreeuwen, maar u moet het maar verdragen. Daarna zal hij het met plezier eten."

Dat is wat er gebeurde en yoghurt werd een van Peters lievelingsgerechten.

Deze dingen zijn niet moeilijk, maar veel moeders zijn er niet toe in staat en het resultaat is dat zij hun kinderen heel slecht opvoeden. Moeders die bovenop hun kinderen zitten en te beschermend zijn, hebben gefaald in hun taak. U moet het kind zichzelf laten interesseren voor zijn eigen vooruitgang. Dan zult u slagen. Als u voortdurend bovenop ze zit, komt er een reactie. Zij worden lethargisch, zwak van wilskracht en hebben meestal geen succes in het leven. Dit is een soort overbescherming, en die maakt de kinderen onvolwassen.

Enkele dagen geleden kwam een moeder hier in wanhoop omdat haar zoon steeds zakte voor zijn toelatingsexamens voor de universiteit. Hij was op de lagere en middelbare school een uitstekende leerling geweest, maar nu zakte hij herhaaldelijk, was onverschillig en reageerde vreemd.

"Het is uw schuld", zei ik tegen de moeder, "al bent u een ontwikkelde vrouw! Hoe dacht u dan dat de jongen zou reageren? Voortdurend dwang, al die jaren. "Zorg ervoor dat je de eerste van de klas wordt, maak ons niet te schande, zorg dat je een belangrijke plaats in de maatschappij verwerft…" Nu heeft hij het opgegeven; hij wil niets meer. Houd op met deze druk en overbescherming en u zult zien dat de jongen zijn evenwicht zal terugvinden. Hij zal vooruitgang maken als u hem met rust laat."

Vurig bidden

Een kind moet omringd worden door mensen die vurig bidden. Een moeder moet niet tevreden zijn met een kind fysiek te liefkozen, maar moet het ook liefkozen met het gebed. In het diepste van zijn ziel voelt het kind de geestelijke liefkozing die zijn moeder hem geeft en wordt tot haar aangetrokken. Het voelt veiligheid en zekerheid als zijn moeder hem mystiek omhelst met constant, intens en vurig gebed, en het wordt bevrijd van wat hem bedrukt.

Moeders weten hoe ze uitdrukking moeten geven aan angst, raad moeten geven en onophoudelijk praten, maar zij hebben niet geleerd te bidden. De meeste raad en kritiek is zelfs heel schadelijk. U hoeft niet veel te zeggen tegen kinderen. Woorden hameren tegen de oren, maar gebed gaat naar het hart. Gebed is nodig, met geloof en zonder angst, samen met een goed voorbeeld.

Eens kwam een moeder hier, van streek over haar zoon, George. Hij was erg in de war. Hij bleef 's avonds lang weg, verkeerde in gezelschap dat verre van goed was. Elke dag werd het erger. De moeder was vol van angst en diep ongelukkig.

Ik zei tegen haar:

"Zeg geen woord. Bid alleen maar."

Wij kwamen overeen dat wij allebei elke avond van tien uur tot kwart over tien zouden bidden. Ik zei haar geen woord te zeggen en haar zoon te laten uitgaan tot zo laat hij wilde, zonder hem te vragen: "Wat is dit nu voor een tijd om thuis te komen? Waar was je?" of iets dergelijks. In plaats daarvan zou zij liefdevol tegen hem zeggen: "Kom eten, George, er is eten in de ijskast." Buiten dit moest zij niets zeggen. Zij zou zich liefdevol tegen hem gedragen en niet ophouden te bidden.

De moeder begon deze tactiek toe te passen, en na ongeveer twintig dagen vroeg de jongen haar:

"Moeder, waarom praat je niet tegen mij?"

"Wat bedoel je, George, dat ik niet tegen je praat?"

"Je hebt iets tegen mij, moeder, en je praat niet tegen mij."

"Wat een vreemd idee heb je in je hoofd gehaald, George? Natuurlijk praat ik tegen je. Spreek ik nu niet tegen je? Wat wil je dat ik je zeg?"

George antwoordde niet. De moeder kwam toen naar het klooster en vroeg mij:

"Oudvader, wat was de betekenis van wat de jongen tegen mij zei?"

"Onze tactiek heeft gewerkt!"

"Welke tactiek?"

"Wat ik u gezegd heb: niet praten en alleen stil bidden en dat de jongen dan weer bij zinnen zou komen."

"Denkt u dat?"

"Ja", zei ik tegen haar. "Hij wil dat u hem vraagt: 'Waar was je? Wat deed je?' zodat hij kan schreeuwen en reageren en de volgende avond nog later thuiskomen."

"Is dat zo?" vroeg zij. "Wat zijn er toch vreemde mysteries."

"Begrijpt u het nu? Hij was u aan het tergen omdat hij een reactie wilde op zijn gedrag zodat hij zijn toneeltje zou kunnen opvoeren. Nu u niet tegen hem schreeuwt, is hij van streek. In plaats dat u van streek bent als hij doet wat hij wil, is hij nu van streek omdat u niet bedroefd lijkt en onverschillig bent."

Op een dag kondigde George aan dat hij zijn baan ging opgeven om naar Canada te gaan. Hij had aan zijn baas gezegd een vervanger te vinden omdat hij wegging. Intussen zei ik tegen zijn ouders:

"Wij zullen bidden."

"Maar hij is klaar om te vertrekken... ik zal hem bij zijn nekvel grijpen!" zei zijn vader.

"Nee", zei ik hem, "doe niets."

"Maar de jongen gaat vertrekken, oudvader."

Ik zei: "Laat hem maar vertrekken. Wijdt u alleen maar aan het gebed en ik zal met u zijn."

Twee of drie dagen later, een zondagochtend vroeg, kondigde George aan zijn ouders aan:

"Ik ga weg, met een paar vrienden."

"Goed", zeiden zij, "doe wat je wil."

Hij vertrok, en samen met zijn vrienden, twee meisjes en twee jongens, huurde hij een auto en zij gingen op weg naar Chalcis. Daar reden zij wat doelloos rond. Dan gingen zij voorbij de kerk van de heilige Johannes de Rus en vandaar naar Mantoudi, Aghia Anna en verder naar Vasilika. Zij zwommen in de Egeïsche Zee, zij aten, dronken en amuseerden zich. Eindelijk gingen zij allen op weg naar huis. Het was al donker. George was aan het stuur. Toen zij door Aghia Anna reden, botste de auto tegen de hoek van een huis en was flink beschadigd. Wat moesten ze nu doen? Zij slaagden erin de auto in een slakkengangetje terug naar Athene te krijgen.

George kwam vroeg in de ochtend thuis. Zijn ouders zeiden niets en hij ging naar bed. Toen hij was opgestaan, zei hij tegen zijn vader:

"Weet je wat er gebeurd is?... Wij zullen nu de auto moeten laten repareren en het zal veel geld kosten."

Zijn vader zei: "Wel, George, daar zul je zelf een oplossing voor moeten vinden. Je weet dat ik schulden heb en ik moet voor je zusters zorgen..."

"Wat moet ik doen, Vader?"

"Doe wat je wil. Je bent volwassen en je hebt hersens. Ga naar Canada en verdien wat geld..."

"Dat kan ik niet. Wij moeten de auto nu repareren."

"Ik heb geen idee wat je zou moeten doen" zei zijn vader. "Je zult het zelf moeten regelen."

Toen hij zag dat verder praten met zijn vader niet hielp, zei hij niets meer en vertrok. Hij ging naar zijn baas en zei:

"Ik heb een ongeluk gehad met een auto. Ik kan nu niet vertrekken, neem niet een ander aan in mijn plaats."

De baas zei: "Dat is best, mijn jongen."

"Ja, maar ik zou graag wat geld als voorschot hebben."

"Dat is goed, maar je wilde vertrekken. Als je geld wil, zal je vader moeten tekenen."

"Ik zal zelf tekenen, mijn vader wil er niets mee te maken hebben. Dat heeft hij mij gezegd. Ik zal werken en het terugbetalen."

Is dat nu geen Godswonder?

Toen zijn moeder weer kwam, zei ik tegen haar:

"De methode die wij gebruikt hebben heeft gewerkt en God heeft ons gebed verhoord. Het ongeluk was van God en nu zal de jongen thuisblijven en bij zinnen komen."

Dat is wat er door onze gebeden gebeurde. Het was een wonder. De ouders vastten, baden en hielden hun mond en zij hadden succes. Enige tijd later kwam de jongen zelf bij mij – zonder dat iemand van zijn familie hem iets over mij had gezegd. George werd een goede man, hij werkt nu bij de luchtmacht, is getrouwd en heeft een goed gezin.

Veel gebed en weinig woorden

Alles wordt bereikt door gebed, stilte en liefde. Hebt u het effect van gebed begrepen? Liefde in gebed, liefde in Christus. Dat is wat werkelijk nuttig is. In de mate waarin u uw kinderen liefhebt met een menselijke liefde – die dikwijls pathologisch is – zullen zij in de war zijn, en zal hun gedrag negatief zijn. Maar wanneer de liefde tussen u en voor uw kinderen een heilige en christelijke liefde is, dan zult u geen problemen hebben. De heiligheid van de ouders redt de kinderen. Om dit tot stand te brengen, moet de goddelijke genade inwerken op de ziel van de ouders. Niemand kan uit zichzelf geheiligd worden. Dezelfde goddelijke genade zal dan de zielen van de kinderen verlichten, verwarmen en leven geven.

Mensen bellen mij dikwijls zelfs vanuit het buitenland en stellen vragen over hun kinderen en over andere zaken. Vandaag belde een moeder uit Milaan en vroeg hoe zij moest handelen tegenover haar kinderen. Ik zei dit tegen haar:

"Bid en als het nodig is tegen uw kinderen te spreken, doe het met liefde. Veel gebed en weinig woorden. Veel gebed en weinig woorden voor iedereen. Wij moeten niet hinderlijk worden, maar in het verborgene bidden en dan spreken, en God zal ons in ons hart laten weten of de anderen hetgeen wij gezegd hebben, hebben aanvaard. Anders moeten wij niet spreken. Alleen in het verborgene bidden. Want als wij spreken geven wij ergernis en wekken wij bij anderen verzet op of maken we ze zelfs kwaad. Daarom is het beter in het verborgene te spreken tot het hart van anderen door gebed, dan tot hun oren.

"Bid eerst en spreek dan. Zo moet u doen met uw kinderen. Als u voortdurend tegen ze preekt, zult u vermoeiend worden en als zij opgroeien zullen zij een soort verdrukking voelen. Verkies liever gebed en spreek met hen door gebed. Zeg het tegen God en God zal in hun harten spreken. Dat wil zeggen, u moet uw kinderen geen raad geven met een stem die zij met hun oren horen. U mag dat ook wel doen, maar u moet vooral met God spreken over uw kinderen. Zeg: 'Heer Jezus Christus, geef Uw licht aan mijn kinderen. Ik vertrouw ze aan U toe. Gij hebt ze mij gegeven, maar ik ben zwak en kan ze niet leiden, alstublieft, verlicht ze.' En God zal met hen spreken en zij zullen tegen zichzelf zeggen: 'O hemel, ik had mama hiermee niet van streek moeten maken!' En met Gods genade zal dit in hun hart opkomen."

Dit is de beste manier – de moeder spreekt tot God en God spreekt tot de kinderen. Als wij niet op deze manier communiceren, wordt voortdurend preken een soort intimidatie. En als het kind opgroeit, begint het in opstand te komen en bij wijze van spreken zich te wreken op zijn vader en moeder die hem gedwongen hebben. Terwijl de beste manier is dat de heiligheid en de liefde in Christus van de vader en de moeder spreken. De uitstraling van heiligheid en niet de menselijke zorg maakt kinderen goed.

Als de kinderen getraumatiseerd en gekwetst worden door een ernstige situatie, trek het u dan niet aan als zij negatief reageren en ruwe taal uitslaan. In werkelijkheid willen zij dit niet doen, maar zij kunnen het niet laten op moeilijke ogenblikken. Daarna hebben zij berouw. Maar als u geïrriteerd en woedend wordt, wordt u één met de boze geest en dan bespot hij u allen.

De heiligheid van de ouders

Wij moeten God zien in de gezichten van onze kinderen en hen Gods liefde geven. Ook kinderen moeten leren bidden. En opdat kinderen leren bidden, moeten zij in zich het bloed van biddende ouders hebben. Hier maken sommige mensen de vergissing te zeggen: "De ouders zijn vroom en bidden, mediteren over de Heilige Schrift en voeden hun kinderen op 'in de tucht en de vermaning des Heren' (Ef. 6, 4), dus natuurlijk zullen het goede kinderen worden." Maar toch zien wij het omgekeerde gebeuren, en dat komt door dwang.

Het is niet genoeg dat ouders vroom zijn. Zij moeten de kinderen niet onder druk zetten om gedwongen goed te worden. Wij kunnen onze kinderen van Christus afstoten als wij ons geloof naleven uit egoïsme. Kinderen kunnen geen dwang verdragen. Dwing hen niet om met u naar de kerk te gaan. U kunt zeggen: "Wie wil kan nu met mij meekomen of kan later komen." Laat God tot hun ziel spreken. De reden waarom de kinderen van sommige vrome ouders opstandig worden als zij opgroeien en de Kerk verwerpen en alles dat ermee verbonden is, en ergens anders hun vermaak gaan zoeken, is wegens deze druk die hun "goede" ouders op hen uitoefenen. De zogezegde "vrome" ouders die zo bezorgd waren "goede" christenen van hun kinderen te maken met hun menselijke liefde, hebben hun kinderen onder druk gezet en het omgekeerde bereikt. De kinderen zijn onder druk als zij jong zijn, en als zij zestien, zeventien, achttien worden, zijn zij het omgekeerde geworden van wat bedoeld was. Uit reactie beginnen zij met het verkeerde soort om te gaan en grove taal te gebruiken.

Als kinderen opgroeien in een sfeer van vrijheid en tegelijkertijd omringd worden door het goede voorbeeld van volwassenen, is het een vreugde ze te zien. Het geheim is goed en heilig te zijn en te inspireren en uit te stralen. Het leven van de kinderen schijnt beïnvloed te worden door de uitstraling van hun ouders. Als de ouders voortdurend zeggen: "Ga biechten, ga te communie", bereiken ze niets. Maar wat ziet uw kind in u? Hoe leeft u en wat straalt u uit? Straalt Christus in u? Dit is wat aan uw kind wordt doorgegeven. Hier ligt het geheim. En als dit gedaan wordt als het kind jong is, zal het niet nodig zijn "veel moeite" te doen als het opgroeit. Salomo de Wijze gebruikt een mooi beeld over dit onderwerp en hij onderstreept het belang van een goed begin en een goede fundering: "Wie haar vroeg zoekt, behoeft niet veel moeite, hij vindt haar voor zijn deur op zich wachten" (Wijsh. 6, 14). Degene die haar "vroeg zoekt", is hij die zich vanaf zijn vroegste jeugd bezighoudt met wijsheid. Christus is de Wijsheid.

Als de ouders heilig zijn en dit aan het kind doorgeven en het kind opvoeden "in de Heer", zal het kind, wat de slechte invloeden om hem heen ook zijn, niet worden aangetast, want aan de deur van zijn hart zal Wijsheid zijn – Christus Zelf. Het kind zal geen grote moeite hoeven doen om de Wijsheid te verkrijgen. Het lijkt heel moeilijk goed te worden, maar in feite is het heel gemakkelijk als u op vroege leeftijd begint met goede ervaringen. Dan hoeft u als u opgroeit geen moeite te doen, u hebt goedheid in u en u ervaart het. U vermoeit uzelf niet; het is van u, een bezit dat u, als u voorzichtig bent, uw hele leven behoudt.

Uw kinderen op school

Wat geldt voor ouders, geldt ook voor onderwijzers. Met gebed en heiligheid kunt u de kinderen ook op school helpen. Gods genade kan hen overschaduwen en hen goed maken. Probeer niet met menselijke methodes slechte situaties te corrigeren. Hieruit komt niets goeds voort. U zult slechts met gebed resultaten verkrijgen. Roep Gods genade aan over al de kinderen – opdat de goddelijke genade in hun zielen treedt en hen verandert. Dit is wat het betekent een christen te zijn.

Jullie, onderwijzers, geven uw angst door aan de kinderen zonder u ervan bewust te zijn, en dit beïnvloedt hen. Met geloof smelt angst weg. Wat zeggen wij? "…bevelen wij aan Christus onze God onszelf, elkaar en geheel ons leven aan."

Beantwoordt de liefde van de kinderen met onderscheidingsvermogen. En als zij eenmaal van u houden, zult u hen tot Christus kunnen leiden. U zult de weg worden. Laat uw liefde echt zijn. Bemin hen niet op een menselijke wijze, zoals ouders gewoonlijk doen. Dit helpt hen niet. Bemin in gebed, bemin in Christus. Dit is werkelijk heilbrengend. Bid voor elk kind dat u ziet, en God zal Zijn genade zenden en zal het kind met Hem verenigen. Voordat u de klas binnengaat, vooral moeilijke klassen, moet u het gebed "Heer Jezus Christus…" zeggen. En als u binnengaat, omhels dan alle kinderen met uw blik, bid en begin dan uw les, en geef u helemaal. Door u zo in Christus te geven, zult u vervuld zijn van vreugde. En op deze wijze zullen zowel u als de kinderen geheiligd worden. U zult leven in de liefde van Christus en Zijn Kerk, omdat u goed zult worden door uw werk.

Als een leerling moeilijkheden veroorzaakt, maak dan eerst een algemene opmerking, zoals: "Kinderen, wij zijn hier voor de les, voor een ernstige zaak. Ik ben hier om jullie te helpen. Jullie zijn hard aan het werk om te slagen in het leven en ik, die van veel jullie allen houd, ben ook hard aan het werk. Wees dus stil, zodat wij ons doel kunnen bereiken."

Kijk niet naar de leerling die zich slecht gedraagt, terwijl u dit zegt. Als hij doorgaat, spreek dan tegen hem, niet met kwaadheid, maar ernstig en vastbesloten. U moet oppassen en de klas onder controle houden om hun zielen te kunnen beïnvloeden. Het is niet de fout van de kinderen als zij problemen veroorzaken. Het is de schuld van de volwassenen.

Spreek niet veel over Christus en God met de kinderen, maar bid tot God voor de kinderen. Woorden gaan de oren in, maar gebed gaat het hart in. Luister naar een geheim. De eerste dag dat u een klas binnengaat, moet u geen les geven. Spreek hartelijk en duidelijk met de kinderen en behandel hen met liefde. Spreek in het begin helemaal niet met hen over God of over de ziel. Dit komt later. Maar op de dag dat u besluit met hen over God te spreken, bereid uzelf dan goed voor en zeg:

'Er is een onderwerp waarover veel mensen grote twijfels hebben. Het is het onderwerp 'God'. Hoe denken jullie daarover?'

En dan kunt u een discussie hebben. Een andere dag kunt u een gesprek over "de ziel" openen.

'Bestaat er zoiets als 'de ziel'?'

Dan kunt u vanuit filosofisch gezichtspunt over het kwaad spreken. Vertel hen dat wij twee zelven hebben, een goede en een slechte. Wij moeten ons goede zelf ontwikkelen. Het is ons goede zelf die vooruitgang, goedheid en liefde wil. Wij moeten ons goede zelf wakker maken om rechtschapen mensen in de maatschappij te worden. Herinner u de hymne 'Ontwaak mijn ziel, waarom slaapt gij'.[48] Vertel het ze niet zo, maar met andere woorden, bijvoorbeeld: 'Wees wakker en helder als het om goede dingen gaat: ontwikkeling, liefde. Alleen liefde maakt alles mooi en vervult ons leven en geeft het zin. Ons slechte zelf verlangt luiheid en onverschilligheid. Maar dat ontneemt alle smaak aan het leven, dat neemt alle betekenis en schoonheid weg.'

Al deze dingen echter vragen voorbereiding. Liefde vraagt offers en heel dikwijls ook een offer van tijd. Let erop dat u uw onderwerp goed kent en klaar bent het aan de kinderen aan te bieden. Wees voorbereid en zeg alles met liefde en bovenal met vreugde. Toon hen al uw liefde en weet wat u wil en wat u zegt. Maar hoe zich te gedragen met kinderen is een kunst. Ik heb hierover een mooi verhaal gehoord:

Er was een onderwijzer die getergd werd door het gedrag van een van de jongens en hij wilde hem van school sturen. Intussen echter kwam er een nieuwe onderwijzer die de klas overnam. Er werd van tevoren aan de nieuwe onderwijzer verteld over de probleemleerling. Hij hoorde ook dat de jongen in kwestie gek was op fietsen. Dus op de tweede dag, toen hij de klas binnenkwam, zei hij:

....

[48] Kondakion uit de Grote Boetecanon van de heilige Andreas van Kreta.

"Kinderen, ik heb een probleem. Ik woon ver van school en ik wil een fiets kopen zodat ik niet elke dag mijn voeten uitput door naar hier te lopen, maar ik kan niet rijden. Kan iemand mij leren hoe ik op een fiets moet rijden?"

De ondeugende leerling sprong onmiddellijk op en zei: "Ik zal het u leren, mijnheer."

"Kun jij op een fiets rijden?"

"Ja, mijnheer."

Vanaf dat moment werden zij zulke goede vrienden, dat de oude onderwijzer van streek raakte als hij hen zag. Hij kreeg een gevoel van mislukking omdat hij geen eerbied van de jongen had kunnen krijgen.

Er zijn dikwijls weeskinderen op school. Het is hard een wees te zijn. Een kind dat zijn ouders verliest, vooral op jonge leeftijd, wordt ongelukkig in zijn leven. Maar als het geestelijke ouders krijgt in Christus en de Moeder Gods, wordt het een heilige. Behandel weeskinderen met liefde en begrip, maar breng hen vooral in contact met Christus en de Kerk.

Leer de kinderen Gods hulp te vragen

Het medicijn en het grote geheim voor de vooruitgang van kinderen is nederigheid. Vertrouwen op God geeft volmaakte veiligheid. God is alles. Niemand kan zeggen dat hij alles is. Dit versterkt het egoïsme. God wil dat wij kinderen tot nederigheid zullen leiden. Zonder nederigheid zullen noch wij, noch de kinderen iets bereiken. U moet voorzichtig zijn als u kinderen aanmoedigt. U moet niet tegen een kind zeggen "Je zult slagen, je bent goed, je bent jong, je bent moedig, je bent volmaakt!" Dit is niet goed voor het kind. Maar je kunt wel tegen een kind zeggen te bidden, en zeggen: "De talenten die je hebt, zijn je gegeven door God. Bid en God zal je de kracht geven ze te ontwikkelen en op die manier zul je slagen. God zal je Zijn genade geven." Dat is de beste manier. Kinderen moeten leren Gods hulp te vragen voor alles.

Lof is schadelijk voor kinderen. Wat zegt de Schrift? "Mijn volk, uw leiders zijn verleiders en zij maken de weg die u tot pad moest zijn, tot een doolweg" (Jes. 3, 12). De persoon die ons prijst doet ons dwalen en maakt het pad van ons leven tot een doolweg.

Hoe wijs zijn Gods woorden! Lof bereid kinderen niet voor op de moeilijkheden van het leven en zij groeien slecht aangepast op; zij dwalen van de weg en worden mislukkelingen. Nu is de wereld dol geworden. Kleine kinderen worden voortdurend geprezen. Er wordt ons gezegd kinderen niet te vermanen, niets tegen hun wil te doen en hen niet te dwingen. Het kind went daar echter aan en kan als het volwassen is zelfs met de kleinste moeilijkheid niet omgaan. Zodra iets tegenzit, is hij verslagen en heeft hij geen kracht meer in hem over.

De eerste verantwoordelijkheid voor de mislukking van kinderen in het leven ligt bij hun ouders en daarna bij hun onderwijzers. Zij prijzen ze voortdurend en vullen hen met egoïstische woorden. Zij leiden hen niet naar Gods Geest, maar vervreemden hen van de Kerk. Als de kinderen een beetje groter zijn en naar school gaan met dit egoïsme, verlaten zij de godsdienst en minachten haar en zij verliezen hun eerbied voor God, voor hun ouders en voor iedereen. Zij worden koppig, hard en gevoelloos, zonder respect voor godsdienst of voor God. Wij hebben een generatie egoïsten voortgebracht en geen christenen.

Voortdurende lofprijzingen

Kinderen hebben geen baat bij voortdurende lofprijzingen. Zij worden egocentrisch en ijdel en zullen heel hun leven willen dat iedereen hen voortdurend prijst, zelfs als men ze leugens vertelt. Spijtig genoeg hebben tegenwoordig alle mensen geleerd leugens te vertellen en de ijdelen aanvaarden deze leugens als hun dagelijks brood. "Zeg het, zelfs als het niet waar is, zelfs als het ironisch is", zo zeggen zij. Dit is niet wat God wil. God wil de waarheid. Spijtig genoeg begrijpen niet alle mensen dit en zij doen precies het omgekeerde.

Als u kinderen voortdurend en blindelings prijst, vallen zij ten prooi aan de boze. Het zet de molen van egoïsme in beweging, en daar zij gewend zijn aan de lofprijzingen van hun ouders en onderwijzers, maken zij misschien wel vooruitgang op school, maar wat is het nut ervan? In het leven zullen zij egoïsten zijn en geen christenen. Egoïsten kunnen nooit christenen zijn. Egoïsten verlangen voortdurend door iedereen geprezen te worden, iedereen moet van hen houden en iedereen moet goed van hen spreken, en dit is iets dat onze God, onze Kerk, onze Christus, niet wilt.

Onze godsdienst wenst dit soort opvoeding niet. Integendeel, kinderen moeten vanaf hun vroegste jeugd de waarheid leren. De waarheid van Christus benadrukt dat als u iemand looft, u een egoïst van hem maakt. Een egoïst is verward en wordt geleid door de duivel en de boze geest. Hij groeit op in een geest van zelfzucht, en het eerste wat hij doet is God ontkennen en een egoïst worden die slecht aangepast is aan de maatschappij.

U moet de waarheid zeggen, dan leert die persoon haar kennen. Anders sterkt u hem in zijn onwetendheid. Als u iemand de waarheid vertelt, vindt hij zijn plaats, hij let op, hij luistert naar anderen en hij weerhoudt zichzelf. En zo moet u ook een kind de waarheid zeggen en het vermanen, zodat het weet dat wat het doet niet goed is. Wat zegt Salomo? "Wie zijn roede spaart, haat zijn zoon; maar wie hem liefheeft, tuchtigt hem reeds vroeg" (Spr. 13, 24). Ik bedoel natuurlijk niet dat u het kind met een stok moet afranselen. Dan gaan wij voorbij de grenzen en bereiken we het omgekeerde resultaat.

Door onze kinderen vanaf hun vroegste jeugd te prijzen, leiden wij hen tot zelfzucht. En u kunt een egoïst bedriegen, u hoeft maar te zeggen hoe goed hij is om zijn ego op te blazen. En dan zegt hij over u: "Die persoon die mij looft is goed." Dit is geen goede zaak. Omdat zo iemand opgroeit met zelfzucht, wordt hij verward, hij lijdt en hij weet niet wat hij moet doen. De oorzaak van psychologische onstandvastigheid en wanorde is egoïsme. Dat is iets dat psychiaters, als zij de zaak onderzoeken, zullen ontdekken, namelijk dat de egoïst ziek is.

Wij moeten onze medemensen nooit loven en vleien, maar hen tot nederigheid leiden en tot de liefde van God. Wij moeten ook niet proberen bemind te worden door anderen te vleien. We moeten beminnen en niet proberen bemind te worden. We moeten iedereen beminnen en offers brengen, zo groot als wij kunnen, voor al onze broeders en zusters in Christus, zonder dank, lof en liefde van hen te verwachten. Zij zullen voor ons doen wat God hen ingeeft te doen. Als het christenen zijn, zullen zij God loven dat wij hen geholpen hebben of iets goeds tegen hen hebben gezegd.

Dit is ook de wijze waarop u kinderen op school moet leiden. Dit is de waarheid. Anders groeien zij slecht aangepast op. Zij weten niet wat zij doen en waarheen zij gaan, en daar zijn wij de oorzaak van, door de wijze waarop wij hen hebben opgevoed. Wij hebben hen niet naar de waarheid geleid en naar de liefde van God. Wij hebben hen veranderd in egoïsten en kijk naar het resultaat!

Er zijn echter ook kinderen die van nederige ouders komen die vanaf hun vroege jeugd met hen over God gesproken hebben en over de heilige nederigheid. Die kinderen maken geen moeilijkheden voor hun medemensen. Zij worden niet boos als u hen op een fout wijst, maar proberen deze te verbeteren en bidden dat God hen helpt geen egoïsten te worden.

Toen ik naar de Heilige Berg ging, leefde ik met uiterst heilige oudvaders. Zij zeiden nooit tegen mij: "Goed gedaan." Zij gaven mij altijd de raad God te beminnen en altijd nederig te zijn, God aan te roepen om mijn ziel te sterken en Hem vurig lief te hebben. Ik wist niet wat "goed gedaan" was, en heb er ook nooit naar verlangd. Integendeel, ik was ongelukkig als mijn oudvaders mij niet vermaanden. Ik zei tegen mijzelf: "Hemel, ik heb geen goede oudvaders gevonden!" Ik wilde dat zij mij zouden verbeteren, mij vermanen en streng met mij zouden zijn. Als een christen zou horen wat ik nu zeg, wat zou hij dan zeggen? Hij zou verbaasd zijn en het verwerpen. Maar toch is het juist, nederig en gemeend.

Mijn ouders zeiden ook nooit "goed gedaan" tegen mij. Om die reden deed ik alles onbaatzuchtig. Nu ik mensen mij hoor prijzen, voel ik mij heel slecht. Er is iets binnen in mij dat schopt uit protest als mensen tegen mij zeggen "goed gedaan". Het feit dat ik nederigheid heb geleerd heeft mij geen kwaad gedaan. En waarom wil ik nu geen applaus? Omdat ik weet dat lof iemand leeg maakt en Gods genade doet vertrekken. Gods genade komt slechts met nederigheid. Een nederig mens is een volmaakte mens. Is dat niet mooi? En het is toch waar?

Als u dit aan iemand vertelt, zal hij onmiddellijk zeggen "Wat een nonsens! Als u uw kind niet prijst, zal hij zijn schoolwerk niet kunnen doen…" Maar dat is omdat wij zo zijn en onze kinderen ook zo hebben gemaakt. Met andere woorden, wij zijn van de waarheid afgedwaald. Zelfzucht heeft de mens uit het paradijs verdreven, het is een groot kwaad. Adam en Eva waren eenvoudig en nederig; daarom leefden zij in het paradijs. Zij beschikten niet over zelfzucht, maar over de "primaire" natuur, zoals wij het in theologische taal noemen. Als wij zeggen "primaire natuur", dan bedoelen wij de genadegaven die God de mens geschonken heeft in het begin toen Hij hem geschapen heeft, namelijk leven, onsterflijkheid, bewustzijn, vrijheid van wil, liefde, nederigheid, enzovoorts. Door vleierij, echter, is de duivel erin geslaagd hen te misleiden. Zij werden vervuld van zelfzucht. De natuurlijke staat van de mens, zoals door God geschapen, is echter nederigheid. Egoïsme daarentegen is iets onnatuurlijks, een ziekte en tegengesteld aan de natuur.

Wanneer wij door onze lofprijzing dit "superego" in het kind scheppen, blazen wij zijn zelfzucht op en doen wij hem veel kwaad. Wij maken het kind ontvankelijker voor demonische invloeden. En terwijl wij het opvoeden, verwijderen wij het van alle levenswaarden. Denkt u niet dat dit de reden is waarom kinderen afdwalen en mensen in opstand komen? Het is het egoïsme dat hun ouders op vroege leeftijd in hen geplant hebben. De duivel is de grote egoïst, de grote Lucifer. Met andere woorden, wij leven met Lucifer in ons, met de duivel. Wij leven niet met nederigheid. Nederigheid is van God; het is essentieel voor de menselijke ziel. Het is iets organisch. En als het ontbreekt, is het alsof het hart ontbreekt uit het menselijk organisme. Het hart geeft leven aan het lichaam en nederigheid geeft leven aan de ziel. Met egoïsme wordt een mens overgegeven aan het deel van de boze geest, hij ontwikkelt zich met de boze geest en niet met de goede geest.

Dit is wat de duivel bereikt heeft. Hij heeft de aarde veranderd in een labyrint zodat het ons onmogelijk is met elkaar tot overeenstemming te komen. Wat is er met ons gebeurd zonder dat wij ons ervan bewust waren? Ziet u hoe wij misleid zijn? Wij hebben onze wereld en ons tijdperk veranderd in een groot psychiatrisch ziekenhuis! En wij begrijpen niet wat er is misgegaan. Wij vragen allemaal: "Wat is er van ons geworden, waar gaan wij naartoe, waarom zijn onze kinderen vertrokken, waarom hebben zij hun thuis verlaten, waarom hebben zij ontslag van het leven genomen, waarom hebben zij hun studies opgegeven? Waarom gebeurt dit allemaal?" De duivel is erin geslaagd zich te verbergen en mensen andere namen te doen gebruiken. Artsen en psychologen zeggen dikwijls als iemand getergd wordt: "Ach, deze persoon heeft een neurose of lijdt aan angst." Zij aanvaarden niet dat de duivel in die persoon zelfzucht aanmoedigt en opwekt. En toch bestaat de duivel, hij is de geest van het kwaad. Als wij zeggen dat hij niet bestaat, is het alsof wij het evangelie verwerpen dat over hem spreekt. Hij is onze vijand, onze tegenstander in het leven, het omgekeerde van Christus, daarom wordt hij de antichrist genoemd. Christus kwam op aarde om ons te bevrijden van de duivel en ons redding te schenken.

De conclusie is dat wij onze kinderen moeten leren nederig en eenvoudig te leven en niet voortdurend lofprijzingen en applaus te zoeken. Wij moeten hen leren dat er nederigheid is en dat dit het gezonde leven is.

De geest van de huidige maatschappij doet kinderen kwaad. Hij is gebaseerd op een andere psychologie en een andere theorie van opvoeden die gericht is op de kinderen van atheïsten. Deze geest leidt tot een totaal veronachtzamen van de consequenties van zijn handelen. En u ziet het resultaat in onze kinderen en in jonge mensen. Tegenwoordig zeggen jonge mensen: "U moet ons begrijpen!" Maar wij moeten niet naar hen toe gaan. Integendeel, wij moeten voor hen bidden, zeggen wat goed is, leven volgens wat goed is, verkondigen wat goed is, en ons niet aanpassen aan hun manier van denken. Wij moeten de pracht van ons geloof niet compromitteren. Wij kunnen niet, om hen te helpen, hun geestesgesteldheid overnemen. Wij moeten blijven zoals wij zijn en de waarheid en het licht verkondigen.

De kinderen zullen leren van de heilige vaders. Het onderricht van de vaders zal onze kinderen leren over de biecht, over de hartstochten, over het kwaad en over hoe de heiligen hun boze zelf overwonnen. En wij zullen bidden dat God in hen zal komen.

OVER DE GESTELDHEID VAN HET HART

Wij moeten altijd liefdevol bidden voor onze broeders en zusters

Wij moeten goedheid en liefde in onze ziel hebben.
De mens heeft zulke krachten dat hij goed of kwaad kan doorgeven aan zijn omgeving. Deze zaken zijn heel subtiel. Men moet goed opletten en alles zien in een positieve geestesgesteldheid, niets slechts over een ander denken. Zelfs gewoon een blik of een zucht beïnvloeden de mensen om ons heen. En zelfs de minste kwaadheid of verontwaardiging doet kwaad. Wij moeten goedheid en liefde in onze ziel hebben en deze doorgeven.

Wij moeten oppassen dat we geen wrok koesteren tegen hen die ons kwaad doen, maar met liefde voor hen bidden. Wat onze medemens ook doet, wij moeten nooit kwaad van hem denken. Wij moeten altijd liefdevol bidden en altijd goed denken van anderen. Kijk naar de heilige Stefanos de Protomartelaar. Hij bad: "Heer, reken hen deze zonde niet aan" (Hand. 7, 60). Wij moeten hetzelfde doen.

Wij moeten nooit van iemand denken dat God hem kwaad zal doen of dat God hem zal straffen voor zijn zonde. Deze gedachte doet veel kwaad, zonder dat wij ons ervan bewust zijn. Wij zijn dikwijls verontwaardigd en zeggen tegen iemand: "Vreest u Gods gerechtigheid niet, bent u niet bang voor Gods straf?" Of wij zeggen: "God zal u straffen voor wat u gedaan hebt", of: "O God, breng geen kwaad over die persoon voor wat hij mij heeft aangedaan", of: "Moge die persoon niet hetzelfde lijden".

In al deze gevallen hebben wij een groot verlangen in ons dat de ander gestraft wordt. In plaats van onze kwaadheid over zijn fout te bekennen, drukken wij onze verontwaardiging op een andere manier uit, en zogenaamd bidden wij God voor hem. In werkelijkheid echter zijn wij onze broeder aan het vervloeken.

En als wij in plaats van te bidden, zeggen: "Moge God u vergelden voor het kwaad dat u mij hebt aangedaan", ook dan wensen wij dat God hem straft. Zelfs als wij zeggen: "Best, God is getuige", dan werkt de gesteldheid van onze ziel op geheimzinnige wijze en beïnvloedt de ziel van onze naaste zodat hij kwaad lijdt.

Als wij slecht over iemand spreken, komt een boze kracht uit ons en wordt overgebracht op die andere persoon, zoals de stem wordt overgebracht op geluidsgolven, en in feite lijdt de ander kwaad. Het is zoiets als het beheksen met het boze oog, als iemand slechte gedachten over een ander heeft. Dit komt door onze eigen verontwaardiging. Wij geven ons kwaad op geheimzinnige wijze door. Het is niet God Die het kwaad veroorzaakt, maar de slechtheid van de mensen. God straft niet, maar onze eigen slechte gesteldheid wordt op geheimzinnige wijze doorgegeven aan de ziel van de ander en doet kwaad. Christus wenst nooit het kwaad. Integendeel, Hij beveelt: "Zegen hen die u vervloeken..." (Mt. 5, 44).

Het boze oog is een heel slecht iets. Het is de boze invloed van iemand die jaloers is op een ander, of iets of iemand wil. Jaloezie doet de ander veel kwaad. Hij die het boze oog gebruikt, denkt geen ogenblik dat hij kwaad doet. Herinner u wat het Oude Testament zegt: "Want het verleidelijk oog der boosheid verduistert wat goed is" (Wijsh. 4, 12).

Als de ander echter een man Gods is en biecht en de heilige communie ontvangt en een kruis draagt, doet niets hem kwaad. Zelfs als alle demonen zich op hem zouden storten, zouden zij niets bereiken.

Het geluid van gemurmureer

Binnen in ons is een deel van de ziel dat "de moralist" heet. Deze moralist wordt verontwaardigd als hij iemand ziet afdwalen, zelfs als heel dikwijls hijzelf op dezelfde wijze is afgedwaald. Maar hij neemt deze kans niet om zichzelf te veroordelen, maar de ander. Dit is niet wat God wil. Christus zegt in het evangelie: "Gij die een ander onderwijst, onderwijst gij uzelf niet? Gij die verkondigt dat men niet mag stelen, gij steelt?" (Rom. 2, 21). Het kan zijn dat wij niet stelen, maar wij moorden; wij verwijten de ander en niet onszelf. Wij zeggen bijvoorbeeld: "Je had dat moeten doen en je hebt het niet gedaan. Zie nu wat je is overkomen!" Eigenlijk willen we dat die ander iets slechts overkomt. Als wij aan het kwaad denken, kan het werkelijk gebeuren. Op mysterieuze en verborgen wijze verminderen wij de kracht van de ander om naar het goede te gaan, en wij doen hem kwaad. Wij kunnen er de oorzaak van zijn dat hij ziek wordt, zijn baan verliest of zijn bezit. Op deze wijze doen wij kwaad, niet alleen aan onze naaste, maar ook aan onszelf, want wij verwijderen ons van Gods genade. En dan bidden wij en onze gebeden worden niet verhoord. Wij "vragen en krijgen niet" (Vgl. Jak. 4, 3). Waarom? Hebben wij hier ooit over nagedacht? Omdat wij verkeerd vragen. Wij moeten een middel vinden om de neiging in ons te genezen kwaad over anderen te voelen en te denken.

Iemand kan zeggen: "Zijn gedrag zal gestraft worden door God", en denken dat hij dit zegt zonder slechte bedoeling. Het is echter niet eenvoudig om te zien of hij wel of niet een slechte bedoeling heeft. Het is niet duidelijk zichtbaar. Wat verborgen is in onze ziel en hoe dat mensen en dingen kan beïnvloeden, is een heel mysterieuze zaak.

Het is iets heel anders als wij met een gevoel van ontzag zeggen dat een ander niet goed leeft en dat wij God moeten bidden hem te helpen en hem berouw te schenken; wij zeggen dus niet, en diep in ons verlangen wij niet, dat God hem straft voor wat hij doet. In dit geval doen wij hem niet alleen geen kwaad, wij doen hem goed. Als iemand bidt voor zijn naaste, gaat er een goede kracht van hem uit naar zijn broeder, en die kracht geneest en versterkt hem, en geeft hem leven. Het is een mysterie hoe deze kracht van ons uitgaat. Maar echt waar, de mens die het goede in zich heeft, straalt deze kracht naar anderen uit, geheimnisvol en zacht. Hij zendt licht naar zijn naaste en dit vormt een schild om hem heen en beschermt hem tegen het kwaad. Als wij een goede gesteldheid hebben voor anderen en bidden, helen wij onze naasten en wij helpen hen op weg naar God.

Er is een onzichtbaar leven, het leven van de ziel. Dit is heel krachtig en kan invloed hebben op de ander, zelfs als wij kilometers van elkaar verwijderd zijn. Dit gebeurt ook met een vloek, die een kracht is die het kwade bewerkstelligt. Maar als wij integendeel met liefde voor iemand bidden, wordt het goede doorgegeven, wat de afstand ook is die ons scheidt. Afstanden hebben dus geen invloed op de kracht van goed en kwaad. Wij kunnen ze doorgeven over oneindige afstanden. Salomo de Wijze zegt hetzelfde: "Het geluid van gemurmureer zal niet verborgen blijven" (Wijsh. 1, 10). Het geluid van onze ziel wordt op geheimzinnige wijze doorgegeven en treft de ander, zelfs als wij geen woord zeggen. Zelfs zonder te spreken kunnen wij goed of kwaad doorgeven, wat de afstand ook is die ons van onze naaste scheidt. Wat niet algemeen wordt uitgesproken, heeft grotere kracht dan woorden.

"Moeder Gods, laat hem uw naam verheerlijken!"

Luister en ik zal u een van mijn ervaringen vertellen. Eens was ik op weg naar mijn dorp in Chalcis. Bij het spoorwegstation in Chalcis zag ik een jongen op een kar, die trachtte de spoorlijn over te steken. Zijn paard weigerde te gehoorzamen en hij begon de Moeder Gods te vervloeken. Ik was ongelukkig door zijn gedrag en in een opwelling zei ik: "Moeder Gods, laat hem uw naam verheerlijken!". Vijf minuten later kiepte de kar van de jongen om en hij zat eronder vast. Het vat achter in de kar barstte open en de druiven die erin waren vielen bovenop hem. De jongen hield zijn hoofd vast en beefde van shock en hij begon te roepen "Moedertje Gods, Moedertje Gods, Moedertje Gods!" Toen ik hem zag vanwaar ik stond, huilde ik van berouw en zei tegen de Moeder Gods: "Moeder Gods, waarom hebt u het zo gedaan? Ik vroeg dat hij uw naam zou verheerlijken, maar niet op die manier." Ik was van streek over de jongen en had er spijt van dat ik de oorzaak was van zijn lijden. Ik dacht dat ik dat gebed tot de Moeder Gods had gedaan met goedheid in mijn hart toen ik hoorde dat hij haar naam vervloekte, maar misschien was er in mijn ziel een verborgen verontwaardiging.

Ik zal u over een ander incident vertellen en u zult verbaasd zijn. Het komt niet uit mijn verbeelding, maar is waargebeurd.

Op een middag ging een dame op bezoek bij een van haar vriendinnen. In de zitkamer zag zij een prachtige Japanse vaas van grote waarde, gevuld met bloemen.

"Wat een prachtige vaas!" riep zij uit. "Wanneer heb je die gekocht?"

"Mijn man heeft hem mij gebracht", antwoordde haar vriendin.

De volgende ochtend om acht uur was de dame die haar vriendin had bezocht, koffie aan het drinken met haar man en zij herinnerde zich de vaas. Hij had een grote indruk op haar gemaakt en zij zei daarom tegen haar man op een toon vol bewondering:

"Je moest eens zien wat mijn vriendin heeft gekregen. Haar man heeft haar een prachtige Japanse vaas gebracht, met schitterende kleuren en beschilderd met idyllische taferelen; haar hele zitkamer is erdoor veranderd."

Later op de dag kwam zij weer bij haar vriendin om iets te bespreken. Plots zag ze dat de vaas ontbrak en vroeg:

"Wat heb je met je vaas gedaan?"

"Wat kan ik je zeggen?" antwoordde zij. "Vanmorgen vroeg om acht uur zat ik rustig in de kamer en ik hoorde een luid gekraak en de vaas viel in stukken – vanzelf, zonder dat iemand hem aanraakte, zonder dat er wind was, zonder dat iemand een vinger bewoog!"

Eerst zei de dame niets. Daarna zei zij:

"Weet je... om acht uur vanochtend was ik koffie aan het drinken met mijn man en ik beschreef hem je vaas vol bewondering en vreugde. Ik beschreef hem werkelijk heel levendig. Wat denk je? Zou ik een kwade kracht hebben opgeroepen? Maar dat zou toch slechts hebben kunnen gebeuren als ik niet van je hield?"

En toch is dit precies wat er gebeurd was. Zij was er zich niet van bewust dat zij jaloezie in zich had. Dit was afgunst, jaloezie, boze beheksing. De boze kracht kan doorgegeven worden, hoever wij ook uit elkaar zijn. Dit is een mysterie. De afstand is niet van belang. Daarom brak de vaas. Ik herinner mij iets anders dat ook uit jaloezie gebeurde.

Er was een schoonmoeder die heel jaloers was op haar schoondochter; zij kon niet geloven dat er iets goed in haar was. Op een dag kocht de jonge vrouw mooie bedrukte stof om een japon van te maken. De schoonmoeder zag het en was vervuld van afgunst. Haar schoondochter borg de stof onder in een koffer onder de andere kleren totdat de kleermaakster zou komen naaien. De dag waarop de kleermaakster brak aan en wat zag de vrouw toen zij de stof ging halen? De hele lap stof was in kleine stukken geknipt en onbruikbaar. En toch was de koffer op slot geweest.

De boze kracht kent geen grenzen; hij wordt noch door sloten, noch door afstanden tegengehouden. De boze kracht kan een auto te pletter laten rijden zonder dat er een mechanisch defect is.

Met Gods Geest

U ziet dus hoe onze boze gedachten, onze boze gesteldheid anderen treft. Daarom moeten wij een manier vinden om die diepte van onze ziel te zuiveren van alle kwaad. Als onze ziel geheiligd is, straalt zij goedheid uit. Dan geven wij in stilte liefde zonder woorden.

Dit is in het begin zeker nogal moeilijk. Herinner u de heilige Paulus. Zo was het voor hem ook in het begin. Hij zei, ongelukkig: "Immers, niet wat ik wil, het goede, doe ik, maar wat ik niet wil, het kwade, dat doe ik." En hij vervolgt: "Ik zie een andere wet in mijn ledematen die in strijd is met de wet van mijn verstand en die mij tot een gevangene maakt van de wet der zonde, die in mijn ledematen heerst. Ik ellendig mens! Wie zal mij verlossen uit dit ten dode gedoemde lichaam?" (Rom.7, 19, 23-24). Hij was toen heel zwak en kon niet het goede doen, zelfs al verlangde hij het.

Dat is wat hij in het begin zei. Maar toen Paulus zich op deze wijze steeds vollediger wijdde aan de liefde en de aanbidding van God, zag God de gesteldheid van zijn hart, trad in hem en de goddelijke genade nam zijn woning in hem. Op deze manier slaagde hij erin te leven in Christus. Christus Zelf trad in hem, en de man die gezegd had: "ik kan niet doen wat goed is, al verlang ik het", slaagde er door Gods genade in het kwade onmogelijk meer te kunnen doen. In het begin was het hem onmogelijk goed te doen, maar nadat Christus in hem gekomen was, werd het hem onmogelijk kwaad te doen. Hij verkondigde inderdaad: "Het is niet langer ik die leeft, Christus leeft in mij" (Gal. 2, 20). Hij verkondigde vol trots: "Ik heb Christus in mij", terwijl hij daarvoor gezegd had: "Ik wilde doen wat goed was, maar kon niet." Waar was die "ellendige mens?" Hij was verdwenen. De genade Gods had haar werk in hem gedaan. Van ellendig was hij vervuld van genade. De genade doordrong hem, nadat hij eerst vernederd was geweest.

Ziet u wat er gebeurt? Met Gods Geest wordt het ons allen onmogelijk te zondigen. Het wordt ons onmogelijk omdat Christus in ons verblijft. Wij kunnen voortaan alleen maar goed doen. Zo zullen wij Gods genade verkrijgen en door God bezeten worden. Als wij onszelf overgeven aan de liefde van Christus, zullen wij omgekeerd worden, getransfigureerd, alles zal veranderd en omgevormd worden. Boosheid, wrok, jaloezie, verontwaardiging, kritiek, ondankbaarheid, melancholie en depressie zullen allemaal liefde, vreugde, verlangen, goddelijke eros worden. Het paradijs!

OVER DE SCHEPPING

Alle dingen om ons heen zijn druppeltjes van Gods liefde

De schoonheid in de natuur bestaat uit kleine liefdes die ons leiden naar de grote liefde, naar Christus.

Verheug u daarom in alle dingen die ons omringen. Alle dingen onderrichten ons en leiden ons tot God. Alle dingen om ons heen zijn druppeltjes van Gods liefde – de levende en de niet levende, de planten en de dieren, de vogels en de bergen, de zee en de zonsondergang en de sterrenhemel. Het zijn kleine liefdes waardoor wij de grote liefde, Christus, bereiken. Bloemen bijvoorbeeld hebben hun eigen genade: ze onderrichten ons met hun geur en hun pracht. Ze spreken tot ons van Gods liefde. Ze verspreiden hun geur en hun schoonheid over zondaars en over rechtvaardigen.

Om een christen te worden, moet een mens een poëtische ziel hebben. Hij moet een dichter worden. Christus wil geen ongevoelige ziel in Zijn nabijheid. Een christen, tenminste als hij bemint, is een dichter en leeft temidden van poëzie. Poëtische harten omhelzen liefde en voelen het diep.

Benut mooie momenten. Mooie momenten neigen de ziel tot gebed; ze maken haar verfijnd, edel en poëtisch. Ontwaak 's ochtends om de zon te zien opstaan uit de zee als een koning gekleed in koninklijk purper. Als een prachtig landschap, een schilderachtige kapel of iets moois u inspireren, laat het daar dan niet bij, maar ga verder: geef eer voor alle mooie dingen zodat u Hem ervaart Die alleen "schoon is" (Ps. 44, 2). Alle dingen zijn heilig – de zee, zwemmen en eten. Verheug u in alles. Alle dingen verrijken ons, alle leiden zij ons tot de grote liefde, alle leiden zij ons tot Christus.

Bekijk alle dingen die door de mens gemaakt zijn – huizen, gebouwen groot of klein, steden, dorpen, mensen en hun beschavingen. Stel vragen om uw kennis te vergroten over allen, wees niet onverschillig. Dit helpt u dieper te mediteren over Gods wonderen. Alle dingen worden mogelijkheden voor ons om nauwer verenigd te worden met alles en iedereen. Ze worden gelegenheden om dank te zeggen en te bidden tot de Heer van alles. Leef temidden van alles, de natuur en het heelal. De natuur is het geheime evangelie. Maar als men niet de innerlijke genade bezit, brengt de natuur geen voordeel. De natuur maakt ons wakker, maar ze kan ons niet in het paradijs brengen.

De geestelijke mens, de mens die Gods Geest heeft, is oplettend waar hij ook langs komt; hij is een en al oog, een en al reuk. Al zijn zintuigen zijn wakker, maar ze zijn wakker in Gods geest. Hij is anders. Hij ziet alles en hoort alles: hij ziet de vogels, de steen, de vlinder... Als hij ergens langs komt, merkt hij elk ding op, een geur bijvoorbeeld. Hij leeft temidden van alles – de vlinders, de bijen, enzovoorts. De genade maakt hem aandachtig. Hij wenst samen te zijn met alle dingen.

Wat zal ik u zeggen? Ik ervoer dit toen de goddelijke genade mij bezocht op de Heilige Berg. Ik herinner mij de nachtegaal die zijn keel kapot zong tussen de bomen, met zijn vleugels naar achter gestrekt om zijn stem meer kracht te geven. Zo wonderbaar! Had ik maar een glas water om hem nu en dan te drinken te geven, om zijn dorst te lessen... Waarom zingt de nachtegaal zo waanzinnig, waarom? Maar ook hij heeft vreugde in zijn lied. Hij voelt wat hij doet, en daarom zingt hij zo vurig.

De vogels in het woud inspireerden mij erg. Ga maar eens naar Kallisia en luister naar de nachtegalen. Zelfs als u een hart van steen hebt, zult u ontroerd zijn. Hoe kunt u niet voelen dat u één bent met alle dingen? Denk diep na over hun doel. Hun doel is omschreven door hun Schepper. De theologie van de schepping toont ons Gods grootheid en Zijn voorzienigheid. Gods doel wordt in ons anders uitgedrukt, in de mensheid. Wij hebben vrijheid en rede.

Eens maakte ik een plan voor deze plaats hier. Ik dacht eraan een cisterne te plaatsen tussen de dennen, met een watertank voor twee kubieke meter water die automatisch water zouden geven. Dan zouden de nachtegalen komen omdat ze veel water nodig hebben, en muggen en vliegen...

Eens toen ik in Kallisia woonde, keerde ik terug naar het klooster na een periode van ziekte, en Maria de herderin kwam mij met een ezel halen. Onderweg vroeg ik haar:

"Hoe gaat het met alle schoonheid – de weiden, de kleuren, de vlinders, de geuren en de nachtegalen?"

"Er is helemaal niets", zei zij.

"Werkelijk?" zei ik. "Het is de maand mei, en er is helemaal niets?"

"Niets", antwoordde zij.

Terwijl wij langs het pad liepen, kwamen wij al deze dingen tegen: bloemen, geuren en vlinders.

"Wat zeg je nu, Maria?" vroeg ik.

"Ik had het niet gemerkt", zei zij.

Wij kwamen bij de platanen en de nachtegalen waren uit volle borst aan het zingen.

"Je hebt mij leugens verteld, Maria!" zei ik.

"Nee, helemaal niet", zei zij, "ik had het helemaal niet gezien."

In het begin was ik ook ongevoelig en merkte niets. Toen gaf God mij Zijn genade en alles veranderde. Dit gebeurde nadat ik mijn gehoorzaamheid begonnen was.

Ik herinner mij de fossielbomen, de stammen die wij in Mytilene zagen. Zij zijn daar al vijftien miljoen jaren. Ze hebben een grote indruk op mij gemaakt! En dat is gebed – de fossielen te zien en eer te geven aan Gods grootheid.

Wat is het gebed?

Het gebed is alles dat door God geschapen is met liefde benaderen en met alles in harmonie leven, zelfs met de wilde natuur. Dit is waarnaar ik verlang en wat tracht te doen. Ik zal u iets vertellen dat hier verband mee houdt.

Een tijd geleden gaf iemand mij een papegaai. De eerste paar dagen was hij heel onhandelbaar en wild. Men kon hem niet naderen, want hij stond klaar om met zijn snavel je hand eraf te pikken. Ik wilde hem temmen met Gods genade en met het Gebed. Ik herhaalde de woorden "Heer Jezus Christus, ontferm

U over mij" zachtjes of hardop en raakte zachtjes zijn rug aan met een stok, terwijl de papegaai in zijn kooi was. Ik deed dit voorzichtig drie keer. De avond van dezelfde dag herhaalde ik het. En de volgende dag weer. Na een paar dagen plaatste ik zachtjes de stok op de kop van de vogel terwijl ik weer herhaalde: "Heer Jezus Christus, ontferm U over mij." Ik lette er altijd op de vogel niet agressief te maken. Ik deed het nooit lang achter elkaar. Na nog een paar dagen plaatste ik de stok op de kop van de vogel en bewoog hem langzaam naar beneden langs zijn rug en zijn staart. Toen ik geen reactie zag, begon ik met de stok onder zijn keel en streelde zijn borst, heel zachtjes om hem niet op te winden, continu het gebed herhalend. Na een tijd vatte ik moed, legde de stok opzij en nam een potlood en deed daarmee hetzelfde. Uiteindelijk legde ik het potlood weg en begon mijn hand te gebruiken. De vogel was nu aan mij gewend, dus nam ik hem uit zijn kooi en zette hem op mijn schouder. Wij wandelden samen op en neer in de gang. En als ik ging zitten eten, kwam de vogel en aten wij samen. Ik gaf hem een stukje appel en hij kwam naast mij en at het op. Jammer genoeg verloren wij hem. Een priester kwam eens met veel kinderen, de kinderen openden de kooi en de papegaai vloog weg.

Na een tijd gaf men mij een andere papegaai – die wij nu hebben. Hij was in het begin ook wild, zoals de eerste. Ik temde deze op dezelfde manier, met gebed en zachtheid. Hij begon langzaamaan verschillende woorden te zeggen, namen te krijsen, uit zijn kooi te komen, op mijn schouder te zitten en met mij te eten. Zijn kooi heeft een grendel. Als hij eruit komt, sluit ik de grendel en de vogel zit boven op zijn kooi. Als ik wil dat hij er weer in gaat, geef ik een teken dat hij naar beneden moet komen en weer zijn kooi in moet gaan. Dan komt hij naar beneden, opent de grendel en gaat erin. Hij is echter een grote egoïst en hij wil altijd aandacht. Hij wil dat men zachtjes tegen hem praat en hem niet negeert. Hij is bijzonder jaloers en wil niet dat men tegen iemand anders praat of van iemand anders houdt. Dan wordt hij heel kwaad. Nu wij goede vrienden geworden zijn, heeft hij niet alleen woorden en namen geleerd, maar hij zegt ook het gebed: "Heer Jezus Christus, ontferm U over mij." Hij zegt ook: "Verheug u, Maagd die God gebaard hebt, Maria vol genade, de

Heer is met U", "God is goed", "God is heel goed", en hij kan "Heer ontferm U" en andere dingen zingen.

Nu wil ik ook een adelaar temmen. Ik heb hem gevonden in het noorden van Euboa. Een korte afstand van de plaats waar ik ga rusten, vond ik een plaats die ik arendsnest noem. Ik noemde het niet zonder reden zo. Het is heel moeilijk daarnaartoe te klimmen. Het is heel rotsachtig, en beneden ziet men de Egeïsche Zee. Als het weer goed is, kan men vandaar zelfs Kavsokalyvia op de Heilige Berg onderscheiden.

Eens zagen wij daar een adelaar met een vleugelwijdte van twee en een halve meter. Een reusachtig beest! Hij cirkelde rustig boven rond zonder zijn vleugels te bewegen. Ik maakte een plan: zoals ik de papegaai had getemd, zo zou ik ook de adelaar temmen. En ik geloof dat ik met Gods hulp bevriend zal worden met de adelaar. Wij zullen het op een heilige manier doen. Vogels houden ook van Gods manieren en van gebed. Zij houden ervan als men leest. De adelaar houdt ook van vlees.

Het is mijn plan daar vroeg in de ochtend met twee gezellen naartoe te gaan. Om te beginnen zullen wij bidden en dan zullen wij hardop psalmen uit de Metten lezen. Dan zullen wij wat hymnen zingen – lofpsalmen en zo. En tegelijk zullen wij een beetje wierook branden. Het psalmgezang en de kalmerende geur van de wierook zullen een belangrijke rol spelen. Ook zal ik een stuk droog hout meenemen van anderhalve meter lang, en ik zal er ritmisch op slaan met een ander stuk hout, zoals men in kloosters op het simandron slaat om op te roepen tot gebed. En om de zoveel tijd zal ik roepen: "Jooohan, Jooohan!!" Dat is de naam die ik hem ga geven. Wij zullen ook gebraden vlees bij ons hebben en het op de rots leggen, een paar kleine stukjes, en dan ongeveer tweehonderd meter achteruitgaan. Vanaf die afstand zal ik hem zien en ik zal bidden: "Heer Jezus Christus, ontferm U over mij." En in korte tijd zal de adelaar zeker naar beneden komen om het vlees te eten.

De volgende dag zullen wij hetzelfde doen. De adelaar zal boven ons cirkelen, en zodra ons programma gedaan is, zal hij naar beneden komen om het vlees te eten. Na twee of drie keer zal de adelaar van ons zijn. Elke keer als wij het simandron slaan, zal hij het vlees komen eten. Dan zal ik hem, wanneer ik wil, naar beneden kunnen doen komen. Ik zal hem stilaan temmen en dan zal ik hem kunnen vangen. Misschien zal hij gehakt van mij maken. Het is een monster van een beest met enorme poten. Als hij op uw schouder zou zitten, zou hij u verscheuren met zijn klauwen, zelfs als hij geen boze bedoelingen had. Maar er is een manier. Ik zal de wandelstok van de heilige Gerasimos meenemen en ik zal hem er tweemaal lichtjes op de rug mee aanraken en tegelijk zeggen: "Joohan, Joohan!" Ik heb hem een mooie naam gegeven. De adelaar is het symbool van de heilige Johannes de Theoloog. De volgende dag als hij komt, zal ik hem, zodra hij het vlees gegeten heeft, driemaal op de rug strelen met de stok. De volgende dag vier maal. De dag daarop vijf maal. Dan zal ik verdergaan naar zijn keel. Dan zal ik hem van kop tot staart strelen. De volgende dag van de snavel tot de borst. En zo zal ik verder gaan tot wij vrienden geworden zijn. Dan zal ik zijn kop, vleugels en rug strelen met mijn hand en doen wat ik daarvoor met de stok deed. Maar ik moet wel opletten, want hij is heel gevaarlijk. Zijn klauwen zijn als van ijzer. Maar de adelaar is een heel slimme en actieve vogel, een ware koning. Als wij dit doen, dan zullen wij werkelijk Gods genade en bezoek zien.

Ik zal u nog iets anders vertellen.

Een vrouw, Lena, kwam eens bij mij met haar geiten daar in de woestenij waar ik heenga, in het noorden van Euboa, en vroeg mij of ik een gebed voor haar kudde zou kunnen doen, want het ging niet zo goed met ze. Ik stond op en de geiten kwamen vanzelf naderbij; ze bracht ze niet bij mij. Ik strekte mijn armen uit en zei een gebed. Ze waren alle dicht bij mij en tilden hun koppen op om naar mij te kijken. Een bok kwam nog dichterbij, boog en kuste mijn hand. Hij wilde dat ik hem zou strelen. Ik streelde hem en hij was tevreden. Zij drukten zich allemaal dicht om mij heen en keken naar mij op; in het gezicht. Ik zegende hen.

Eens hadden wij een hond. Als hij mij buiten zag, kwam hij mijn hand kussen. Hij bedekte mij met speeksel en liep dan weg, voor het geval ik hem zou vermanen.

Met goddelijke wijsheid zie je alles met liefde

Al deze dingen die verbonden zijn met de natuur helpen ons veel in ons geestelijk leven, verenigd met Gods genade. Als ik de harmonie in de natuur voel, ben ik op de rand van tranen.

Waarom zouden wij het leven saai vinden? Laten wij leven met de Geest van God, de Geest van Waarheid. De mens die Gods Geest heeft, die Goddelijke Wijsheid heeft, beziet alle dingen met Gods liefde en merkt alles op. De Wijsheid van God maakt dat hij alles begrijpt en zich in alles verheugt.

Ik zal een gedicht voor u opzeggen. Het is van Lambros Porphyras. Het past bij mijn huidige gesteldheid; ik heb het altijd in gedachten.

Als de pijnbomen die de helling bedekken
mij een stapel van hun ontelbare takken zouden geven,
dan zou ik een plek vinden in een holte bij hen,
en daar mijn woonplaats bouwen, een hut, armelijk en eenzaam.

Was het maar zomer, ze zouden mij geven
een kussen van hun droge bladeren, dennennaalden, om op te liggen,
en dan zou ik meezingen met het lied van de dennen,
hun koor bij zonsopgang, gefluister en geritsel.

En dan zou ik niets anders meer verlangen
En als ik vol vreugde van dit leven zou scheiden,
zouden zij mij weer een paar van hun takken lenen
een prieel voor mij maken, een eeuwigdurend bed.[49]

....

[49] Pijnbomen, in Lambros Porphyras, 1993.

OVER ZIEKTE

Ik voel ziekte als Christus' liefde

Mijn Christus, Uw liefde kent geen grenzen.

Ik dank God dat hij mij veel ziektes heeft geschonken.[50] Het is een wonder dat ik nog leef. Naast al mijn andere ziektes heb ik ook nog kanker van de hypofyse. Er verscheen daar een gezwel dat gegroeid is en drukt tegen de optische zenuw. Daarom kan ik niet meer zien. Ik heb vreselijke pijn. Maar ik bid, en draag Christus' kruis met geduld. Hebt u gezien hoe mijn tong eruitziet? Hij is gegroeid; ook dat is een gevolg van de kanker in mijn hoofd. En met de tijd zal het erger worden. Hij zal nog meer groeien en het zal moeilijk zijn te spreken. Ik heb veel pijn, maar mijn ziekte is iets heel moois. Ik voel het als Christus' liefde. Ik ben berouwvol en ik geef dank aan God. Het is wegens mijn zonden. Ik ben zondig en God tracht mij te zuiveren.

Toen ik zestien jaar oud was heb ik God gevraagd mij een ernstige ziekte te geven, een kanker, om te lijden voor Zijn liefde en Hem te verheerlijken door mijn pijn. Ik bad hier lange tijd om. Maar mijn oudvader zei dat dit zelfzucht was en dat ik God aan het dwingen was. God weet wat Hij doet. Dus ging ik niet verder met mijn gebed. Maar u ziet, God heeft mijn verzoek niet vergeten en Hij gaf mij deze weldaad na zoveel jaren!

Nu vraag ik niet aan God wat ik Hem zelf gevraagd heb van mij weg te nemen. Ik ben blij dat ik het heb, want zo kan

....

[50] Oudvader Porfyrios leed aan de volgende ziektes: myocardial infarct, chronische nierziekte, zweer aan de twaalfvingerige darm (met herhaalde perforaties), staar (verlies van lens en blindheid), chronische huiduitslag in het gezicht, streptokok-infectie op de hand, botbreuken, chronische bronchitis en kanker van de hypofyse (dr. Georges Papazachou, in Synaxis 41, 1992).

ik door mijn grote liefde deelhebben aan Zijn lijden. Ik heb Gods tuchtiging: "Want wien de Heer liefheeft, tuchtigt Hij" (Hebr. 12, 6). Mijn ziekte is een speciale gunst van God, Die mij uitnodigt in te gaan in het mysterie van Zijn liefde en te trachten te beantwoorden aan Zijn genade. Maar ik ben niet waardig. U zult zeggen: "Maken al deze dingen die God u openbaart u niet waardig?" Nee, zij veroordelen mij eerder. Want dit zijn dingen die behoren bij Gods genade. Er is niets van mij bij. God heeft mij vele gaven geschonken, maar ik heb ze niet beantwoord, ik toonde mijzelf onwaardig. Maar ik heb het proberen niet opgegeven, zelfs geen ogenblik. Misschien zal God mij Zijn hulp verlenen zodat ik mijzelf aan Zijn liefde kan geven.

Daarom bid ik niet tot God om mij te genezen. Ik bid dat Hij mij goed maakt. Ik ben er zeker van dat God weet dat ik pijn heb. Maar ik bid voor mijn ziel, dat God mij mijn overtredingen vergeeft. Ik neem geen medicijn, ik heb me niet laten opereren, zelfs niet laten onderzoeken, en ik aanvaard ook geen operatie. Ik laat God de zaak uitzoeken. Het enige dat ik doe is trachten een goed mens te worden. Dat is waar ik u vraag voor te bidden. Gods genade houdt mij vast. Ik probeer mijzelf aan Christus te geven, Christus te naderen en één met Christus te zijn. Dat is wat ik verlang, maar ik ben er niet in geslaagd – en ik zeg dit niet uit nederigheid. Maar ik verlies de moed niet. Ik volhard. Ik bid God mijn zonden te vergeven. Ik heb veel mensen horen zeggen: "Ik kan niet bidden." Hier heb ik geen last van gehad. Slechts op de dag dat ik ongehoorzaam was op de Heilige Berg is me dit overkomen.

Het is voor mij niet belangrijk hoe lang ik zal leven en of ik zal leven. Dat is iets dat ik heb overgelaten aan Gods liefde. Het gebeurt dikwijls dat men niet aan de dood wil denken. Het is omdat men het leven wil. Dat is, vanuit een zeker oogpunt, een bewijs van de onsterfelijkheid van de ziel. Maar "wanneer wij leven, leven wij voor de Heer, en wanneer wij sterven, sterven wij voor de Heer" (Rom. 14, 8). De dood is een brug die ons tot Christus zal leiden. Zodra wij onze ogen gesloten hebben, zullen wij ze openen op de eeuwigheid. Wij zullen voor Christus verschijnen. In het komende leven zullen wij Gods genade intenser ervaren.

De Heer ontmoeten

Eens heb ik op de rand van de dood gestaan.[51] Ik had een ernstige perforatie van de maag als gevolg van de steroïden die ik in het ziekenhuis had gekregen toen ik aan mijn oog geopereerd werd – en dat ik toch verloren heb. In die tijd leefde ik in een kleine hut; het klooster was nog niet gebouwd. Ik was zo uitgeput dat ik niet wist of het dag of nacht was. Ik was op de rand van de dood en toch heb ik het overleefd. Ik had veel gewicht verloren en had geen eetlust meer. Drie maanden lang heb ik geleefd van drie lepels melk per dag. Ik werd gered door een geit!

Ik leefde met de gedachte dat ik deze wereld zou verlaten. Ik voelde een grote vreugde bij de gedachte dat ik de Heer zou ontmoeten. Ik had een groot gevoel in me van Gods aanwezigheid. En God wilde mij in die tijd troosten en sterken met iets heel heiligs. Nu en dan voelde ik dat mijn ziel op het punt stond te vertrekken. Ik zag in de hemel een ster die twinkelde en zachte lichtstralen uitzond. Hij was helder en heel zoet. Zo prachtig! Zijn licht had een grote zoetheid. Zijn kleur was licht hemelsblauw, als een diamant, als een edelsteen. Elke keer als ik hem zag, was ik vervuld van troost en vreugde, omdat ik voelde dat de hele Kerk – de Drieëne Godheid, de Moeder Gods, de engelen en de heiligen – omvat was in die ster. Ik had het gevoel dat daarin omvat waren al de zielen van mijn beminden, van mijn oudvaders. Ik geloofde dat als ik deze wereld zou verlaten, ik ook naar die ster zou gaan wegens Gods liefde, niet wegens mijn deugden. Ik wilde geloven dat God, Die mij bemint, mij dit geopenbaard had om mij te zeggen: "Ik wacht op je."

Ik wilde niet denken aan de hel en de tolhuizen.[52] Ik herinnerde mij mijn zonden niet, al had ik er veel. Ik zette ze opzij. Ik herinnerde mij alleen Gods liefde en was blij. En ik smeekte: "O mijn God, maak door Uw liefde dat ik daar ook mag zijn. Maar als ik wegens mijn zonden naar de hel moet gaan, laat Uw liefde

....

[51] Dit gaat over het jaar 1983.
[52] Er is een theorie binnen het orthodoxe geloof volgens welke de ziel na de dood door een reeks tolhuizen moet gaan, waar zij ondervraagd wordt over haar zonden en testen moet doorstaan.

mij dan plaatsen waar Gij wilt. Het is voor mij voldoende om met U te zijn." Zovele jaren had ik in de woestijn geleefd met liefde voor Christus. Ik zei tegen mijzelf: "Als je naar de hemel gaat en God zegt tegen je 'Vriend, hoe zijt ge binnengekomen zonder bruiloftskleed?' (Mt. 22, 12), zal ik antwoorden: 'Wat Gij maar wilt, mijn Heer, wat Uw liefde verlangt; plaats mij waar Uw liefde verlangt. Ik geef mijzelf aan Uw liefde. Als Gij mij in de hel wilt plaatsen, doe het dan, laat mij alleen maar Uw liefde niet verliezen.'"

Ik was me scherp bewust van mijn zondigheid, en daarom herhaalde ik voortdurend bij mijzelf het gebed van de heilige Symeon de Nieuwe Theoloog:

"Ik weet, Verlosser, dat geen ander zo gestruikeld is als ik, of daden heeft bedreven als de mijne. Ik weet eveneens dat noch de grootheid van de beledigingen, noch de menigte van de zonden de grote lankmoedigheid en de oneindige menslievendheid van mijn God overtreffen."[53]

Wat het gebed zegt, zijn niet onze eigen woorden. Het is ons onmogelijk zulke woorden te bedenken en uit te drukken. Zij zijn geschreven door heiligen. Maar onze ziel moet deze door heiligen geschreven woorden omhelzen en ze voelen en ervaren. Ik houd ook van de andere woorden van het gebed:

"Niets is u verborgen, mijn God, mijn Schepper en mijn Verlosser, zelfs niet een tranendruppel, noch een deeltje van deze druppel. Wat ik nog niet heb volbracht, hebben Uw ogen reeds aanschouwd; de nog niet bedreven daden staan reeds in Uw boeken beschreven. Zie toch neer op mijn nederigheid, zie hoe groot mijn ellende is, ontsla mij van al mijn zonden, o God van alles..."

Ik herhaalde dit gebed voortdurend en intens om met deze gedachten weg te gaan. Hoe meer ik het herhaalde, hoe meer, daarboven in de oneindigheid van het heelal, mijn ster verscheen, mijn troost. Hij kwam al die dagen dat ik leed. En als hij verscheen, kreeg mijn ziel vleugels en ik zei tegen mijzelf: 'Mijn ster is gekomen!" Het voelde alsof hij mij van de aarde naar

....

[3] Gebeden van voorbereiding voor de heilige communie, Gebed 7, Nederlandse vertaling in 'Het Oosten bidt', uitgeverij De Forel, Rotterdam.

zich toe aan het optrekken was. Ik voelde een grote vreugde als ik hem zag. Ik wilde niet aan mijn zonden denken, zoals ik al zei, omdat ze mij zouden buitensluiten van dit mysterie. Slechts eenmaal had ik het gevoel dat de ster leeg was; hij twinkelde niet. Ik realiseerde mij wat het was. Het kwam door de "tegenstrever". Ik negeerde hem, en keerde mijn geest naar iets anders, ik sprak met mijn zuster over werkjes die gedaan moesten worden. Na een tijd zag ik hem weer helder schitteren. De vreugde kwam weer in mij terug, nu nog intenser.

Al die tijd leed ik vreselijke pijn in heel mijn lichaam. De andere mensen zagen dat ik aan het sterven was. Ik had mijzelf overgegeven aan Gods liefde en bad niet om bevrijd te worden van de pijn. Het was mijn verlangen dat God Zich over mij zou ontfermen. Ik had op Hem gesteund, en gewacht tot Zijn genade zou werken. Ik was niet bang voor de dood, want ik zou naar Christus gaan. Zoals ik u gezegd heb, herhaalde ik voortdurend het gebed van de heilige Symeon de Nieuwe Theoloog, maar niet in een geest van zelfzucht, en niet opdat ik weer gezond zou worden. Ik beleefde ieder woord van het gebed.

Het geheim tijdens ziekte

We ontvangen veel voordeel uit onze ziektes, zolang wij ze zonder klacht verdragen en God verheerlijken en om Zijn barmhartigheid vragen. Als wij ziek worden is het belangrijke niet dat wij geen medicijnen nemen of dat wij bij de heilige Nektarios gaan bidden. Wij moeten ook het andere geheim kennen, namelijk te strijden om Gods genade te verkrijgen. Dat is het geheim. De genade zal ons al het andere leren, namelijk hoe wij onszelf moeten overgeven aan Christus. Dat wil zeggen, wij negeren de ziekte, wij denken er niet aan, maar aan Christus, eenvoudig, onmerkbaar en onzelfzuchtig, en God werkt Zijn wonder voor het welzijn van onze ziel. Zoals wij zeggen in de goddelijke liturgie: "bevelen wij aan Christus onze God onszelf, elkaar en geheel ons leven aan."

Maar wij moeten de ziekte willen negeren. Als wij het niet willen is het moeilijk. Wij kunnen niet gewoon zeggen: "Ik negeer haar". Want terwijl wij denken dat we haar negeren en er geen gedachte aan schenken, is zij in feite voortdurend in onze geest en kunnen wij geen vrede in onszelf vinden. Ik zal het u bewijzen. Wij zeggen: "Ik geloof dat God mij zal genezen. Ik zal geen medicijn nemen. Ik zal de hele nacht wakker blijven en er God over bidden en Hij zal mij verhoren." Wij bidden de hele nacht, wij smeken, wij roepen God en alle Heiligen aan en dwingen ze ons te genezen. Wij gaan van de ene plaats naar de andere. Laten we daardoor niet zien dat wij de ziekte juist níet negeren? Hoe meer wij aandringen en de heiligen en God chanteren om ons te genezen, hoe acuter wij onze ziekte voelen. Hoe meer wij proberen ervanaf te komen, hoe meer wij haar voelen. Daarom bereiken wij niets. Wij hebben de indruk dat er een wonder zal gebeuren, en toch geloven wij het in werkelijkheid niet, en dus worden wij niet beter.

Wij bidden en wij nemen geen medicijn, maar wij vinden geen vrede en er gebeurt geen wonder. Maar u zult zeggen: "Wat bedoelt u, dat ik niet geloof? Ik heb toch geen medicijn genomen?" En toch hebben wij in de grond twijfel en angst in ons en wij denken bij onszelf: "Zal het werkelijk gebeuren?" Hier zijn de woorden van de Schrift van toepassing: "Zo gij geloof hebt en niet twijfelt, zult gij niet alleen doen wat met de vijgenboom gebeurd is, maar ook zelfs als gij tot deze berg zegt: hef u op en werp u in zee, het zal geschieden" (Mt. 21, 21). Als het geloof echt is, zal Gods genade handelen, of u een medicijn neemt of niet. En door de artsen en de medicijnen werkt God. De Wijsheid van Sirach zegt: "Eer de geneesmeester met behoorlijke eerbewijzen, opdat gij hem hebt in tijd van nood, want de Heer heeft hem geschapen. De Heer laat de geneesmiddelen uit de aarde opgroeien en een verstandige veracht ze niet. Laat de geneesmeester tot u komen want de Heer heeft hem geschapen; en laat hem niet van u terwijl gij hem nodig hebt" (Jez.Sir. 38, 1, 4, 12).

Het grote geheim is geloof – zonder twijfels, zachtmoedig, eenvoudig en ongekunsteld "in eenvoud des harten" (Wijsh. 1, 1). Het is geen kwestie van gezag; dat is iets voor een fakir. We moeten geloven dat God ons liefheeft met een oneindige liefde en wil dat wij de Zijne worden. Daarom laat Hij ziektes toe, totdat wij onszelf in vertrouwen aan Hem overgeven.

Als wij Christus beminnen, zal alles in ons leven veranderen. Wij beminnen Hem niet om een beloning te krijgen zoals gezondheid, maar uit dankbaarheid, zonder aan iets te denken, behalve aan Gods liefde. Wij moeten ook niet bidden met een ander doel en tegen God zeggen: "Genees die en die persoon, zodat hij dichter tot U kan komen." Het is niet goed om God manieren en wegen te tonen. Hoe wagen wij het tot God te zeggen: "Maak mij beter?" Wat kunnen wij zeggen tegen Hem Die alles weet? Wij moeten bidden, maar God zal misschien niet naar ons willen luisteren.

Iemand vroeg mij een tijdje geleden: "Wanneer zal ik beter worden?"

Ik zei tegen hem: "Als u bidt 'wanneer wordt ik beter', dan zult u nooit beter worden. Het is niet goed God zoiets te vragen. Vol angst vraagt u God de ziekte van u weg te nemen, maar dan grijpt de ziekte u nog steviger vast. Wij moeten dit niet vragen. Wij moeten hiervoor ook niet bidden."

Hij was verbaasd en zei: "Bedoelt u dat ik niet moet bidden?"

"Helemaal niet", zei ik, "integendeel, u moet veel bidden, maar opdat God uw zonden vergeeft en u de kracht geeft uzelf aan Hem te geven. Want hoe meer u bidt dat de ziekte van u weggaat, hoe meer zij aan u kleeft, zij windt haar tentakels om u heen en omklemt u, en zij wordt onscheidbaar van u. Als u echter een innerlijke menselijke zwakheid in u voelt, dan kunt u de Heer nederig smeken de ziekte van u weg te nemen."

Onszelf in vertrouwen overgeven

Als wij onszelf overgeven aan Christus, vindt ons geestelijk organisme vrede, met het resultaat dat al onze lichamelijke organen en klieren normaal functioneren. Alles hangt met elkaar samen. Wij worden beter en lijden niet meer. Zelfs als wij kanker hebben kan de goddelijke genade, als wij alles aan God overlaten en onze ziel vrede vindt, door deze vrede werken en de kanker en al de rest doen vertrekken.

U weet dat maagzweren veroorzaakt worden door stress. Als het onderhevig is aan druk, wordt het sympathische systeem gespannen en lijdt schade en zo wordt de zweer gevormd. Een zweer of kanker wordt gevormd door stress, druk, verdriet, angst. Als er verwarring is in onze ziel heeft dit invloed op ons lichaam en onze gezondheid lijdt eronder.

Het beste is, niet te bidden voor onze gezondheid – niet te bidden om beter te worden, maar om een goed mens te worden. Ik bid daar zelf ook voor. Hoort u? Ik bedoel niet goed te worden in de betekenis van deugdzaam, maar in de betekenis van goddelijke ijver te verkrijgen, onszelf in vertrouwen over te geven aan Gods liefde, en eerder te bidden voor onze ziel. Dan voelen we dat onze ziel opgenomen is in de Kerk, wiens hoofd Christus is, samen met al onze medemensen en onze broeders en zusters in Christus.

En ik open mijn armen en bid voor alle mensen. Als ik de heilige communie ontvang, open ik, terwijl ik voor de heilige kelk sta, mijn ziel om de Heer te ontvangen en ik buig mijn hoofd en ik bid voor u, voor deze persoon en die, en voor de hele Kerk. U zou hetzelfde moeten doen. Begrijpt u? Bid niet voor uw gezondheid. Zeg niet: "O Heer, maak mij beter." Nee, zeg eerder: "Heer Jezus Christus, ontferm U over mij", onbaatzuchtig, met liefde en zonder iets te verwachten. "Heer, wat Uw liefde ook verlangt..." Van nu af aan moet u slechts op deze manier handelen, in liefde voor Christus en onze broeders en zusters. Bemin Christus. Word heilig. Leg uzelf toe op het vriend worden van Christus, op Zijn liefde alleen, op de goddelijke eros.

Is dit misschien niet wat er met mij aan het gebeuren is, daar ik deze ijver en aanbidding voel? Zelfs al voel ik dat mijn lichaam is weggerot, ik sterf niet aan mijn ziekte, zelfs niet aan mijn kanker. Ik zou niet moeten spreken, maar mijn liefde voor u en voor de hele wereld laat mij niet toe te zwijgen. Als ik spreek, dan raken mijn longen zonder zuurstof en beschadigd mijn hart. Ik heb iets veel ergers geleden dan een hartaanval. En toch leef ik. Is dat geen tussenkomst van God? Ja, en ik ben gehoorzaam aan Gods wil, aan mijn ziekte. Ik lijd zonder klagen en met ergernis over mijzelf, omdat niemand vrij is van onzuiverheid. Ik ben in een slechte staat en mijn geest is ook ziek.

Ik zei tegen een kluizenaar met wie ik in contact ben: "Bid voor mij. Ik houd van u. Houd ook van mij en heb medelijden met mij en bid voor mij en God zal mij barmhartig zijn."

"U bent degene die zou moeten bidden", zei hij tegen mij.

"Ik begin nu alles wat ik zovele jaren heb gedaan niet meer te kunnen doen", zei ik hem. Wat zegt de hymne?

"Verwond is het verstand, het lichaam verslapt, de geest is ziek, de rede verzwakt. Het leven sterft weg; het einde is nabij. Wat wilt gij dan doen, ongelukkige ziel, wanneer de rechter komt om al het uwe te doorvorsen?"[54]

Deze hymne weerspiegelt mijn huidige toestand. Ik denk dat als ik dit of dat niet had gedaan, ik nu geen pijn zou lijden, ik zou dicht bij Christus zijn. Ik zeg dit over mijzelf omdat ik nonchalant ben.

Als u een goede gezondheid wilt hebben en vele jaren wilt leven, luister dan naar wat Salomo de Wijze zegt: "De vreze des Heren is het begin der wijsheid en het kennen van de heiligen is verstand; want het kennen der wet is het teken van gezond verstand, want zo worden uw dagen vermeerderd, worden jaren van leven u toegevoegd" (Spr. 9, 10-11). Dit is het geheim: wij moeten deze wijsheid, deze kennis, verkrijgen, en dan verloopt alles vlot, alles komt in orde en wij zullen leven in vreugde en gezondheid.

---

[54] Grote Canon van de heilige Andreas van Kreta, 1e troparion van de 9e ode, in Triodion Voorvasten, Klooster H. Johannes de Doper, Den Haag.

OVER DE GAVE VAN HELDERZIENDHEID

Slechts een nederig iemand ontvangt gaven van God;
hij schrijft ze toe aan God en gebruikt ze voor Zijn glorie

De mysteries van God worden geopenbaard aan hem die een gezonde ziel heeft.

Hij die God waardig is, is vervuld van de Heilige Geest. Hij heeft goddelijke genade. God, in het mysterie van Christus, geeft hem vreugde, vrede, nederigheid en liefde. Hij geeft hem de kenmerken die zijn opgesomd door de heilige Paulus: "De vrucht van de Geest is liefde, blijdschap, vrede, lankmoedigheid, vriendelijkheid, goedheid, trouw, zachtmoedigheid, ingetogenheid..." (Gal. 5, 22). God kent geen verleden, heden of toekomst. "En niets van het geschapene is verborgen voor Zijn aangezicht, maar alle dingen liggen naakt en open voor Zijn ogen..." (Hebr. 4, 13). Dus ook de mysteries van God worden geopenbaard aan hem die een gezonde ziel bezit, en Zijn raad wordt hem zover bekendgemaakt als God toestaat.

Er zijn echter voorwaarden voordat de goddelijke genade in iemand zijn verblijf neemt. Slechts een nederig iemand ontvangt deze gaven van God; hij schrijft ze toe aan God en gebruikt ze voor Zijn glorie. De goede, nederige, vrome man die God liefheeft, de man die deugdzaam is, wordt door Gods genade niet misleid of afgeleid. Hij voelt in zijn hart dat hij werkelijk onwaardig is, en dat al deze dingen hem gegeven worden opdat hij goed kan worden, en om die reden volbrengt hij zijn ascetische strijd.

De genade Gods gaat daarentegen niet naar egoïsten, naar mensen die zich niet bewust zijn van wat hen overkomt. De mens met een egoïsme als van Lucifer gelooft dat hij vervuld is van goddelijke genade, maar hij is misleid; hij is een man van de duivel. Misleiding is een psychologische toestand, een onjuist onderscheidingsvermogen; in feite komt misleiding van zelfzucht. In de mens die misleid is worden fantasieën opgewekt, veroorzaakt door demonische verleidingen, en hij wordt getergd. Een dergelijke misleiding is heel moeilijk te genezen. Zij wordt slechts overwonnen door goddelijke genade. Iemand anders kan bidden, en God kan barmhartigheid tonen voor de mens die misleid is. Als hij ook moeite doet en gaat kijken in de "spiegel" van een goede geestelijke leider, en eerlijk en vanuit het hart biecht, zal Gods genade hem genezen.

De Heilige Schrift verlicht ons

Wij zien tegenwoordig dikwijls heilige mensen, maar ook misleide mensen. U kunt naar een kluizenaar of een asceet gaan, en zodra hij u ziet zal hij u bij uw naam groeten en zeggen: "Waarom bent u niet voorzichtiger geweest? Nu bent u verstrikt geraakt in die of die situatie." Zonder u te kennen, noemt hij u bij uw naam en vertelt u over een situatie die u alleen kent. En u roept uit: "Die man is een heilige! Hij kent mijn naam en mijn geheimen!" Dan gaat u naar een medium – en mediums en kwakzalvers die potten geld maken zijn overal opgesproten – en ook hij vertelt u waar u vandaan komt en waar u naartoe gaat. Dan bent u verward en u vraagt uzelf af: "Wat gebeurt er hier? Waar is de waarheid? De heilige vertelde me de waarheid en deze tovenaar ook. Hij kende ook mijn naam... Is hij ook een heilige?" Zo raken wij verward.

De Heilige Schrift verlicht ons en maakt het ons mogelijk geesten te onderscheiden. Daarom moeten wij de Schrift kennen en goed naar de woorden ervan luisteren. De dronkenschap van de apostelen door goddelijke genade van de Heilige Geest is één ding, en de dronkenschap van Corybanten[55], waarin u duidelijk de geest van Satan ziet, is iets heel anders. Wat er gebeurt met een medium is misleiding, dwaasheid. De tegenstrever verschijnt als een engel des lichts. Als u zijn streken niet kent, kunt u niet zeggen dat dit

....

[55] Corybanten, mensen die in geestvervoering zijn; oorspronkelijk de benaming van priesters van Rhea of Cybele in Frygië.

niet van de Heilige Geest komt en u kunt misleid worden, denkend dat dit enthousiasme goed is. Veel mensen vallen in deze strik.

In deze situaties zijn er twee dingen – het goede en het kwade, de goede engel en de boze engel, de demon, de boze geest. In ons is eveneens het goede en het kwade, namelijk de oude mens en de mens die gevormd is naar Christus. De oude mens is hij die toegeeft aan zijn oude zelf. De boze geest oefent een sterke invloed op hem uit en hij wordt slecht. Iedereen kijkt schuin naar hem, hij wenst iedereen kwaad en vervloekt voortdurend. Hij is zoals de oude vrouw "Frankoyiannou" in het verhaal van Papadiamantis[56] die ontelbare kwellingen in haar leven had ondergaan en was achtergebleven met duizenden wonden in haar ziel.

Dus een mens die onder invloed is van de boze geest, laten wij zeggen een medium, vloekt voortdurend. Hij kan profeteren en de toekomst voorspellen, maar alles in een slechte richting. Hij is omlaag georiënteerd, en uit slechtheid doet hij laagstaande dingen die voortkomen uit zijn oude mens. Hij raakt in een demonische, in plaats van een verheven, toestand. En daar is God niet te vinden. Toch beweert hij door Christus geïnspireerd te zijn. En in feite kan hij uiterlijk tot de Kerk behoren, hij kan gedoopt zijn en hij kan het evangelie kennen. Maar hij is verstrikt in het kwade en zijn gedachte, verbeelding en ziel zijn ziek. Zulk een mens kan anderen laten afdwalen. Hij zegt: "Ik heb Christus gezien, ik heb de Moeder Gods gezien. Zij zei mij dat er oorlog zou komen, dat er een moord zou plaatsvinden en dat dit of dat zou gebeuren." En het gebeurt inderdaad. Het gebeurt omdat de duivel het kwade doet gebeuren en daarom weet hij er alles van. Begrijpt u? Dit is allemaal heel ingewikkeld. Al vertelt hij u dat hij de Moeder Gods heeft gezien, of de Heilige Drieëenheid, of de heilige Serafim en dit of dat heeft vernomen, hij kan in feite toch een medium zijn. Begrijpt u? En hij valt neer, wordt bewusteloos, schuimbekt en huilt. Dan wordt het duidelijk dat deze persoon niet van Christus is. Hij kan geloven dat hij geïnspireerd is door Christus of de Moeder Gods en de heiligen, maar het is niet waar.

....

[56] De novelle 'De moordenares' door Alexandros Papadiamantis.

Als iemand naar een persoon gaat die bezeten is door de boze geest en hem zegt: "U bent een kwakzalver" en hem een klap geeft en onbeschoft tegen hem spreekt, zal hij vloeken en zelfs heilige dingen vervloeken. Hij is in een demonische staat die hem uiteindelijk zal leiden tot het gekkenhuis. Met andere woorden, al deze toestanden, spiritualisme en dergelijke, zijn vormen van ziekte.

God openbaart aan hen die Hem waardig zijn

Ik zal u een paar voorbeelden geven, dan zult u begrijpen dat God op een eenvoudige en natuurlijke wijze grote dingen openbaart aan hen die Hem waardig zijn. Hij openbaart gebeurtenissen uit het verleden en het heden en wat in de toekomst zal gebeuren. Hij openbaart aan hen de diepte van een menselijke ziel, hun pijn en hun vreugde, hun zonden en hun charisma's, hun ziektes van lichaam en ziel, de tijd en de wijze van hun sterven.

Hoog op de berg Sinaï zijn veel kluizenarijen. Eens was er een oudvader die daar leefde met zijn leerling. De oudvader was honderd jaar oud. Hem was geopenbaard dat hij zou sterven. Op een lagere heuvel was er wat aarde. Hij zei dus tegen zijn leerling: "Ga naar beneden en graaf mijn graf, want ik ga sterven. Ik zal je in een ogenblik roepen."

De monnik gehoorzaamde ogenblikkelijk en groef het graf. De oudvader bad. Na korte tijd riep hij uit: "Pafnutios, mijn kind, kom en neem mij bij de arm en leid mij naar het graf, want als ik sterf, hoe zul je mij naar beneden kunnen dragen in je eentje? Kom, neem mij bij de arm."

Langzaamaan, met behulp van zijn stok en zijn leerling, liepen zij de helling af. Toen zij bij het graf kwamen, zei hij: "Houd mij nu vast, houd mij vast!"

En met behulp van zijn leerling – nadat zij elkaar eerst omhelsd hadden en elkaar vaarwel hadden gewenst – daalde hij in het graf. Hij ging in het graf, ging liggen, sloot zijn ogen, en terwijl hij bad, gaf hij de geest.

Ziet u? Dit lijkt ongelooflijk, en toch is het gebeurd.

Vele heiligen ontvingen van God de genade zich naar andere plaatsen te begeven, waar zij verlangden naartoe te gaan, "in het lichaam of buiten het lichaam" (2 Kor. 12, 2), en door anderen gezien te worden.

Vader Georgios, de hegoemen van het Heilige Klooster van de Berg Sinaï, was eens ziek. Hij had echter een groot verlangen de heilige communie te ontvangen uit de handen van de patriarch van Jeruzalem. Op dat ogenblik gingen sommigen van zijn leerlingen naar zijn cel op de Sinaï en vroegen hem of hij naar de kerk zou kunnen komen.

"Nee", zei hij, " ik kom niet."

Zodra zij weg waren, bleef de oudvader alleen, in het lichaam, maar in de geest ging hij naar de Heilige Kerk van de Opstanding in Jeruzalem en woonde daar de liturgie bij. Hij zag de patriarch het heiligdom binnengaan. En al de priesters en diakens en bisschoppen daar zagen de hegoemen tijdens de heilige liturgie en toen het tijd was voor de heilige communie, deden zij hem een epitrachiel om. Hij naderde het altaar en ontving de zuivere mysteriën uit de handen van de patriarch. Toen de communie afgelopen was, gingen de priesters naar het heilige wasbekken om hun handen te wassen. Vader Georgios kwam langs de patriarch, die tegen hem zei: "Ik verwacht u vanmiddag in de refter." Vader Georgios sprak niet, maar boog eerbiedig.

Intussen gingen op de berg Sinaï, na de goddelijke liturgie daar, de priester en een monnik met een kaars en een wierookvat naar de cel van vader Georgios en gaven hem de heilige communie.

Toen het middag was, wachtte de patriarch in Jeruzalem op vader Georgios. De tijd ging voorbij en zij konden niet langer wachten en zij begonnen aan hun maaltijd. De patriarch was bedroefd en zond drie monniken van Jeruzalem naar de Sinaï om te vragen waarom hij hem ongehoorzaam was geweest en vertrokken was, ondanks het feit dat hij bekend was om zijn gehoorzaamheid. De vertegenwoordigers van de patriarch kwamen aan en zodra zij het klooster binnenkwamen, zeiden zij:

"Uw oudvader is naar Jeruzalem gekomen en heeft communie ontvangen in de Kerk van de Opstanding. Wij hebben hem daar allemaal gezien en de patriarch heeft hem uitgenodigd om met hem te eten, maar hij vertrok. De patriarch was heel bedroefd en heeft ons gestuurd om hem te vermanen wegens zijn ongehoorzaamheid.

De monniken van het klooster waren verbaasd.

"Wat bedoelt u toch?" vroegen zij. "Onze oudvader heeft het klooster al vijftig jaar niet verlaten. U moet u vergissen."

"Nee", hielden zij vol, "wij hebben hem allemaal gezien."

"Kom dan en wij zullen u naar de oudvader brengen en wij zullen u de waarheid bewijzen."

En zodra de vertegenwoordigers de oudvader zagen, vertelden zij hem de ontevredenheid van de patriarch. De oudvader sprak eerst niet, maar zei toen:

"Zeg Zijne Gelukzaligheid mij te vergeven en geef hem een vreugdevolle boodschap: God heeft mij geopenbaard dat wij binnen zes maanden samen zullen zijn, zeg hem zich dus voor te bereiden."

U ziet hoe de hegoemen van de Sinaï naar Jeruzalem ging zonder zelf te weten of het in het lichaam was of buiten het lichaam, maar in ieder geval zagen mensen dat hij daar was.

Veel van onze heiligen staan met elkaar in verbinding en bidden samen op afstand. Alles gebeurt door Gods genade. Met de genade Gods worden afstanden betekenisloos. God moge mij vergeven dat ik dit zeg, maar in het verleden heb ik dikwijls op afstand contact gehad met een priester-monnik van het klooster van de heilige Charalampos op Euboa, vader Paul. Ik zal u een typisch voorbeeld geven.

Toen ik daarnaartoe ging nadat ik de Heilige Berg verlaten had, had ik een ernstig probleem. Zoals ik u gezegd heb, keerde ik zwaar ziek terug van de Heilige Berg, en wegens mijn gezondheid moest ik een of twee eieren eten en wat melk drinken. Ik kon geen bonen of linzen eten. Het gewone dieet van de monniken was bonen en kikkererwten. Mijn gezondheid stond mij niet toe hun dieet te volgen, maar ik wilde de anderen niet schokken door speciaal voedsel te eten. Zo voelde ik het. Ik was echter beschaamd dat te zeggen en ik dacht er dus aan het klooster te verlaten. Eens zat ik onder een grote boom te denken om weg te gaan, toen ik plotseling vader Paul voor mij zag. Hij had een groot boek vast. Het was de Heilige Schrift, het Oude en het Nieuwe Testament. Hij was ver het bos ingegaan en was aan het lezen. Plotseling stond hij op en kwam naar mij toe en zei:

"Hoe gaat het, vader Porfyrios? Weet u wat ik aan het denken was? Ik weet dat u ziek bent en last van uw maag hebt omdat u het eten dat wij in het klooster eten niet kunt verteren. Ik dacht dus dat wij u melk en eieren zouden geven. Het is toegestaan een speciaal dieet te hebben als men ziek is."

Ik vroeg hem: "Hoe kwam u op dat idee?"

"Wel", zei hij, "terwijl ik deze richting uitliep…"

Ziet u, Gods genade doet alles.

Vroeger, maar ook nu "vlieg" ik naar de Heilige Berg bovenop de Berg Athos en bid met de vaders daar. Ik ben me sterk bewust van de genade van de kluizenaars en de wierook die zulk een geur verspreidt als hij ten hemel opstijgt. De wierook vormt een wolk rond de Berg Athos! Op deze plaatsen hebben heiligen getreden met grote toewijding en gebed tot God. Zelfs de rotsen zijn doordrongen van Gods genade die de heiligen tot zich trokken. Die mensen daar waren engelen van God, hier op aarde gezonden. Zij leefden een engelgelijk leven. Zij leefden met vurige liefde en toewijding voor God.

Als ik 's nachts hier in het klooster wakker word, 'zie' ik dat de Heilige Berg straalt van genade wegens het nachtgebed van de vaders daar. Zodra het simandron geklonken heeft, haasten zij zich om de woorden "Uit de slaap ontwakend…"[57] te horen en zij beginnen hun gebed met verlangen, liefde en vreugde. Wat kan ik zeggen! De poorten van het paradijs zijn geopend. Zo voel ik het met de genade Gods en zo zeg ik het u. Laat het mij u zeggen, want ik wil het. Ik doe het uit liefde voor u!

Ik zal u nu een ander geheim vertellen. 's Nachts ben ik telefonisch in contact met een kluizenaar op de Heilige Berg. Hij bestudeert grondig de geschriften van de heilige vaders en legt mij veel dingen uit. Wij praten over geestelijke zaken. Totale dwaasheid, wat kan ik zeggen! Dit gebeurde ook vanochtend vroeg, om drie uur. De klokken begonnen te luiden terwijl wij aan het praten waren. Gedurende een half uur praatten wij over wonderbare dingen. Werkelijk, ik voelde een grote vreugde, groter dan ik kan uitdrukken. Ere zij U, o God! Terwijl wij aan het praten waren over deze geestelijke dingen, zei hij tegen mij:

....

[7] De eerste woorden van de ochtendgebeden.

"De klok luidt voor de kerk, ik ga nu, om op tijd te zijn."
Ik zei tegen hem: "Verlaat mij niet, oudvader!"
"Met plezier", zei hij. "Kom, dan gaan we naar de kerk om samen te zijn en Gods grootheid te zien, de goddelijke liturgie en de genade van Christus. Kom, er is geen afstand in onze Heer Jezus Christus. Helemaal geen afstand."

En ik "ging" met hem naar de kerk. Wij baden samen de hele tijd. Ik zag al de heilige iconen, de kaarsen, de sissende olielampen. Ik zag de priesters de dienst vieren, overweldigd door vreugde. De kerk was vol asceten, allen vervuld van een grote vreugde in hun hart terwijl zij de kersthymnen zongen: "Komt, gelovigen, zien waar Christus is geboren... Uw geboorte, o Christus... De Maagd baart heden ... Christus wordt geboren, looft Hem..." Bij de uitroep "Nadert in vreze Gods" ging hij om de communie te ontvangen. Ik was aan zijn zijde, door de genade van onze Heer, diep ontroerd. Vergeef mij dat ik u dit allemaal vertel. Ik zag al de monniken bidden. Ik was vervuld van een grote vreugde. Wat zij zagen, zag ik ook. Deze liturgie was een waar geestelijk banket met de heilige asceten; hun vreugdevolle zielen ervoeren alles terwijl zij het Feest van de Geboorte werkelijk beleefden. Zij beleefden het werkelijk. Wat wens ik dat u daar ook was geweest en de woorden had kunnen horen die zij zongen!

Mijn vreugde wordt heel groot als iemand anders bevestigt dat hetgeen ik 'zie' werkelijk zo is, want ik realiseer mij dat deze kennis alleen van God kan komen. Ik zal u vertellen wat ik bedoel. Ik vraag u dikwijls mij een paragraaf voor te lezen uit een van de kerkvaders, bijvoorbeeld, en ik zeg dan: "Kijk op bladzijde tien naar de tweede paragraaf in het midden van de bladzijde en u zult de passage vinden die ik net heb aangehaald." U opent het boek en u vindt inderdaad de passage op de genoemde bladzijde en u leest haar mij voor. De woorden zijn precies zoals ik ze heb aangehaald. U bent verbaasd als ik heel blij ben en zeg: "O, dat wist ik niet. Dat is de eerste keer dat ik het hoor", omdat ik daarvoor de passage voor u uit het hoofd heb aangehaald. En toch vertel ik de waarheid; ik wist het werkelijk niet, want ik had het nog nooit eerder gelezen. Op het moment dat ik u de paragraaf genoemd heb, openbaarde Gods genade, de Heilige Geest, het mij. Maar ik hoorde het voor het eerst toen u het mij voorlas, want ik had het nog nooit gelezen, en het maakte indruk op mij en het verheugde me dat u hebt bevestigd wat Gods genade mij geopenbaard heeft. Ik zal u nog een ander voorbeeld geven.

Eens sprak de hegoemen van het Athos-klooster van de Grote Laura om zeven uur 's avonds voor de Archeologische Vereniging. Ik 'ging' er in gebed naartoe en ik 'zag' hem. Ik luisterde gedurende ongeveer een half uur naar zijn conferentie. De zaal was stampvol mensen die heel aandachtig luisterden. En wat zag ik? Ik zag transpiratie zichtbaar worden op de riassa van de hegoemen. Het stroomde van hem af terwijl hij aan het spreken was. En toen ik u belde om te vragen hoe de conferentie was, zei u: "Het was erg goed. Iedereen was erdoor ontroerd. Maar de transpiratie stroomde van hem af!"

Het is een mysterie! "Gij Die overal tegenwoordig zijt en met Wie alles vervuld is..."

Bij een andere gelegenheid ging een groep van vier of vijf van ons op een uitstapje naar noord-Euboa. De auto reed door een prachtig landschap. Planten, bomen en bloemen aan de linkerkant, en aan de rechterkant strekte de zee zich uit tot de horizon. Alles was volmaakt, helder en schitterend. Niemand sprak. Plotseling vroeg ik mijn metgezellen:

"Wat ziet u buiten? Wat u op dit ogenblik ziet, 'zie' ik, al ben ik blind, door uw ogen."

Ik begon te zingen:
"Uw ogen zijn mijn ogen,
Uw wimpers de mijne,
Uw beide handen zijn sleutels
Die mijn hart openen."

Dit is natuurlijk een werelds liedje, maar wij nemen het als metafoor. Begrijpt u? Er zijn andere ogen, de ogen van de ziel. Met de ogen van het lichaam kan men beperkt zien, maar met de ogen van de ziel ziet men de donkere zijde van de maan. U ziet met de ogen van het lichaam. Door de genade zie ik dezelfde dingen nog beter, helderder. Met de ogen van het lichaam ziet u de dingen aan de buitenkant. Met de ogen van de ziel ziet men dieper. U ziet de buitenkant, ik zie hoe de dingen aan de binnenkant zijn. Ik zie en lees de ziel van de ander.

Het charisma van de oudvader

God heeft mij deze genade gegeven als gevolg van mijn gehoorzaamheid aan mijn oudvaders. Al degenen die hun oudvader liefhadden en trouw waren, namen van hem het charisma dat hij bezat: de heilige Prochoros nam van de heilige Johannes de Theoloog, de heilige Proclos nam van de heilige Johannes Chrysostomos, de heilige Symeon de Nieuwe Theoloog van zijn oudvader. En in het Oude Testament zien wij dat de profeet Elia zijn gave van profetie gaf aan zijn leerling, de profeet Elisa.

"Daarop nam Elia zijn mantel, wond hem samen en sloeg op het water; en dit verdeelde zich herwaarts en derwaarts, zodat zij beiden door het droge overstaken. En zodra zij overgestoken waren, zeide Elia tot Elisa: Doe een wens. Wat zal ik voor u doen, eer ik van u word weggenomen? En Elisa zeide: Zo moge dan een dubbel deel van uw geest op mij zijn. En Elia zeide: Gij hebt een moeilijke zaak gewenst. Indien gij mij zult zien terwijl ik van u word weggenomen, dan zal het u aldus geschieden. Maar indien niet, dan zal het niet geschieden. En terwijl zij voortgingen, al wandelende en sprekende, zie een vurige wagen en vurige paarden! En die maakten scheiding tussen hen beiden. Alzo voer Elia in een storm ten hemel. En Elisa zag het en riep uit: Mijn vader! Mijn vader! Wagens en ruiters van Israël! En hij zag hem niet meer. Toen greep hij zijn klederen en scheurde ze in twee stukken. Daarop raapte hij de mantel van Elia op, die van hem afgevallen was, keerde terug en ging aan de oever van de Jordaan staan. En hij nam de mantel van Elia, die van hem afgevallen was, sloeg op het water[58] en riep: Waar is de Heer, de God van Elia, ja, Hij? Hij sloeg op het water en dit verdeelde zich herwaarts en derwaarts, zodat Elisa kon oversteken. De profeten van Jericho die op enige afstand stonden, zagen hem en zeiden: De geest van Elia rust op Elisa. En zij kwamen hem tegemoet en bogen zich voor hem ter aarde" (4 Kon. 2, 8-15). De profeet Elia sloeg op het water van de Jordaan met zijn mantel en het scheidde zich aan de ene en de andere kant. En zo staken zij allebei over naar

---

[58] Volgens sommige versies komt hierna 'en het water werd niet gescheiden' en (hij) riep, enzovoorts.

de andere kant op het droge pad dat gevormd was. En zag u wat Elisa toen vroeg van de profeet Elia? Hij vroeg het dubbele van de genade en hij kreeg het met de zegen van zijn oudvader. Toen Elia ten hemel was gestegen, nam Elisa de mantel op die zijn oudvader hem toegeworpen had, en sloeg ermee op het water van de rivier. De wateren echter scheidden zich niet en werden niet zijwaarts geduwd, omdat hij niet de zegen van de profeet Elia had gevraagd. Toen zei Elisa: "Waar is de God van Elia? Waar is de God van Elia, mijn oudvader, nu?" En wat zegt het Oude Testament daarna bij vers veertien? "En hij sloeg op het water en het water verdeelde zich herwaarts en derwaarts en Elisa kon oversteken." Deze keer werd het water gescheiden, omdat Elisa zich zijn fout bewust was en de zegen vroeg van de profeet Elia.

Zonder de zegen van uw oudvader lukt niets. Zonder genade gebeurt er niets. Dit zult u pas echt begrijpen wanneer de genade komt. Als de Heilige Geest komt, zal Hij u alles onderrichten en u alles in herinnering brengen. Dit is wat Johannes, de geliefde leerling zegt: "Maar de Trooster, de Heilige Geest, die de Vader in Mijn naam zenden zal, die zal u alles leren en u herinneren aan alles wat Ik u gezegd heb" (Joh. 14, 26).

God gaf mij het charisma

Ik heb u al dikwijls gezegd dat ik het charisma nooit verwacht heb, en ook nooit heb gewild of gezocht. Mijn oudvaders vertelden mij niets. Dat was hun manier. Zij onderrichtten mij niet met woorden, slechts door hun daden. Ik leerde alles uit de levens van de heiligen en de vadersboeken. De vaders dwongen niet, zij vroegen niet om tekens of speciale gaven. En ik heb nooit speciale gaven gezocht, alleen de liefde van Christus. Niets anders. God gaf mij het charisma om mij te helpen goed te worden.

Als ik door de genade van God iets 'zie', ben ik heel blij vanbinnen – met de blijdschap van de Heer. Als Gods genade mij bezoekt, als ik door goddelijke genade naar iemands ziel kijk en haar 'lees', dan vult de goddelijke genade mij met enthousiasme. Goddelijke genade wordt uitgedrukt door een enthousiasme dat een soort vriendelijkheid, vertrouwelijkheid, broederschap en eenheid brengt. Na deze eenheid komt een grote vreugde, zulk een vreugde dat het is alsof mijn hart gaat breken. Ik ben echter bang deze te uiten. Ik zie, maar ik spreek niet, zelfs als de genade mij verzekert dat hetgeen ik zie, waar is. Maar als de genade mij zegt te spreken, dan spreek ik. Ik zeg sommige dingen omdat God mij ingeeft wat ik moet zeggen wegens mijn liefde voor iedereen. Ik doe het opdat mensen zouden voelen dat Christus ons allen omhelst. Het is mijn doel dat christenen geholpen en gered worden, opgevangen in een communie van liefde met Christus.

Vergeef mij dat ik zo tot u spreek. Ik vraag nooit aan God mij iets te openbaren, omdat ik Hem niet graag iets vraag. Ik geloof dat dit tegen Zijn wil is, dat het niet beleefd is en – nog erger – dat ik Hem aan het dwingen ben. Maar ik zeg het gebed "Heer Jezus Christus, ontferm U over mij" op smekende toon en dan geef ik mijzelf over aan Christus. Laat Hij doen wat Hij wil. Laat Hij openbaren wat hij wil.

God verbergt zoveel mysteries die Hij ons niet geopenbaard heeft. God openbaart sommige ervan aan de mens die Hem bemint, als hij in de woestijn leeft. Hij ziet ze, maar hij spreekt niet over alles, alleen wat God hem toestaat te zeggen. Terwijl iemand die in de wereld leeft temidden van de dingen en temidden van alle communicatiemiddelen, het misschien niet zou begrijpen en niets zou weten.

Nu ik alle dingen zie, voel ik mij heel nederig. Hoe kan ik het u uitleggen? God beschermt mij. Hij zendt mij Zijn genade. En ik zeg: "Aan mij, die zo nederig en zo onwaardig ben! Wat wil God van mij?" En toch bemint God zelfs zondaars als ik en wil Hij dat zij goed worden. Ook dat doet Gods genade.

Dit charisma is een geschenk van God. Het komt van de goddelijke genade, maar het hangt van de mens af of hij het behoudt. Men verliest zijn geestelijke gaven als men niet oplet. Er is zorg vereist in deze geestelijke zaken. Vertel niet aan anderen over de geheime geestelijke ervaringen die u hebt; dat is niet goed. Op die manier verliezen wij de goddelijke genade. Kijk naar de Moeder Gods: zij was stil; zij vertelde Jozef niet over het geheim van de Verkondiging; de engel vertelde het hem. Jozef sliep toen hij de stem van de engel hoorde, die kwam op mystieke wijze, zonder geluid. "Laat geen oningewijde raken aan..."[59] Kijk uit! God verbergt Zich vaak, zovaak dat wij denken dat Hij niet bestaat. Hij verschijnt aan hen die de gave van nederigheid waardig zijn geworden.

Ik schrijf alles toe aan God voor Zijn glorie. Ik geloof van mijzelf dat ik een oude roestige buis ben die echter kristalhelder levend water geleidt, omdat het opwelt uit de Heilige Geest. Als u heel dorstig bent, denkt u er niet aan of de pijp waardoor het water stroomt van plastic, metaal of roestig is. Het gaat u om het water. En ondanks het feit dat ik op het punt sta mijn laatste adem uit te blazen, komen mensen naar mijn nederige persoon. Zij kunnen niets van mij nemen, want ik heb niets. Alleen Christus heeft alles.

Als iemand vervuld is van Gods genade, wordt hij anders – zijn ziel springt op! Hij hoort Zijn stem en zijn ziel verheugt zich. De genade dwingt mij hetzelfde te ondergaan. Mijn stem verandert, mijn gezicht verandert, alles verandert. Ik heb geleerd op te scheppen, niet over mijn eigen prestaties, maar over Gods genade die mij met aandrang en openlijk naar Zich toe wil trekken, met al wat zij mij in mijn leven heeft geopenbaard, vanaf het ogenblik dat ik als jongen naar de Heilige Berg ging. Maar ik heb altijd hetzelfde gevoel: dat ik er nooit in geslaagd ben te leven met verlangen naar Christus. Wat een treuzelaar ben ik! Hoe groot is mijn achterstand! Voor alles wat God binnenin mij gegeven heeft, veroordeelt mijn ziel mij zeer. Ik heb een angst in mij. Ik mijmer over de woorden van de Heilige Schrift, die zeggen: "Heer, Heer, hebben wij niet in Uw naam geprofeteerd, en in Uw naam boze geesten uitgedreven, en in Uw naam krachtdaden gedaan? En dan zal Ik hun openlijk zeggen: Ik heb u nooit gekend; gaat weg van Mij, gij die ongerechtigheid doet" (Mt. 7, 22-23). Ik denk aan deze woorden, maar ik wanhoop niet. Ik geef mijzelf over aan Gods liefde en aan Zijn barmhartigheid en ik herhaal deze gouden woorden uit de voorbereidingsgebeden voor de heilige communie:

"Ik weet, Verlosser, dat geen ander zo gestruikeld is als ik, of daden heeft bedreven als de mijne. Ik weet eveneens dat noch de

....

* Feest van de Verkondiging, irmos van de 9e ode.

grootheid van de beledigingen, noch de menigte van de zonden de grote lankmoedigheid en de oneindige menslievendheid van mijn God overtreffen."

Als wij deze gouden woorden, geschreven door de vaders met geloof en toewijding, zeggen, is het alsof wij ze zelf ervaren.

Sommige van Gods openbaringen

Ik vertel u vele dingen die diep, innerlijk en persoonlijk zijn. Misschien zullen sommige mensen het feit dat ik deze ervaringen die God mij openbaart niet geheim houd, en dat ik zoveel vertel, verkeerd interpreteren. Zij zullen misschien zeggen dat ik mijzelf naar voren dring door over mijn ervaringen te spreken. Ik doe het uit liefde voor u, mijn kinderen. Ik doe het tot uw voordeel, zodat ook u de weg kunt bewandelen. Wat zegt Salomo de Wijze? Ergens zegt hij iets dergelijk: "Ik zal ook niet op weg gaan met de uitgemergelde afgunst, want die heeft met de wijsheid niets gemeen" (Wijsh. 6, 23). En, ja, hij zegt ook: "En (ik zal) u haar geheimen niet verbergen" (Wijsh. 6, 22). De wijze Salomo wil Gods wijsheid niet verbergen. God beweegt hem ertoe de mysteries van de wijsheid te openbaren.

Wat ik doe door u te zeggen wat God mij gegeven heeft, is ook apostolisch. De heilige Paulus zegt dit in zijn brief aan de Romeinen: "Want ik verlang ernaar u te zien, om u enige geestelijke gave te brengen tot uw versterking, beter gezegd, om in uw midden met u bemoedigd te worden door ons gemeenschappelijk geloof, het uwe en het mijne" (Rom. 1, 11-12).

"Te brengen" betekent: hebt u iets ontvangen? Breng het dan uit liefde. U gelooft niet dat u iets van uzelf hebt. Het behoort aan God en u brengt het. Dit is ware nederigheid. Terwijl een fanatiekeling, een oud-kalendrist[60] zal zeggen: "Kijk hem, hij spreekt over zichzelf. Dat is zelfzucht!" De heilige Paulus doet dit "tot uw versterking". Het is zoals een boom die zich buigt als er een sterke wind waait; dat is ook wat er met mensen gebeurt

---

[60] Als gevolg van de invoering van de nieuwe – gregoriaanse – kalender in Griekenland in 1924, werd een oud-kalendristen kerk gevormd van afgescheidenen, die synoniem werd met conservatieve ijver.

Daarom moet u een steun in de grond steken, zodat de boom niet buigt en scheef groeit. Als iemand gebogen is, ontwikkelt hij zich scheef, hij wordt grof en is God niet waardig.

Natuurlijk, zwijgen is het beste voor de mysteries die God binnen in ons openbaart. Maar ziet u, wat de heilige Paulus overkwam, kan ook ons overkomen. De heilige Paulus zegt: "Ik ben een dwaas geworden! Gij hebt mij ertoe gedwongen u dit te zeggen uit liefde" (cf. 2 Kor. 12, 12). De heilige Isaäc de Syriër is ook van streek als hij gedwongen is de mysteries en de diepe ervaringen van zijn hart te vertellen, dat wil zeggen gedwongen door liefde. Luister naar wat hij zegt: "Ik ben een dwaas geworden, ik kan niet verdragen het mysterie stil te houden, maar ik word overmoedig ten bate van mijn broeders..." Hij deed al die jaren geleden wat ik nu doe!

En ik, ongelukkige dwaas, uit liefde voor u, ik vertel u sommige van de dingen die God mij openbaart. Maar ik heb in mijn hart sterk het gevoel dat iemand anders deze dingen zegt. Ik geloof dit ten zeerste, want ik zie iets, en onmiddellijk daarna voel ik heel intens mijn zwakheden, want het is niet uit heiligheid, noch uit iets anders, maar uit Gods liefde voor mij, want Hij wil dat ik goed word. Maar ik vertel slechts aan heel weinig mensen de dingen die God mij openbaart, want de betreffende persoon moet geestelijk rijp zijn om ze te begrijpen. Een geleerde kan iets zien of horen en het navertellen of erover schrijven, en tot slot zeggen: "Kijk, Plato zegt hetzelfde." Maar dat is niet wat hier gebeurt, want wij kunnen wel dezelfde woorden gebruiken, maar dan is het met een andere betekenis.

Als ik iets niet wil zeggen van hetgeen ik zie, moet u mij niet dwingen, want ik heb geleerd gehoorzaam te zijn. Ik ben heel buigzaam en eenvoudig en als ik iets niet wil geven, en het vervolgens geef onder druk, heb ik er later spijt van. Dit is mijn zwakheid, die stamt uit mijn gewoonte van volledige gehoorzaamheid aan mijn oudvaders op de Heilige Berg.

En als ik soms zie dat iemand in zijn leven recht naar de afgrond loopt, kan ik er niets aan doen. Ik wijs hem er een beetje op, maar hij begrijpt het niet. Ik kan niet krachtig ingrijpen en zijn vrijheid compromitteren. Het is niet gemakkelijk.

Daar, temidden van de dennen

Met Gods genade ben ik dikwijls in een andere toestand geraakt. Mijn stem veranderde, mijn gezicht ging een wolk van goddelijk licht binnen. Dit is mij op de Heilige Berg overkomen, maar ook elders. Het overkwam mij ook in het dorp Agoriani op de berg Parnassos, in de kapel van de Heilige Drieëenheid, en twee meisjes die met mij waren, Vasiliki en Panayota, zagen mij. De Kerk inspireerde mij; het was een kleine dorpskerk. Ik zal u vertellen wat daar gebeurde.[61] Terwijl wij door het woud op de berg Parnassos liepen, kwamen wij bij een kleine kapel die gewijd was aan de Heilige Drieëenheid. Wij gingen de kerk binnen en ik liep naar de koninklijke deuren. De twee meisjes bleven bij de ingang. Vanaf het eerste ogenblik was ik daar vervuld van enthousiasme. Ik zag het leven van de kerk. Ik zag vele dingen uit het verleden: priesters die jaren geleden op feestdagen gecelebreerd hadden, de gebeden van heilige mensen, het overvloeiende lijden van zoveel diep getroffen zielen, bij één liturgie was er een heel heilige bisschop... Ik begon vol enthousiasme canons en andere hymnen uit het hoofd te zingen, vooral de hymnen die de Heilige Drieëenheid verheerlijken. Ik voelde een onuitsprekelijke vreugde, mijn stem werd zoals ik die nog nooit eerder gehoord had, als van honderd mensen tegelijk, zoet, sterk, harmonieus, hemels, "als het geluid van vele wateren en als het geluid van machtige donderslagen" (Openb. 19, 6). Ik hief mijn armen op, mijn gezicht straalde, mijn uitdrukking veranderde. Ik was in een geestelijke toestand geraakt. En in een ogenblik werd de hemel het dak van een kathedraal en de dennen met hun takken koperen kandelaars...

De meisjes stonden drie meter achter mij. Zij probeerden de stem op te nemen op een cassette- recorder, maar ik stond het niet toe. Ik zag wat zij deden en hield ze tegen. Ik heb geleerd van toen ik nog jong was op de Heilige Berg, om geheimen te bewaren. Maar dagen later, nadat wij teruggekeerd waren in Athene, verlangde ik weemoedig naar die lofzangen. Ik wilde

---

[61] Dit gebeurde in 1972. De twee meisjes zijn de twee vrouwen die het materiaal verzameld hebben voor dit boek.

die stem weer horen. Ik was bedroefd dat wij het niet hadden opgenomen. Ik zei tegen de meisjes: "Hadden wij dat gezang nu maar... het was zo mooi! Wat zouden wij blij zijn het weer te horen!" Die stem was niet menselijk, het was niet mijn stem, het was de stem van Gods genade. Ik zou het zo graag willen horen en teruggaan naar die dag. Daar, temidden van de dennen, zagen wij Gods grootheid. Is het niet zo? Hoe wonderbaar! Wij staken daar een vuur aan en staken het woud in brand!

Op Patmos ervoer ik de Goddelijke Openbaring

Eens gingen wij met George en Katy P. op pelgrimage naar de heilige Johannes de Theoloog op Patmos.[62] Het was vroeg in de ochtend. Ik had het gevoel dat de genade van de heilige Johannes mij verstikte. Er waren mensen in de Grot van de Openbaring. Ik was bang dat ik mijn gevoelens zou verraden. Als ik mijn gevoelens de vrije loop zou laten, zouden ze denken dat ik gek was geworden. Dus ik beheerste mijzelf en verliet de kerk. Het is niet goed als anderen de ervaringen van onze mystieke communie met God zien, dus ik waarschuwde de anderen en wij vertrokken. Op de avond van dezelfde dag was de kerk stil. Alleen wij drieën waren er. Voor wij binnengingen bereidde ik hen voor en zei: "Wat u ook ziet, beweeg niet en spreek niet."

Wij gingen eerbiedig naar binnen, eenvoudig en nederig en zonder een geluid te maken. Daar stonden we, voor de Goddelijke Openbaring, en wij knielden alle drie neer en vielen op onze gezichten. Ongeveer een kwartier lang herhaalden wij het Jezusgebed. Ik voelde mij leeg; geen emotie, niets. Pure verlatenheid. De tegenstrever, de duivel, had het door en wilde mij tegenwerken. "Dit soort dingen kan men niet van tevoren regelen", dacht ik bij mezelf. Ik zei het gebed, ik wilde het zeggen – of liever, ik zei het gebed niet, en wilde het ook niet, omdat als men het gebed zegt en het wil zeggen, de tegenstander het soms merkt. Het is een heel delicate zaak. Men kan de tegenstander niet uit zichzelf negeren. Zelfs om hem te negeren heeft men de goddelijke genade nodig. Het is iets onverklaarbaars.

....

[62] Dit vond plaats in 1964.

Ik oefende geen druk uit; ik dwong niets af. Wij moeten deze geestelijke zaken niet met geweld benaderen. Ik verliet de kerk en keek naar de bloemen alsof ik onverschillig was voor het feit dat mijn ziel zich niet wilde openen. Ik keek een beetje uit over de zee en ging vervolgens de kerk weer binnen, plaatste houtskool op het wierookvat en stak het aan. Ik legde wierook op de houtskool en wierookte een beetje en toen opende mijn hart zich. Mijn gezicht begon te stralen en de goddelijke inspiratie kwam over mij heen, ik hief mijn armen op en begon te wenen. De tranen vloeiden voortdurend uit mijn ogen en uiteindelijk viel ik neer. Mijn gezellen vertelden mij dat ik daar twintig minuten heb gelegen.

Het wonder dat mij in Patmos overkwam is een groot mysterie, maar een van grote betekenis. Ik zag de Openbaring zoals zij had plaatsgevonden. Ik zag de heilige Johannes de Theoloog en zijn leerling Prochoros, en ik beleefde de Goddelijke Openbaring, precies zoals het gebeurd was. Ik hoorde de stem van Christus vanuit de barst in de rots.

Heer Jezus Christus, moge God Zich over mij ontfermen. Waarom heb ik het u gezegd? Opdat u zou leren uzelf, zachtjes en zonder dwang, over te geven in Gods handen. Dan zal Hij naar uw zielen komen en ze vullen met genade. Als de tegenstander u hindernissen in de weg legt, moet u hem negeren. Begrijpt u? Dat is wat ik deed. Ik hield mij bezig met iets anders toen ik opmerkte dat er iets tussenkwam. Dit is een zaak van grote diepte.

Ik vertel u deze dingen, maar het is niet goed voor mij dat ik dat doe. Dit zijn mysteries; ik kan ze niet verklaren. Het enige dat ik zeg is dat alles met eenvoud gedaan moet worden, nederig en met zachtmoedigheid. Als u verlangt en verwacht met God verenigd te zijn, als u God dwingt, komt Hij niet. Maar Hij komt op een dag waarop u het niet verwacht en op een uur dat u niet kent (Mt. 24, 50). De wijze waarop is iets heiligs, niet iets dat u kunt leren als een techniek. Hij moet mystiek uw ziel binnengaan, zodat u Hem in uw hart opneemt door Gods genade.

OVER DE EEUWIGHEID

We moeten niet bang zijn voor de dood.
Er is niets om bang voor te zijn; het is de deur
waardoor wij de eeuwigheid binnengaan.

Wij vieren de dood van de dood.

De Heilige Schrift is volledig doortrokken van de geest van de eeuwigheid. God is eeuwig en Hij heeft ons geschapen om ons eeuwig te maken, om ons vanaf hier, vanaf de aarde, tot deelgenoten te maken van zijn eeuwige Koninkrijk, als wij in God willen leven, tot in de eeuwigheid.

Onze Kerk herinnert ons voortdurend aan de eeuwigheid door de mysteriën, de officies, de troparen, de hymnen, en vooral door het mysterie van de goddelijke liturgie. Op het moment dat wij ter communie gaan, bidt de priester voor elk van ons "voor de vergeving van zonden en voor het eeuwige leven".

Voor iemand in wie Christus is binnengaan, is er geen dood, geen straf, geen duivel; dat alles bestaat niet. Het bestaat wel, en zelfs zeer echt, maar voor hen die zich ver van Christus bevinden. Er staat toch "De gevallen Adam is weer opgestaan; de overmacht van de duivel is tenietgedaan".[63] "Waar is, o dood, uw prikkel? Waar, o Hades, uw prooi?"[64] Dus onze godsdienst gelooft dat. Zij gelooft dat er geen dood bestaat voor iemand die Gods woord onderhoudt. Zegt de evangelist Johannes dat niet in zijn evangelie? "Voorwaar, Ik zeg u: zo iemand Mijn woord onderhoudt, dan zal hij de dood niet aanschouwen in eeuwigheid" (Joh. 8, 51).

....

[3] Grote Vespers voor de zondag, 5e stichier, toon 5.

[4] Paasmetten, Katechetische preek van de heilige Johannes Chrysostomos.

"Wij vieren de dood van de dood, de vernietiging van de hades, maar het begin van het eeuwige leven, en jubelend bezingen wij de Bewerker: de enig gezegende en hogelijk verheerlijkte God onzer Vaderen".[65]

Ziet u, deze opstandingshymne spreekt over de hades en de dood, die echter gedood is en tenietgedaan. En dat is niet gebeurd door de macht van een mens, noch door de wil van een engel, maar door de opstanding van Christus, de Zoon van God: "Maar nu, Christus is wèl opgewekt uit de doden, als eersteling van hen die ontslapen zijn" (1 Kor. 15, 20). En de hymnendichter, die met zijn eigen gevoelens ook aan de onze uitdrukking geeft, zegt dat wij dat niet gewoon geloven, maar dat wij de dood van de dood en de vernietiging van de hades vieren en ons erover verheugen. Tegelijk vieren wij het begin, de aanvang van een ander leven, het eeuwige, en wij springen op van vreugde en loven Hem Die de oorzaak is van deze overwinning en Die ons het eeuwige leven geschonken heeft. Dat zegt de apostel Paulus: "Maar God zij dank, Die ons de overwinning geeft door onze Heer Jezus Christus" (1 Kor. 15, 57). En op een andere plaats: "De dood is verzwolgen in de overwinning" (1 Kor. 15, 54).

Wij zijn van de Heer

Overgaan naar het andere leven is alsof je een deur opent en je in een aangrenzend land bevindt, alsof je een brug oversteekt en naar de overkant loopt. Eigenlijk zouden we niet moeten spreken van een "ander leven". Er is maar één leven, en als we hier op aarde leven volgens Gods wil, dan zal Hij ons laten zien hoe wij na de dood zullen zijn. Luister naar wat Zijn geliefde leerling zegt de evangelist Johannes: "Geliefden, nu zijn we kinderen Gods en het is nog niet geopenbaard wat wij zullen zijn. Wij weten dat wij, als Hij verschijnen zal, Hem gelijk zullen zijn, want wij zullen Hem zien zoals Hij is" (1 Joh. 3, 2). Wat ons geopenbaard zal worden in het leven na de dood is onbeschrijflijk. Het is zoals de apostel Paulus zegt: "... wat geen oog heeft gezien en geen

---

[65] Paascanon, 2ᵉ troparion van de zevende ode.

oor heeft gehoord ... dat heeft God bereid voor hen die Hem liefhebben" (1 Kor. 2, 9).

Een keer ben ik korte tijd dood geweest. Ik was naar de andere wereld. Ik heb de schoonheid van daar gezien. Ik wilde niet meer weg; ik was verdrietig dat ik terug moest keren. Alles daar was vol licht, een onbeschrijflijke vreugde. Het paradijs!

"Christus verrezen uit de doden, door Zijn dood vertreedt Hij de dood en schenkt weer het leven aan hen in het graf."

Iemand zei een keer tegen me: "Oudvader, u bent al zo oud[66], en u doet nog zoveel voor het klooster!"

Ik antwoordde hem: "Ik heb het eeuwige leven. En zo moeten wij er allen over denken: we moeten werken alsof we het eeuwige leven hebben, en terwijl wij leven, gereed zijn om te sterven. Dan kunnen we planten, bouwen, aanbieden zonder eraan te denken of we er zelf profijt van zullen hebben."

Als ik ter communie ging, bad ik altijd een troparion van de paascanon:

"O groot en allerheiligst Pascha, Christus, o Wijsheid, Woord Gods en Kracht; geef ons, nog wezenlijker aan U deel te hebben, in de avondloze dag van Uw Koninkrijk."[67] Wat betekent dat, wezenlijker? Sterker, intenser.

Als Christus me naar het paradijs roept, zal ik daar met Gods genade "wezenlijker", dat wil zeggen, intenser, Gods genade en heerlijkheid beleven dan hier op aarde. Ik weet niet hoeveel jaren ik nog zal leven. Vijf, tien, twintig? Ik zal me verheugen met de vreugde van Christus zolang ik leef. Overigens, "in Hem leven wij en bewegen wij ons en zijn wij" (Hand. 17, 28). Ik maak me er niet bezorgd over of ik zal leven, en ik denk er ook niet aan hoe lang ik zal leven, en ik vraag evenmin of ik nog mag leven. Dat heb ik volkomen overgelaten aan Gods liefde. Ik behoor aan de Heer, of het nu in dit leven is of in het andere. "Of wij leven of sterven, wij zijn van de Heer". God zal Zelf bepalen welke beslissing Hij neemt. Ik ben gereed om te sterven en ik wil in mijn geest geen gedachten toelaten van wanhoop wegens toekomstige straffen of dergelijke. Zoals ik u al eerder heb gezegd, voelde ik me inwendig

....

[66] Vader Porfyrios was toen 85 jaar oud.
[67] Paascanon, 2ᵉ troparion van de negende ode.

verheugd dat ik Christus zou ontmoeten, toen ik op sterven na dood was. Niet dat ik me niet bewust was van mijn vele zonden, maar ik geloofde dat Gods barmhartigheid veel groter was dan mijn zonden. "Noch de grootheid van de beledigingen, noch de menigte van de zonden overtreffen de grote lankmoedigheid en de oneindige menslievendheid van mijn God."[68]

Er is maar één waarheid, dat we dit leven zullen verlaten. We blijven niet voor altijd op deze aarde. Ons doel is het eeuwige leven. Daarom moeten we onszelf in ieder geval gereed maken. En het wonderlijke is, dat als wij ons gereed gemaakt hebben, wij gelukkig zullen zijn, en niet bang, maar vol vreugde zullen wachten op ons vertrek naar het avondloze licht. Daar zullen we onophoudelijk de naam verheerlijken van de Heilige Drieeenheid en de Moeder Gods, samen met de cherubijnen en serafijnen en met alle heiligen van onze Kerk. Maar we moeten hier al beginnen de Drieëne God in ons leven te verheerlijken. Als we hier niet één worden met God, zullen we evenmin in het andere leven met Hem zijn in de hemelse heerlijkheid en vreugde. En we zullen hier al het eeuwige leven bezitten als we sterven wat de oude mens betreft.

Iets dergelijks zag ik geschreven bij de ingang van een klooster op de Heilige Berg. Er stond: "Als je sterft voor je sterft, zul je niet sterven wanneer je sterft". Dat wil zeggen, als de oude mens sterft, zul je eeuwig leven. Dan bestaat er geen dood.

Hij is in het avondloze licht

Er zijn er velen die zeggen dat het eeuwige leven niet bestaat. Toch is dat niet waar. Wij zien het eeuwige leven en wij leven het elke dag. Ik ben er zekerder van dat er een ander leven is, dan dat morgen de zon opgaat. Zo is het. We zien het, we leven het en allen die er ooggetuige van waren bevestigen het, zoals de evangelist Johannes: "... opdat gij zoudt weten dat gij het eeuwige leven hebt" (1 Joh. 5, 13).

[68] Dienst van de communievoorbereiding, gebed van de heilige Symeon de Nieuwe Theoloog.

Met de genade Gods "zie" ik hoe overleden mensen in het licht leven en zich verheugen. Het andere leven is zo mooi!

Vandaag ben ik erg ontroerd. De ouders van Tasos zijn vol verdriet naar het klooster gekomen om vertroosting te zoeken. Een paar dagen geleden hebben zij hun tienjarige zoon verloren. Hij speelde bij de zee, gleed uit en viel erin. Ik zei tegen hen wat God me ingaf:

"Gods oordelen zijn ondoorgrondelijk. Wij weten er niets van. Wij weten alleen wat we zien. Tasos is uitverkoren voor de hemel. De Heer weet op welke wijze: als een engel, een knappe jongen, heeft Hij hem weggehaald. Het is naar Gods welbehagen, en dus is het enige wat wij kunnen zeggen: 'Uw wil geschiede' (Mt. 6, 10) ... zoals de Heer wil, zo geschiede het. Wees ervan overtuigd dat Christus Tasos op de laatste dag zal doen opstaan. Als hij hier op aarde was blijven leven, zou hij net als wij geleden en gezondigd hebben. Terwijl hij nu een engeltje geworden is, om de rangen op te vullen van de gevallen engelen. Heer Jezus Christus, ontferm U over mij.

Vergeet alles! Herdenk Tasos alleen, en hoe meer u aan hem denkt, des te meer zal uw ziel opgaan in de gebeden die u naar de hemel richt. Dan zal langzamerhand uw ziel goed worden. Terwijl in het tegenovergestelde geval er veel kwaad zal volgen, zowel geestelijk als lichamelijk. U bent moe en u lijdt, maar God zal uw zielen zegenen en u zult de zekerheid hebben dat hij dichtbij Christus is. Moge God ons barmhartig zijn en ons de kracht geven betere mensen te worden.

Kleine kinderen gaan werkelijk naar de hemel, dichtbij Christus. Als geest verkeert hij nu met de engelen die God verheerlijken. Hij is in het avondloze licht. Hij is bij Christus, in de eeuwige vreugde en blijdschap, "waar de nimmer verstommende stemmen van de feestvierenden weerklinken".[69] Laten we allen Tasos zoeken in de schoot van Abraham, dicht bij God, met alle engelen. Daar zullen we allemaal heengaan om tezamen eeuwig te leven, zoals ook de apostel Petrus zegt: '... wachtend en verlangend naar het aanbreken van de dag des Heren ... verwachten wij volgens

---

[69] Dienst van de communiedankzegging, 1e gebed.

Zijn belofte nieuwe hemelen en een nieuwe aarde, waar gerechtigheid woont' (2 Petr. 2, 12-13)."

Er bestaat voor ons, christenen, een manier om in verbinding te zijn met de overledenen en hen te helpen, door aalmoezen, gebed en deelname aan de goddelijke liturgie en de heilige communie. Dat alles brengt ons met hen in verbinding, want zij zien ons, zij zijn zich van ons bewust en verheugen zich, al zien wij hen dan niet. Ik zeg u nogmaals dat ik na mijn dood dichter bij u zal zijn dan nu, want dan zal ik dichter bij Christus zijn.

De liefde voor Christus herschept alle verdriet, ook dat om de dood van geliefden, dat het ergste is. Wanneer wij Christus liefhebben, bedenken we dat de geliefde persoon die ontslapen is, nu dichtbij Hem is, en wij zijn in vrede en verheugen ons.

Christus heeft ons de onsterflijkheid geschonken

We moeten niet bang zijn voor de dood. Er is niets om bang voor te zijn; het is de deur waardoor wij de eeuwigheid binnengaan. We moeten weliswaar gereed zijn, we moeten al in dit leven zo dicht bij Christus zijn dat we ons direct naast Hem bevinden wanneer wij in het toekomstige leven aankomen. We weten allemaal dat niemand hier op aarde is gekomen om daar eeuwig te leven. In het paradijs is de eeuwigheid. Daar zullen wij allemaal samen zijn, als wij Christus liefhebben, in een leven vol geestelijke vreugde.

Op een dag belde iemand van het patriarchaat me op en we spraken over het gebed. Ik vroeg hem toen het volgende:

"Waarom is er, als we de waterwijding doen, in het officie ook een troparion voor de overledenen? Terwijl wij de waterwijding doen om een huis, goederen en de levenden te wijden, is er een troparion dat zegt: 'Spaar, Heer, de zielen van onze broeders die overleden zijn in de hoop op het leven, vergeef hun vroegere zonden en wis ze uit".[70] Kunt u mij zeggen waarom dit troparion voor de overledenen zich in het officie van de waterwijding bevindt?"

Zijn antwoord was: "Opdat ons gebed volmaakt is, omdat het ook de overledenen insluit."

....

[70] Kleine Waterwijding, uit de alfabet-stichieren.

Wat een wijze woorden! We zijn ons er niet van bewust, maar bedriegen onszelf als we bidden zonder te weten welke elementen ons gebed zou moeten bevatten. Ons smeekgebed is meestal op onszelf gericht.

Christus heeft ons de onsterflijkheid geschonken. Hij zegt het duidelijk: "... hij zal de dood niet aanschouwen in eeuwigheid" (Joh. 8, 51). Leef in Christus en u zult gelukkig zijn in Christus. We moeten in Christus leven. Laten we de Kerk binnengaan. En om de Kerk binnen te gaan, moeten we sterven wat onze oude mens betreft. Dan is er van hier af, en ook verder, niets meer, geen dood, niets, alleen het eeuwige leven.

APPENDIX

De heilige Johannes de Hutbewoner. In de heiligenlevens uitgegeven door de heilige Nicodemos de Hagioriet, staat het volgende over de heilige Johannes de Hutbewoner:
> 15 januari, gedachtenis van onze heilige
> vader Johannes de Hutbewoner.
> *De wereld vergetend, verliet de jongen zijn aardse hut*
> *en in hemelse weiden, bouwde hij een nieuwe.*

Deze heilige werd geboren in Constantinopel in het jaar 460 tijdens de regering van keizer Leo de Grote. Zijn vader was senator, Eutropios genaamd, en zijn moeder heette Theodora. Op vroege leeftijd, toen hij nog op de lagere school zat, verliet hij in het geheim zijn ouders en leraren, en ging met een monnik naar het klooster van de Niet-Slapenden en werd monnik. Daar oefende hij zich in een heel strenge levenswijze. De duivel echter maakte het de jongen moeilijk door middel van zijn liefde voor zijn ouders, en dus besloot hij de vijand te ontmoeten en te verslaan. Hoe en op welke wijze? Eerst vertelde de heilige alles over zichzelf aan de hegoemen van het klooster en vroeg zijn toestemming om terug te keren naar zijn ouders. En nadat hij de zegen had ontvangen van alle monniken van het klooster kwam hij bij het huis van zijn vader als een bedelaar gekleed, in lompen en onherkenbaar. Van zijn familie ontving hij als bedelaar een heel klein stukje grond bij de ingang van het huis, en daar bouwde hij een kleine hut en hij hield zijn identiteit geheim. De gezegende man had verdriet als hij vanuit zijn bedelaarshut zijn ouders zag voorbijgaan in hun aardse ijdelheid en, nog erger, als hij beledigingen en slechte behandelingen moest verdragen van het huispersoneel.

Nadat hij daar drie jaar geleefd had in grote zelfverloochening en ontbering, voorzag hij zijn komende dood. Hij riep toen zijn moeder en maakte zich aan haar bekend door een verguld evangelieboek dat zijn ouders voor hem hadden laten maken toen hij nog een schooljongen was. Zodra hij zich bekend had gemaakt, ontsliep de gezegende man en ging heen naar de Heer.

De skite van Kavsokalyvia ligt op de beboste heuvel aan de zuidoostelijke punt van de Heilige Berg, waar de voet van de Berg Athos scherp in zee eindigt. Deze streek van de Heilige Berg is verbonden aan enkele van de meest bekende figuren uit de geschiedenis van het Athonitische monnikswezen. Peter de Athoniet, de eerste bekende kluizenaar op de Heilige Berg, leefde hier in de 9de eeuw.

De naam Kavsokalyvia, verbrande hutten, komt van een andere beroemde kluizenaar die hier leefde in de 14de eeuw: de heilige Maximos de hutverbrander (1270-1365). De heilige Maximos die zijn leven wijdde aan het leren van het Jezusgebed, gescheiden van alle wereldse zorgen en alle werelds bezit, bouwde voor zichzelf een geïmproviseerde hut van bladeren en takken en leefde er een tijdje in, dan verbrandde hij hem en verhuisde naar een andere plek.

Tijdens de 18de eeuw speelden monniken van de skite van Kavsokalyvia een belangrijke rol in de heropleving van de Griekse letterkunde en de geestelijke hernieuwing van de Athos. De skite werd beroemd wegens zijn houtsnijwerk en iconenschilderkunst en ook wegens zijn hymnendichters.

In het begin van de 20ste eeuw waren er in de skite een veertigtal kluizen met een totaal van 120 monniken. In de tijd dat vader Porfyrios in Kavsokalyvia woonde, genoot de skite een grote geestelijke bloei.

Een monnik is verbonden aan het klooster van "zijn berouw". Hier in Kavsokalyvia vond vader Porfyrios geestelijke vaders met onderscheidingsvermogen en vurige asceten, hier werd hij ingewijd in het monastieke leven, hier onderging hij zijn krachtigste vormingsjaren, en hier ontving hij zijn genadegave. Daarbij was hij verliefd geworden op de grote natuurlijke schoonheid van de skite en hij heeft nooit opgehouden deze te beschouwen als zijn geestelijke thuis.

Uitgeverij Orthodox Logos

- *De Orthodoxe Kerk: Verleden en heden* – Jean Meyendorff
- *Biecht en communie* – Alexander Schmemann
- *Verliefd Zijn op het Leven* – Samensteller: Maxim Hodak
- *De Orthodoxe Kerk* – Aartspriester Sergei Hackel
- *De mensenrechten in het licht van het Evangelie* – Nicolas Lossky
- *Geboren in Haat Herboren in Liefde* – Klaus Kenneth
- *Hegoumena Thaissia van Leouchino: brieven aan een novice*
- *Het Jezusgebed* – Een monnik van de oosterse kerk
- *Gebedenboek Voor Kinderen: Volgens De Orthodox Christelijke Traditie*
- *Dagboek Van Keizerin Alexandra* – Keizerin Alexandra
- *Mijn ontmoeting met Archimandriet Sophrony* – Aartspriester Silouan Osseel
- *Stap voor stap veranderen* – Vader Meletios Webber
- *De Weg Naar Binnen* – Metropoliet Anthony (Bloom) Van Sourozh
- *Geraakt door God's liefde* – Klooster van de Levenschenkende Bron Chania
- *De Heilige Silouan de Athoniet* – Archimandrite Sophrony
- *The Beatitudes: A Pathway to Theosis* – Christopher J. Mertens
- *De Kracht van de Naam* – Metropoliet Kallistos van Diokleia
- *De Orthodoxe Weg* – Metropoliet Kallistos van Diokleia
- *Serafim van Sarov* – Irina Goraïnoff
- *Feesten van de Orthodoxe Kerk – een Leerzaam Kleurboek*
- *Catechetisch Woord over het Gebed van het Hart* – Aartspreiester Silouan Osseel
- *Naar de Eenheid?* – Leonide Ouspensky
- *Bidden Met Ikonen* – Jim Forest
- *Onze Gedachten Bepalen Ons Leven* – Vader Thaddeus Van Vitovnica
- *Alledaagse Heiligen En Andere Verhalen* – Archimandriet Tichon (Sjevkoenov)

- *Geestelijke Brieven* – Vader Jozef De Hesychast
- *Nihilisme* – Vader Serafim Rose
- *Gods Openbaring Aan Het Menselijk Hart* – Vader Serafim Rose
- *In De Kaukazus* – Monnik Merkurius
- *Terugkeer* – Archimandriet Nektarios Antonopoulos
- *Weest ook gij uitgebreid* – Archimandriet Zacharias (Zacharou)
- *Orthodoxie en de religie van de toekomst* – Vader Serafim Rose

- *Our Orthodox Holy Family* – Deacon David Lochbihler, J.D.
- *Prayers to Our Lady East and West* – Deacon David Lochbihler, J.D.
- *The Joy of Orthodoxy* – Deacon David Lochbihler, J.D.
- *The Inner Cohesion between the Bible and the Fathers in Byzantine Tradition* – S.M. Roye
- *St. Germanus of Auxerre* – Howard Huws
- *Elder Anthimos Of Saint Anne's* – Dr. Charalambos M. Bousias
- *Orthodox Preaching as the Oral Icon of Christ* – James Kenneth Hamrick
- *The Final Kingdom* – Pyotr Volkov

UITGEVERIJ ORTHODOX LOGOS
www.orthodoxlogos.com

www.ingramcontent.com/pod-product-compliance
Lightning Source LLC
Chambersburg PA
CBHW060551080526
44585CB00013B/519